ERIC HOBSBAWM

COM TERENCE RANGER
organização

A Invenção das Tradições

ERIC HOBSBAWM

COM TERENCE RANGER
organização

A Invenção das Tradições

16ª EDIÇÃO

Tradução:
Celina Cardim Cavalcante

Paz & Terra
Rio de Janeiro | São Paulo
2024

Syndicate of the Press of the University of Cambridge, England
© Eric J. Hobsbawm e Terence Ranger
© desta edição: 2012, Editora Paz e Terra Ltda.

Direitos de edição da obra em língua portuguesa adquiridos pela
EDITORA PAZ E TERRA. Todos os direitos reservados. Nenhuma parte
desta obra pode ser apropriada e estocada em sistema de banco de
dados ou processo similar, em qualquer forma ou meio, seja eletrônico,
de fotocópia, gravação etc., sem a permissão do detentor do copyright.

Editora Paz e Terra Ltda.
Rua Argentina, 171, São Cristóvão
Rio de Janeiro, RJ – 20921-380
Tel.: (21) 2585-2000.
http://www.record.com.br

Seja um leitor preferencial Record.
Cadastre-se e receba informações sobre nossos lançamentos e
nossas promoções.

Atendimento e venda direta ao leitor:
mdireto@record.com.br ou (21) 2585-2002

Texto revisto pelo novo Acordo Ortográfico da Língua Portuguesa.

CIP-BRASIL. CATALOGAÇÃO NA FONTE
SINDICATO NACIONAL DOS EDITORES DE LIVROS, RJ

Hobsbawm, Eric J.
Ranger, Terence

A invenção das tradições / Eric Hobsbawm,
Terence Ranger, (organizadores) ; tradução de
Celina Cardim Cavalcante. — 16ª ed. — São Paulo
Paz e Terra, 2024.

Título original: The invention of tradition.
Vários colaboradores.

ISBN 978-85-7753-209-4

1. Ritos e cerimônias – Origem 2. Usos e
costumes – Origem. I. Hobsbawm, Eric. II. Ranger,
Terence

12-04194   CDD-390

Índices para catálogo sistemático:
1. Invenção das tradições 390

Impresso no Brasil
2024

Sumário

1 Introdução: A invenção das tradições — Eric J. Hobsbawm · 7

2 A invenção das tradições: a tradição das Terras Altas (Highlands) da Escócia — Hugh Trevor-Roper · 25

3 Da morte a uma perspectiva: a busca do passado galês no período romântico — Prys Morgan · 59

4 Contexto, execução e significado do ritual: a monarquia britânica e a "invenção da tradição", c. 1820 a 1977 — David Cannadine · 133

5 A representação da autoridade na Índia vitoriana — Bernard S. Cohn · 215

6 A invenção da tradição na África colonial — Terence Ranger · 269

7 A produção em massa de tradições: Europa, 1870 a 1914 — Eric J. Hobsbawm · 333

Colaboradores

DAVID CANNADINE é pesquisador do Christ's College e professor de história da Universidade de Cambridge. Autor de *Lords and Landlords — The Aristocracy and The Towns 1774-1967* (1980), dedica-se atualmente a pesquisas sobre as cerimônias públicas e sua evolução.

BERNARD S. COHN é professor de antropologia da Universidade de Chicago. Autor de muitos artigos sobre as interações da história e da antropologia e sobre o estudo da sociedade.

ERIC J. HOBSBAWM é professor de história econômica e social do Birkbeck College, Universidade de Londres, e membro do corpo de editores do periódico *Past & Present*.

PRYS MORGAN é professor de história no University College, em Swansea, País de Gales. Já teve publicadas várias obras em galês e colaborou com alguns capítulos para vários livros sobre a história do País de Gales. Escreveu *A New History of Wales: The Eighteen-Century Renaissance* (1981).

TERENCE RANGER é professor de história moderna da Universidade de Manchester, tendo já lecionado no Zimbabwe (Rodésia) e na Tanzânia. Entre seus livros sobre os protestos, a história cultural e religiosa, e as transformações agrárias na África contam-se *The Historical Study of African Religion* (1972), *Dance and Society in Eastern Africa* (1975) e *Witchcraft Belief in the History of Three Continents* (1978).

HUGH TREVOR-ROPER é agora mestre de Peterhouse, (Saint Peter College), em Cambridge, sob o título de "Lord Dacre of Glanton". Foi professor da cátedra régia de história na Universidade de Oxford.

1

Introdução: A invenção das tradições

Eric J. Hobsbawm

Nada parece mais antigo e ligado a um passado imemorial do que a pompa que cerca a realeza britânica em quaisquer cerimônias públicas de que ela participe. Todavia, segundo um dos capítulos deste livro, este aparato, em sua forma atual, data dos séculos XIX e XX. Muitas vezes, "tradições" que parecem ou são consideradas antigas são bastante recentes, quando não são inventadas. Quem conhece os "colleges" das velhas universidades britânicas poderá ter uma ideia da instituição destas "tradições" (em nível local, embora algumas delas — como o *Festival of Nine Lessons and Carols* (Festa das nove leituras e cânticos), realizada anualmente, na capela do King's College em Cambridge, na véspera de Natal — possam tornar-se conhecidas do grande público através de um meio moderno de comunicação de massa, o rádio. Partindo desta constatação, o periódico *Past & Present*, especializado em assuntos históricos, organizou uma conferência em que se baseou, por sua vez, a presente obra.

O termo "tradição inventada" é utilizado num sentido amplo, mas nunca indefinido. Inclui tanto as "tradições" realmente inventadas, construídas e formalmente institucionalizadas, quanto as que surgiram de maneira mais difícil de localizar num período limitado e determinado de tempo — às vezes coisa de poucos anos apenas — e se estabeleceram com enorme rapidez. A transmissão radiofônica real realizada no Natal na Grã-Bretanha (instituída em 1932) é um exemplo do primeiro caso; como exemplo do segundo, podemos citar o aparecimento e evolução das práticas associadas à final do campeonato britânico de futebol. É óbvio que nem todas essas tradições perduram; nosso objetivo primordial, porém, não é estudar suas chances de sobrevivência, mas sim o modo como elas surgiram e se estabeleceram.

Por "tradição inventada" entende-se um conjunto de práticas, normalmente reguladas por regras tácita ou abertamente aceitas; tais práticas, de natureza ritual ou simbólica, visam inculcar certos valores e normas de comportamento através da repetição, o que implica, automaticamente, uma continuidade em relação ao passado. Aliás, sempre que possível, tenta-se estabelecer continuidade com um passado histórico apropriado. Exemplo notável é a escolha deliberada de um estilo gótico quando da reconstrução da sede do Parlamento britânico no século XIX, assim como a decisão igualmente deliberada, após a Segunda Guerra, de reconstruir o prédio da Câmara partindo exatamente do mesmo plano básico anterior. O passado histórico no qual a nova tradição é inserida não precisa ser remoto, perdido nas brumas do tempo. Até as revoluções e os "movimentos progressistas", que por definição rompem com o passado, têm seu passado relevante, embora eles terminem abruptamente em uma data determinada, tal como 1789. Contudo, na medida em que há referência a um passado histórico, as tradições "inventadas" caracterizam-se por estabelecer com ele uma continuidade bastante artificial. Em poucas palavras, elas são reações a situações novas que ou assumem a forma de referência a situações anteriores, ou estabelecem seu próprio passado através da repetição quase que obrigatória. É o contraste entre as constantes mudanças e inovações do mundo moderno e a tentativa de estruturar de maneira imutável e invariável ao menos alguns aspectos da vida social que torna a "invenção da tradição" um assunto tão interessante para os estudiosos da história contemporânea.

A "tradição" neste sentido deve ser nitidamente diferenciada do "costume", vigente nas sociedades ditas "tradicionais". O objetivo e a característica das "tradições", inclusive das inventadas, é a invariabilidade. O passado real ou forjado a que elas se referem impõe práticas fixas (normalmente formalizadas), tais como a repetição. O "costume", nas sociedades tradicionais, tem a dupla função de motor e volante. Não impede as inovações e pode mudar até certo ponto, embora evidentemente seja tolhido pela exigência de que deve parecer compatível ou idêntico ao precedente. Sua função é dar a qualquer mudança desejada (ou resistência à inovação) a sanção do precedente, continuidade histórica e direitos naturais conforme o expresso na história. Os estudiosos dos movimentos camponeses sabem que quando numa aldeia se reivindicam terras ou direitos comuns "com base em costumes de tempos imemoriais" o que expressa não é um fato histórico, mas o equilíbrio de forças na luta constante da aldeia contra os senhores de terra ou contra outras aldeias. Os estudiosos do movimento operário inglês sabem que o "costume da classe" ou da profissão pode representar não uma tradição antiga, mas qualquer direito, mesmo recente, adquirido pelos operários na prática, que eles agora procuram ampliar ou defender através da sanção da perenidade. O "costume" não pode se dar ao luxo de ser invariável, porque a vida não é assim nem mesmo nas sociedades tradicionais. O direito comum ou consuetudinário ainda exibe esta combinação de flexibilidade implícita e comprometimento formal com o passado. Nesse aspecto, aliás, a diferença entre "tradição" e "costume" fica bem clara. "Costume" é o que fazem os juízes; "tradição" (no caso, tradição inventada) é a peruca, a toga e outros acessórios e rituais formais que cercam a substância, que é a ação do magistrado. A decadência do "costume" inevitavelmente modifica a "tradição" à qual ele geralmente está associado.

É necessário estabelecer uma segunda diferença, menos importante, entre a "tradição" no sentido a que nos referimos e a convenção ou rotina, que não possui nenhuma função simbólica nem ritual importante, embora possa adquiri-las eventualmente. É natural que qualquer prática social que tenha de ser muito repetida tenda, por conveniência e para maior eficiência, a gerar um certo número de convenções e rotinas, formalizadas de direito ou de fato, com o fim de facilitar a transmissão do costume. Isto é válido tanto para práticas sem precedente (como o trabalho de um piloto de avião) como para as práticas já bastante conhecidas. As sociedades que se desenvolveram a partir da Revolução Industrial foram naturalmente obrigadas a inventar, instituir ou desenvolver novas redes de convenções e rotinas com uma frequência maior do que antes. Na medida em que essas rotinas funcionam melhor quando transformadas em hábito, em procedimentos automáticos ou até mesmo em reflexos, elas necessitam ser imutáveis, o que pode afetar a outra exigência necessária da prática, a capacidade de lidar com situações imprevistas ou originais. Esta é uma falha bastante conhecida da automatização ou da burocratização, especialmente em níveis subalternos, onde o procedimento fixo geralmente é considerado como o mais eficiente.

Tais redes de convenção e rotina não são "tradições inventadas", pois suas funções e, portanto, suas justificativas são técnicas, não ideológicas (em termos marxistas, dizem respeito à infraestrutura, não à superestrutura). As redes são criadas para facilitar operações práticas imediatamente definíveis e podem ser prontamente modificadas ou abandonadas de acordo com as transformações das necessidades práticas, permitindo sempre que existam a inércia, que qualquer costume adquire com o tempo, e a resistência às inovações por parte das pessoas que adotaram esse costume. O mesmo acontece com as "regras" reconhecidas dos jogos ou de outros padrões de interação social, ou com qualquer outra norma de origem pragmática. Pode-se perceber de imediato a diferença entre elas e a "tradição". O uso de bonés protetores quando se monta a cavalo tem um sentido prático, assim como o uso de capacetes protetores quando se anda de moto ou de capacetes de aço quando se é um soldado. Mas o uso de um certo tipo de boné em conjunto com um casaco vermelho de caça tem um sentido completamente diferente. Senão, seria tão fácil modificar o costume "tradicional" dos caçadores de raposa como mudar o formato dos capacetes do Exército — instituição relativamente conservadora — caso o novo formato garantisse maior proteção. Aliás, as "tradições" ocupam um lugar diametralmente oposto às convenções ou rotinas pragmáticas. A "tradição" mostra sua fraqueza quando, como no caso dos judeus liberais, as restrições na dieta são justificadas de um ponto de vista pragmático, por exemplo, alegando-se que os antigos hebreus não comiam carne de porco por motivos de higiene. Do mesmo modo, os objetos e práticas só são liberados para uma plena utilização simbólica e ritual quando se libertam do uso prático. As esporas que fazem parte do uniforme de gala dos oficiais de cavalaria são mais importantes para a "tradição" quando os cavalos não estão presentes; os guarda-chuvas dos oficiais da Guarda Real, quando eles estão à paisana, perdem a importância se não forem trazidos bem enrolados (isto é, inúteis); as perucas brancas dos advogados dificilmente poderiam ter adquirido sua importância atual antes que as outras pessoas deixassem de usar perucas.

Consideramos que a invenção de tradições é essencialmente um processo de formalização e ritualização, caracterizado por referir-se ao passado, mesmo que apenas pela imposição da repetição. Os historiadores ainda não estudaram adequadamente o processo exato pelo qual tais complexos simbólicos e rituais são criados. Ele é ainda em grande parte relativamente desconhecido. Presume-se que se manifeste de maneira mais nítida quando uma "tradição" é deliberadamente inventada e estruturada por um único iniciador, como é o caso do escotismo, criado por Baden Powell. Talvez seja mais fácil determinar a origem do processo no caso de cerimoniais oficialmente instituídos e planejados, uma vez que provavelmente eles estarão bem documentados, como, por exemplo, a construção do simbolismo nazista e os comícios do partido em Nuremberg. É mais difícil descobrir essa origem quando as tradições tenham sido em parte inventadas, em parte desenvolvidas em grupos fechados (onde é menos provável que o processo tenha sido registrado em documentos) ou de maneira informal durante um certo período, como acontece com as tradições parlamentares e jurídicas. A dificuldade encontra-se não só nas fontes, como também nas técnicas, embora estejam à disposição dos estudiosos tanto disciplinas esotéricas especializadas em rituais e simbolismos, tais como a heráldica e o estudo das liturgias, quanto disciplinas históricas warburguianas para o estudo das disciplinas citadas acima. Infelizmente, nenhuma dessas técnicas é comumente conhecida dos historiadores da era industrial.

Provavelmente, não há lugar nem tempo investigados pelos historiadores onde não haja ocorrido a "invenção" de tradições neste sentido. Contudo, espera-se que ela ocorra com mais frequência: quando uma transformação rápida da sociedade debilita ou destrói os padrões sociais para os quais as "velhas" tradições foram feitas, produzindo novos padrões com os quais essas tradições são incompatíveis; quando as velhas tradições, juntamente com seus promotores e divulgadores institucionais, dão mostras de haver perdido grande parte da capacidade de adaptação e da flexibilidade; ou quando são eliminadas de outras formas. Em suma, inventam-se novas tradições quando ocorrem transformações suficientemente amplas e rápidas tanto do lado da demanda quanto da oferta. Durante os últimos duzentos anos, tem havido transformações especialmente importantes, sendo razoável esperar que estas formalizações imediatas de novas tradições se agrupem neste período. A propósito, isto implica, ao contrário da concepção veiculada pelo liberalismo do século XIX e a teoria da "modernização", que é mais recente, a ideia de que tais formalizações não se cingem às chamadas sociedades "tradicionais", mas que também ocorrem, sob as mais diversas formas, nas sociedades "modernas". De maneira geral, é isso que acontece, mas é preciso que se evite pensar que formas mais antigas de estrutura de comunidade e autoridade e, consequentemente, as tradições a elas associadas, eram rígidas e se tornaram rapidamente obsoletas; e também que as "novas" tradições surgiram simplesmente, por causa da incapacidade de utilizar ou adaptar as tradições velhas.

'Houve adaptação quando foi necessário conservar velhos costumes em condições novas ou usar velhos modelos para novos fins. Instituições antigas, com funções estabelecidas, referências ao passado e linguagens e práticas rituais podem sentir necessidade de fazer tal adaptação: a Igreja Católica, frente aos novos desafios políticos e ideológicos e às mudanças substanciais na composição do corpo de fiéis (tais como o aumento considerável do número de mulheres tanto entre os devotos leigos quanto nas ordens religiosas);[1] os exércitos mercenários frente ao alistamento compulsório; as instituições antigas, como os tribunais, que funcionam agora num outro contexto e às vezes com funções modificadas em novos contextos. Também foi o caso das instituições que gozavam de uma continuidade nominal, mas que no fundo estavam sofrendo profundas transformações, como as universidades. Assim, segundo Bahnson,[2] a tradicional evasão estudantil em massa das universidades alemãs (por motivos de conflito ou de protesto) cessou subitamente após 1848 devido às mudanças no caráter acadêmico das universidades, ao aumento da idade da população estudantil, ao aburguesamento dos estudantes, que diminuiu as tensões entre eles e a cidade assim como a turbulência estudantil, à nova instituição da franca mobilidade entre universidades, à consequente mudança nas associações estudantis e a outros fatores.[3] Em todos esses casos, a inovação não se torna menos nova por ser capaz de revestir-se facilmente de um caráter de antiguidade.

Mais interessante, do nosso ponto de vista, é a utilização de elementos antigos na elaboração de novas tradições inventadas para fins bastante originais. Sempre se pode encontrar, no passado de qualquer sociedade, um amplo repertório destes elementos; e sempre há uma linguagem elaborada, composta de práticas e comunicações simbólicas. Às vezes, as novas tradições podiam ser prontamente enxertadas nas velhas; outras vezes, podiam ser inventadas com empréstimos fornecidos pelos depósitos bem supridos do ritual, simbolismo e princípios morais oficiais — religião e pompa principesca, folclore e maçonaria (que, por sua vez, é uma tradição inventada mais antiga, de grande poder simbólico). Assim, o desenvolvimento do nacionalismo suíço, concomitante à formação do Estado federal moderno no século XIX, foi brilhantemente analisado por Rudolf Braun,[4] estudioso que tem a vantagem de ser versado numa disciplina ("Volkskunde" — folclore) que se presta a esse tipo de análise, e especializado num país onde sua modernização não foi embargada pela associação com a violência nazista. As práticas tradicionais existentes — canções folclóricas, campeonatos de ginástica e de tiro ao alvo — foram modificadas, ritualizadas e institucionalizadas para servir a novos propósitos nacionais. Às canções folclóricas tradicionais acrescentaram-se novas canções na mesma língua, muitas vezes compostas por mestres-escola e transferidas para um repertório coral de conteúdo patriótico-progressista *("Nation, Nation, wie voll klingt der Ton")*, embora incorporando também da hinologia religiosa elementos poderosos sob o aspecto ritual (vale a pena estudar a formação destes repertórios de novas canções, especialmente os escolares). Segundo os estatutos, o objetivo do Festival Federal da Canção — isso não lembra os congressos anuais de bardos galeses? — é "desenvolver e aprimorar a canção popular, despertar sentimentos mais elevados por Deus, pela Liberdade e pela Nação, promover a união e a confraternização entre amantes da Arte e da Pátria". (A palavra "aprimorar" indica a nota de progresso característica do século XIX.)

Desenvolveu-se um conjunto de rituais bastante eficaz em torno destas ocasiões: pavilhões para os festivais, mastros para as bandeiras, templos para oferendas, procissões, toque de sinetas, painéis, salvas de tiros de canhão, envio de delegações do governo aos festivais, jantares, brindes e discursos. Houve adaptações de outros elementos antigos:

> Nesta nova arquitetura dos festivais são inconfundíveis os resquícios das formas barrocas de comemoração, exibição e pompa. E como nas comemorações barrocas o Estado e a Igreja mesclavam-se num plano mais alto, surge também uma amálgama de elementos religiosos e patrióticos nestas novas formas de atividade musical e física.[5]

Não nos cabe analisar aqui até que ponto as novas tradições podem lançar mão de velhos elementos, até que ponto elas podem ser forçadas a inventar novos acessórios ou linguagens, ou a ampliar o velho vocabulário simbólico. Naturalmente, muitas instituições políticas, movimentos ideológicos e grupos — inclusive o nacionalismo — sem antecessores tornaram necessária a invenção de uma continuidade histórica, por exemplo, através da criação de um passado antigo que extrapole a continuidade histórica real seja pela lenda (Boadiceia, Vercingetórix, Armínio, o Querusco) ou pela invenção (Ossian, manuscritos medievais tchecos). Também é óbvio que símbolos e acessórios inteiramente novos foram criados como parte de movimentos e Estados nacionais, tais como o hino nacional (dos quais o britânico, feito em 1740, parece ser o mais antigo), a bandeira nacional (ainda bastante influenciada pela bandeira tricolor da Revolução Francesa, *criada* no período de 1790 a 1794), ou a personificação da "Nação" por meio de símbolos ou imagens oficiais, como Marianne ou Germânia, ou não oficiais, como os estereótipos de cartum John Bull, o magro Tio Sam ianque, ou o "Michel" alemão.

Também não devemos esquecer a ruptura da continuidade que está às vezes bem visível, mesmo nos *topoi* da antiguidade genuína. De acordo com Lloyd,[6] os cânticos populares de Natal pararam de ser produzidos na Inglaterra no século XVII, sendo substituídos por hinos, como os compostos por Watts e pelos irmãos Wesley, embora haja versões populares desses hinos em religiões preponderantemente rurais, como o Metodismo Primitivo. Ainda assim, os cânticos natalinos foram o primeiro tipo de canção folclórica a ser restaurada pelos colecionadores de classe média para instalá-los "nas novas cercanias das igrejas, corporações e ligas femininas", e daí se propagarem num novo ambiente popular urbano "através dos cantores de esquina ou dos grupos de meninos roufenhos que entoavam hinos de porta em porta, na ancestral esperança de uma recompensa". Neste sentido, hinos como "God rest ye merry, Gentleman" (O Senhor vos dê paz e alegria) são novos, não antigos. Tal ruptura é visível mesmo em movimentos que deliberadamente se denominam "tradicionalistas" e que atraem grupos considerados por unanimidade repositórios da continuidade histórica e da tradição, tais como os camponeses.[7] Aliás, o próprio aparecimento de movimentos que defendem a restauração das tradições, sejam eles "tradicionalistas" ou não, já indica essa ruptura. Tais movimentos, comuns entre os intelectuais desde a época romântica, nunca poderão desenvolver, nem preservar um passado vivo (a não ser, talvez, criando refúgios naturais humanos para aspectos isolados na vida arcaica); estão destinados a se transformarem em "tradições inventadas". Por outro lado, a força e a adaptabilidade das tradições genuínas não devem ser confundidas com a "invenção de tradições". Não é necessário recuperar nem inventar tradições quando os velhos usos ainda se conservam.

Ainda assim, pode ser que muitas vezes se inventem tradições não porque os velhos costumes não estejam mais disponíveis nem sejam viáveis, mas porque eles deliberadamente não são usados, nem adaptados. Assim, ao colocar-se conscientemente contra a tradição e a favor das inovações radicais, a ideologia liberal da transformação social, no século passado, deixou de fornecer os vínculos sociais e hierárquicos aceitos nas sociedades precedentes, gerando vácuos que puderam ser preenchidos com tradições inventadas. O êxito alcançado pelos donos de fábricas *Tories* em Lancashire (ao contrário do que aconteceu com os liberais), depois de terem utilizado esses velhos vínculos em seu proveito, mostra que eles ainda existiam e podiam ser ativados — mesmo num ambiente sem precedentes do distrito industrial.[8] Não se pode negar que os costumes pré-industriais não são adaptáveis a longo prazo a uma sociedade que tenha passado por um determinado grau de revolução. Mas esta inadaptabilidade não pode ser confundida com os problemas resultantes da rejeição dos velhos costumes a curto prazo por parte daqueles que os encaram como obstáculos ao progresso ou, o que ainda é pior, como inimigos ativos.

Isto não impediu que os inovadores inventassem suas próprias tradições — por exemplo, as práticas da maçonaria. No entanto, em virtude da hostilidade geral contra o irracionalismo, as superstições e as práticas de costume reminiscentes das trevas do passado, e possivelmente até provenientes deles, aqueles que acreditavam fervorosamente nas verdades do Iluminismo, tais como liberais, socialistas e comunistas, abominavam tanto as velhas tradições quanto as novas. Os socialistas, como veremos adiante, ganharam um 1º de maio anual sem saberem bem como; os nacional-socialistas exploravam tais ocasiões com um zelo e sofisticação litúrgicos e uma manipulação consciente dos símbolos.[9] Durante a era liberal na Inglaterra tais práticas foram quando muito toleradas, na medida em que nem a ideologia nem a produção econômica estavam em jogo, considerando-se isso uma concessão relutante ao irracionalismo das ordens inferiores. As atividades sociáveis e rituais das sociedades de ajuda mútua eram encaradas ao mesmo tempo com hostilidade ("despesas desnecessárias", tais como "gastos com festas de aniversário, desfiles, fanfarras e adereços", eram proibidas por lei) e com tolerância pelos liberais no que dizia respeito aos banquetes anuais, pelo fato de que "a importância desta atração, especialmente em relação à população rural, não pode ser negada".[10] Entretanto vigorava um rigoroso racionalismo individualista, não só como base de cálculos econômicos, mas também como ideal social. No Capítulo 7 estudaremos o que aconteceu no período em que as limitações deste racionalismo foram se tornando cada vez mais evidentes.

Podemos concluir esta introdução com algumas observações gerais sobre as tradições inventadas desde a Revolução Industrial.

Elas parecem classificar-se em três categorias superpostas: a) aquelas que estabelecem ou simbolizam a coesão social ou as condições de admissão de um grupo ou de comunidades reais ou artificiais; b) aquelas que estabelecem ou legitimam instituições, status ou relações de autoridade; e c) aquelas cujo propósito principal é a socialização, a inculcação de ideias, sistemas de valores e padrões de comportamento. Embora as tradições dos tipos b) e c) tenham sido certamente inventadas (como as que simbolizam a submissão à autoridade na Índia britânica), pode-se partir do pressuposto de que o tipo a) é que prevaleceu, sendo as outras funções tomadas como implícitas ou derivadas de um sentido de identificação com uma "comunidade" e/ou as instituições que a representam, expressam ou simbolizam, tais como a "nação".

Uma das dificuldades foi que estas entidades sociais maiores simplesmente não eram *Gemeinschaften*, nem sistemas de castas. Em virtude da mobilidade social, dos conflitos de classe e da ideologia dominante, tornou-se difícil aplicar universalmente as tradições que uniam comunidades e desigualdades visíveis em hierarquias formais (como é o caso do Exército). Isto não afetou muito as tradições do tipo c), uma vez que a socialização geral inculcava os mesmos valores em todos os cidadãos, membros da nação e súditos da Coroa, e as socializações funcionalmente específicas dos diferentes grupos sociais (tais como a dos alunos de escolas particulares, em contraste com a dos outros) geralmente não sofriam interferências mútuas. Por outro lado, na medida em que as tradições inventadas como que reintroduziam o status no mundo do contrato social, o superior e o inferior num mundo de iguais perante a lei, não poderiam agir abertamente. Poderiam ser introduzidas clandestinamente por meio de uma aquiescência formal e simbólica a uma organização social que era desigual de fato, como no caso da reconstituição da cerimônia de coroação britânica[11] (veja, adiante, p. 354). Era mais comum que elas incentivassem o sentido coletivo de *superioridade* das elites — especialmente quando estas precisavam ser recrutadas entre aqueles que não possuíam este sentido por nascimento ou por atribuição — em vez de inculcarem um sentido de obediência nos inferiores. Encorajavam-se alguns a se sentirem mais iguais do que outros, o que podia ser feito igualando-se as elites a grupos dominantes ou autoridades pré-burguesas, seja no modelo militarista/burocrático característico da Alemanha (caso dos grêmios estudantis rivais), seja em modelos não militarizados, tipo "aristocracia moralizada", como o vigente nas escolas secundárias particulares britânicas. Por outro lado, talvez, o espírito de equipe, a autoconfiança e a liderança das elites podiam ser desenvolvidos por meio de "tradições" mais esotéricas, que manifestassem a coesão de um mandarinado superior oficial (como ocorreu na França ou nas comunidades brancas nas colônias).

Uma vez estabelecida a preponderância das tradições inventadas "comunitárias", resta-nos investigar qual seria sua natureza. Com o auxílio da antropologia, poderemos elucidar as diferenças que porventura existam entre as práticas inventadas e os velhos costumes tradicionais. Aqui só poderemos observar que, embora os ritos de passagem sejam normalmente marcados nas tradições de grupos isolados (iniciação, promoção, afastamento e morte), isso nem sempre aconteceu com aqueles criados para pseudocomunidades globalizantes (como as nações e os países), provavelmente porque estas comunidades enfatizavam seu caráter eterno e imutável — pelo menos, desde a fundação da comunidade. No entanto, os novos regimes políticos e movimentos inovadores podiam encontrar equivalentes seus para os ritos tradicionais de passagem associados à religião (casamento civil e funerais).

Pode-se observar uma nítida diferença entre as práticas antigas e as inventadas. As primeiras eram práticas sociais específicas e altamente coercivas, enquanto as últimas tendiam a ser bastante gerais e vagas quanto à natureza dos valores, direitos e obrigações que procuravam inculcar nos membros de um determinado grupo: "patriotismo", "lealdade", "dever", "as regras do jogo", "o espírito escolar" e assim por diante. Porém, embora o conteúdo do patriotismo britânico ou norte-americano fosse evidentemente maldefinido, mesmo que geralmente especificado em comentários associados a ocasiões rituais, as *práticas* que o simbolizavam eram praticamente compulsórias — como, por exemplo, o levantar-se para cantar o hino nacional na Grã-Bretanha, o hasteamento da bandeira nas escolas norte-americanas. Parece que o elemento crucial foi a invenção de sinais de associação a uma agremiação que continham toda uma carga simbólica e emocional, em vez da criação de estatutos e do estabelecimento de objetivos da associação. A importância destes sinais residia justamente em sua universalidade indefinida:

> A Bandeira Nacional, o Hino Nacional e as Armas Nacionais são os três símbolos através dos quais um país independente proclama sua identidade e soberania. Por isso, eles fazem jus a um respeito e a uma lealdade imediata. Em si já revelam todo o passado, pensamento e toda a cultura de uma nação.[12]

Neste sentido, conforme escreveu um observador em 1880, "os soldados e policiais agora usam emblemas por nós"; embora ele não previsse sua restauração como complemento de cidadãos individuais na era dos movimentos de massa, que estava prestes a começar.[13]

Podemos também observar que, obviamente, apesar de todas as invenções, as novas tradições não preencheram mais do que uma pequena parte do espaço cedido pela decadência secular das velhas tradições e antigos costumes; aliás, isso já poderia ser esperado em sociedades nas quais o passado torna-se cada vez menos importante como modelo ou precedente para a maioria das formas de comportamento humano. Mesmo as tradições inventadas dos séculos XIX e XX ocupavam ou ocupam um espaço muito menor nas vidas particulares da maioria das pessoas e nas vidas autônomas de pequenos grupos subculturais do que as velhas tradições ocupam na vida das sociedades agrárias, por exemplo.[14] "Aquilo que se deve fazer" determina os dias, as estações, os ciclos biológicos dos homens e mulheres do século XX muito menos do que determinava as fases correspondentes para seus ancestrais, e muito menos do que os impulsos externos da economia, tecnologia, do aparelho burocrático estatal, das decisões políticas e de outras forças que não dependem da tradição a que nos referimos, nem a desenvolvem.

Contudo, tal generalização não se aplica ao campo do que poderia ser denominado a vida pública dos cidadãos (incluindo até certo ponto formas públicas de socialização, tais como as escolas, em oposição às formas particulares, como os meios de comunicação). Não há nenhum sinal real de enfraquecimento nas práticas neotradicionais associadas ou com corporações de serviço público (Forças Armadas, a justiça, talvez até o funcionalismo público) ou com a cidadania. Aliás, a maioria das ocasiões em que as pessoas tomam consciência da cidadania como tal permanecem associadas a símbolos e práticas semirrituais (por exemplo, as eleições), que em sua maior parte são historicamente originais e livremente inventadas: bandeiras, imagens, cerimônias e músicas. Na medida em que as tradições inventadas da era que sucedeu às revoluções Francesa e Industrial preencheram uma lacuna permanente — pelo menos, até hoje — parece que isso ocorreu neste campo.

Ora, pode-se afinal perguntar, será que os historiadores devem dedicar-se a estudar estes fenômenos? A pergunta é, de certo modo, desnecessária, já que cada vez mais estudiosos claramente se ocupam deles, como se pode comprovar pelo conteúdo deste volume e pelas referências nele incluídas. É melhor refazer a questão: o que os historiadores ganham com o estudo da invenção das tradições?

Antes de mais nada, pode-se dizer que as tradições inventadas são sintomas importantes e, portanto, indicadores de problemas que de outra forma poderiam não ser detectados nem localizados no tempo. Elas são indícios. Pode-se elucidar melhor como o antigo nacionalismo liberal alemão assumiu sua nova forma imperialista-expansionista observando-se a *rápida* substituição das antigas cores preta, branca e dourada *pelas novas cores preta,* branca e vermelha (principalmente na *década de* 1890) no movimento da ginástica alemã, do que estudando-se as declarações oficiais de autoridades ou porta-vozes. Pela história das finais do campeonato britânico de futebol podem-se obter dados sobre o desenvolvimento de uma cultura urbana operária que não se conseguiram através de fontes mais convencionais. Por sinal, o estudo das tradições inventadas não pode ser separado do contexto mais amplo da história da sociedade, e só avançará além da simples descoberta destas práticas se estiver integrado a um estudo mais amplo.

Em segundo lugar, o estudo dessas tradições esclarece bastante as relações humanas com o passado e, por conseguinte, o próprio assunto e ofício do historiador. Isso porque toda tradição inventada, na medida do possível, utiliza a história como legitimadora das ações e como cimento da coesão grupal. Muitas vezes, ela se torna o próprio símbolo de conflito, como no caso das lutas por causa dos monumentos em honra a Walther von der Vogelweide e a Dante, no sul do Tirol, em 1889 e 1896.[15] Até mesmo os movimentos revolucionários baseavam suas inovações em referências ao "passado de um povo" (saxões contra normandos, "nos ancêtres les Gaulois" contra os francos, Espártaco), a tradições de revolução ("O povo alemão também tem suas tradições revolucionárias", afirma Engels no início de seu livro *A guerra dos camponeses alemães*)[16] e a seus próprios heróis e mártires. No livro de James Connolly, *Labour in Irish History* (O operariado na história da Irlanda), há excelentes exemplos desta conjugação de temas. O elemento de invenção é particularmente nítido neste caso, já que a história que se tornou parte do cabedal de conhecimento ou ideologia da nação, Estado ou movimento não corresponde ao que foi realmente conservado na memória popular, mas àquilo que foi selecionado, escrito, descrito, popularizado e institucionalizado por quem estava encarregado de fazê-lo. Os historiadores que trabalham com informações orais observaram frequentemente que a Greve Geral de 1926 teve nas memórias das pessoas idosas um efeito mais modesto e menos impressionante do que o esperado pelos entrevistadores.[17] Analisou-se a formação de uma imagem semelhante da Revolução Francesa durante a Terceira República.[18] Todavia, todos os historiadores, sejam quais forem seus objetivos, estão envolvidos neste processo, uma vez que eles contribuem, conscientemente ou não, para a criação, demolição e reestruturação de imagens do passado que pertencem não só ao mundo da investigação especializada, mas também à esfera pública onde o homem atua como ser político. Eles devem estar atentos a esta dimensão de suas atividades.

A propósito, deve-se destacar um interesse específico que as "tradições inventadas" podem ter, de um modo ou de outro, para os estudiosos da história moderna e contemporânea. Elas são altamente aplicáveis no caso de uma inovação histórica comparativamente recente, a "nação", e seus fenômenos associados: o nacionalismo, o Estado nacional, os símbolos nacionais, as interpretações históricas e daí por diante. Todos estes elementos baseiam-se em exercícios de engenharia social muitas vezes deliberados e sempre inovadores, pelo menos porque a originalidade histórica implica inovação. O nacionalismo e as nações israelita e palestina devem ser novos, seja qual for a continuidade histórica dos judeus ou dos muçulmanos do Oriente Médio, uma vez que naquela região um século atrás não se cogitava nem no conceito de Estado territorial do tipo padronizado atual, que só veio a tornar-se uma probabilidade séria após a Primeira Guerra. As linguagens-padrão nacionais, que devem ser aprendidas nas escolas e utilizadas na escrita, quanto mais na fala, por uma elite de dimensões irrisórias, são, em grande parte, construções relativamente recentes. Conforme observou um historiador francês especializado no idioma flamengo, o flamengo ensinado hoje na Bélgica não é a língua com que as mães e avós de Flandres se dirigiam às crianças: em suma, é uma "língua materna" apenas metaforicamente, não no sentido literal. Não nos devemos deixar enganar por um paradoxo curioso, embora compreensível: as nações modernas, com toda a sua parafernália, geralmente afirmam ser o oposto do novo, ou seja, estar enraizadas na mais remota antiguidade, e o oposto do construído, ou seja, ser comunidades humanas, "naturais" o bastante para não necessitarem de definições que não a defesa dos próprios interesses. Sejam quais forem as continuidades históricas ou não envolvidas no conceito moderno da "França" e dos "franceses" — que ninguém procuraria negar — estes mesmos conceitos devem incluir um componente construído ou "inventado". E é exatamente porque grande parte dos constituintes subjetivos da "nação" moderna consiste em tais construções, estando associada a símbolos adequados e, em geral, bastante recentes ou a um discurso elaborado a propósito (tal como o da "história nacional"), que o fenômeno nacional não pode ser adequadamente investigado sem dar-se a atenção devida à "invenção das tradições".

Finalmente, o estudo da invenção das tradições é interdisciplinar. É um campo comum a historiadores, antropólogos sociais e vários outros, estudiosos das ciências humanas, e que não pode ser adequadamente investigado sem tal colaboração. A presente obra reúne, fundamentalmente, contribuições de historiadores. Espera-se que outros venham também a considerá-la útil.

Notas

1. Veja, por exemplo, G. Tihon, "Les Religieuses en Belgique du XVIIIe au XXe siècle: approche statistique", *Belgisch Tijdschrift v. Niewste Geschiedenis / Revue Belge d'Histoire Contemporaine*, v. 7. 1976, p. 1-54.

2. Karsten Bahnson, *Akademische Auszüge aus deutschen Universitäts und Hochschulorten*. Göttingen: Vandenhoeck und Ruprecht, 1973.

3. Registraram-se dezessete desses êxodos no século XVIII, cinquenta no período de 1800 a 1848, mas apenas seis de 1848 a 1973.

4. Rudolf Braun, *Sozialer und kultureller Wandel in einem lädlichen Industriegebiet im 19. und 20. Jahrhundert*, cap. 6. Erlenbac e Zurique: Rentsch, 1965.

5. Rudolf Braun, *op. cit.*, p. 336-7.

6. A.L. Lloyd, *Folk Song in England*. Londres: Panther Books, 1969, p. 134-8.

7. É preciso fazer uma distinção entre esse caso e o da restauração da tradição por motivos que, no fundo, revelavam o declínio dela. "A restauração, por parte dos fazendeiros (na virada do século) dos antigos trajes regionais, danças folclóricas e rituais semelhantes para ocasiões festivas *não pode* ser considerada um indício de aburguesamento, nem de tradicionalismo. Parecia ser superficialmente uma ânsia nostálgica de recuperar a cultura de antanho, que estava desaparecendo tão depressa, mas, no fundo, era uma demonstração de identidade de classe através da qual os fazendeiros prósperos podiam estabelecer uma distinção horizontal em relação aos habitantes da cidade e uma distinção vertical em relação aos agregados, artesãos e operários." Palle Over Christiansen, "Peasant Adaptation to Burgeois Culture? Class Formation and Cultural Redefinition in the Danish Countryside", *Ethnologia Scandinavica*. 1978, p. 128. Veja também G. Lewis, "The Peasantry, Rural Change and Conservative Agrarianism: Lower Austria at the Turn of the Century", *Past & Present*, n. 81. 1978, p. 119-43.

8. Patrick Joyce, "The Factory Politics of Lancashire in the Later Nineteenth Century", *Historical Journal*, v. 7. 1965, p. 525-53.

9. Helmut Hartwig, "Plaketten zum 1. Mai 1934-39", *Aesthetik und Kommunikation*, v. 7, n. 26. 1976, p. 56-9.

10. P.H.J.H. Gosden, *The Friendly Societies in England, 1815-1875*. Manchester: Manchester University Press, 1961, p. 119, 123.

11. J.E.C. Bodley, *The Coronation of Edward the Seventh: a Chapter of European and Imperial History*. Londres: Methuen & Co., 1903, p. 201, 204.

12. Comentário oficial do governo indiano, citado in R. Firth, *Symbols, Public and Private*. Londres: Allen & Unwin, 1973, p. 341.

13. Frederick Marshall. *Curiosities of Ceremonials, Titles, Decorations and Forms of International Vanities*. Londres: J.C. Nimmo and Bain, 1880, p. 20.

14. Sem falar na transformação de rituais duradouros e sinais de uniformidade e coesão em modismos efêmeros — no vestuário, na linguagem, nas práticas sociais etc., como acontece nas culturas jovens dos países industrializados.

15. John W. Cole e Eric Wolf, *The Hidden Frontier: Ecology and Ethnicity in an Alpine Valley*. Nova York e Londres: Academic Press, 1974. p. 55.

16. Sobre a popularidade dos livros que tratam deste e de outros militantes históricos nas bibliotecas operárias alemãs, veja H.J. Steinberg, *Sozialismus und deutsche Sozialdemokratie. Zur ideologie der partei vor dem ersten Weltkrieg*. Hanover: Verlag für Literatur und Zeitgeschehen, 1967, p. 131-3.

17. Existem razões bastante lógicas para que os participantes das bases geralmente não vejam os acontecimentos históricos por eles vividos como os da classe dominante e os historiadores os veem. Pode-se chamar este fenômeno de "síndrome de Fabrício" (alusão ao protagonista do livro *A Cartuxa de Parma*, de Stendhal).

18. Por exemplo, Alice Gérard, *La Révolution française: mythes et interpretations, 1789-1970*. Paris: Flammarion, 1970.

2

A INVENÇÃO DAS TRADIÇÕES: A TRADIÇÃO DAS TERRAS ALTAS (HIGHLANDS) DA ESCÓCIA

Hugh Trevor-Roper

HOJE EM DIA, ONDE QUER QUE OS escoceses se reúnam para celebrar sua identidade nacional, eles a afirmam abertamente através da parafernália nacionalista característica. Usam o saiote (*kilt*), feito de um tecido de lã axadrezado (*tartan*) cuja cor e padrão indicam o "clã" a que pertencem, e quando se entregam ao prazer da música, o instrumento utilizado é a gaita de foles. Tal parafernália, que eles reputam muito antiga, é, na verdade, bem moderna. Foi desenvolvida depois, e, em alguns casos, muito depois da União com a Inglaterra, evento contra o qual constitui, de certo modo, um protesto. Antes da União, esses acessórios realmente já existiam sob uma forma rudimentar; naquele tempo, porém, eram vistos pela grande maioria dos escoceses como um indício de barbarismo: o distintivo de montanheses velhacos, indolentes, rapaces e chantagistas, que representavam para a Escócia civilizada e histórica mais um inconveniente do que uma ameaça. Até mesmo nas Terras Altas (Highlands), ainda naquela forma rudimentar, aquela parafernália era relativamente nova: não constituía característica original, nem distintiva da sociedade montanhesa.

Aliás, até a ideia de que existem uma cultura e uma tradição específicas das Terras Altas não passa de uma invenção retrospectiva. Os montanheses (highlanders) da Escócia não constituíam um povo separado antes dos últimos anos do século XVII. Eram simplesmente emigrados irlandeses, vindos para a Escócia devido a pressões populacionais.

Naquela costa recortada e inóspita, naquele arquipélago composto de grandes e pequenas ilhas, o mar funciona mais como via de comunicação do que como divisor; e desde fins do século V, quando os Scots do norte da Irlanda desembarcaram em Argyll, até meados do século XVIII, quando foi "aberto", após as revoltas dos jacobitas, o oeste escocês, isolado do leste pelas montanhas, sempre esteve mais ligado à Irlanda do que às Terras Baixas (Lowlands) saxônicas. Tanto sob o aspecto cultural quanto social, aquela região era uma colônia da Irlanda.

Estas duas sociedades célticas, a da Irlanda e a das Terras Altas de oeste, mesclavam-se até mesmo sob o aspecto político. Os Scots de Dalriada dominaram Ulster, no norte da Irlanda, durante um século. Os dinamarqueses governaram ao mesmo tempo as Hébridas, as costas da Irlanda e a Ilha de Man. E em fins da Idade Média os Macdonald das Ilhas exerciam sobre o oeste da Escócia e o norte da Irlanda um domínio mais próximo e mais efetivo do que os soberanos de direito, os reis da Escócia e Inglaterra. Sob o domínio dos Macdonald, a cultura hebridense era puramente irlandesa. Vinham da Irlanda os tradicionais bardos, curandeiros e harpistas (pois o instrumento tradicional dos hebridenses era a harpa, não a gaita de foles).[1] Os Macdonald continuaram a exercer forte influência nos dois países, mesmo depois da extinção do seu poderio. Esta unidade política em potencial só foi rompida em meados do século XVII, quando foi estabelecida a Colônia inglesa em Ulster (Irlanda do Norte) e quando se iniciou a hegemonia dos Campbells nas Terras Altas do oeste. A unidade cultural, porém, apesar de debilitada, perdurou. No século XVIII, as Hébridas eram ainda basicamente uma área de povoação irlandesa, sendo o idioma gaélico que lá se falava normalmente classificado, no século XVIII, como irlandês.

Culturalmente dependentes da Irlanda, sob o domínio "estrangeiro" e relativamente ineficiente da coroa escocesa, as Terras Altas e as Ilhas da Escócia não tinham cultura própria. A literatura era um pálido reflexo da literatura irlandesa. Os menestréis dos chefes de clã escoceses ou vinham da Irlanda ou para lá viajavam a fim de aprender o ofício. Aliás, segundo um autor do início do século XVIII (por sinal, irlandês), os menestréis escoceses eram a escória da Irlanda, que volta e meia era removida e despejada naquele monturo providencial.[2] Mesmo sob o poderio repressor da Inglaterra, nos séculos XVII e XVIII, a Irlanda céltica permaneceu, do ponto de vista cultural, uma nação histórica, ao passo que a Escócia céltica era no máximo sua irmã mais pobre. Não tinha, nem podia ter, uma tradição independente.

A criação de uma tradição das Terras Altas independente e a imposição da nova tradição e de seus símbolos externos em toda a nação escocesa foi obra de fins do século XVIII e início do século XIX. Realizou-se em três etapas. Primeiro, houve uma rebelião cultural contra a Irlanda: usurpou-se a cultura irlandesa e se reescreveu a história primitiva da Escócia, chegando-se ao cúmulo de declarar, na maior insolência, que a Escócia — a Escócia céltica — é que era a "mãe-pátria", sendo a Irlanda a nação culturalmente dependente. Depois, houve a elaboração artificial de novas tradições das Terras Altas, que foram apresentadas como antigas, originais e características da região. E na terceira etapa houve um processo pelo qual tais tradições foram oferecidas às Terras Baixas escocesas históricas, a Escócia Ocidental dos Picts, saxões e normandos, e por elas adotadas.

A primeira etapa cumpriu-se no século XVIII. A afirmação de que os escoceses célticos das Terras Altas de língua irlandesa não eram apenas invasores vindos da Irlanda no século V d.C., mas já estavam na Escócia há muito tempo, correspondendo aos caledônios que haviam combatido os exércitos romanos, constitui, naturalmente, uma antiga lenda, muito útil no passado. Foi refutada com sucesso em 1729 pelo primeiro e maior arqueólogo escocês, o padre jacobita refugiado Thomas Innes, sendo, porém, reabilitada em 1738 por David Malcolm[3] e, de maneira mais efetiva, na década de 1760, por dois escritores de sobrenome idêntico: James Macpherson, o "tradutor" de Ossian, e o reverendo John Macpherson, ministro de Sleat, na ilha de Skye. Embora não fossem parentes, estes dois Macpherson se conheciam; James Macpherson ficou na casa do ministro quando visitou Skye, pesquisando sobre "Ossian", em 1760, e o filho do ministro, que mais tarde veio a ser Sir John Macpherson, governador-geral da Índia, tornou-se depois amigo íntimo e cúmplice de James — os dois agiram de comum acordo. Criaram sozinhos, através de dois atos isolados e falsificação deslavada, uma literatura nativa da Escócia céltica e, para fundamentá-la, uma nova história. Tanto esta literatura quanto esta história, pelas ligações que apresentavam com a realidade, haviam sido roubadas da Irlanda.

O absoluto descaramento dos Macpherson acaba por suscitar admiração. James Macpherson recolheu baladas irlandesas na Escócia, escreveu um poema "épico" no qual o cenário já não era o irlandês, mas o escocês, e depois descartou as baladas genuínas como composições posteriores, cópias de "Ossian" — e também a literatura irlandesa real, a que elas pertenciam, como se fosse um simples reflexo. Depois, o ministro de Sleat escreveu um *Ensaio crítico* que fornecia o contexto necessário ao "Homero céltico" "descoberto" pelo seu homônimo: declarou que existiam celtas de língua irlandesa na Escócia quatro séculos antes da data em que a história afirma que eles chegaram, e explicou que a literatura genuína e nativa da Irlanda havia sido roubada dos inocentes escoceses pelos inescrupulosos irlandeses durante a alta Idade Média. Para arrematar, o próprio James Macpherson, baseado no trabalho do ministro, escreveu uma *Introdução à história da Grã-Bretanha e da Irlanda* (1771) como se fosse uma obra "independente", reafirmando as ideias do ministro. O sucesso dos Macpherson foi tanto que eles convenceram até Edward Gibbon, historiador dos mais críticos e cuidadosos, que reconheceu como orientadores em matéria de história escocesa aqueles "dois sábios das Altas Terras Escocesas", James Macpherson e o rev. Macpherson, perpetuando assim o que já foi corretamente denominado de "uma sucessão de equívocos na história escocesa".[4]

Limpar a história escocesa das mentiras inter-relacionadas e desvirtuadoras tramadas pelos Macpherson — se é que se conseguiu removê-las inteiramente — foi trabalho para um século inteiro.[5] Entrementes, estes dois insolentes embusteiros conseguiram uma vitória duradoura: colocar os habitantes das Terras Altas da Escócia em evidência. Antes desprezados tanto pelos habitantes das Terras Baixas, que os consideravam selvagens desordeiros, quanto pelos irlandeses, que os tinham como parentes pobres e ignorantes, eles agora eram exaltados pela Europa inteira como um *Kulturvolk* que, enquanto a Inglaterra e a Irlanda jaziam imersas num barbarismo primitivo, havia produzido um poeta épico de uma sensibilidade e um requinte primoroso, que se equiparava (segundo Mme. de Staël) ou até superava (segundo F.A. Wolf) o próprio Homero. E não foi apenas na literatura que eles chamaram a atenção da Europa. Pois uma vez cortados os vínculos com a Irlanda e adquirida — embora por meios fraudulentos — uma cultura antiga independente, os habitantes das Terras Altas da Escócia estavam livres para demonstrar esta independência através de tradições peculiares. O próximo passo em matéria de tradição foi estabelecer um traje característico.

Em 1895 Sir Walter Scott escreveu, para ser publicado na *Edinburgh Review*, um ensaio sobre o Ossian de Macpherson. Demonstrou na exposição a sólida erudição e o bom senso que lhe eram característicos. Rejeitou resolutamente a autenticidade do poeta épico que a elite literária escocesa em geral e os montanheses em particular insistiam em defender. Todavia, no mesmo ensaio afirmou, entre parênteses, que sem dúvida o antigo caledônio do século III d.C. usava "um saiote *(philibeg)* de lã xadrez". É surpreendente encontrar esta afirmação feita de maneira tão segura num ensaio tão racional e crítico. Ao que me consta tal declaração jamais havia sido feita, nem mesmo pelo próprio Macpherson: seu Ossian sempre fora representado vestido com uma túnica esvoaçante e, a propósito, o instrumento que tocava não era a gaita de foles, mas a harpa. E Macpherson também era oriundo das Terras Altas, por sinal de uma geração anterior à de Scott. No caso em questão, isso fazia uma diferença incrível.

Em que época o "saiote de lã xadrez", o *kilt* moderno, começou a ser usado pelos habitantes das Terras Altas? Não há dúvidas profundas a respeito, especialmente desde a publicação da excelente obra do sr. J. Telfer Dunbar.[6] Enquanto o *tartan* — tecido com um padrão colorido e geométrico — já era conhecido na Escócia no século XVI (vindo, ao que parece, de Flandres e chegando às Terras Altas depois de atravessar as Terras Baixas), o saiote *(philibeg)* — tanto o termo como a peça — só surgiu no século XVIII. Longe de ser uma vestimenta tradicional montanhesa, foi inventado por um inglês após a União, em 1707; os *"tartans dos clãs"*, por sua vez, são uma invenção ainda mais nova, cuja forma atual se deve a outro inglês, mais jovem do que Sir Walter Scott.

Já que os montanheses da Escócia eram no início apenas irlandeses emigrados de uma ilha para outra, é de se supor que a princípio eles se vestissem exatamente como os irlandeses. De fato, é o que se pode constatar. Até o século XVI, nenhum autor registrou qualquer peculiaridade nos trajes das Terras Altas; todos os relatos do período estão de acordo nesse ponto. Segundo eles, a indumentária comum dos montanheses constava de uma longa camisa "irlandesa" (*leine*, em gaélico) que as classes altas — como na Irlanda — traziam tingida de açafrão (*leine-croich*); uma túnica, *ou failuin*; e uma capa ou manto, que quando usada pelas pessoas de classe alta era toda colorida ou listrada, só que de um tom castanho-avermelhado ou marrom, para servir de camuflagem entre as urzes. Além disso, os montanheses usavam calçados de sola fina (as classes altas possivelmente usavam borzeguins) e boinas achatadas e moles, geralmente azuis. Nas batalhas, os líderes usavam uma cota de malha e os homens de classes baixas, uma camisa de linho acolchoada, pintada ou besuntada de breu, e coberta de peles de veado. Além dessas roupas normais, os chefes e dignitários que entravam em contato com os habitantes mais sofisticados das Terras Baixas talvez usassem calças justas de pano axadrezado, os *trews*, uma combinação de calções com meias. Nas Terras Altas, os *trews* só podiam ser usados na rua por homens que tivessem ajudantes que os protegessem ou transportassem; eram, portanto, um sinal de distinção social. Tantos os mantos quanto os *trews* provavelmente eram feitos de *tartan*.[7]

Durante o século XVII — no qual se rompeu o vínculo entre a Irlanda e as Terras Altas — o vestuário montanhês foi se transformando. As mudanças ocorreram de maneira irregular ao longo do século. Primeiro, a camisa longa caiu em desuso, sendo substituída nas ilhas no início do século pelo capote, colete e calções típicos das Terras Baixas.[8] Por outro lado, um pastor escocês, muito tempo depois, lembrou-se de que os indômitos escoceses do exército jacobita, ao passarem por sua paróquia, em 1715, "não usavam manto, nem saiote"; apenas uma túnica justa, de cor lisa, de confecção caseira, que ia até abaixo do joelho, com cinto.[9] Que eu saiba, esta é a última prova da permanência do *leine* na Escócia.

Durante todo o século XVII, os exércitos das Terras Altas sustentaram uma guerra civil contra os ingleses; segundo todas as descrições dos exércitos montanheses, os oficiais usavam *trews*, enquanto os soldados tinham as pernas e coxas nuas. Tanto os oficiais quanto os soldados usavam um manto, os oficiais para cobrir a parte superior do corpo e os soldados para envolver o corpo inteiro, preso na cintura por um cinto, de modo que a parte inferior, abaixo do cinto, formasse uma espécie de saia; este traje era conhecido como *breacan,* ou "manto com cinto". O que é importante frisar é que até aquela época nem se falava no *kilt* conforme o conhecemos. Ou se usavam os *trews* aristocráticos, ou os "mantos" dos "subordinados".[10]

O termo *"kilt"* só surge vinte anos depois da União. Edward Burt, oficial inglês designado para servir na Escócia como supervisor-chefe sob as ordens do general Wade, escreveu então uma série de cartas, na maior parte de Inverness, descrevendo as peculiaridades e os costumes da região. Nestas cartas, ele fornece uma cuidadosa descrição do *"quelt"*, que, segundo ele, não é uma peça isolada do vestuário, mas apenas uma maneira especial de usar-se o manto,

> todo pregueado e cingido na cintura de modo a formar um curto saiote que vai só até o meio das coxas, sendo a outra parte do manto colocada sobre os ombros e presa na frente e, [...] de maneira que os homens ficam parecendo até mulheres pobres de Londres quando cobrem a cabeça com o vestido para se protegerem da chuva.

Esse saiote, acrescenta Burt, era normalmente usado "tão curto que, num dia de ventania, ou quando é necessário subir um morro ou inclinar-se, prontamente se percebe a sua indecência". Pela descrição nota-se que ele não está se referindo ao *kilt* moderno, mas ao manto com cinto.

Burt foi explícito com respeito à indumentária das Terras Altas porque já naquele tempo ela era objeto de controvérsia política. Após a rebelião jacobita de 1715, o Parlamento britânico havia considerado a ideia de proibir tais trajes por lei, assim como Henrique VIII proibira os trajes irlandeses: pensava-se que esta proibição ajudaria a desintegrar o estilo de vida das Terras Altas e a integrar os montanheses na sociedade moderna. Contudo, a lei acabou não sendo aprovada. Reconheceu-se que a indumentária montanhesa era conveniente e necessária num país onde o viandante precisa estar "saltando de pedra em pedra, vadeando brejos e dormindo ao relento, nos montes". Também era necessário aos pobres, por ser bastante barato: "qualquer montanhês pode adquirir estes trajes por apenas alguns xelins", que não comprariam nem mesmo o mais ordinário "traje das Terras Baixas".

Ironicamente, se a indumentária das Terras Altas tivesse sido proibida depois do "1715", em vez de após os "idos de 45", o *kilt*, hoje em dia considerado uma das antigas tradições escocesas, provavelmente jamais teria existido. Ele surgiu alguns anos depois que Burt escreveu suas cartas, num lugar bem próximo a Inverness. Apareceu de repente, alguns anos depois de 1726, quando ainda era desconhecido. Já em 1746 havia se firmado o suficiente para ser explicitamente citado na lei parlamentar que naquele ano proibiu os trajes montanheses. Quem o inventou foi um *quaker* inglês de Lancashire, Thomas Rawlinson.

Os Rawlinson eram uma família *quaker* tradicional de manufatores de ferro, que residia em Furness. No início do século XVIII, juntamente com outras famílias *quakers* de peso — Ford, Crosfield, Backhouse —, eles controlavam "uma vasta rede de fornos de fundição e forjas" em Lancashire. Só que, estando com falta de carvão vegetal, eles precisaram usar madeira como combustível. Felizmente, após a repressão da revolta, as Terras Altas estavam sendo franqueadas, e as florestas do norte poderiam ser exploradas pela indústria do sul. Assim, em 1727, Thomas Rawlinson fez um acordo com Ian MacDonell, chefe dos MacDonell de Glengarry, perto de Inverness, arrendando por 31 anos uma área de florestas em Invergarry. Construiu ali um forno onde era refinado o minério de ferro enviado especialmente de Lancashire. A empresa não foi bem-sucedida em termos econômicos; entrou em liquidação depois de sete anos, durante os quais, porém, Rawlinson acabou conhecendo toda a região, estabelecendo relações constantes com os MacDonell de Glengarry e, naturalmente, contratando "uma turba de montanheses" para trabalhar no corte das árvores e no forno.[11]

Durante sua estada em Glengarry, Rawlinson interessou-se pela indumentária das Terras Altas, percebendo ao mesmo tempo seus inconvenientes. O manto com cinto podia ser adequado para a vida ociosa dos montanheses — para dormir nos montes ou esconder-se em meio às urzes.

Era também oportunamente barato, uma vez que todos concordavam que a classe baixa não tinha condições de adquirir um par de calças nem calções. Entretanto, para homens que tinham de derrubar árvores e trabalhar nos fornos, aquele era "um traje um tanto quanto incômodo e desajeitado". Sendo, portanto, um homem "engenhoso e bem-dotado", Rawlinson mandou chamar o alfaiate do regimento estacionado em Inverness e com ele pôs-se a "simplificar as vestimentas, de modo que elas se tornassem práticas e convenientes para serem usadas por seus operários". O resultado foi o *felie beg, philibeg,* ou "saiote curto", obtido pela separação entre saia e manto, e convertido numa peça separada, com pregas já costuradas. Este novo traje foi usado pelo próprio Rawlinson, cujo exemplo foi seguido pelo sócio, Ian MacDonell de Glengarry. Os membros do clã, como sempre, não tardaram a imitar seu chefe, e a novidade "foi considerada tão prática e conveniente que num instante o seu uso alastrou-se por todas as regiões montanhesas e também por muitas áreas das Terras Baixas setentrionais".

Este relato das origens do *kilt* foi inicialmente feito em 1768 por um fidalgo montanhês que havia conhecido Rawlinson pessoalmente. Foi publicado em 1785, sem levantar qualquer discordância.[12] Foi confirmado pelas duas maiores autoridades em costumes escoceses da época,[13] e por depoimentos isolados feitos pela família Glengarry.[14] Durante quarenta anos não foi contestado, nem jamais foi refutado. Concorda com todos os dados colhidos desde aquela época, inclusive com as provas constituídas por ilustrações, pois a primeira pessoa a ser retratada vestida visivelmente com um *kilt* moderno, não com um manto com cinto, surge num retrato de Alexander MacDonell de Glengarry, filho do chefe que era amigo de Rawlinson. É interessante observar que, neste retrato, não é o chefe que está de *kilt,* mas sim seu criado — o que reforça novamente o seu status servil.[15] As melhores autoridades modernas atestam a veracidade da história com base nas provas acima.[16] Podemos, portanto, concluir que o *kilt* é uma vestimenta absolutamente moderna, idealizada e vestida pela primeira vez por um industrial *quaker* inglês, que não o impôs aos montanheses para preservar o modo de vida tradicional deles, mas *para facilitar a transformação* deste mesmo modo de vida: para trazê-los das urzes para a fábrica.

Mas sendo esta a origem do *kilt,* outra dúvida imediatamente nos ocorre: qual era o *tartan* utilizado pelos *quakers* nos saiotes? Seria um *sett,* ou disposição de cores, diferente, especialmente criado para um Rawlinson de Lancashire, ou será que Rawlinson se tornou membro honorário do clã dos MacDonell? Será que esses *setts* realmente já existiam no século XVIII? Quando começou a diferenciação entre os padrões usados pelos vários clãs?

Para os autores do século XVI que primeiro descreveram claramente a indumentária montanhesa, tal diferenciação não existia. Segundo eles, os mantos dos chefes eram coloridos e os dos seus seguidores, castanhos, de maneira que a diferenciação de cores era feita, naquele tempo, de acordo com o status social, não com os clãs. A prova mais antiga apresentada em favor da diferenciação por clã é uma declaração de Martin Martin, que esteve nas Hébridas em fins do século XVII. Martin, porém, simplesmente indica as localidades a que correspondem os vários padrões: não os diferencia com base nos clãs; aliás, são fortes os indícios contrários à diferenciação por clãs. Assim, uma série de retratos cuidadosamente elaborados por Richard Waitt no século XVIII, mostra os membros da família Grant vestidos com trajes de padrões os mais variados; nos retratos dos Macdonald de Armadale podem-se observar "pelo menos seis padrões diferentes de tecido"; e indícios contemporâneos relativos à rebelião de 1745 — sejam eles do tipo indumentário, pictórico ou literário — não revelam qualquer diferenciação de clãs, nem nenhuma continuidade de padrões. A única maneira de comprovar a lealdade de um montanhês era olhar, não para o padrão de suas vestimentas, mas para o penacho que trazia na boina. Os padrões eram apenas uma questão de gosto pessoal ou de necessidade.[17] Aliás, em outubro de 1745, quando o Jovem Cavaleiro esteve em Edimburgo com seu exército, o periódico *Caledonian Mercury* anunciava "um grande sortimento de *tartans,* os mais recentes padrões". Conforme admite D.W. Stewart, com relutância:

> eis um tremendo obstáculo para aqueles que defendem a tese de que os padrões são antigos; pois é estranho que, estando a cidade repleta de montanheses de todos os níveis sociais e de vários clãs, não lhes fossem oferecidos seus antigos *setts,* mas "um grande sortimento dos mais recentes padrões".

Dessa forma, quando irrompeu a grande rebelião de 1745, o *kilt* por nós conhecido era uma invenção inglesa recente, e não existiam *tartans* diferenciados de acordo com os clãs. Contudo, a rebelião determinou uma mudança tanto na história indumentária quanto na história social e econômica da Escócia. Após ter sido sufocada a rebelião, o governo britânico decidiu afinal fazer o que havia pretendido em 1715 (aliás, até antes), destruindo de uma vez por todas o estilo de vida independente dos montanheses. Por intermédio das várias leis parlamentares subsequentes à vitória de Culloden, os montanheses foram desarmados, seus chefes, privados de suas jurisdições hereditárias e, além disso, o uso dos trajes montanheses — "manto, *philibeg*, *trews*, boldriés [...] *tartans* ou mantos e acessórios multicoloridos" — foi proibido sob pena de prisão sem direito a fiança até seis meses e, na reincidência, deportação por sete anos.[18] Esta lei draconiana permaneceu em vigor por 35 anos: 35 anos durante os quais todo o modo de vida das Terras Altas se esfacelou rapidamente. Em 1773, ao fazerem sua famosa viagem, Johnson e Boswell descobriram que não haviam chegado a tempo de ver aquilo que esperavam, "um povo de aparência peculiar e um sistema de vida arcaico". Durante a viagem inteira, segundo lembra Johnson, não viram ninguém vestido com o *tartan*. A lei (da qual ele discordava) havia sido imposta em toda a parte. Até a gaita de foles, observou ele, "começa a ser esquecida". Já em 1780 os trajes montanheses pareciam ter-se extinguido por completo, e nenhum homem racional teria tido a ideia de restaurá-los.

A história, contudo, não é racional: ou, pelo menos, é racional apenas em parte. Aqueles que costumavam usar os trajes montanheses realmente deixaram de usá-los. Depois de uma geração usando calças, o campesinato humilde das Highlands não via mais sentido em voltar a vestir o manto ou as roupas axadrezadas que antes consideravam tão baratas e úteis. Não adotaram nem mesmo o "prático e conveniente" *kilt*, que era novidade. Em compensação, as classes médias e altas, que antes faziam pouco daqueles trajes "servis", adotaram com entusiasmo as vestes que os usuários tradicionais haviam rejeitado.[19] Durante os anos em que durou a proibição, alguns nobres das Terras Altas gostavam de vestir aquelas roupas tradicionais e de serem retratados assim, na segurança de seus lares. Depois que a lei foi abolida, a moda se alastrou. Nobres escoceses anglicizados, membros prósperos da pequena nobreza, juristas bem-educados de Edimburgo e prudentes mercadores de Aberdeen — homens que não estavam à beira da miséria e que nunca teriam de saltar sobre as rochas e os brejos, nem dormir ao relento nos montes — exibiam-se publicamente não nos históricos *trews,* vestimenta tradicional de suas respectivas classes, nem nos incômodos mantos com cinto, mas numa versão sofisticada e dispendiosa da tal novidade, o *philibeg,* ou saiote curto.

Duas são as causas desta mudança notável. Uma delas é geral, da Europa toda, e pode ser rapidamente resumida. Era o movimento romântico, o culto ao bom selvagem que a civilização ameaçava destruir. Antes de 1745, os habitantes das Terras Altas tinham sido desprezados, por serem considerados bárbaros indolentes e rapaces. Em 1745, tinham sido temidos por serem considerados rebeldes perigosos. Mas após 1746, tendo-se esfacelado sua sociedade com tanta facilidade, eles apresentavam o romantismo de um povo primitivo combinado ao fascínio das espécies em perigo de extinção. Foi nestas circunstâncias que Ossian saboreou uma tranquila vitória. A segunda causa era mais específica, e merece um exame mais detido. Foi a formação dos regimentos das Terras Altas pelo governo britânico.

Ela havia começado antes de 1745 — aliás, o primeiro regimento deste tipo, a *Black Watch* (Guarda Negra), depois do 43° e 42° regimentos de fileira, havia lutado em Fontenoy, em 1740. Porém, foi nos anos de 1757 a 1760 que o presbítero Pitt procurou sistematicamente desviar o espírito marcial das Terras Altas da aventura jacobita para a guerra imperial. Conforme ele diria mais tarde:

> Busquei o mérito onde ele devia ser encontrado; orgulho-me de ter sido o primeiro ministro que o procurou, e o encontrou nas montanhas do norte. Eu o chamei e trouxe para servir-vos uma raça de homens intrépidos e audaciosos.

Logo esses regimentos montanheses se cobririam de glória na Índia e na América. Também estabeleceram uma nova tradição indumentária, pois, através da "Lei Conciliatória" de 1747, foram explicitamente eximidos da proibição que pesava sobre os trajes montanheses; portanto, durante os 35 anos em que o campesinato céltico adotou em definitivo as calças saxônicas e o Homero dos celtas foi retratado vestido com uma túnica bárdica, foram apenas os regimentos montanheses que mantiveram a indústria do *tartan* em funcionamento e estabeleceram a novidade mais recente de todas, o *kilt* de Lancashire.

A princípio, o uniforme dos regimentos era o manto com cinto; mas após a invenção do *kilt*, que se tornou popular devido à sua conveniência, os regimentos o adotaram. Além do mais, provavelmente foi esta adoção que deu origem à ideia de distinguir os padrões de acordo com os clãs. Quanto mais os regimentos montanheses se multiplicavam para atender às necessidades ditadas pela guerra, mais se diferenciavam seus uniformes; de modo que quando os civis voltaram a usar o *tartan* e o movimento romântico incentivou o culto dos clãs, esse mesmo princípio de diferenciação foi prontamente transferido do regimento para o clã. Mas isso aconteceu bem mais tarde. Por enquanto, nos restringiremos apenas ao *kilt*, que, tendo sido inventado por um industrial *quaker* inglês, foi salvo da extinção por um estadista imperialista inglês. O passo seguinte foi a invenção de uma linhagem escocesa. Pelo menos este estágio foi levado a cabo pelos escoceses.

Começou com um passo importante, dado em 1778; a fundação, em Londres, da Sociedade das Terras Altas (*Highland Society*), cuja principal função era incentivar as velhas virtudes das Terras Altas e preservar as antigas tradições das Terras Altas. Constituía-se principalmente de nobres e oficiais montanheses, mas seu secretário, "a quem a sociedade parece estar especialmente agradecida pelo zelo com que se empenhou para que ela tivesse êxito", era John Mackenzie, advogado do "Temple", "o mais íntimo amigo e confidente", cúmplice, braço direito e, mais tarde, testamenteiro de James Macpherson. Tanto James Macpherson quanto Sir John Macpherson foram sócios fundadores da Sociedade, de cujos objetivos explícitos um era o da preservação da antiga literatura gaélica, e cujo maior êxito, aos olhos de seu historiador, Sir John Sinclair, foi a publicação do texto "original" em gaélico de Ossian, em

A INVENÇÃO DAS TRADIÇÕES | 37

1807. Este texto foi fornecido por Mackenzie, a partir dos trabalhos de Macpherson, tendo sido editorado pelo próprio Sinclair e acompanhado de um ensaio também dele que visava provar sua autenticidade (aliás, facilmente contestável). Considerando a dupla função de Mackenzie e a preocupação demonstrada pela Sociedade em relação à literatura gaélica (quase toda inspirada ou produzida por Macpherson), todo este empreendimento pode ser considerado como mais uma das operações da máfia dos Macpherson em Londres.

A Sociedade tinha como segundo e não menos importante objetivo o de assegurar a revogação da lei que proibia o uso dos trajes montanheses na Escócia. Para isso, os membros da Sociedade comprometeram-se, por iniciativa própria, a se encontrarem (conforme era permitido em Londres)

> vestidos com aqueles trajes tão famosos por terem sido a vestimenta de seus ancestrais célticos e, nas reuniões, pelo menos, falar a linguagem enfática, ouvir a deliciosa música, recitar a antiga poesia e observar os costumes específicos de sua terra.

Pode-se observar, não obstante, que a indumentária montanhesa, mesmo então ainda não incluía o *kilt*: pelas regras da Sociedade, consistia nos *trews* e no manto com cinto ("manto e saiote numa só peça").[20] Tal objetivo foi alcançado em 1782, quando o marquês de Graham, a pedido de um Comitê da Sociedade das Terras Altas, propôs com êxito, na Câmara dos Comuns, a revogação da lei. Isso causou grande alegria na Escócia, e os poetas gaélicos celebraram a vitória do manto com cinto céltico sobre as calças saxônicas. Dali por diante, pode-se dizer que os trajes montanheses recentemente remodelados ganharam popularidade.

Mas houve também obstáculos. Pelo menos um escocês, desde o início, opôs-se a todo o processo pelo qual os montanheses célticos, há pouco tempo desprezados como bárbaros alienígenas, passavam a ser os únicos representantes da história e da cultura escocesas. Este homem foi John Pinkerton, que, apesar de ser visivelmente excêntrico e alimentar fortes preconceitos, não pode deixar de ser considerado, conforme ele mesmo dizia, o maior arqueólogo escocês desde Thomas Innes. Pinkerton foi o primeiro estudioso a descobrir indícios da verdadeira história medieval escocesa. Era inimigo implacável das falsificações históricas e literárias dos Macpherson. Foi também o primeiro estudioso a documentar a história da indumentária montanhesa. Só cometeu um grave erro: acreditar que os *picts* pertenciam a uma raça diferente da dos escoceses; que os *picts* (por ele admirados) não eram celtas (por ele desprezados), mas godos. Tal engano, porém, não invalidou suas conclusões, quais sejam, que os primeiros caledônios distinguiam-se por não usarem *kilts*, nem mantos com cinto, mas calças; que o *tartan* havia sido importado há relativamente pouco tempo; *e* que o *kilt* era mais recente ainda.

O próprio Sir John Sinclair logo aderiu às ideias de Pinkerton. Em 1794 Sinclair havia reunido uma força militar local — os milicianos de Rothesay e Caithness — para servir na guerra contra a França; e, após detidos estudos, resolveu uniformizar as tropas não com o *kilt* (pois sabia tudo sobre o *quaker* Rawlinson), mas com *trews* de tecido axadrezado. No ano seguinte, resolveu aparecer na corte em trajes montanheses, que incluíam calças confeccionadas num tecido de padrão criado especialmente por ele mesmo. Mas, antes de comprometer-se, consultou Pinkerton, que se mostrou encantado com a sua decisão de substituir o "saiote por calças", porque o saiote, supostamente antigo, segundo Pinkerton "era, na verdade, bem moderno, e podia ser aperfeiçoado sem restrições, pois isso não constituiria violação da tradição. Além do que, as calças são muito mais antigas do que o saiote". Aliás, nem o manto nem o tecido multicolorido eram antigos, acrescenta ele Tendo, desta forma, negado inteiramente a antiguidade do traje que fora atribuído "a nossos ancestrais célticos", Pinkerton pôs-se a dissertar sobre seu valor intrínseco. Declarou que o saiote "é não só flagrantemente indecente, como também anti-higiênico, pois permite que o pó adira à pele e exala o fedor da transpiração"; é fora de propósito, porque o tórax é duplamente envolvido por uma túnica e por um manto, ao passo que "as partes ocultas por toda as outras nações são precariamente cobertas"; é também uma vestimenta afeminada, miserável e feia: pois

A INVENÇÃO DAS TRADIÇÕES | 39

'nada pode reabilitar a regularidade deselegante e o brilho vulgar do *tartan* aos olhos da moda; todas as tentativas de introduzi-lo no mercado falharam". Mas o *tartan* exclusivo de Sir John, conforme Pinkerton apressou-se em observar, havia "contornado todas estas objeções" e, por ter apenas duas cores suaves, havia assegurado "um efeito geral bastante agradável".[21]

Assim escreveu "o famoso arqueólogo, sr. Pinkerton". Só que escreveu em vão, pois por aquela época os regimentos montanheses já haviam adotado o saiote curto, e seus oficiais facilmente se convenceram de que este pequeno *kilt* era o traje nacional da Escócia desde tempos imemoriais. Que pode a mera e trêmula voz da erudição contra uma enérgica ordem militar? As contestações nem sequer seriam levadas em consideração. Em 1804, o Ministério da Guerra — influenciado talvez, por Sir John Sinclair — considerou a possibilidade de substituir o *kilt* pelos *trews*, e sondou os oficiais de serviço, como convinha. O coronel Cameron, do 79º regimento, ficou indignado. Será que o Alto Comando estava realmente propondo que "cessasse aquela livre circulação de ar puro e saudável" sob o saiote, que "tão singularmente preparava o montanhês para *entrar em ação?*" "Espero, sinceramente", protestou o galante coronel, "que Sua Alteza Real nunca aceda a pedido tão doloroso e degradante [...] como o de despojar-nos de nossos trajes regionais e nos enfiar em arlequinais calças de xadrez".[22] Diante deste espirituoso ataque, o ministério recuou, e foram montanheses vestidos de saiote que, após a vitória final de 1815, conquistaram a imaginação e despertaram a curiosidade de Paris. Nos anos seguintes, a série de romances iniciada com *Waverley*, escrita por Sir Walter Scott, combinada com os regimentos montanheses, contribuiu para difundir a moda dos *kilts* e *tartans* pela Europa inteira.

Entrementes, outro militar dedicava-se a impor o mito de que esses trajes eram realmente antigos. O coronel David Stewart de Garth, que se alistara no 42º regimento montanhês aos dezesseis anos, passara a vida de adulto inteira no Exército, principalmente no estrangeiro. Depois de 1815, como oficial a meio soldo, dedicou-se primeiro ao estudo dos regimentos montanheses, depois da vida e tradições das

Terras Altas, tradições que havia descoberto quase sempre, talvez, no refeitório dos oficiais, em vez de nos vales estreitos ou extensos da Escócia. Tais tradições, naquela época, incluíam o *kilt* e os padrões dos clãs, ambos aceitos sem questionamentos pelo coronel. De fato, ele tivera conhecimento da versão de que o *kilt* havia sido inventado por um inglês, mas recusou-se a levá-la em consideração porque ela era, segundo ele, refutada "pela crença geral de que o saiote fazia parte da indumentária escocesa desde a aurora das tradições". Ele também declarou, com igual certeza, que os tecidos axadrezados sempre haviam sido confeccionados "com padrões diferentes (ou *setts* diferentes, como eram chamados) de acordo com os vários clãs, tribos, famílias e distritos". Não forneceu dados concretos para sustentar nenhuma dessas afirmações, que foram publicadas em 1822, num livro intitulado *Sketches of the Character, Manners and Present State of the Highlanders of Scotland* (Esboço do caráter, hábitos e estado atual dos montanheses da Escócia). Sabemos que este livro veio a ser a "base de todas as obras posteriores sobre os clãs".[23]

Não foi apenas através da literatura que Stewart defendeu a nova causa montanhesa. Em janeiro de 1820, fundou a Sociedade Céltica de Edimburgo, composta por jovens civis cujo principal objetivo era o de "promover o uso generalizado dos antigos trajes montanheses entre os habitantes das Terras Altas", e fazer isto usando os ditos trajes em Edimburgo. O presidente da Sociedade era Sir Walter Scott, nativo das Terras Baixas. Os sócios jantavam juntos regularmente, "vestidos com *kilts* e boinas, à antiga, e armados até os dentes". Nessas ocasiões, Scott mesmo preferia usar calças, mas declarava ficar "bastante contente com o incrível entusiasmo que demonstravam os montanheses quando libertados da escravidão dos calções". "Jamais se viu", escreveu ele, após um jantar, "pulação, alvoroço e gritaria iguais".[24] Tal era o efeito, mesmo na recatada Edimburgo, da livre circulação de ar puro e saudável sob o saiote montanhês.

Assim, em 1822, graças principalmente ao trabalho de Sir Walter Scott e do coronel Stewart, a ofensiva das Terras Altas já havia começado. Recebeu uma tremenda publicidade naquele ano por causa da visita oficial do rei Jorge IV a Edimburgo. Era a primeira vez que um monarca hanoveriano vinha à capital escocesa, e tudo foi cuidadosamente preparado para garantir o sucesso do evento. O que nos interessa são as pessoas que se encarregaram desses preparativos. Pois o mestre de cerimônias incumbido de todos eles foi Sir Walter Scott, que designou como seu assistente — seu "ditador" em matéria de cerimonial e vestuário — o coronel Stewart de Garth; e os guardas de honra apontados por Scott e Stewart para proteger o rei, os funcionários do governo e as insígnias da Escócia foram escolhidos dentre aqueles "aficionados do *philibeg*", *os* membros da Sociedade Céltica, "vestidos com trajes característicos". O resultado foi uma esquisitíssima caricatura da história e da realidade escocesas. Preso a seus fanáticos amigos celtas, arrebatado por suas próprias fantasias românticas célticas, Scott estava determinado a esquecer completamente a Escócia histórica, sua Escócia das Terras Baixas. A visita real, segundo ele, devia ser "uma reunião dos montanheses". Assim, ele instou com os chefes montanheses para que viessem com seu "séquito" prestar homenagem a seu rei. "Vinde e trazei meia dúzia ou uma dezena de membros do clã", escreveu ele a um desses chefes, "de modo a parecer um chefe ilhéu, como sois [...] o que ele mais apreciará ver serão os montanheses".[25]

Os habitantes das Terras Altas atenderam ao pedido. Mas que padrão trariam nas roupas? A ideia de criar padrões de tecido diferentes de acordo com os clãs, divulgada na época por Stewart, parece ter-se originado com os engenhosos fabricantes que, por 35 anos, tiveram como únicos clientes os regimentos montanheses, mas que, agora, desde a revogação de 1782, previam uma grande expansão do mercado. A maior destas firmas era a William Wilson e Filho, de Bannocknoburn, cuja abundância de registros representa uma fonte inestimável para os historiadores. Os srs. Wilson e Filho, percebendo a vantagem de criar um repertório de padrões de clãs diferentes, o que estimulava a competição entre as tribos, entraram, com esse objetivo, em acordo com a Sociedade das Terras Altas de Londres, que cobriu aquele projeto comercial com uma capa, ou manto de respeitabilidade histórica. Em 1819, quando se começou a falar sobre a visita real, a firma preparou um "Catálogo de Padrões* e enviou amostras dos vários *tartans* para Londres, onde foram devidamente "autenticados" pela Sociedade como pertencentes a este ou aquele clã. Entretanto, quando a visita foi confirmada, deixou de haver tempo para tais requintes de organização. Houve tal abundância de encomendas que "cada peça de tecido era vendida assim que saía pronta do tear". Em tais circunstâncias, o dever primordial da firma era manter a oferta e assegurar que os chefes montanheses pudessem comprar aquilo de que necessitassem. Assim, Cluny Macpherson, herdeiro do chefe do descobridor de Ossian, recebeu um *tartan* já existente, que passou a chamar-se para ele "Macpherson"; só que antes, tendo sido vendido a atacado a um certo sr. Kidd, que o usou para vestir seus escravos das Antilhas, o padrão se chamava "Kidd", tendo sido anteriormente conhecido apenas como "Nº 155". Graças a essa versatilidade comercial, os chefes conseguiram atender às instâncias de Sir Walter, e os cidadãos de Edimburgo puderam admirar Sir Evan Macgregor de Macgregor "vestido com seu próprio *tartan* montanhês, e acompanhado de seu séquito, bandeira e gaiteiros", e o coronel MacDonell de Glengarry, herdeiro — através de Rawlinson — do mais antigo *kilt* da Escócia, agora sem dúvida sofisticado especialmente para a ocasião.

Assim foi a capital da Escócia "tartanizada" para receber seu rei, que também veio com o mesmo tipo de traje, desempenhou seu papel na pantomima céltica e, no clímax da visita, convidou os dignitários presentes a fazerem um brinde não à elite verdadeira e histórica, mas "aos chefes e clãs da Escócia". Até mesmo o dedicado genro e biógrafo de Scott, J.G. Lockhart, ficou desapontado com esta "alucinação" coletiva, na qual, segundo ele, "as notáveis e surpresas glórias" da Escócia foram atribuídas às tribos célticas que "sempre constituíram uma parte pequena e quase sempre sem importância da população escocesa". Já Lorde Macaulay, que era montanhês de origem, foi mais franco. Tendo escrito na década de 1850, não duvidava de que a indumentária montanhesa fosse antiga, mas achava revoltante que raças civilizadas da Escócia se vestissem com aqueles "saiotes" riscados, porque aquilo contrariava o próprio sentido de evolução histórica. No final, segundo ele, esta absurda moda moderna havia atingido um ponto além do qual não se poderia mais ir. O último rei britânico que manteve uma corte em Holyrood julgou que não poderia dar prova mais definitiva de seu respeito pelos costumes que prevalecem na Escócia desde a União do que fantasiar-se com um traje que, antes da União, era considerado por nove entre dez escoceses como roupa de ladrão.[26]

"Além do qual não se poderia ir" [...] Macaulay subestimou a força de uma "alucinação" apoiada por um interesse econômico. Scott poderia readquirir o juízo perdido — como logo aconteceu —, mas a farsa de 1822 tinha dado novo impulso à indústria do *tartan*, e inspirado uma nova fantasia a ser aproveitada por essa indústria. E então, chegamos ao último estágio da criação do mito montanhês: a reconstrução e difusão, sob forma espiritual e indumentária, daquele sistema de clãs que de fato havia sido destruído após 1745. As principais figuras deste episódio foram dois dos personagens mais esquivos e sedutores que já montaram nos cavalos de pau ou nas vassouras voadoras da cultura céltica: os irmãos Allen.

Os irmãos Allen vinham de uma família da Marinha, muito bem relacionada. O avô deles, John Carter Allen, havia sido almirante da Esquadra Branca da Marinha Britânica. O filho dele, pai dos Allen, havia servido na Marinha durante um breve período; a mãe era filha de um culto ministro da Igreja Anglicana, de Surrey. O pai dos Allen é uma figura bastante confusa, de vida bastante misteriosa. Ao que parece, passou a maior parte da vida no exterior, principalmente na Itália. A infância dos dois filhos não está documentada. Tudo que se sabe é que eram ambos artistas bem-dotados em vários campos. Escreviam poemas românticos à moda de Scott; sabiam várias línguas, embora as tenham estudado, sem dúvida, por conta própria; eram hábeis projetistas, entalhadores de madeira, carpinteiros. Seu jeito persuasivo e encanto social proporcionava-lhes ampla liberdade na melhor das sociedades. Tudo faziam com perfeição e tino. Não se sabe exatamente quando eles surgiram pela primeira vez na Escócia, mas evidentemente eles estavam com o pai durante a visita real de 1822, e provavelmente estavam lá desde 1819. 1819-22 foi o período de preparação para a visita. Foi também o período em que a firma Wilson e Filho de Bannocknoburn estava estudando um plano sistemático de produção de *tartans* para os clãs montanheses, e a Sociedade das Terras Altas de Londres, sem dúvida em conluio com eles, estava considerando a publicação de um livro fartamente ilustrado sobre os *tartans* dos clãs montanheses.[27] Acredita-se que a família Allen tenha estado em contato com a Wilson e Filho nesta época.

Nos anos seguintes, os irmãos provavelmente viajaram para o exterior, aparecendo, porém, ocasionalmente em grandes casas escocesas ou comparecendo a festas elegantemente vestidos (conforme um observador inglês) "com toda a extravagância permitida pelos trajes montanheses — toda espécie de penduricalhos, condecorações falsas e ouropéis".[28] Foram vistos por um aristocrata russo, que estava de visita, em Altyre, residência da família Gordon Cuming, em todo o esplendor de suas condecorações e insígnias de cavaleiros. Haviam dado a seu nome um toque escocês, mudando-o primeiro para Allan e, depois, para Hay Allan, e por último, para Hay, alimentando a versão de que seriam descendentes do último Hay, conde de Errol. Como ele havia morrido solteiro, eles inventaram-lhe um casamento secreto; mas nunca afirmaram isso explicitamente, para não tornar vulneráveis suas alegações. Sir Walter Scott lembrava-se de ter visto o mais velho dos irmãos com a insígnia do Condestável da Escócia — posto hereditário da casa dos Errol — "que ele não podia ter mais direito de usar do que tinha de ostentar a Coroa".[29] Não podia ter mais, replicaria o criticado, nem menos.

Os irmãos costumavam passar muito tempo no extremo norte, uma vez que o duque de Moray lhes concedera livre acesso à floresta Darnaway, e eles tornaram-se exímios caçadores de veados. Nunca lhes faltaram protetores aristocratas. Até os práticos "empresários" das Terras Baixas deixavam-se cativar por eles. Foi o que aconteceu com Sir Thomas Dick Lauder, cuja esposa tinha uma propriedade em Elgin. Foi para ele que, em 1829, os irmãos revelaram possuir um importante documento histórico. Era um manuscrito que (segundo eles) havia pertencido a John Leslie, bispo de Ross, o confidente da rainha Maria da Escócia, e que fora entregue a seu pai por nada mais, nada menos que o Jovem Cavaleiro, príncipe Charlie, o Belo. O manuscrito intitulava-se *Vestiarium Scoticum* ou *O guarda-roupa escocês*, e era uma descrição dos *tartans* tribais das famílias escocesas, em que constava como autor um certo cavaleiro chamado Richard Urquhart. O bispo Leslie havia acrescentado sua data — 1571 —, mas naturalmente o manuscrito podia ser muito mais antigo. Os irmãos explicaram que o documento original estava com o pai deles, em Londres, mas mostraram a Dick Lauder uma "cópia grosseira" que haviam adquirido e que, sem dúvida, vinha, finalmente, da família Urquhart de Cromarty. Sir Thomas ficou muito entusiasmado com a descoberta. Não só o documento era importante em si, como também constituía uma autêntica fonte autorizada antiga a favor da existência de *tartans* próprios de cada clã, e, além disso, mostrava que esses padrões de tecido eram usados tanto pelos montanheses quanto pelos habitantes das Terras Baixas, fato que muito alegrou às famílias das Terras Baixas que estavam ansiosas para meter-se na disputa.[30] Assim, Sir Thomas preparou uma transcrição do texto, que o irmão mais jovem cortesmente ilustrou para ele. Depois escreveu para Sir Walter Scott, que era o oráculo no que dizia respeito a esses assuntos, insistindo que o documento fosse publicado, para corrigir os inúmeros "*tartans* insólitos e espúrios que são confeccionados todos os dias, batizados com nomes particulares e vestidos como se fossem genuínos".

Só que o espírito clássico de Scott havia retornado, e ele não se deixou enganar. A história e o conteúdo do manuscrito e o caráter dos dois irmãos lhe pareciam muito suspeitos. Ele não acreditava que os habitantes das Terras Baixas tivessem chegado a usar *tartans* de acordo com os clãs, e desconfiava que aquilo fosse vigarice de algum fabricante. Insistiu que o manuscrito fosse no mínimo submetido ao exame de especialistas do Museu Britânico. Sir Thomas aceitou a sugestão, e o irmão mais velho concordou prontamente; mas este caminho de pesquisa foi interrompido quando ele apresentou uma carta do pai, assinada por "J.T. Stuart Hay", admoestando-o severamente só pelo fato de ter mostrado o documento, porque (segundo ele) — além de ser inútil tentar recuperar um mundo irremediavelmente perdido — o documento nunca poderia ser examinado por olhos profanos, devido a certas "anotações particulares feitas nas páginas em branco". "Quanto à opinião de Sir Walter Scott", continuava o autor da carta, "visto que jamais a vi ser respeitada nem considerada do menor valor pelos antiquários, pouco se me dá".[31] Isso colocou o oráculo de Abbotsford no seu devido lugar.

Derrotados pela autoridade de Scott, os irmãos recolheram-se novamente ao norte e gradativamente aperfeiçoaram sua imagem, perícia e seu manuscrito. Arranjaram um novo protetor, Lorde Lovat, chefe católico da família Fraser, cujo ancestral havia sido executado no patíbulo em 1747. Adotaram também uma nova fé, declarando-se católicos romanos, e uma identidade nova e ainda mais ilustre. Eliminaram o sobrenome Hay e adotaram o nome real dos Stuart. O irmão mais velho passou a chamar-se John Sobieski Stuarts (John Sobieski, heroico rei da Polônia, era o bisavô materno do Jovem Cavaleiro); o caçula adotou o próprio nome do Jovem *Cavaleiro*, Charles Edward Stuart. De Lorde Lovat eles conseguiram a concessão de Eilean Aigas, uma romântica casa de campo localizada numa ilhota do rio Beauly, em Inverness, e ali montaram uma corte em miniatura. Eram conhecidos como "os Príncipes"; sentavam-se em tronos, mantinham uma etiqueta rigorosa e recebiam honras reais dos visitantes, a quem mostravam suas relíquias dos Stuart e faziam referências a documentos misteriosos, guardados num cofre de aluguel. Penduraram também o brasão real sobre a entrada da casa; quando subiam o rio até a igreja católica, em Eskadale, o pendão real drapejava-lhes acima da embarcação; seu sinete tinha o formato de uma coroa.

Foi em Eilean Aigas, em 1842, que os irmãos finalmente publicaram o famoso manuscrito, o *Vestiarium Scoticum*. Ele surgiu numa luxuosa edição, de apenas cinquenta cópias. Foi a primeira série de ilustrações coloridas de *tartans* a ser publicada, e representou uma vitória sobre as dificuldades técnicas. Tais ilustrações eram reproduzidas através de um novo processo de "impressão mecânica" e, nas palavras de um estudioso, escritas cinquenta anos depois, "não foram suplantadas por nenhum outro método de impressão a cores posteriormente inventado, tanto em matéria de beleza da execução quanto de exatidão do detalhe". Na qualidade de organizador, John Sobieski Stuarts acrescentou um comentário

A INVENÇÃO DAS TRADIÇÕES | 47

abalizado e novas provas da autenticidade do manuscrito: uma "cópia decalcada" do autógrafo do bispo Leslie e uma "transcrição" do recibo dele pelo documento. O manuscrito em si, segundo ele, havia sido "cuidadosamente cotejado" com um outro documento recentemente descoberto por um monge irlandês não identificado, num mosteiro espanhol, que agora infelizmente se encontrava em ruínas. E era também mencionado um outro manuscrito, que estivera em posse de Lorde Lovat recentemente, mas havia sido levado para a América e extraviado por lá. As buscas, porém, estavam em andamento [...]

Sendo reduzida a sua distribuição, a publicação do *Vestiarium Scoticum* não foi muito notada. Agora Scott já havia morrido, e Dick Lauder, embora tivesse continuado a "acreditar", guardou silêncio. Se tivesse escrutinado os *setts* impressos, talvez percebesse, surpreso, que haviam sofrido uma quantidade considerável de emendas desde que o irmão caçula elaborara sua reprodução. Contudo, logo se constatou que o *Vestiarium* publicado era apenas uma *pièce justificative* preliminar para uma obra original muito mais vasta. Dois anos mais tarde, os dois irmãos publicaram um volume ainda mais luxuoso, obviamente resultado de anos de estudo. Este fólio estupendo, fartamente ilustrado pelos autores, era dedicado a Ludovico I, rei da Baviera, por ser ele "o restaurador das artes católicas na Europa" e continha uma dedicatória pretensiosa, escrita em gaélico e em inglês, "aos Montanheses". Na folha de rosto lia-se que o volume fora publicado em Edimburgo, Londres, Paris e Praga. Intitulava-se *The Costume of the Clans* (Indumentária dos clãs).

The Costume of the Clans é uma obra extraordinária. Sob o aspecto puramente erudito, faz todos os trabalhos anteriores sobre o assunto parecerem falhos e comuns. Menciona as fontes mais arcaicas, tanto escocesas quanto europeias, escritas e orais, manuscritas e impressas. Recorre à arte e à arqueologia, assim como à literatura. Um arqueólogo escocês erudito e meticuloso meio século depois, descreveu o volume como "uma perfeita joia tanto em matéria de elaboração quanto de talento",[32] e o melhor autor moderno na área o classifica como "uma obra monumental [...] uma das pedras fundamentais sobre a qual se constrói toda e qualquer história do vestuário das Terras Altas".[33] O livro é inteligente e crítico. Os autores reconhecem que o *kilt* é uma invenção moderna (afinal de contas, eles haviam estado com os MacDonell de Glengarry). Não se pode desprezar de imediato nada do que dizem. Mas, em compensação, nada pode ser levado muito a sério. O livro baseia-se em pura fantasia e em falsificações descaradas. Põem-se em evidência fantasmas literários, na qualidade de fontes autorizadas. Usam-se os poemas de Ossian como fonte, e citam-se manuscritos escusos. Entre estes, inclui-se "um grosso volume contendo os poemas originais de Ossian, e vários outros manuscritos gaélicos valiosos", recebidos de Douay pelo finado cavaleiro Watson, agora, infelizmente, extraviados; um manuscrito em latim do século XIV, encontrado junto com outros documentos, no mosteiro espanhol que agora, mais infelizmente ainda, já não existe mais; e, naturalmente, o próprio *Vestiarium Scoticum*, já definitivamente datado, "segundo indícios internos", do século XV. As ilustrações coloridas à mão reproduziam estátuas e retratos antigos. Um retrato do Jovem Cavaleiro vestido com trajes montanheses foi reproduzido "a partir do original, em posse dos autores".

The Costume of the Clans não era apenas um trabalho de erudição antiquária; tinha um ponto de vista a defender. Era a ideia de que os trajes típicos das Terras Altas eram os fósseis do vestuário comum da Idade Média, que havia sido substituído no resto da Europa no século XVI, mas havia subsistido, adulterado, porém ainda reconhecível, naquele cantão esquecido do mundo. Pois na Idade Média (de acordo com estes autores), a Escócia céltica fora uma região próspera na Europa católica cosmopolita: uma sociedade rica e refinada, na qual as esplêndidas cortes dos chefes tribais eram abastecidas — graças às avançadas manufaturas hebridenses — pela suntuosidade e pelo esclarecimento do continente. Lamentavelmente, esta brilhante civilização não perdurou: já no final da Idade Média, aqueles agitados teares hebridenses, aquelas esplendorosas cortes das ilhas, aquela "alta sofisticação intelectual" de Mull, Islay e Skye entrou em decadência; as Highlands haviam sido isoladas do resto do mundo; sua sociedade empobreceu-se e introverteu-se, e a indumentária tornou-se triste e medíocre. Apenas o *Vestiarium* — aquela grande descoberta dos dois irmãos —, revelando o esplendor dos *setts* originais, permitiu entrever aquela cultura esplêndida, agora extinta para sempre. Sim, porque os autores não manifestavam nenhum interesse em tentar restaurar apenas a indumentária, desligada da cultura céltica católica da qual ela fazia parte. Seria o mesmo que transformar os trajes em meras fantasias. A verdadeira restauração seria aquela em que todo o passado fosse revivido — como *faziam* os irmãos Stuart, compondo poemas, caçando veados, mantendo uma corte tribal própria numa ilha do rio Beauly. Como Pugin, que procurou restaurar não só a arquitetura gótica, mas toda uma civilização imaginária da qual o gótico fazia parte, os "Sobieski Stuarts" (como eram chamados por todos), buscavam restaurar não só a indumentária montanhesa, mas toda uma civilização das Terras Altas imaginária; e o faziam através da ficção descarada e da abominável retrospectiva histórica fornecida pelo "Ossian".

É uma pena que o *The Costume of the Clans* nunca tenha recebido críticas, nem atenção dos entendidos. Antes que tal acontecesse, os autores cometeram um grave erro tático. Em 1846, quase chegaram a declarar explicitamente que possuíam sangue real. Fizeram-no por meio de uma série de contos nos quais, sob pseudônimos românticos mas evidentes, declaravam estar revelando fatos históricos. A obra intitulava-se *Tales of a Century* (Histórias de um século), o século que ia de 1745 a 1845. A ideia central era a de que a dinastia dos Stuart não estava extinta; a esposa do Jovem Cavaleiro havia dado à luz um filho legítimo em Florença; esta criança, correndo risco de ser assassinada por enviados da casa de Hanover, teria sido confiada a um almirante inglês que o criara como se fosse seu próprio filho. No devido tempo, esse rapaz veio a ter dois filhos legítimos que, tendo lutado por Napoleão em Dresden, Leipzig e Waterloo, haviam sido pessoalmente condecorados pelo imperador por bravura, e depois se haviam retirado para sua pátria, a fim de aguardarem lá o fim de seus dias, estando agora empenhados em restaurar a antiga sociedade, os velhos costumes e trajes da terra natal. Para corroborar a história, havia no livro notas de rodapé bastante eruditas, mencionando os documentos ainda não catalogados dos Stuart, documentos alemães e poloneses que não podiam ser examinados, e "manuscritos em nosso poder".

Foi nesta altura que um inimigo oculto atacou. Sob o disfarce de uma crítica extemporânea ao *Vestiarium,* um escritor anônimo publicou na *Quarterly Review* uma devastadora denúncia das pretensões dos dois irmãos com relação à realeza.[34] O irmão mais velho tentou a réplica, que, apesar do tom majestoso, não tinha muito conteúdo.[35] A obra erudita dos dois irmãos estava agora fatalmente desacreditada; a rotina doméstica de Eilean Aigas cessou como que por encanto; e pelos vinte anos seguintes, os dois sustentaram no estrangeiro, em Praga e em Pressburgo, as pretensões à realeza que na terra natal corriam grave risco. No mesmo ano, a rainha Vitória adquiriu Balmoral, e a corte real de Hanover substituiu a corte jacobita ilusória e desaparecida nas montanhas da Escócia.

Na história econômica observa-se frequentemente o fracasso dos pioneiros audaciosos, sonhadores e por vezes fantásticos, cujas realizações são encampadas e levadas ao sucesso por um empreendedor mais terra a terra. Os Sobieski Stuarts jamais se recuperaram das denúncias de 1847. Embora devido a seu encanto pessoal, seu bom gênio e seu comportamento nobre e inofensivo não faltasse quem neles acreditasse, aquele artigo fatal na *Quarterly Review* sempre era mencionado contra eles. Mas seu trabalho não foi perdido. O *Vestiarium* podia ter sido desacreditado, e o *The Costume of the Clans,* ignorado, mas *os* espúrios *tartans* idealizados por eles foram adotados, sem os seus nomes manchados, pela Sociedade das Terras Altas de Londres, tornando-se um fator de contínua prosperidade para a indústria escocesa de fabricação de *tartan.* O sucessor terra a terra dos etéreos Sobieski Stuarts, que obteve este êxito mais duradouro, foi James Logan.

James Logan foi um nativo de Aberdeen que, na juventude, sofreu o que ele classificou como "um ferimento pavoroso", quando assistia aos jogos montanheses. Na hora do lançamento do martelo, o projétil, pesando dezessete libras (aproximadamente sete quilos e meio), atingiu-lhe a cabeça, fazendo com que, conforme ele explicou depois (com o fim de atenuar alguma falta não especificada), "o meu crânio literalmente se esfacelasse", sendo que quatro polegadas quadradas de osso tiveram de ser substituídas por uma placa de metal.[36] Apesar deste

A INVENÇÃO DAS TRADIÇÕES | 51

contratempo, Logan tornou-se um entusiasta das tradições montanhesas e, em 1831, após uma longa jornada através da Escócia, publicou um livro intitulado *The Scottish Gael* (O celta escocês) que dedicou ao rei Guilherme IV. Nesta obra, repetiu toda a mitologia montanhesa recente: a autenticidade dos poemas de Ossian, a antiguidade do *kilt*, a diferenciação dos *tartans* tribais; e além disso declarou que ele mesmo estava "preparando um trabalho que tratava expressamente dos *tartans* e emblemas, com ilustrações". Nessa época, Logan já se estabelecera em Londres, e a Sociedade das Terras Altas, em reconhecimento pelo seu livro, imediatamente o elegeu presidente e encarregou-se de patrocinar o livro anunciado sobre *tartans*. Esta obra surgiu afinal em 1843 — no ano seguinte à publicação do *Vestiarium*. Chamava-se *Clans of the Scottish Highlands*, sendo fartamente ilustrado por R.R. Maclan, com 72 pinturas que retratavam membros dos clãs vestidos com seus respectivos *tartans*.

É improvável que houvesse qualquer relação direta entre os Sobieski Stuarts, com sua erudição e seus ares aristocráticos não inteiramente falsos, e James Logan, que era plebeu e pouco exigente. Mas os Sobieski Stuarts sem dúvida estavam em contato com os fabricantes de *tartan* e eram consultores deles e dos chefes de clãs sobre os *tartans*, talvez desde 1819. Sabemos também que o maior fabricante, srs. Wilson e Filho, tiveram contato com Logan, que tratavam como um simples agente, às vezes corrigindo seu trabalho a partir de seu maior conhecimento; deduz-se que eles obviamente tinham à disposição o que consideravam melhor autoridade. Portanto, parece provável que o trabalho de Logan era inteiramente alimentado, por via direta ou indireta, pelas fantasias dos Sobieski Stuarts. De qualquer modo, o *Vestiarium* foi publicado primeiro. Em seu livro, Logan rendeu tributo à "recente obra magnífica de John Sobieski Stuarts", na qual o *Clans of the Scottish Highlands* nitidamente se baseava — embora com diferenças ocasionais de detalhes, suficientes para justificar uma publicação separada. Na verdade, conforme escreveu um estudioso mais recente, muitos dos *tartans* de Logan eram "reproduções inconfessas dos padrões do *Vestiarium Scoticum*".[37]

Logan teve sorte na escolha da época de publicação. As denúncias sobre as pretensões reais dos Sobieski Stuarts — os verdadeiros inventores dos *tartans* de clãs — destruíram o crédito dos rivais exatamente no momento em que a rainha Vitória, com seu culto às Terras Altas, incentivava a produção e o uso dos *tartans*, assim como o cenário montanhês, o gado montanhês, Sir Edward Landseer e o *ghillie* John Brown. Em 1850 foram publicadas nada menos que três obras sobre os *tartans* tribais, todas visíveis, porém silenciosamente inspiradas no desacreditado *Vestiarium*, cujos "organizadores" haviam em vão tentado publicar uma edição barata. Um desses novos livros — *History of the Highlands and the Highland Clans* (História das Highlands e dos clãs montanheses), de autoria do gen. James Browne, que veio a ser uma espécie de modelo — continha 22 litografias coloridas de *tartans*, retiradas sem qualquer menção do *Vestiarium*.[38] No restante do século, foram publicados regularmente inúmeros catálogos de *tartans* montanheses, todos copiados — direta ou indiretamente — do *Vestiarium*.

Os Sobieski Stuarts, que retornaram à Inglaterra em 1868, devem ter ficado mortificados com isso. Apesar de estarem agora quase na miséria, continuaram como sempre a desempenhar o papel que haviam escolhido. Moravam em Londres, frequentavam a sociedade ostentando suas condecorações e insígnias suspeitas, e eram bastante conhecidos no Salão de Leitura do Museu Britânico, onde tinham uma mesa reservada, sendo que "suas canetas, corta-papéis, pesos de papel etc. eram encimados por coroas abertas em miniatura, feitas de ouro.[39] Em 1872 foi feito um apelo à rainha Vitória para que se amenizasse a miséria de seus supostos parentes, mas a crítica da *Quarterly* foi lembrada, e o pedido não foi aprovado.[40] Em 1877, o irmão caçula, agora sozinho, fez uma tentativa anônima de reivindicar os títulos, mas foi novamente reduzido ao silêncio por uma menção sobre a *Quarterly*.[41] Pode-se dizer que eles, assim como John Keats, foram liquidados pela *Quarterly*: aliás, muitos pensam que foram as mesmas mãos que liquidaram os três.[42] Contudo, nunca faltou quem acreditasse nos Sobieski Stuarts; seus amigos os defenderam até o fim; e após a morte deles, Sir Lovat fê-los enterrar em Eskadale, ao lado da igreja que frequentavam enquanto moravam na romântica casa da ilha, em Eilean Aigas. Seus pertences foram postos à venda, e a rainha Vitória mostrou-se interessada, mas entre eles não se encontraram quaisquer relíquias, pinturas, miniaturas, títulos de propriedade ou manuscritos dos Stuart. E ninguém jamais teve notícia do texto original do *Vestiarium Scoticum*, com comentários do bispo Leslie e os interessantes lembretes particulares — supostamente feitos por seu dono anterior, o Jovem Cavaleiro, ao entregá-lo a seu filho "J.J. Stuart Hay", também conhecido como "James Stuart, comte d'Albanie", o ainda mais esquivo progenitor de nossos já esquivos heróis.[43]

Este artigo começou com uma referência a James Macpherson. Termina com os Sobieski Stuarts. Existem várias semelhanças entre estes inventores da tradição montanhesa. Ambos idealizaram uma Idade de Ouro no passado das Terras Altas célticas. Ambos declararam que possuíam provas documentais. Ambos criaram fantasmas literários, forjaram textos e falsificaram a história para sustentar suas ideias. Ambos iniciaram uma indústria que prosperaria na Escócia durante muito tempo após a morte deles. Ambos foram logo denunciados, mas não tomaram conhecimento das acusações e voltaram-se tranquilamente para outros objetivos: Macpherson dedicou-se à política indiana, e os Sobieski Stuarts, a uma vida irreal no estrangeiro.

Também havia, entretanto, grandes diferenças. Macpherson era um fanfarrão ganancioso, cujo objetivo, seja na literatura ou na política, era o de adquirir fortuna e poder, e dedicou-se a alcançar esse objetivo com uma determinação impiedosa, sendo, no final, bem-sucedido. Os Sobieski Stuarts eram homens amigáveis, eruditos, que ganhavam discípulos em virtude da inocência que manifestavam; não eram falsários, e sim *fantaisistes*. Eram também autênticos na medida em que viviam suas próprias fantasias. Morreram pobres, ao contrário de Macpherson. A riqueza por eles gerada foi para os fabricantes dos *tartans* diferenciados segundo os clãs, que agora são usados, com entusiasmo tribal, por escoceses e supostos escoceses desde o Texas até a cidade de Tóquio.

Notas

1. Veja J. Bannerman, "The Lordship of the Isles", in Jennifer Brown (org.), *Scottish Society in the 15th Century*. Londres: Arnold, 1977.
2. *A Collection of Several Pieces by Mr. John Toland*, v. 1. 1726, p. 25-9.
3. David Malcolm, *Dissertations on the Celtic Languages*. 1738.
4. E. Gibbon, *Declínio e queda do império romano*. São Paulo: Companhia das Letras: 2003; M.V. Hay, *A Chain of Error in Scottish History*. Londres: Longman, Green and Co., 1927.
5. Assim — conforme ressaltou o estudioso mais informado sobre o assunto, Ludwig Stern, em seu importante ensaio "Die Ossianischen Heldenlieder", cuja tradução para o inglês se encontra em *Transactions of the Gaelic Society of Inverness*, v. 7. 1897-8 — o artigo sobre Macpherson no *Dictionary of National Biography* "homologa as opiniões de defensores mal informados", e os lexicógrafos albano-gaélicos prejudicaram seu trabalho retirando parte de seu material do "defeituoso e antigaélico Ossian" de Macpherson, ou seja, da versão gaélica espúria dos poemas de Ossian, publicada em 1807.
6. J. Telfer Dunbar, *History of the Highland Dress*. Filadélfia: Dufour Editions, 1962.
7. Tais descrições nos são fornecidas por John Major, in *Historia Maioris Britanniac* (1521); James Leslie, in *De Moribus et Gestis Scotorum* (1570); Lindsay of Pitscottie, in *Chronicle* (1573); G. Buchanan, in *Rerum Scoticarum Historia* (1583); Nicolay d'Arfeville, *La Navigation du Roy d'Escosse* (1583). Os indícios estão reunidos em D.W. Stewart, *Old and Rare Scottish Tartans*. Edimburgo: George P. Johnston, 1893, introdução.
8. M. Martin, *A Description of the Western Islands of Scotland*. Londres: A. Bell, 1703.
9. John Pinkerton, *Literary Correspondence*, v. 1. 1830, p. 230. O ministro era pai do filósofo Adam Ferguson.
10. Isto se demonstra pelos indícios apresentados por Stewart, op. cit., p. 21. Está exemplificado da forma mais gráfica possível nas figuras que sustentam as armas de Skene, do lugar do mesmo nome — dois montanheses, um (que porta uma espada) vestido com *trews*, e o outro em

"trajes servis", ou seja, um manto com cinto (e *não* um *kilt*, como pensa Stewart; sobre esse aspecto, veja Dunbar, op. cit., p. 34-5).

11. Sobre o empreendimento escocês de Rawlinson, ver Alfred Fell, *The Early Iron Industry of Furness and District*. Oxford: Routledge, 1968; Arthur Raistrick, *Quakers in Science and Industry. Londres: Bannisdale Press*, 1950, p. 95-102.

12. O relato é de autoria de Ivan Baillie de Abereachen, e foi publicado no *Edinburgh Magazine*, v. 1. Mar. de 1785, p. 235.

13 Refiro-me a Sir John Sinclair e John Pinkerton. Veja a p. 43.

14. Refiro-me aos indícios dos Sobieski Stuarts. Veja a p. 54.

15. Sobre o retrato, veja Dunbar, op. cit., p. 69-70. Ao que parece, foi pintado por volta de 1747.

16. Dunbar, loc. cit.

17. São apresentadas provas conclusivas sobre esse aspecto por H.F. Mcclintock, *Old Highland Dress and Tartans*, 2ª ed. Dindalk: Tempest, 1940; e Dunbar, op. cit.

18. 19 Geo. II c. 39; 20 Geo. II c. 51; 21 Geo. II c. 34.

19. Assim John Hay Allan, em seu *Bridal of Caölchairn*, p. 308-9, afirma que, nas cerimônias de casamento montanhesas "pouco ou nada se vê" do velho *tartan*. Isto foi publicado em 1822, o ano em que a visita do rei Jorge IV fez com que os membros da alta classe de Edimburgo envolvessem os membros com o tecido axadrezado.

20. Sir J. Sinclair, *An Account of the Highland Society of London*. Londres: Sold by Longman, 1813.

21. Pinkerton, *Literary Correspondence*, v. 1. p. 404; Sir John Sinclair, *Correspondence*. 1831, p. 471-3.

22. Dunbar, op. cit., p. 161-2.

23. David Stewart (1772-1829), *Dictionary of National Biography*, s. v.

24. H.C. Grierson (org.), *Letters of Sir W. Scott*, v. 7. Londres: Constable & Co., 1932-7, p. 338-43, 452; J.G. Lockhart, *Life of Scott*. Nova York: Macmillan Co., 1914.

25. H.C. Grierson (org.), op. cit., p. 213.

26. Macaulay, *History of England*, cap. XIII.

27. Parte da proposta encontra-se entre os manuscritos da Sociedade Montanhesa de Londres, Biblioteca Nacional da Escócia, Depósito 268, Caixa 15. Sem data, com marca-d'água de 1818.

28. *Letters and Journals of Lady Eastlake*, v. 1. 1895, p. 54-5.

29. É correto dizer-se que não foram os irmãos que deram origem à sua pretensão de serem herdeiros dos duques de Erroll. Quando da morte de seu avô, almirante John Carter Allen, em 1800, quem redigiu seu necrológio escreveu que "ele era não só aparentado com a marquesa de Salisbury e o marquês de Devonshire *(recte* Downshire), mas, segundo opinião expressa por Lorde Hillsborough, o título de Erroll lhe pertencia, por descender ele do velho conde Hay por parte de pai". *(Gentleman's Magazine.* 1800, p. 1021). A marquesa de Salisbury, o Lorde Downshire e o Lorde Hillsborough eram todos membros da família Hill.

30. Assim o marquês de Douglas, por volta de 1800, requereu que a Sociedade Montanhesa de Londres descobrisse se sua família possuía "algum tipo de *tartan* em especial". Reconhecia que "faz tanto tempo que eles não usam *tartans* que agora deve ser custoso descobrir"; mas ele tinha esperança [...] (manuscritos da Sociedade Montanhesa de Londres. Caixa 1, n. 10).

31. A correspondência trocada entre Dick Lauder e Scott assim como a transcrição do *Vestiarium* feita por Lauder estão agora nos Arquivos Reais, em Windsor, tendo sido ofertados à rainha Maria pela sua proprietária, srta. Greta Morritt, bisneta de Dick Lauder, em 1936. Foi parcialmente publicada no D. Douglas (org.), *Journal of Sir Walter Scott*, 2ª ed. 1891, p. 710-13; depois saíram mais partes in Stewart, *Old and Rare Scottish Tartans*. Estes documentos, e os mencionados no texto, são citados com a permissão de Sua Majestade, a rainha.

32. Stewart, *Old and Rare Scottish Tartans*.

33. Dunbar, *History of the Highland Dress*, p. 111.

34. "The Heirs of the Stuart", *Quarterly Review*, v. 82. 1847. O artigo foi atribuído na época, quase sempre sem qualquer dúvida, a J.G. Lockhart, a J.W. Crocker, a Lord Stanhope e a James Dennistoun; e talvez a outros. Na verdade, ele foi escrito por George Skene, professor da Universidade de Glasgow, irmão mais velho do estudioso celta W.F. Skene.

35. A réplica foi publicada por Blackwood e filhos (Edimburgo, 1848). Tanto a crítica quanto a réplica foram posteriormente republicadas juntas, sem data, por Lorimer e Gillies (Edimburgo). O volume foi impresso

A INVENÇÃO DAS TRADIÇÕES | 57

em particular, naturalmente pelos Sobieski Stuarts ou para atender a seus interesses.

36. Manuscritos da Sociedade Montanhesa de Londres, Caixa 5, de Logan ao comitê diretor da Sociedade, s.d.

37. Stewart, op. cit.

38. Stewart, op. cit.

39. *Dictionary of National Biography*, art. cit.

40. Manuscritos do castelo de Windsor, porte pago 1/79.

41. *Notes and Queries* (jul.-dez. de 1877), p. 92, 158, 214, 351, 397. As cartas assinadas "RIP" e "Requiescat in Pace" foram sem dúvida escritas por Charles Edward Stuart.

42. J.G. Lockhart, autor da famosa crítica a Keats, era tido por alguns — embora erroneamente — como autor da denúncia contra os Sobieski Stuarts.

43. Não parece possível descobrir nada sobre Thomas Allen, tenente aposentado da Real Marinha Britânica, pai dos Sobieski Stuarts. Os sobrenomes e títulos posteriores dele estão registrados apenas nos escritos e falsificações feitas por seus filhos, que necessitavam deles para fins genealógicos. Não se sabe se o pai tomou parte, de algum modo, no embuste. Era obviamente um ermitão. Morreu em Clenkerwell em 1839 (e não em 1852, como se afirma no *Dictionary of National Biography*), depois que o filho mais velho (e, após a morte deste, o caçula) adotou o título de Comte d'Albanie.

3

DA MORTE A UMA PERSPECTIVA: A BUSCA DO PASSADO GALÊS NO PERÍODO ROMÂNTICO

Prys Morgan

A MORTE DO ALEGRE PAÍS DE GALES

QUANDO SE EXAMINA A VIDA CULTURAL do País de Gales no século XVIII e início do século XIX, percebe-se um paradoxo surpreendente: por um lado, a decadência ou extinção de um antigo modo de vida e, por outro, o irromper sem precedentes do interesse pelas coisas galesas, acompanhado de tentativas extremamente conscientes de preservá-las ou desenvolvê-las. O historiador galês Peter Roberts[1] escreveu um relatório sobre o velho estilo de vida, em 1815, no qual observava:

> Quando, por causas políticas ou de outra natureza, os hábitos e costumes de uma nação sofrem, em geral, uma grande transformação, torna-se interessante pesquisar como eram antigamente esses hábitos e costumes.[2]

Quase todos os costumes pitorescos do País de Gales tinham sido "completamente abandonados", sendo que não restava nenhum traço de certas crenças druídicas. O Hon. John Byng visitou a cidade de Bala em 1784, lá voltando em 1793, e queixou-se de que "em dez anos, os hábitos dessa gente parecem ter-se modificado". As manifestações da alegria galesa haviam desaparecido, os galeses estavam ficando iguais aos ingleses, e a viagem perdeu toda a graça.[3] A decadência e a restauração entremeiam-se de maneira curiosa, porque via de regra aqueles que deploravam a decadência foram os mesmos que deram início à restauração. Segundo R.T. Jenkins, o século XVIII não foi apenas o século da Restauração Metodista, mas acima de tudo o século das restaurações: educacionais, agrárias, industriais e culturais. A Renascença Galesa, ou a restauração da antiguidade, se não foi a mais maciça, foi certamente a mais original.[4] Neste período os patriotas e estudiosos galeses redescobriram as velhas tradições históricas, linguísticas e literárias e criaram um passado que jamais existiu para substituir as tradições inadequadas. A mitificação romântica atingiu níveis fantásticos no País de Gales, marcando para sempre a história recente da região. O fato de que os estudiosos que perceberam a decadência foram os autores da recriação do passado não representa grave obstáculo. Edward Jones (1752-1824), harpista de Jorge IV, lamentou no seu livro sobre a música galesa, *The Bardic Museum* (O Museu dos bardos):

> A súbita decadência dos bardos e dos costumes do País de Gales pode ser atribuída em grande parte aos impostores fanáticos, ou pregadores plebeus analfabetos, que apesar de infestarem o interior foram muitas vezes tolerados, desviando a maior parte do povo do caminho da Igreja legítima; e convencendo-os a abandonarem seus divertimentos inocentes, quais sejam, o canto, a dança e outras distrações e jogos rurais, que estavam acostumados a apreciar até aquela data, desde o início dos tempos [...] Em consequência, o País de Gales, antes um dos países mais animados e alegres do mundo, transformou-se num dos mais melancólicos.[5]

Devido aos diversos livros sobre música galesa publicados entre 1784 e 1820, Edward Jones foi um daqueles que trouxe a cultura galesa da decadência e sobrevivência inconsciente à restauração consciente, e o resultado, embora às vezes falso, jamais foi melancólico.

Um número bastante restrito de estudiosos galeses já havia percebido há muito o desaparecimento de um estilo de vida peculiar dos galeses. No século XVI, a cultura nativa ligada ao catolicismo desapareceu em grande parte, sem que uma cultura galesa especificamente protestante viesse a ocupar-lhe inteiramente o lugar; o sistema jurídico local foi extinto, o sistema bárdico sofreu atrofia, a língua antiga foi banida do âmbito administrativo e, embora as classes do funcionalismo ainda falassem galês, ou adotavam atitudes anglicizadas, ou comportavam-se relativamente de acordo com os padrões da Europa Ocidental. A decadência continuou através dos séculos XVII e XVIII, mas a fase crítica só foi atingida no século XVIII, pois até então os estudiosos podiam consolar-se com a ideia de que o povo guardava muitas das velhas tradições. A fase crítica foi marcada a princípio por uma perda de autoconfiança. Thomas Jones, escritor de almanaques e lexicógrafo galês, disse em 1688:

> Existe um tempo delimitado tanto para as linguagens quanto para os impérios; ambos tiveram sua infância, fundamentos e início, seu crescimento e aumento tanto no sentido de pureza e perfeição quanto no aspecto do alastramento e propagação; seu período de estabilidade; e sua velhice, definhamento e decadência.
> E assim o Todo-Poderoso se compraz em lidar conosco, os britânicos; pois estas várias idades eclipsaram nosso poder, corromperam nossa língua e quase nos riscaram das páginas da História.[6]

A última frase era fundamental, pois no cerne da perda da autoconfiança estava a perda do sentido de história. Em *Esopo* (aprox. 1697), Sir John Vanbrugh faz com que Esopo entre em contato com um mensageiro galês, que a propósito se chamava Quaint (exótico), que explica seu ofício dizendo que naturalmente sua mãe era "galesa".

> *ESOPO:* Galesa? Por gentileza, de que país era ela?
> *QUAINT:* Senhor, de um país que fica nos confins do mundo, onde todo homem já nasce fidalgo e genealogista.[7]

Segundo esta imagem, o País de Gales é um exótico fim de mundo onde aristocratas que mal tinham o que vestir desfiavam intermináveis árvores genealógicas que partiam do Eneias de Troia, uma região irremediavelmente atrasada, cujos habitantes tinham ancestrais a valer, mas não dispunham de uma história nacional.

Nos séculos anteriores, isso não era problema. Simplificando, a velha visão galesa da história englobava três aspectos: a origem da nação, a conversão ao cristianismo e as vidas dos príncipes nativos. A parte mais antiga compreendia um conjunto de mitos ou fábulas segundo as quais os galeses foram o povo mais antigo, o primeiro das Ilhas Britânicas (daí os "britânicos" de Thomas Jones). Os galeses decoravam os fatos que diziam respeito a seus heróis antigos, sua luta para expulsar as hordas de invasores, suas derrotas e contra-ataques, em períodos compostos de três orações, as "tríades da Grã-Bretanha".[8] A segunda parte desta visão dizia respeito à cristandade britânica, introduzida na época do domínio romano, e defendida dos saxões pagãos pelos galeses com heróis como Ambrósio Aureliano e o rei Artur. Em todas as localidades a igreja ou a fonte sagrada eram ligadas a este tema central por intermédio de santos como são Davi ou outros santos célticos. A terceira parte da visão era mais convencional e relacionava-se à genealogia dos príncipes nativos que descendiam de líderes tribais ou aliados dos romanos como Cunedda, chefe galês do séc. X d.C., ou de Cadwaladr, o Bem-Aventurado, o último rei galês a reivindicar o domínio da Grã-Bretanha, no século VII, até a morte de Llywelyn II, em 1282. Em meados do século XVIII, os habitantes de Builth eram injustamente chamados de "traidores de Builth", porque Llywelyn fora assassinado nas proximidades.

Durante a última parte da Idade Média, estas três partes diferentes confundiram-se e transformaram-se. No século XII, Geoffrey de Monmouth adaptou os mitos antigos e inventou uma tradição galesa; deu ênfase às origens troianas dos britânicos, sendo que a Bretanha assim se chamou por causa de Brutus, e o nome Gales (Cymru) veio a Câmbria; enfatizou também o papel heroico do rei Artur. Esta versão da história galesa era ainda teimosamente defendida pelos historiadores galeses em meados do século XVIII, e um dos principais objetivos dos patriotas era encontrar e publicar o original galês que, segundo eles, fundamentava a história de Geoffrey. Estudiosos galeses da época também estavam conscientes da outra dimensão da tradição galesa, a profética e messiânica, que projetava o passado galês no futuro. Evan Evans, por exemplo, de certo modo faz isso em sua análise da tradição bárdica galesa, em 1764.[9] Na sociedade céltica primitiva, *vates*, ou videntes, prediziam o futuro, função muitas vezes assumida pelos bardos, e assim, após a perda da independência, em 1282, a literatura do *brud*, ou da profecia, adquiriu grande importância.[10]

A tradição histórica nativa tripartida transformou-se gradativamente no século XVI. O elemento profético entrou em decadência, embora a tradição fosse astutamente manipulada por Henrique Tudor, com o fim de aliciar os galeses; Henrique fez-se passar pela figura messiânica do "Segundo Owain", e usou sua descendência de Cadwaladr para legitimar as pretensões dos Tudor com relação à suserania da Grã-Bretanha. Para outros, Henrique parecia simbolizar a tão esperada volta do rei Artur. Um pouco mais tarde, a Igreja Anglicana apoderou-se dos mitos galeses segundo os quais a Igreja britânica havia sido fundada por José de Arimateia, e assim a culpa por sua perda de independência poderia ser facilmente atribuída não aos ingleses, mas aos normandos e ao papa.[11] O restante da tradição galesa foi mais desdenhado como mito sem fundamento do que absorvido, porque Polidoro Vergílio desacreditou grande parte do relato histórico de Geoffrey Monmouth, por considerá-lo fantástico demais. Depois, o que restou dessas críticas e adaptações foi apropriado por estudiosos ingleses como se fosse a história primitiva anglo-britânica, uma vez que desejavam relacionar a Inglaterra à antiguidade britânica.[12] Obviamente, lá pelo fim do século XVII, fragmentos e partes isoladas de uma tradição bastante antiga foram decorados pelo povo sob forma de histórias domésticas, histórias de Emrys (Ambrósio), Merlin, Artur, Taliesin e outros, segundo os correspondentes de Edward Lhuyd na década de 1690.[13] Esses fragmentos não faziam parte de um todo coerente, eram antes como pérolas soltas de um colar arrebentado. Em alguns casos, fragmentos arcaicos de história galesa foram guardados sob a forma de baladas, como "Hanes y Cymru" (História dos galeses), de Matthew Owen, segundo a qual os galeses ficaram indiferentes às antigas derrotas.[14]

A perda da história galesa exerceu influência prejudicial em outros aspectos da cultura. É verdade que o acervo hoje existente de textos literários relacionados ao saber e à cultura galesa data de aproximadamente 1550 a 1700; G.J. Williams observou que tal acontece porque os escribas e arqueólogos perceberam que seu mundo conhecido estava próximo do fim, e que era necessário um ato heroico de salvamento, pois a situação tornava-se cada vez mais desanimadora.[15] G.J. Williams observou também um declínio gradativo na compreensão da cultura tradicional, de seus símbolos, linguagem, gramática, por parte dos literatos galeses, e muitos dos possuidores de manuscritos confessaram que, embora falassem galês, não entendiam nenhum dos documentos que possuíam, exceto que eram documentos valiosos. Thomas Hearne considerava impossível persuadir os galeses a imprimir antigas crônicas manuscritas: "todos se opõem, e estão inteiramente a favor do desencorajamento de sua própria história".[16] As formas líricas inglesas (se bem que utilizando a aliteração consonantal, ou *cynghanedd*) passaram a dominar na poesia, e a teologia protestante substituiu o simbolismo e as alusões tradicionais nos remanescentes da poesia tradicional. No princípio do século XVIII um bom estudioso galês, John Morgan de Matchin, escreveu ao assistente de Edward Lhuyd, Moses Williams (que fora durante algum tempo secretário da Real Sociedade), dizendo que assim como não se podiam ler os clássicos gregos e romanos sem um dicionário que informasse sobre as alusões clássicas, era necessário haver também um dicionário de cultura galesa, sem o qual a história e a literatura galesas seriam como uma fechadura sem chave.

Thomas Jones — que não foi o único — comentou em 1688 que o Todo-Poderoso havia "adulterado nossa língua", e cada vez mais galeses começaram a chamar o galês de *heniaith*, a "língua velha", como se ela tivesse sido internada num asilo. O poeta e tropeiro Edward Morus elogiou o bispo Lloyd de sto. Asaph (um dos sete bispos de 1688) por estar aprendendo galês, e disse em galês que era uma língua "bastante gasta, que já tivera seus dias de glória" e que era "um delicado pavão, agora velho".[17] Os satiristas ingleses, tais como W.R., em sua *Wallography* (Londres, 1681), esperavam que a língua morresse logo; chamavam-na de "algaravia" de "Taphydom", falada apenas pelas classes mais baixas. Henrique Rowlands de Llanidan, em sua história de Angelsey, queixou-se:

> E recentemente, tendo o *inglês* circunvizinho praticamente usurpado seu lugar como linguagem polida e corrente entre nós, restam-nos muitas palavras obsoletas e inúteis, que outrora talvez fossem as flores e os adornos de nossa língua.[18]

Assim como todas as outras coisas galesas, a língua não tinha status, era "desprezível" (termo usado por Thomas Jones, em 1688). Por volta de 1730, o poeta e *squireen* Huw Hughes escreveu ao grande estudioso Lewis Morris, dizendo que todos os defensores da linguagem haviam desistido.[19] O galês sobreviveu e foi preservado da fragmentação em dialetos pela liturgia anglicana e pela Bíblia galesa e literatura apologética protestante. Só que não havia na língua quase nenhum mecanismo de modernização ou de desenvolvimento, e parecia não haver também nenhuma dinâmica real subjacente a ela. Assemelhava-se, conforme se vê na pitoresca folha de rosto do dicionário de James Howell (1659), a uma guerreira amedrontada das florestas, quando comparada às damas da corte inglesas ou francesas, ricamente trajadas.[20]

O grande trabalho dos líderes protestantes galeses isabelinos não foi inteiramente acompanhado de uma cultura secular galesa moderna, por exemplo, uma literatura secular moderna. As letras galesas eram ainda dominadas pelos bardos retrógrados (que haviam tomado o lugar dos historiadores, copistas, bibliotecários, arautos, músicos etc.), sendo que esta modalidade de manifestação artística ia pouco a pouco fenecendo, à medida que a cultura dos menestréis parecia ser cada vez menos significativa em relação à época vivida. A arte dos menestréis, ao que parece, entrou em decadência em comunidades metade galesas ou inteiramente galesas aproximadamente ao mesmo tempo; havia poucos menestréis profissionais em Glamorgan após 1660, poucos em Montgomeryshire após 1640, e, mesmo na longínqua península de Lleyn, se nos guiarmos pelo livro *Cynfeirdd Lleyn* (Primeiros poetas de Lleyn), de Myrddin Fardd, houve um considerável intervalo entre o último bardo, em 1640, e o seguinte, um amador embarcado num vaso de guerra, surgido em 1800.[21] Em Merioneth, o último menestrel doméstico que conservou os hábitos antigos foi Sion Dafydd Las de Nannau (1690); deve-se lembrar, porém, que a aristocracia de Nannau e dos arredores ainda estava escrevendo poesia em galês (para si e para publicação) até o início do século XIX, por diletantismo. Os bardos que não conseguiram mais encontrar emprego, ou que agora não eram mais bem-vindos, queixaram-se amargamente da mudança recente durante os primeiros anos do século XVIII, sendo que alguns, como Sion Prichard Prys, em seu livro *Difyrrwch Crefyddol*, manifestaram uma fúria impotente contra o modo pelo qual "as colunas haviam sido derrubadas".[22] Os grandes da Gália não davam mais apoio à cultura nativa, de modo que a "Arte debilitou-se, a Língua envelheceu, tudo por fraqueza, e ora erram por caminhos incertos, à beira de sua própria destruição".[23] Não interessava que ainda houvesse poetas amadores entre os membros da baixa aristocracia ou no meio do povo, que ainda se publicassem livros de poesia. Os bardos só tinham olhos para um passado recente em que cantavam para a sociedade inteira, desde os grandes até os camponeses, em que todos participavam de uma vida alegre e prazenteira, em que o estilo de vida era harmonioso como um todo. O impiedoso satirista Ellis Wynne, clérigo originário da baixa aristocracia, não gostava dos bardos, mas também detestava os elementos modernos da sociedade, e, como Sion Prichard Prys, detectava nela uma espécie de vácuo: ele descreve a "imensa casa senhorial escancarada", cujos donos haviam partido para a Inglaterra ou a França "em busca do que poderiam encontrar com muito mais facilidade em sua terra", deixando a mansão entregue às corujas, aos corvos e às gralhas:

> Havia um grande número desses solares abandonados, que poderiam ter sido, se não fosse o orgulho, o fantasma que persegue os melhores homens desde os tempos de outrora, um abrigo para os fracos, até uma escola de paz e de bondade, e uma bênção para as centenas de casas que as circundavam.[24]

Mesmo que tivessem ficado em casa, os nobres mais ilustres e a pequena nobreza nunca se veriam como parte de uma pequena comunidade local unificada e harmoniosa. A casa-grande tradicional galesa estava agora em extinção; a aristocracia não vivia mais numa mansão cheia de agregados, criados, amigos e bardos.[25] Levavam vidas privadas, e, ao replanejarem suas casas, adotaram os estilos londrinos, acabando com os estilos regionais pátrios. Já em 1700, os galeses estavam vivendo de acordo com os hábitos londrinos do século anterior, ou mais antigos.[26]

A ruptura cultural foi nitidamente constatada no mundo da música. No fim do século XVIII um colecionador de danças folclóricas galesas, William Jones de Llangadfan, admirou-se de ver que uma tradição de tantos séculos tinha desaparecido num período tão curto. Lewis Morris enviou um poema anexado a umas cordas de harpa, para o diarista William Bukeley, *squire* de Brynddu, em Anglesey, em 1726; a quadrinha dizia mais ou menos o seguinte:

> Que lástima hoje em Gales não haver
> Nem música, nem júbilo ou prazer
> Outrora, no entanto, em cada lar
> Havia sempre uma harpa, a vibrar.[27]

John Roderick, escritor de almanaques e gramático, já velho e pessimista, escreveu a Lewis Morris, em 1729, lamentando o fato de não ter conseguido encontrar ninguém que entendesse a música galesa antiga, embora as listas de canções e as instruções para afinação e manejo dos instrumentos antigos constassem de muitos manuscritos galeses. Anos depois, os irmãos Morris e seu círculo de amigos encontravam por acaso um enorme álbum de música galesa antiga, escrito com estranhos caracteres. O autor era Robert ap Huw, o harpista do rei Jaime I; a data era 1613. Robert vinha da mesma região da linha de Anglesey que os irmãos Morris, e faleceu em 1665, apenas uma geração depois do nascimento dos Morris. A família Morris apreciava muito a música: reuniam-se ao redor da harpa para cantar, sabiam afinar a *crwth* ou crota (antigo instrumento musical celta), seus empregados, enquanto iam reunir o rebanho, tocavam velhas árias *no pibgorn* (uma charamela primitiva), adoravam Vivaldi e Corelli e julgavam-se verdadeiras autoridades em matéria de música galesa. Contudo, um exame mais minucioso do caderno do jovem Richard Morris, repleto de melodias para rabeca, revela que quatro quintos das músicas vêm com títulos em inglês.[28] O grande álbum de Robert ap Huw (que representava uma seleção de música medieval) era inteiramente incompreensível, para eles e para qualquer outro músico galês do século XVIII. Na maior parte do país, a antiga música tinha sido associada aos ritos e rituais da vida cotidiana, e evoluía juntamente com eles. Em fins do século XVII, um dos correspondentes de Edward Lhuyd escreveu-lhe enquanto ele se encontrava no Museu Ashmolean, em Oxford, descrevendo-lhe como era a vida antigamente em Llandrillo, uma aldeia longínqua próxima à cidade de Bala:

> Todo domingo de Páscoa Dafydd Rowland, velho tocador de crota, costumava subir à tarde, acompanhado pelos jovens da paróquia, até o alto de Craig Dhinan, para dividir os bois brancos. Depois, tocava uma melodia chamada *Ychen Bannog* e todas as outras músicas antigas, que morreram com ele.[29]

Se estes bois fossem como os de Glamorgan, eram adornados com flores e cercados de dançarinos coloridos, formando um quadro digno de ser incluído na "Urna Grega" de Keats. *Ychen Bannog* eram os avantajados bois de chifres longos da Europa primitiva. Quando o velho músico morreu, extinguiu-se uma tradição que já vinha de muito longe. A crota mal era conhecida no sul de Gales, e Daines Barrington informou à Sociedade de Arqueólogos em 1770 que o último dos tocadores de crota galeses ainda vivia em Angelsey, embora sem sucessores. Até mesmo a velha harpa simples galesa havia sido substituída no século XVII por uma harpa tripla maior. Após 1660 houve uma invasão de canções e baladas no estilo inglês, acompanhadas por um exército de melodias inglesas. O círculo dos Morris sabia que estava chegando ao fim o costume de cantar versos ao som da harpa, praticamente confinado, por volta de 1738, a localidades longínquas, como os condados de Caernarfon e Merioneth.[30]

Na década de 1690, Edward Lhuyd e seus correspondentes já haviam percebido que uma enfadonha uniformidade estava começando a insinuar-se na vida galesa. Por exemplo, eles compilaram com todo o carinho os raros nomes de batismo nativos, tais como Llywarch, Goleubryd, Tegwared, Tangwystl e daí por diante, substituídos por nomes estereotipados como John e William. O sobrenome fixo, em vez de uma série de patronímicos ligados pela partícula *ap* (filho de), tornara-se geral durante os séculos XVI e XVII nas classes mais altas, e o sistema antigo, que dava ênfase à genealogia das pessoas e à inter-relação entre os membros da comunidade que descendiam de um ancestral comum, resistiu apenas nas regiões mais distantes e entre as camadas humildes da população. Havia uma tendência geral ao comportamento elegante e polido, que via de regra espelhava-se não nos costumes galeses, mas nos usos da Inglaterra e da França. A Sociedade dos Sargentos da Marinha, acusada de ter tendências jacobitas, era um clube aristocrático fechado, no oeste de Gales, que admitia mulheres como membros e tinha regras contra a linguagem de baixo calão e mau comportamento. Surpreendentemente, muitos senhores de terras interessavam-se pelos estudos arqueológicos ou pela tradução de obras religiosas para o galês, e certos membros da alta aristocracia eram devotos fervorosos, como Sir John Philipps de Picton, sócio fundador da Sociedade para Promoção dos Conhecimentos Cristãos. William Bulkeley de Brynddu, que, como sabemos, tinha uma harpa e adorava colecionar poemas galeses, era abstêmio, metódico e devoto, completamente oposto ao incapaz e beberrão *squire* Bulkeley de Dronwy, do século XVII, autor de um relato que existe até hoje.[31] Thomas Pennant uma das figuras de proa da restauração histórica do século XVIII, costumava tomar seu chá de tarde na residência de verão onde seus ancestrais promoviam orgias regadas a vinho. Como outros observadores da sociedade galesa, ele percebeu que o velho costume do "terming", ou seja, das peregrinações violentas de bar em bar, estava em extinção. A descrição feita por Pennant do *squire* montanhês Lloyd of Cwm Bychan em Merioneth, isolado dos modismos modernos, enclausurado em refúgios na montanha, vivendo de maneira quase medieval, alimentando-se de papa de aveia e de cabrito assado, bebendo tragos de cerveja caseira num escroto de búfalo e desafiando sua árvore genealógica desde os príncipes galeses, era o retrato de um sobrevivente exótico.[32] Henry Lloyd of Cwm Bychan, parente de Lloyd, estava naquela época percorrendo a Europa na qualidade de estrategista, escrevendo livros sobre estratégias que viriam a influenciar Napoleão.

Os irmãos Morris, Lewis, Richard e William, eram amigos de Thomas Pennant, e as muitas cartas que trocaram entre si dão uma boa ideia de um mundo que cada vez se tornava mais sóbrio e grave. Os Morris não eram nada puritanos, e os seus editores sempre foram obrigados a suprimir trechos das cartas por motivos de decência, mas sabiam que as coisas estavam mudando. Seu amigo Thomas Ellis, vigário de Holyhead, liderou um movimento de reforma moral em Anglesey, transformando velhos rituais, expulsando da ilha todos os adivinhos, acabando com as vigílias e impedindo o povo de ir aos interlúdios. Ao que parece, ele logrou êxito com relativa facilidade, como se o velho estilo de vida já estivesse em extinção. William Bulkeley de Brynddu anotou em seu diário no dia 31 de outubro de 1741: "Hoje à noite vi pouquíssimos *coelcerths* e fogueiras, o que talvez indique que os velhos rituais supersticiosos estão a ponto de extinguir-se." Esta mudança é confirmada por duas autobiografias camponesas remanescentes da Anglesey do século XVIII: a de Rhys Cox[33] e a de Matthew Owen, primo do beberrão e irresponsável gênio poético Goronwy Owen.[34] Estes textos revelam uma ilha apaixonada pelos esportes violentos, onde se disputavam partidas de futebol terríveis que hoje em dia envergonhariam qualquer torcida, uma ilha que se tornaria, contudo, sóbria, grave e recuperada em inícios do século XIX. É este o quadro que obtemos de Edmund Hyde Hall, na descrição que ele faz por volta de 1810, do condado de Caernarfon, lugar onde a vida do povo estava sendo mudada em parte pelos fanáticos, e em parte pelo "espírito ganancioso da época", que não proporcionava aos homens lazer suficiente. A vida alegre do povo galês havia chegado ao fim; ele sentia que:

> A maior parte destes folguedos e passatempos jazem agora no fundo das covas para eles cavadas talvez em parte pelo desenvolvimento do raciocínio do povo, mas certamente de maneira mais direta pelo espírito acre do metodismo.[35]

O metodismo já era (embora não admitisse) produto de um complexo movimento de moralização e evangelização do povo galês, organizado por anglicanos dissidentes e evangélicos, mais ou menos no período de 1660 a 1730, conforme foi recentemente demonstrado sem sombra de dúvida pela volumosa obra de G.H. Jenkins.[36] O metodismo era certamente um movimento promovido por indivíduos conscientes que pretendiam salvar almas, tendo, porém, herdado muitas das preocupações do movimento moralista anterior, no sentido de promover a alfabetização, de pregar e divulgar o evangelho e de modificar os hábitos antigos. A cultura metodista, por ser extremamente jovial e vigorosa, ajudou a preencher a lacuna que surgira na vida do povo. Robert Jones de Rhoslan, em sua crônica altamente popular sobre os primórdios do metodismo no norte de Gales, sempre classifica o velho estilo de vida de "relaxado" e "vazio",[37] mas ao destruir a cultura antiga os metodistas e outros dissidentes criaram um novo estilo de vida galês que rompeu os vínculos do povo com o passado. À medida que o século passava, os almanaques galeses (que existiam em abundância) passaram a trazer cada vez menos dias santos, datas de festas e feiras de padroeiros. Os rituais e costumes desapareceram gradativamente: por exemplo, a dança do mastro deixou de existir em Capel Hendre (condado de Carmarthen) em 1725, continuou em Aberdare (Glamorgan) até 1798, e resistiu até meados do século XIX em Penderyn, nas charnecas acima de Aberdare.

No princípio do século XVIII havia no País de Gales uma bibliografia considerável contra o apego dos galeses aos mágicos, adivinhos e bruxarias, quando estas coisas há muito já vinham definhando na Inglaterra.[38] Mesmo assim, em 1767, Edmund Jones, "o Velho Profeta" criticava a descrença generalizada em relação à magia em Gales e o crescente saduceísmo que ela representava.[39] Os velórios estavam sendo transformados em encontros de oração, as festas dos padroeiros estavam virando reuniões de pregação, a célebre partida de futebol entre times de duas cidades do condado de Cardigan chamada *Y Bêl Ddu* (A Bola Preta) fora transformada por um pastor matreiro num espetáculo de catequização, devido à forte revolta contra as mortes causadas pela partida. O grande folclorista Eliss Owen, em seu fascinante livro sobre as antigas cruzes de pedra do Vale do Clwyd,[40] conta que a restauração eclesiástica vitoriana retirou as escadarias que ligavam o coro das igrejas às tavernas locais, eliminou os nichos existentes nas igrejas, reservados para a cerveja que o pároco dava como prêmio aos vencedores dos jogos dominicais, proibiu os campos de futebol nos adros das igrejas, e construiu enormes tumbas de mármore nos adros onde antes havia os bailes e encontros esportivos. Tudo isso interessaria aos folcloristas, se não fosse pelo fato de que o povo cuja vida agora se havia modificado por completo era também o último repositório das tradições, da música, do conhecimento histórico, da poesia e da linguagem galesas. As transformações na vida do povo tiveram importância capital aos olhos dos estudiosos e patriotas, que perceberam que, para poder sobreviver, o País de Gales necessitaria de alguns novos reforços artificiais.

Os líderes metodistas não eram filisteus sem cultura. Thomas Jones de Denbigh compunha poemas excelentes usando os metros galeses; seu amigo, Thomas Charles de Bala, conhecia os manuscritos galeses, amigo do mitólogo romântico William Owen (Pughe), e interessado pela lenda de Madoc (veja p. 105 e seguintes). Opunha-se veementemente à velha cultura comunitária. Escreveu o seguinte a um amigo que estava em Bala em 1791:

> Há muitos meses que não se tocam na vizinhança harpas que não sejam as harpas *douradas* que menciona são João. O instrumento não corre apenas risco: já foi inteiramente destruído e eliminado.[41]

E no mesmo ano escreveu a outro amigo:

> Esta restauração religiosa terminou com todas as reuniões alegres que se faziam para dançar, cantar ao som da harpa, e cair em toda sorte de folganças pecaminosas, que eram hábito entre os jovens daqui.[42]

A última feira realizada tinha sido a mais sóbria e recatada que ele jamais vira. No século XVI, Camden havia indicado Llanrwst, em Denbighshire, como centro de manufatura de harpas. Samuel Lewis, em seu

Dicionário Topográfico de Gales, escreveu: "Antigamente, Llanrwst era famosa pela fabricação de harpas; atualmente, as principais atividades comerciais são a fiação de lã e a fabricação de meias."[43] Autores do início do século XIX, tais como Peter Roberts ou William Howells descrevem um estilo de vida galês já decadente.[44] Mesmo as novidades relativamente recentes (datadas provavelmente do século XVII), tais como as peças populares, o interlúdio *(anterliwt)* ou as baladas líricas extinguiam-se rapidamente. As espirituosas e licenciosas peças populares — "interlúdios obscenos", no dizer de Thomas Ellis de Holyhead — foram sendo pouco a pouco substituídas por interlúdios de fundo moral ou social, à medida que passava o século, durante a vida do maior ator e dramaturgo galês, Thomas Edwards "Twm o'r Nant". As peças saíram de moda antes mesmo da morte de Twm, em 1810. As baladas líricas, mesmo as que versavam sobre temas moralistas, eram consideradas asneiras imorais na década de 1820, e não tardaram a desaparecer.[45]

Aos olhos dos estudiosos e patriotas, o novo estilo de vida sóbrio parecia estranho, uma importação inglesa, que não provinha nem da aristocracia nem do *gwerin,* ou povo galês. William Jones de Llangadfan era um médico de aldeia anglicano, bastante influenciado por Voltaire, que pouco tinha em comum com as ideias políticas realistas e legalistas do grande harpista Edward Jones. Para William, Edward estava recolhendo música e folclore na última hora, e Edward pensava o mesmo a respeito das danças antigas que William recolhia e descrevia.[46] Edward Jones e seus iguais pertenciam às fileiras da baixa aristocracia e dos pequenos proprietários; alguns, como Pennant, eram da alta aristocracia latifundiária; eram todos bastante conscientes, estavam um pouco afastados da ralé, e perceberam que era necessário procurar, encontrar e preservar, assim como recriar o passado galês para o povo sob novas circunstâncias, levando-se em conta a cultura dos livros impressos, o moralismo sóbrio, os transportes e comunicações mais eficientes, e o desejo de criar clubes e sociedades que substituíssem a velha e abrangente comunidade. Entretanto, tantos eram os fatores racionais, inspirados pelo senso comum, que indicavam ao povo galês que ele não deveria apoiar mais uma sociedade assim tão velha e decrépita, que seria necessário envidar esforços sobre-humanos para ganhar esse apoio. Daí a importância da invenção deliberada da tradição em Gales.

O EISTEDDFOD

O *eisteddfod*, ou seja, congresso anual de bardos, não foi absolutamente uma invenção deliberada; a primeira reunião de que se tem notícia foi realizada em Cardigan pelo Lorde Rhys (um dos últimos príncipes do sul de Gales) em 1176. A palavra *eisteddfod* significa apenas "assembleia", e referia-se a um conjunto de concursos de música e poesia anunciados com um ano de antecedência, e nos quais eram feitos julgamentos para atribuição de prêmios. Na Idade Média, o *eisteddfod* era também a ocasião em que os bardos (organizados numa espécie de ordem ou corporação) arrumavam a casa, examinando e autorizando os intérpretes dignos, e eliminando os maus. Assim como os legisladores galeses alegavam que seus códigos legais nativos se deviam ao antigo (porém genuíno) rei Hywel, o Bom, os bardos também afirmavam que se reuniam de acordo com o "Estatuto de Gruffydd ap Cynan", que teria supostamente estabelecido um sistema de regras eficiente para a ordem dos bardos em 1100. No *eisteddfod* de Carmarthen, em 1450, os testes para os bardos foram mais elaborados e difíceis; por exemplo, eles tiveram que fazer composições utilizando uma combinação de 24 m diferentes e elaborados, todos com aliteração controlada complexa. No século XVI houve dois *eisteddfodau* importantes, realizando-se ambos em Caerwys, cidade situada no condado de Flint (1523 e 1567), mas estes dois festivais foram apenas um crepúsculo; as tentativas de rememorar os esplendores do passado esvaneceram-se quando do planejamento de um novo *eisteddfod*, na década de 1590. A ordem bárdica logo entrou em fase de extinção, por inúmeras razões, mas principalmente porque os bardos estavam ligados a um estilo de vida antigo que, por sua vez, também estava desaparecendo.[47]

Já durante o declínio e a desintegração do velho estilo de vida, podemos observar os primeiros indícios de restauração. Os congressos de bardos chamados *eisteddfodau* foram restaurados por volta de 1700, por iniciativa de um gramático e escritor de almanaques, John Roderick; como ele divulgou os congressos pelos almanaques, eles passaram a chamar-se *Eisteddfodau dos Almanaques*. O público leitor havia aumentado bastante desde 1660, e existia pelo menos um pequeno número de amadores letrados ansiosos por entrar em contato com um tipo de cultura que não se constituísse apenas de máximas morais elevadas, e por desfrutar das belezas e glórias da arte nativa. Afinal, existe uma diferença entre o melhor dos sanatórios e a nossa própria casa. Como o último bardo profissional tinha praticamente parado de compor na década de 1690, os poetas que compareceram aos novos *eisteddfodau* eram amadores, sendo que as reuniões provavelmente não passavam de encontros entre pequenos e médios proprietários que, sentados às mesas cobertas de queijo e cerveja, em tavernas enfumaçadas, trocavam poemas ou então apenas lançavam uns aos outros versos de pé quebrado, criando uma espécie de *rhyfel tafod* ("desafio"). De vez em quando, eles se dividiam em equipes segundo os condados — Lewis Morris destacou-se num torneio entre poetas dos condados de Anglesey e Caernarvon. Não obstante, havia um elemento tradicionalista: os poetas procuravam ater-se às normas poéticas medievais, e conheciam tanto os *eisteddfodau* dos Tudor quanto o Estatuto de Gruffydd ap Cynan. O livro de gramática que John Roderick publicou em 1728 era muito mais do que uma simples gramática.[48] Destinava-se aos bardos de taverna e continha uma quantidade considerável de tradições bárdicas; visava ajudar os menestréis a redigir composições melhores para os pequenos *eisteddfodau*, a corrigir os *camgynghanedd* (aliterações incorretas) e mencionava, oportunamente, o *Eisteddfod* de Caerwys, de 1567, e também Gruffydd ap Cynan. Dafydd Lewis, conhecido de Edward Lhuyd, e reitor de Cadoxton, nas proximidades de Neath (Glamorgan) publicara em 1710 uma antologia mais antiga de epigramas selecionados da poesia galesa medieval que, por custar apenas quatro *pence*, devia destinar-se às camadas populares. Rhys Morgan, da fazenda de Pencraig-Nedd, vizinho de Dafydd Lewis, embora fosse dissidente, havia entrado em contato com John Roderick através dos almanaques ou dos primeiros *eisteddfodau*, e Roderick resolveu imprimir em 1728 uma *awdl* (ode) de Rhys Morgan, como modelo para mostrar como escrever usando os 24 m determinados para os bardos em 1450. Morgan era um homem da nova era, membro de um grupo de dissidentes literários que formaria a espinha dorsal do radicalismo político inicial nas montanhas de Glamorgan, durante a década de 1770.

Os chamados *eisteddfodau* de almanaque continuaram com alguma dose de êxito, porém sem nunca causar grande impacto público, até a década de 1780, a partir da qual passou a ocorrer uma grande transformação na natureza da instituição restaurada, por estar ela vinculada a uma nova força do século XVIII, as "sociedades galesas". Antes, seriam inconcebíveis as sociedades dedicadas a promover as coisas galesas, mas elas surgiram do século XVIII e proliferaram nos séculos XIX e XX. As primeiras foram criadas por galeses londrinos, que auxiliavam os galeses que vinham a Londres, organizavam festas no dia de são Davi (1º de março) e providenciavam ajuda para os galeses necessitados. A primeira sociedade foi a dos *Ancient Britons* (antigos bretões), criada em 1715, que deu origem, em 1751, à Honorável Sociedade de Cymmrodorion, mais famosa do que a primeira (a palavra *Cymmrodorion* significa *autóctones*, e refere-se tanto aos galeses quanto aos povos que primeiro habitaram a Grã-Bretanha). Esta segunda agremiação tinha os mesmos objetivos sociais e de ajuda que a dos *Ancient Britons*, mas, além disso, procurava recolher toda espécie de documentos literários, interessando-se pela história, por antiguidades e por problemas atuais. A Sociedade de Cymmrodorion ganhou uma quantidade enorme de membros, muitos deles *grandes*, e uma vez que o povo queria algo mais informal, fundou-se em 1770 o Gwyneddigion (ou seja, dos nativos do norte de Gales), que dava ênfase ao convívio social entre os membros, cujos principais passatempos eram a poesia, a crítica literária, as canções e a música executada na harpa. Estas sociedades e clubes que se encontravam nas cervejarias de Londres tinham seus respectivos membros também em Gales, e os galeses da terra mostravam-se bastante interessados nas atividades das associações metropolitanas.[49] Ao final da década de 1780, literatos do norte de Gales perguntaram ao Gwyneddigion de Londres se com seu dinheiro e organização eles não poderiam promover *eisteddfodau* em Gales, em grande escala. A capacidade de organização devia-se, no fundo, a alguns profissionais galeses que residiam na terra natal, tais como Thomas Jones, fiscal do imposto de consumo de Corwen e Bala, e muitos outros. Foram eles que realmente estabeleceram o padrão e criaram a tradição, pois passou a haver divulgação com bastante antecedência, preparação de estalagens e pensões para receber os visitantes, *cartazes* anunciando as competições, comparecimento de verdadeiras multidões para assistir ao evento durante vários dias, interlúdios de autoria de Twm o'r Nant à noitinha, bancas de livreiros por toda parte, vendendo livros galeses, prêmios de valor para poesia, prosa e música, medalhas ricamente trabalhadas, impressos dando conta dos julgamentos e dos vencedores. Em matéria de organização profissional, foi um absoluto sucesso, e foi também uma adaptação perfeita de uma instituição bastante arcaica às circunstâncias modernas. Os literatos e músicos amadores aguardavam visivelmente um imenso público. Existia agora um grupo de profissionais que sabia organizar as coisas. Por causa do turismo, abriram-se algumas estradas razoáveis no norte de Gales, e havia uma associação de galeses londrinos abastados (tais como Owen Jones, ou "Owain Myfyr", o incansável curtidor de couro londrino, pai do projetista vitoriano Owen Jones), que desejava empregar seu dinheiro em favor do País de Gales.

O padrão estabelecido em 1789 foi seguido até 1798, quando se tornou difícil promover grandes ajuntamentos de público. Depois da guerra, em 1815, tudo voltou ao que era antes e assim continuou, salvo algumas modificações. As competições musicais, inovação que não figurava nos *eisteddfodau* de almanaque, passaram a ter uma influência cada vez maior nos festivais. Em 1791, em St. Asaph, o concurso entre cantores de *pennilion* (estrofes acompanhadas por harpa) durou treze horas, sem que o público demonstrasse o mínimo sinal de cansaço. As esplêndidas medalhas foram desenhadas por Dupré, que se tornou, naquela época, o principal escultor oficial da recém-criada República Francesa; e o Gwyneddigion (que se interessava um pouco pelo radicalismo político) tentou fazer com que os bardos caseiros escrevessem

A INVENÇÃO DAS TRADIÇÕES | 77

sobre as liberdades políticas, sem grande êxito. Monsieur Dupré foi o ponto mais próximo da Revolução a que os bardos conseguiram chegar. Às vezes atribuíam-se prêmios a poemas ou a textos em prosa sobre temas legalistas, tais como a recuperação sanitária empreendida por Jorge III ou a derrota das forças de invasão francesas em Gales em 1797 (o clima em Gales tornou-se bastante antirrevolucionário); o mais interessante, porém, é que esses prêmios quase sempre eram dados a textos com temas históricos: Gales desde Cadwalard, o Bem-Aventurado, até Llwelyn, o Último, o massacre dos bardos galeses em 1282 feito por Eduardo I, e daí por diante, o que exerceu uma influência bastante forte na criação de um interesse popular pelas tradições galesas (às vezes até bastante espúrias).

Após 1815, os novos *eisteddfodau* promovidos estiveram sob os auspícios das sociedades cambrianas de Gales, sendo que a iniciativa; passou dos velhos clubes sociais londrinos para grupos de patriotas na sua maior parte aristocratas e clérigos, no próprio País de Gales. Houve outro momento de decisão, no *eisteddfod* provinciano promovido em 1819 em Carmarthen sob os auspícios do bispo Burgess, de são Davi. Foi neste festival que o *Gorsedd* dos bardos da Grã-Bretanha, introduziu-se pela primeira vez no que até então havia sido simplesmente um conjunto de competições, literárias e musicais. O *Gorsedd* (que significa *trono*) tinha sido inventado por um dos mais espetaculares galeses da época, Edward Williams (1747-1826), pedreiro de Glamorgan, que adotou o pseudônimo poético de Iolo Morganwg (Neddy de Glamorgan). Certamente precisaremos referir-nos a ele com frequência, pois ele não só foi um literato e arqueólogo competente, como também um mitólogo romântico que reuniu num só muitos sonhos e modismos, manias e fantasias. Iolo tinha verdadeira obsessão pelos mitos e pela história, e a partir do interesse pelo druidismo no século XVIII ele inventou a ideia de que os bardos galeses eram os herdeiros dos antigos druidas, haviam herdado deles os rituais e ritos, a religião e a mitologia (religião que era uma mistura do unitarismo de Iolo e do culto à natureza típico do século XVIII). Parece que ele criou este neodruidismo em Londres, em 1790 ou em 1791, e, convencido de que ele e seu amigo Edward Evan (ministro unitarista, harpista e poeta de Aberdare) eram os últimos bardos que restavam dessa linha de sucessão apostólica, promoveu um debate bárdico-druídico em Primrose Hill, Londres, em 21 de junho de 1792. Esta vigarice divertida encantou muitos dos galeses londrinos (como seu amigo, dr. David Samwell, o médico do cap. Cook), e muitos literatos galeses na terra natal. Ao voltar para Gales, Iolo organizou vários núcleos de bardos denominados "Gorseddau", por todo o país, forneceu-lhes uma série de rituais, uma liturgia, um cerimonial e tratou de criar para eles um corpo druídico de tradições, até sua morte, em 1826. Justiça seja feita: Iolo não estava simplesmente pensando no aspecto carnavalesco do Gorsedd: esses grupos destinavam-se a restaurar a ordem bárdica, a tornar-se uma instituição cultural nacional em Gales, uma espécie de clube de torcedores da linguagem, literatura e história galesas.

Após 1815 o clima era propício para que as invenções impetuosas de Iolo surtissem efeito, numa atmosfera bem mais afinada com a imaginação romântica. Iolo não teve muito trabalho para convencer seu público (inclusive seu amigo, dr. Thomas Bowdler, inventor da "bowdlerização") de que estava dizendo a verdade. De 1819 em diante, os *eisteddfodau* convocaram o auxílio do *Gorsedd* dos bardos, e os cerimoniais destes foram incorporados à divulgação e promoção dos *eisteddfodau*. Alguns *Gorseddau* de bardos provincianos, tais como os de Anglesey e Powys, existem até hoje, vinculados aos *eisteddfodau* do interior. Outros, tais como o que funcionava em Pontypridd, na parte industrial de Glamorgan, no século passado, tinham atividades completamente desvinculadas dos *eisteddfodau*. Durante o século XIX, realizaram-se cerca de quinhentos *eisteddfodau* cerimoniais importantes no País de Gales, e deve ter havido milhares de congressos menores em capelas ou em corporações de operários, que nunca foram levados em consideração. A introdução do *Gorsedd* em 1819 tendeu a aumentar o interesse do *eisteddfod* pelos mitos e lendas e, às vezes, pela exclusão quase que completa da literatura referente à vida moderna. Os *eisteddfodau* nacionais (que foram se tornando cada vez mais organizados, à medida que passava o século XIX), por um lado, geraram um incrível interesse pela

A INVENÇÃO DAS TRADIÇÕES | 79

história (genuína e mítica) entre os galeses, e, por outro, deveram muito do seu sucesso popular ao mito do *Gorsedd*, seu colorido cerimonial e suas imponentes pantomimas. Foi Iolo o primeiro a encarar o *Gorsedd* como algo que iria incorporar as competições e transformá-las em uma coisa muito mais durável do que meros concursos localizados e específicos, em parte de um todo mais amplo, uma instituição nacional. E claro que Iolo foi um louco sonhador, viciado crônico em láudano, uma droga que causava alucinações; mas era impulsionado pelos mitos históricos, usando-os, por sua vez, para criar novas tradições que tiveram efeitos profundos e abrangentes. Assim, o *eisteddfod* moderno surgiu depois que havia desaparecido o último bardo profissional, e adquiriu sua colorida personalidade num momento em que os velhos hábitos e costumes tinham morrido e a vida se tornara (no dizer de Edward Jones) insuportavelmente monótona.

OS DRUIDAS ANTIGOS E MODERNOS

Uma vez que os colegiais da Renascença na Inglaterra e na França haviam sido empanturrados das *Guerras Gálicas* de Júlio César e do *Agrícola* de Tácito, os druidas sem dúvida acabariam sendo redescobertos, pois foram eles que comandaram a resistência dos povos nativos da Grã-Bretanha e da Gália aos invasores romanos. Os arqueólogos ingleses Leland e Bale levantaram no século XVI a hipótese de que os bardos galeses pudessem ser sucessores dos druidas, primeiro porque o santuário druídico ficava na ilha de Anglesey, e depois porque os bardos, assim como os druidas, eram figuras de autoridade e tinham uma função profética.[50] Milton, em sua elegia *Lycidas*, igualou os bardos galeses aos druidas, e o professor de história de Leyden, M.Z. Boxhorn, ao publicar um livro sobre as origens da Gália em 1654, não só incluiu uma reprodução do dicionário galês de Davies de Mallwyd, como também sua própria coleção de provérbios galeses traduzidos para o latim, com o título de "Sabedoria dos Antigos Druidas".[51] Supunha-se que os druidas haviam construído monumentos misteriosos, tais como Stonehenge, e assim a redescoberta deles gerou um novo interesse pelos monumentos e pelo avanço da ciência da arqueologia. Edward Lhuyd, grande cientista e arqueólogo galês, volta e meia desconfiava dos druidas, por serem arcanos e obscurantistas, e oferecerem sacrifícios humanos; outras vezes, porém, ficava fascinado por eles e encantado em encontrar amuletos de pedra de cobra (*glain neidr* ou *maen magl*) nas Terras Altas da Escócia, na Cornualha e em Gales, porque eles pareciam com as *ova anguina* (ovos de cobra) que Plínio atribuiu aos druidas. Aliás, em 1698, Lhuyd classificou-as de "pedras druídicas".[52] Foi na época de Lhuyd, por volta de 1700, que os estudiosos começaram a relacionar mais os druidas aos galeses, conforme se pode constatar a partir da obra do excêntrico deísta da Irlanda, John Toland, ou da história de Anglesey escrita pelo amigo de Lhuyd, Henry Rowlands, que chegou até a dizer que certas ruínas pré-históricas situadas em Anglesey eram santuários e altares de sacrifícios usadas pelos druidas, e coisas do gênero. No início do século XVIII, o druida sofreu uma fantástica transformação, passando a ser visto não mais como o obscurantista arcano, que se entregava à prática de sacrifícios humanos, mas como o sábio ou intelectual que defende a fé e a honra de seu povo, e os galeses começaram a perceber que mantinham com ele uma relação diferente da relação que os ingleses mantinham com o druidismo. Em Gales, respirava-se druidismo; quando o vizinho de William Gambold de Puncheston (condado de Pembroke), o sr. Meredith, quis parabenizá-lo pela publicação de seu livro sobre a gramática galesa em 1727, ele considerou adequado encarar Gambold como sucessor dos antigos druidas. O círculo dos Morris era fascinado pelos druidas, embora de maneira vaga e imprecisa, e quando Lewis Morris desenhou uma bandeira para o Cymmrodorion em 1715, colocou um Druida Antigo para sustentar o brasão. O estudioso mais preciso e erudito do círculo dos Morris, Evan Evans, "Ieuan Fardd", quase sempre se referia aos druidas e obviamente os igualava aos bardos galeses — a poesia galesa primitiva, segundo ele, era difícil de ser compreendida porque provavelmente tinha sido composta na "Cabala dos Druidas". Num longo poema, *The Love of Our Country* (O amor ao nosso país), composto em 1772, ele coloca os druidas como os primeiros

A INVENÇÃO DAS TRADIÇÕES | 81

numa longa linha de defensores da nação galesa, diante de Caradog, Hywel, o Bom e outros. Chegou até a considerar sucessores dos druidas os estudiosos renascentistas do século XVI, Gruffydd Robert e Sion Dafydd Rhys (que eram não conformistas e haviam produzido sua obra na Itália):

> Grande amor à Pátria votastes, eruditos
> Que o saber primeiro dos bardos revelastes,
> Roberts e Rhys douto, que as regras ensinastes
> da arcaica poesia pelos druidas planejada [...][53]

Se um estudioso tão atento e cauteloso quanto Evan Evans (já bastante experiente, pela necessidade de mostrar que a tradição galesa era genuína, ao contrário das vigarices de Macpherson e seu Ossian) era tão encantado pelo druidismo, não surpreende que pessoas menos escrupulosas o transformassem num culto da moda e acrítico. Afirma-se com frequência que Edward Williams, "Iolo Morganwg", criou este culto no País de Gales, e não se pode negar que foi ele que o elevou ao ápice ao fundar o *Gorsedd* dos bardos, mas ele estava apenas imprimindo sua marca pessoal naquilo em que todos acreditavam e que era comumente aceito em Gales.[54]

Iolo Morganwg interessava-se ao extremo por Stukeley e pelos primeiros arqueólogos ingleses, e adorava ruínas megalíticas. Em suas visitas a Londres, ele deparou com a "Antiga Ordem dos Druidas" inglês, deixou-se influenciar pelo deísmo de seu amigo David Williams de Caerphilly (cuja *Theophilanthropia* havia impressionado Voltaire e Frederico, o Grande) e ficou encantado com o quadro idílico que lhe foi pintado da tranquila vida dos nativos da Polinésia por David Samwell, "Dafydd Ddu Feddyg", um bardo galês que era também médico do capitão Cook, cuja morte testemunhou.[55] Iolo acreditava que ele e seu amigo Edward Evan[56] eram os únicos sobreviventes da ordem bárdica, e que era tempo de revelar ao público os segredos arcanos, recebidos pelos discípulos sucessores dos druidas. Grande parte das tradições e invenções druídicas de Iolo foi divulgada em revistas e manuscritos durante sua vida, e após sua morte em 1826 seu filho, Taliesin ab Iolo (um mestre-escola decente e íntegro da cidade industrial de Mesthyr Tydfil), publicou alguns dos textos de seu pai, por exemplo, o trabalho *Cyfrinach y Beirdd* (O segredo dos bardos), e seu maravilhoso *Coelbren y Beirdd* (O alfabeto dos bardos), que alegava ter sido registrado por bardos druidas de Glamorgan no século XVI. O Coelbren era um alfabeto parecido com o *ogam*, que se prestava à gravação em pedra ou madeira, e como os conquistadores ingleses proibiram os bardos galeses de usarem pena e tinta, eles foram obrigados a se comunicarem entre si riscando mensagens redigidas com os estranhos caracteres em misteriosas varetas que se fazia girar entre os dedos numa moldura de madeira, semelhante a um ábaco, chamada de "peithynen". Após a morte de Taliesin ab Iolo, foram publicados mais trabalhos de Iolo sobre o bardismo por obra de um dos seus mais zelosos discípulos, um clérigo do norte de Gales, chamado John Williams, "Ab Ithel". A teologia druídica de Iolo lembrava bastante o seu unitarismo, acrescentando-se uma boa dose de pacifismo. As cerimônias druídicas de Iolo eram complexas, mas privadas de sacrifícios humanos. Iolo disse aos bardos reunidos em seu *Gorsedd no* alto da montanha Garth, próximo a Cardiff, em 1797, que ele pretendia fazer com que o povo apoiasse a linguagem deles (deve-se acrescentar que Iolo havia sido educado falando inglês, mas pregava o uso do galês com o fervor de um convertido), com que conhecessem sua história através das canções e com que se chegasse a uma religião moral sem necessidade de rixas entre os credos. Os pequenos proprietários de Glamorgan suspenderam essas assembleias druídicas, temendo que pudessem atrair a atenção da frota francesa revolucionária, ancorada no canal de Bristol.

Não eram apenas os soldados os inimigos de Iolo: vários estudiosos galeses, principalmente aqueles arqueólogos e historiadores que estavam silenciosamente recuperando o passado galês de maneira científica, desconfiavam demais dele, como também alguns dos bardos que ele havia admitido em sua ordem. Edward Davies de Bishopston — "Celtic Davies" para os íntimos — era um clérigo que criticava Iolo; porém, deve-se lembrar que Davies publicou vários trabalhos que manifestavam uma profunda fé no druidismo. O problema é que ele discordava da versão de Iolo. Nenhum dos contemporâneos de Iolo foi *capaz* de desmascarar suas invenções e falsificações, e naquela época era tão generalizado o gosto pelo mito e pelas lendas que poucos parecem ter manifestado algum desejo de acabar com o ioloísmo. Os unitaristas achavam que o druidismo era uma religião altamente razoável; os dissidentes criaram a versão que lhes apetecia, os ministros anglicanos adaptavam-no a seus propósitos. Em meados do século, o círculo dos Morris adotou pseudônimos bárdicos, num estilo descontraído e brincalhão — William Morris, como recolhia conchas para seu bom amigo Thomas Pennant, foi batizado de "Gwilym Gregynnwr" (William das Conchas). Iolo levava esses nomes bárdicos profundamente a sério, e seus bardos tinham de manter a mesma atitude. William Owen (Pughe), por exemplo, escolheu o nome "Idrison", alusão a Cader Idris. Foi nessa época, em que os nomes de batismo em Gales haviam se tornado os mais monótonos possíveis, existindo milhares e milhares de John Jones e daí por diante, que surgiu entre um número bastante grande de personalidades literárias galesas a moda de adotar nomes bárdicos sedutores e fantásticos, tais como Eryron Gwyllt Walia (O homem-águia das florestas de Gales). Iolo conhecia os jardins do século XVIII, com grutas druídicas (os que havia em Piercefield Park, perto de Chepstow, ou na casa de seu amigo Richard Colt Hoare, em Stourhead). Iolo adaptou esse ideal de jardim, com sua sublime intensidade, e fez com que o *Gorsedd* e, mais tarde, o *eisteddfod* construíssem Stonehenges em miniatura por todo o País de Gales para a promoção de cerimônias druídicas ao ar livre. Existe um desses altares, muito bem-feito, nos *Gorsedd Gardens*, em frente ao Museu Nacional de Cardiff, por exemplo. É que o que havia sido considerado uma brincadeira no início do século XVIII foi transformado pela visão romântica em algo extremamente sério. Os bardos e neodruidas que tinham estômago para isso interessaram-se pela construção de aras, e os dolmens eram, segundo supunham, utilizados para os sacrifícios. De fato, alguns pensavam que esta era uma prova de que os antigos sempre cremavam os cadáveres. Um dos seguidores de Iolo que levavam esta ideia a sério era William Price de Llantrisant (1800-93), médico e livre-pensador, que se opunha ao casamento, tinha muitas das hipocondrias de Iolo e estava tão convicto do seu druidismo e do perigo que havia em se enterrarem cadáveres de pessoas mortas por doenças, que cremou o corpo de seu próprio filhinho. Sua ação foi defendida ao cabo de um processo judicial bastante divulgado, em consequência do qual iniciou-se a moderna prática da cremação. Portanto, o mito do sacrifício druídico influenciou a vida moderna (ou melhor, a morte moderna).

A extensa literatura neodruídica publicada pelos galeses no período romântico, em galês e inglês, nunca foi estudada adequadamente, mas sim descartada com o sorriso indulgente com que os historiadores costumam tratar as primeiras crenças modernas na magia e na bruxaria. Contudo, arqueólogos e historiadores responsáveis do fim do século XVIII e começo do XIX levaram essa literatura a sério, homens como Samuel Rush Meyrick ou Richard Colt Hoare, e muitos outros. Jonathan Williams escreveu, em cerca de 1818, uma história de Radnorshire, muito interessante, cuidadosa e detalhada, embora criticasse intensamente o povo por abandonar a língua galesa. Cinco anos depois, publicou um pequeno livro sobre educação druídica, chamada *Druopaedia*, onde se confundem os druidas da antiguidade com os dos sonhos de Iolo.[57] A restauração do druidismo foi um movimento de importância considerável, no geral, porque envolveu mitos que demonstraram ser a tradição cultural de Gales mais antiga do que qualquer outra na Europa Ocidental, e transformou o estudioso, poeta ou professor em centro dessa mesma cultura. Até certo ponto, recuperou o lugar original do bardo na vida galesa.

A REDESCOBERTA DOS CELTAS

Os galeses, durante a Idade Média, estavam vagamente conscientes de sua ligação com os córnicos e os bretões; e alguns estudiosos, como Buchanan, no século XVI, chegaram a supor que havia alguma relação entre os galeses modernos e os antigos gauleses. Durante o século XVII, predominou a ideia de que os galeses tinham alguma espécie de ligação com os hebreus, o que combinava com o mito de que os gale ses descendiam de um dos netos de Noé. Nas décadas de 1680 e 1690, porém, vários estudiosos começaram a buscar um enfoque novo para a questão. Em Oxford, Edward Lhuyd, que a princípio notabilizou-se como estudioso de fósseis e geólogo, passou a interessar-se por sua língua natal e a compará-la de maneira detida e racional com o idioma córnico (em fase de extinção) e com o bretão e, coisa que era ainda mais original, com o irlandês e com o gaélico escocês. Lhuyd queria entrar em contato com um abade bretão, Paul-Yves Pezron, mais conhecido na França como cronologista, porque pensava-se que Pezron estivesse escrevendo um livro sobre as origens comuns de galeses e bretões. Lhuyd não conseguiu encontrar-se com Pezron quando esteve na Bretanha, e o livro de Pezron foi publicado em 1703.[58] Lhuyd esperava que ele logo fosse traduzido para o galês, pois faria com que a aristocracia rural se interessasse mais pela língua e passado natal. No final, o livro foi traduzido para o inglês em 1706 por um historiador de aluguel galês, de nome David Jones. Pezron comparava os galeses aos bretões, levantando suas origens através de fontes clássicas, e localizando-as nos celtas ou *keltoi* mencionados pelos escritores antigos, um povo bárbaro cujos domínios no passado estendiam-se da Gália à Galácia (Ásia Menor), e que haviam sido o flagelo dos gregos e romanos. Pezron foi ainda mais longe investigando os celtas desde os heróis epônimos mais antigos até os tempos patriarcais. O método de Pezron era completamente anti-científico, mas a história era interessante, cativava a imaginação, e o livro transformou os celtas numa moda que por vezes chegava a ser mania. A tradução inglesa do livro ainda era reimpressa no início do século XIX. Henry Rowlands de Llanidan observou habilmente que, enquanto Edward Lhuyd levantou a hipótese de que a língua galesa vinha de uma língua-mãe hipotética, denominada céltico, Pezron tinha absoluta certeza disso.[59]

O exame empírico das línguas que Edward Lhuyd acreditava serem aparentadas com o galês (a grande *Archaeologia Britannica*) surgiu em 1707. Foi um trabalho rudimentar que, no entanto, lançou mão de um método comparativo detalhado de raciocínio muito difícil para que as pessoas o entendessem, por exigir que acreditassem em mudanças gradativas ocorridas em períodos de milhares de anos. Um dos que compreendeu de imediato o objetivo de Lhuyd foi o grande filósofo Leibniz. Leibniz já se interessava pelo galês antes de entrar em contato com a obra de Lhuyd, e através de seus escritos etimológicos ajudou a estabelecer linhas de pesquisa sobre estudos célticos na Alemanha muito mais profundas que qualquer pesquisa feita na Grã-Bretanha e que, no final, teriam profundas repercussões em Gales. Pode ser que os galeses tenham achado impossível a parte comparativa da obra de Lhuyd, mas poderiam pelo menos levar em consideração uma única conclusão: a de que os galeses descendiam dos britânicos, que descendiam dos celtas, e que os antigos celtas tiveram um passado glorioso. Os leitores monoglotas de galês tiveram uma vaga ideia da perspectiva de Lhuyd pelo *Drych y Prif Oesoedd* (Espelho das Eras Primitivas), uma história antiga de Gales de autoria de Theophilus Evans, escrita em 1716. Evans tentou subordinar seus dados aos objetivos e metas anglicanos, como convinha a um sacerdote jovem e patriótico, mas os galeses mais perspicazes logo perceberam que pela primeira vez em duzentos anos eles tinham uma visão de sua própria história que era autônoma e separada da Inglaterra. O próprio Lhuyd era um ardente patriota galês, apesar da racionalidade cuidadosa e da precaução características de seu método acadêmico, e parece que os estudiosos galeses do início do século XVIII, embora não se aproximassem de sua indiscutível genialidade, captaram fagulhas daquela chama. Tal foi o caso de seus amigos William Gambold e Moses Williams, assim como o do círculo dos Morris. Lewis Morris passou a vida preparando um catálogo de antigos nomes célticos na Grã-Bretanha e no continente europeu, denominado *Celtic remains* (Resquícios célticos), para ampliar alguns aspectos da obra de Lhuyd. Thomas Pennant e a maioria dos pomposos historiadores do final do século XVIII leu ou copiou as notas topográficas de Lhuyd. Thomas Percy, grande erudito inglês, tentou demover o cavaleiro Mallet, historiógrafo real da Dinamarca, da ideia (comum naquela época) de que os antigos teutões correspondiam aos antigos celtas, enviando a Mallet um exemplar do livro de Lhuyd para provar seu ponto de vista. Mallet simplesmente não conseguiu entender o texto de Lhuyd, e recaiu nos mesmos erros ao escrever sua história da Suíça, publicada em 1803.[60]

Na verdade, os celtas jamais tiveram seu nome ligado às Ilhas Britânicas, mas isso não importava, porque eles eram uma magnífica raça de conquistadores que havia assolado a Europa inteira. Os mitos célticos contribuíram muito para despertar nos franceses o interesse pela história antiga e pela arqueologia de seu país. Os celtas eram o reflexo das fantasias da época, e no País de Gales forneceram a uma nação oprimida e desesperadamente pequena, que pouco tinha de que se orgulhar na época, um passado magnífico, como consolo. A restauração da antiguidade promovida no século XVIII baseou-se mais no entusiasmo que Lhuyd demonstrava sentir pelos antigos celtas do que no seu método preciso. Textos de *eisteddfods* datados do início do século XIX, escritos por artesãos ou sacerdotes, professores ou alfaiates, parecem transbordar de entusiasmo malfundamentado por aquilo que os livros franceses chamam de "nos ancêtres les Gaulois" e os galeses, de "nossos ancestrais, os celtas". No centro da redescoberta dos celtas encontra-se uma questão linguística, sendo que o celtismo teve consequências linguísticas importantes. É da linguagem que se tratará a seguir.

DA "ALGARAVIA DE TAPHYDOM" À "LÍNGUA DO PARAÍSO"

Para os humoristas e satiristas ingleses que eram, em sua maioria, os únicos que escreviam sobre o galês no século XVII, esta era uma língua gutural, de uma feiura grotesca, ainda falada em toda parte como um patoá, porém sem possuir status nenhum — e provavelmente próxima da extinção. Já vimos como os eruditos e patriotas lamentavam esta falta de consideração com algo que estava se transformando na "língua antiga". Os estudiosos do século XVIII alimentavam uma verdadeira aversão pelo inglês, mas tendiam a corresponder-se em inglês porque toda a sua cultura e educação lhes haviam sido transmitidas naquela língua. Até mesmo os irmãos Morris tinham tendência a escrever em inglês quando em sua correspondência volumosa desejavam discorrer sobre assuntos acadêmicos e intelectuais, mesmo que para tratar de outros assuntos utilizassem o galês mais puro e vigoroso. O próprio galês era reflexo do paradoxo que a cultura galesa vivia neste período, pois embora a língua não tivesse nenhum status (salvo o que lhe fora emprestado pela liturgia anglicana), constatou-se que no período de 1660 a 1730 aumentou consideravelmente o número de livros publicados em galês; os editores de livros galeses mudaram-se para lugares mais próximos ao País de Gales, e já em 1718 publicavam-se os livros no País de Gales.[61] Durante o século XVIII, essa tendência continuou, e aumentou bastante a gama de assuntos abordados por livros impressos em galês. Lewis Morris chegou a publicar um livro em galês para explicar aos artesãos como fazer um polimento perfeito, *verre eglomisé e* outras técnicas e métodos sofisticados. Em fins do século XVII o galês inteligente, pelo menos no sul de Gales (conforme se pode constatar pelo galês do infatigável tradutor e editor de livros puritanos Stephen Hughes de Meidrim e Swansea), achava difícil apreender sua própria gramática e suas próprias regras de estilo. Como disse o sr. Meredith a William Gambold em 1727, antes de ler a gramática ele simplesmente aprendia de memória, "como tocam os rabequistas do interior". Lá pela metade do século XVIII existia, além de uma vasta literatura impressa em galês, constituída de brochuras referentes a assuntos de ordem moral ou religiosa, um número pequeno de textos literários, algumas obras históricas (que alcançaram uma enorme popularidade), e algumas gramáticas e dicionários. O papel do galês na vida da Igreja Anglicana, ao que parece, diminuiu após 1714, mas esse declínio foi devidamente contrabalançado pela tremenda intensidade da literatura metodista e dissidente em galês. Ao final do século XVIII, o número de gramáticas e dicionários aumentou, demonstrando essas obras maior segurança e orgulho, e um pouco menos do derrotismo lamurioso de antes. O *squire* Rice Johes de Blaenau, próximo a Dolgellau, publicou uma esplêndida coleção de poesias galesas medievais em 1773, *Gorchestion Beirdd Cymru* (Triunfos dos bardos galeses). Como seria de se esperar de um proprietário de terras, sua poesia é repleta de chiste e bonomia, e o galês tem um quê de arrogante e empertigado. O prefácio está repleto de otimismo, porque

A INVENÇÃO DAS TRADIÇÕES | 89

a linguagem finalmente atingiu uma fase de esperanças, após tantos desapontamentos, perdas e derrotas no passado. Ele gostava de pensar que no que dizia respeito ao galês o "Parnaso é imutável", o "Hélicon é inexaurível"; e terminava o seu prefácio da seguinte maneira (segundo a tradução do Autor):

> Pois agora percebo o grande amor que a aristocracia e a plebe sentem pela língua britânica, e também pelas obras dos bardos antigos; desta forma, não tardaremos a ver a Musa (se Deus quiser, dentro de muito pouco tempo) irromper dos túmulos dos hábeis bardos em toda a *pureza* de seu esplendor.[62]

O *squire* Jones certamente não falava a "Algaravia de Taphydom". Acreditava piamente que sua língua era a mais antiga da Europa, talvez do mundo, que não era mestiça, como o inglês, que era riquíssima, e que podia ser defendida contra todos os seus inimigos. Um dos sinais da mudança gradual que havia tomado conta da língua era o tamanho cada vez maior dos dicionários: só para mencionar alguns exemplos, o dicionário de Thomas Jones, de 1688, é prático e compacto; o de Thomas Richards de Coychurch, de 1753, já é bem pesado; o de John Walters de Llandlough (publicado em partes de 1770 a 1795) é robusto; e o impressionante dicionário de William Owen (Pughe) (publicado de 1795 a 1803) é imenso. Entrementes, os estudiosos haviam começado a encarar o galês como um bem nacional, até como um monumento nacional. Os autores que escreviam em galês emocionavam-se muito com a ideia de que o galês estava diretamente ligado aos primórdios da história e era, de certa forma, uma língua pura e imaculada. Thomas Richards chamou seu dicionário de *Thesaurus*, gabando-se no prefácio:

> Nosso nome ainda não foi expulso do Paraíso: por enquanto, não só ostentamos o verdadeiro nome de nossos ancestrais, como também preservamos da maneira mais íntegra e impoluta possível (sem qualquer alteração importante, sem mistura com qualquer outra língua) aquela LÍNGUA PRIMITIVA, falada tanto pelos antigos *gauleses* quanto pelos *bretões* alguns milhares de anos atrás.[63]

John Walters, outro sacerdote de Glamorgan, vizinho de Thomas Richards, não só começou seu grande dicionário em 1770, como também publicou em Cowbridge no mesmo ano um manifesto dos literatos galeses, chamado *A Dissertation on the Welsh Language* (Dissertação sobre a língua galesa), que acredita nos mesmos mitos e lendas que Richards, transformando todas as deficiências da pobre língua galesa em virtudes. Como sinal de sua superioridade, este idioma puro e imaculado não era usado para escrever contos sensuais, nem peças ordinárias; sua pronúncia áspera era máscula e simples, ao contrário da inglesa, que era afetada e balbuciante.

O galês foi submetido a uma mitologização muito mais absurda e fantástica do que esta. O círculo dos Morris, Lewis, que era funcionário real, William, que era funcionário da alfândega em Holyhead e Richard, que estava no Ministério da Marinha, em Whitehall, tinham inveja de um de seus amigos, um causídico chamado Rowland Jones, porque ele havia se casado com a herdeira da Mansão Broom, em Lleyn, e assim podia, com sua renda, pagar a publicação de qualquer coisa que escrevesse. Em 1764 saiu o seu *Origin of Language and Nations* (Origem da linguagem e das nações), seguido, alguns anos depois, por efusões como *The Circles of Gomer* (Os círculos de Gomer) e *The Ten Triads* (As dez tríades), Gomer sendo o fundador epônimo de Cymru (Gales). Tais livros iam além do que fizeram Pezron e os celtomaníacos, dissecando indiscretamente e sem qualquer método as palavras galesas com o objetivo de mostrar que o galês era a raiz de todas as línguas. De certa maneira, era muito importante compreender como as linguagens deviam ser analisadas: através do conhecimento de sua constituição e evolução que homens como John Walters (auxiliado por seu vizinho, o jovem Iolo Morganwg) ampliaram o vocabulário galês de modo a inventar palavras galesas que designassem novas coisas ou ações, criando assim a palavra *geiriadur* (dicionário) e *tanysgrifio* (subscrever), dois termos ainda em uso corrente. Rowland Jones usou os mesmos métodos de maneira aleatória e desregrada, como fizeram também muitos outros. Um foi o pornógrafo John Cleland, que deixou de lado as aventuras de Fanny Hill em favor das profundezas mais sombrias da lexicografia céltica,

A INVENÇÃO DAS TRADIÇÕES | 91

redigindo alguns folhetos onde relacionava as partículas do galês a muitas outras línguas. Como era inglês, Cleland pertencia à periferia não céltica, ao contrário de um dos maiores e mais competentes mitólogos da língua, William Owen (Pughe).

O nome de batismo de Pughe era William Owen. Nasceu no norte de Gales em 1759, mas de 1776 em diante foi mestre-escola em Londres, retornando a Gales em 1806, depois de herdar uma propriedade no interior, onde morou até sua morte, em 1835. Adotou o nome de Pughe ao herdar tal propriedade; porém seu filho, editor de manuscritos galeses, Aneurin Owen, manteve o nome antigo. Pughe estava no centro da vida galesa londrina, e era amigo de muitos literatos ingleses, tais como William Blake e Robert Southey. Homem muito talentoso, profundamente culto e dedicado, era também muito bondoso e simplório, caprichoso e excêntrico em matéria de religião, terminando por tornar-se, em 1802, presbítero da profetisa Joanna Southscott. Pughe era quem planejava as publicações dos galeses de Londres, mas, em 1789, quando lançou a espetacular edição dos poemas de Dafydd ap Gwilym, poeta do século XIV, Iolo Morganwg convenceu-o a publicar vários pastichos de sua autoria como se fossem poemas do mestre. Em 1792, quando Pughe publicou uma edição de poemas galeses antigos atribuídos a Llywarch, o Velho, foi novamente convencido por Iolo a incluir suas fantasias bárdicas, como uma longa introdução aos poemas. Em 1800, Pughe, em colaboração com Iolo, publicou uma enorme coleção de todo tipo de obras da literatura galesa medieval, a *Myvyrian Archaiology of Wales*, em cujas partes finais Iolo introduziu um outro tanto de suas falsificações. Pughe era incapaz de resistir aos encantos dos mitólogos como Rowland Jones, tão devoradora era a chama de sua paixão pelas coisas galesas, e estava certo de que o galês, se analisado, revelaria os segredos da linguagem primitiva da humanidade. Além disso, dissecando-se ou seccionando-se os vocábulos galeses, seria possível reconstruir a língua em termos racionais, e ampliar infinitamente a utilização e o âmbito da língua. Pughe atacava o galês (idioma anguloso, cheio de irregularidades e singularidades sintáticas) com o extremo zelo racional de um déspota esclarecido, tal como o rei José II. Reduziu a língua a segmentos e remontou-a de maneira ordenada em seu grande dicionário e suas gramáticas, assim como em suas várias composições literárias. Desse modo, encontrou uma palavra galesa para todas as nuances possíveis em qualquer idioma: inventou o termo *gogoelgrevyddusedd* para traduzir a expressão "uma certa dose de superstição", *cyngrabad* para corresponder a "abundância geral", *cynghron* para significar "conglobação", de maneira que o dicionário publicado de 1795 a 1803 é bastante conglobante com uma abundância geral de pelo menos cem mil vocábulos, ou seja, quarenta mil a mais do que o dicionário de inglês de Samuel Johnson. Desejando recuperar no galês moderno a linguagem original dos patriarcas, Pughe construiu uma língua tão sólida e sublime quanto um mausoléu neoclássico. Entre os amigos de Pughe encontrava-se o pastor metodista Thomas Charles, que distribuiu a gramática galesa de Pughe como livro obrigatório pelas escolas dominicais de todo o País de Gales, em 1808. É interessante observar, entretanto, que a edição publicada em Bala utilizava a ortografia galesa convencional, enquanto a edição publicada em Londres vinha na ortografia do próprio Pughe, uma vez que ele (como tantos linguistas entusiastas do século XVIII) emendava a ortografia para torná-la mais lógica, fazendo com que a cada letra correspondesse um único som. Nesta época, Iolo Morganwg andava brigado com Pughe e, embora tivesse publicado o estapafúrdio *Coelbren y Beirdd*, ainda tinha a audácia de classificar as ideias de Pughe de "simples passatempos". A nova gramática de Pughe exerceu influência considerável (e lamentável) sobre muitos escritores galeses do século XIX; deve-se lembrar que ele foi apenas um dos muitos que brincaram com a ortografia das línguas secundárias europeias. Até mesmo o grande Edward Lhuyd, que até agora foi apresentado como modelo de racionalidade e probidade intelectual, embaralhou tanto a ortografia do galês que fez do seu prefácio à *Archaeologia Britannica* uma coisa quase que ilegível. Felizmente os ministros anglicanos levantaram uma ferrenha resistência a qualquer desvio do galês utilizado na Bíblia de 1588, e os pughismos limitaram-se à gramática e à estilística. Naturalmente, Pughe, de outras maneiras, fez nascer entre os galeses um interesse tremendo por sua língua, pois eles simpatizaram com aquela ideia da pureza, da tradição patriarcal e da "infinita riqueza" do galês. Pughe mostrou-lhes que o galês era uma "língua do Paraíso", herdada dos patriarcas, clichê existente até hoje. Se não houvessem mitólogos como Pughe, poucos seriam os que se dariam ao trabalho de conhecer a algaravia desprestigiada de Gales. De certa maneira, Pughe e os outros eram como restauradores vitorianos de igrejas, construtores de muitos templos horrorosos, sem os quais, porém, os edifícios antigos se teriam esfacelado.

"A TERRA DAS CANÇÕES"

No princípio do século XVIII, os estudiosos galeses ficaram profundamente perplexos por não serem capazes de ler o grande códice musical de Robert ap Huw, embora o autor tivesse morrido há pouco tempo, em 1665.[64] Nas antologias poéticas galesas que surgiram em meados do século XVIII, os organizadores colocavam acima das letras as melodias com as quais elas geralmente eram cantadas pelo povo. Os patriotas galeses ficavam envergonhados porque muitas das melodias eram inglesas, e os ingleses zombavam dos galeses, por sua falta de iniciativa. Em alguns casos, os galeses deformavam completamente as melodias, para torná-las irreconhecíveis, e "agalesavam" também o título. Alguns eruditos achavam que os títulos das canções inglesas deveriam ser todos traduzidos, mas William Wynne, poeta e *squarson* (ao mesmo tempo *squire* — proprietário — e *parson* — pastor), considerou que isso seria simplesmente desonesto. Williams de Pantycelyn, grande líder metodista e criador da moderna hinologia galesa, praticamente deu início à segunda restauração metodista, em 1762, com seu hinário; contudo, queixava-se de que só poderia publicar mais hinos quando chegassem novas melodias da Inglaterra. Suas melodias são quase sempre versões dos sucessos populares da época: uma delas tem o título bastante típico de "Lovely Peggy — Moraliz'd" (A Adorável Peggy — Moralizada).

Um século depois, as posições estavam completamente invertidas pois o País de Gales era considerado acima de qualquer outra coisa a

"Terra das Canções", onde a música havia fluído das harpas e bocas do povo durante séculos. Existiam livros de canções, corais, grupos de harpas galesas, prêmios e medalhas para músicas, e uma rede de sociedades com o objetivo de promover a música nacional.[65] Erasmus Saunders, ao expressar a opinião da diocese de são Davi em 1721, observou que os galeses tinham uma obsessão natural pela poesia: mas Iolo Morganwg escreveu mais tarde, neste mesmo século, que os galeses eram viciados tanto em música como em poesia, e que esta era uma opinião geral.

Os estudiosos do início do século XVIII admiravam as estrofes simples cantadas pelo povo nas regiões mais distantes, ao som da harpa. Tais estrofes (*penillion telyn*) eram epigramas expressivos, que datavam do século XVI ou XVII. Alguns camponeses conheciam centenas destes poemas, e eram capazes de adaptá-los a qualquer melodia de harpa familiar. Os irmãos Morris suspeitavam que as estrofes tinham um caráter proverbial e talvez encerrassem fragmentos de sabedoria druídica. Este costume de vários cantores apresentarem um após o outro várias estrofes de improviso acompanhados por um harpista era considerado tipicamente galês; porém, o que levou à restauração da música galesa no século XVIII não foi tanto a canção, mas a harpa. As primeiras árias galesas a serem publicadas surgiram por volta de 1726, como parte de uma coleção denominada *Aria di Camera*, mas a coleção que marcou época foi a de Blind John Parry, publicada em 1742, sob o título *Ancient British Music* (Música britânica antiga). Parry era o harpista de Frederico, o príncipe de Gales, amigo de Handel e compositor de música handeliana para harpa. Inspirou bastante Thomas Gray a completar seu poema *The Bard* (O Bardo) em 1757, ao tocar para o povo de Cambridge melodias que ele dizia serem milenares, cujos títulos, segundo Gray, "continham tantas palavras que a gente perdia o fôlego".[66] Blind Parry investigou a tradição musical galesa através dos concursos de música dos bardos, e descobriu que era herdada dos druidas. Contudo, as melodias, conforme estavam escritas, pareciam bastante recentes. O círculo dos Morris mantinha relações de amizade com Parry e seu secretário Evan William, o qual redigiu, em 1745, um enorme volume manuscrito (destinado à publicação) sobre a prática do *penillion* (improvisos acompanhados pela harpa).

Tendo estudado este manuscrito, o prof. Osian Ellis crê que a música descrita por Evan é de um caráter bastante operístico e convencional, típico da época: o cantor canta qualquer estrofe que lhe apeteça (continuando até que lhe faltem as palavras), com o acompanhamento todo ornamentado da harpa. Nem se menciona aquilo que seria considerado a arte exclusivamente galesa de cantar o *penillion*, ou *canu gyda'r tannau*, conforme o identificariam os músicos galeses desde a década de 1830 até hoje. Essa arte incomparável, que o povo galês hoje acha tão emocionante, é extremamente peculiar; a harpa repete a mesma melodia vezes sem conta, o cantor faz coro, com um estribilho ou descante de sua própria autoria, como acompanhamento do instrumento musical, sendo que as palavras, se possível, são escolhidas a partir de metros aliterativos altamente elaborados, de origem medieval. Como Parry e William pretendiam fornecer um quadro de tudo que havia de mais galês em matéria de música, eles certamente não poderiam deixar de descrever o que hoje se denomina cantar de *penillion*. Mais mistificadora ainda é a perspectiva de Edward Jones (1752-1824), harpista real e grande propagandista da música e costumes nativos galeses, em obras escritas entre 1784 e 1820. Edward Jones era de Merioneth, de uma região onde os costumes locais ainda eram bem respeitados no século XVIII, e onde hoje existem inúmeros solistas e grupos que praticam o *penillion*. Jones concentra-se no valor literário das estrofes expressivas, e fornece uma vaga descrição do grupo de camponeses reunido ao redor do harpista, cada qual com sua bateria de epigramas, para cantar ao som da harpa. Thomas Pennant, em seu *Tours* (Viagens), também descreve uma cena semelhante, os camponeses reunindo-se nos montes ao redor de uma harpa, com um repertório imenso de estrofes, apostando uns com os outros quem cantaria o maior número de estrofes, até que as montanhas vibrassem ao som da música. Edward Jones não encontrou nenhuma peculiaridade digna de nota no aspecto musical desta arte; apenas as estrofes extemporâneas mereceram algum tipo de comentário.

A partir desta ausência, no século XVIII, de uma boa descrição da arte conforme a conhecemos hoje, o prof. Osian Ellis deduziu que ela não existia, a não ser sob forma extremamente embrionária. Concluiu que como a arte que hoje conhecemos já existia em meados do século XIX, ela teria sido desenvolvida por músicos galeses no começo do século XIX, provavelmente por John Parry, "Bardd Alaw" (1775-1851), diretor musical de Vauxhall Gardens, compositor e grande organizador de músicos galeses em concertos e *eisteddfodau*. Pouco antes de 1809, George Thomson, editor de músicas de Edimburgo, veio ao País de Gales para recolher melodias galesas autênticas cujos arranjos seriam feitos por Haydn (foram publicadas em 1809); Thomson relata que não conseguiu encontrar os improvisadores de que tanto falava Thomas Pennant. No *eisteddfod* de 1791 houvera um concurso de *penillion* muito bem-sucedido, o que provava que os primeiros organizadores de *eisteddfodau* conheciam aquela arte. O que não conhecemos com certeza, no entanto, é a exata natureza musical do concurso. Sem dúvida, na época em que Owain Alaw publicou o livro *Gems of Welsh Melody* (Joias da melodia galesa), em 1860, a arte do *penillion* já estava completamente amadurecida (embora fosse bem mais simples que a praticada no século XX), e ele retirou suas amostras de estribilho das canções de John Jones, "Talhearn", assistente de Paxton na construção das imensas mansões Rothschild na Inglaterra e na França, e também de um remendão de Manchester, chamado Idris Vychan, intérprete fantástico, que vencia a todos no improviso e na melodia nos grandes *eisteddfodau* de meados do século XIX. Por essa época, naturalmente, já se acreditava que a arte do *penillion era* antiquíssima.

Na época em que Edward Jones lançava seus influentes livros, a harpa tripla era considerada o instrumento nacional galês por excelência, sendo que os outros instrumentos galeses antigos, tais como o *pibgorn* ou *crwth* (crota), haviam caído de uso há pouco tempo. Um ministro e erudito patriota, Thomas Price, "Carnhuanawc", afirmava ter aprendido em fins do século XVIII no condado de Brecon a tocar uma pequena harpa com uma só fileira de cordas. De acordo com Iolo Morganwg, a primeira harpa tripla de Gales foi construída pelo harpista da rainha Ana, Elis Sion Siamas. Entretanto, em 1800 os patriotas estavam convencidos de que a harpa tripla (assim chamada por possuir três fileiras de cordas, sendo que a fileira central continha os sustenidos e bemóis) era o instrumento nacional antigo, e em nome da honra nacional devia ser defendido contra as novas harpas com pedal introduzidas por Sebastien Hérard, de Paris. A harpa tripla havia sido adotada na Inglaterra no século XVII, sendo uma versão da harpa barroca italiana. Parece ter adquirido imensa popularidade em Gales Setentrional por volta das décadas de 1690 e 1700, penetrando, porém, apenas gradativamente em Gales Meridional. No sul, só ganhou popularidade ao ser tocada pelo talentoso Thomas Blayney, com o incentivo de um *squire* excêntrico de Galnbrân (Carmarthen), Sackville Gwynne. No princípio do século XIX, a harpa tripla era protegida pelo dinheiro e patrocínio de aristocratas como Lady Llanover, criadora de associações de harpistas e de concursos de harpa, que chegava a distribuir harpas triplas como brindes. Ela jamais teria feito isso se soubesse que a harpa tripla era um instrumento barroco italiano. Apesar de todo esse incentivo, a harpa tripla foi se tornando o instrumento típico dos ciganos, sendo que muitos dos melhores intérpretes descendiam de família ou tribo de Abram Wood, falantes do romani.

Pela década de 1780, já havia ocorrido uma outra mudança importante; agora, os galeses estavam convencidos que eram um povo dono de uma inexaurível abundância de melodias nativas, quase sempre extremamente antigas. Os títulos ingleses das canções passaram a ser traduzidos ou adaptados à vontade — a canção "Cebell", datada do século XVII, virou "Yr Hen Sybil", referindo-se supostamente a uma antiga feiticeira; "General Monk's March" transformou-se em "Ymdaith y Mwngc", que pensavam tratar da fuga de um antigo monge medieval; a balada composta por Martin Parker em 1643, "When the King enjoys his own again", passou a chamar-se "Difyrrwch y Brenin", que supostamente falava da corte de um príncipe medieval galês. Uma canção mais recente, "Delight", de autoria de D'Urfey, virou "Difyrrwch Gwyr Dyfi", que julgavam referir-se aos nativos do vale de Dovey. Dizia-se que as melodias com títulos originais em galês provinham de acontecimentos históricos bastante antigos: pensava-se que a canção "Morfa Rhddlan", que apresenta características óbvias da música de Purcell, era o lamento dos galeses pela derrota diante do rei Offa, em Rhuddlan, ocorrida em cerca de 750 d.C. Os turistas românticos e os editores ingleses incitaram os galeses a levarem adiante tais invenções. George Thomson e Haydn foram praticamente os primeiros a adaptarem letras em inglês às velhas árias galesas, utilizando muitas vezes temas históricos, auxiliados pela sra. Hemans, Sir Walter Scott e outros. O poeta romântico anglo-galês foi uma personagem que surgiu na cena literária na década de 1800; Richard Llwyd, "O Bardo de Snowdon", foi um dos primeiros, encontrando nos livros de canções um excelente campo de atividades. Por sua vez, os poetas da língua galesa foram obrigados a compor baladas históricas galesas que se equiparassem às invenções inglesas. Um dos mais fecundos compositores de baladas históricas que se adaptassem às melodias galesas foi John Hughes, "Ceiriog". As canções, interpretadas em inglês ou em galês, faziam um sucesso incrível e eram um dos principais meios de divulgação dos mitos históricos junto ao grande público. Nem sempre, porém, as músicas eram levadas a sério — o teatro de começos do século XIX em Cardiff costumava parodiar "Ar Hyd y Nos" (a conhecida "All Through the Night"), trocando-lhe o título para "Ah! Hide your Nose!" (Ah! Esconda o nariz!).[67] A mudança resultante do trabalho de homens como Blind Parry e Edward Jones foi que os galeses adquiriram autoconfiança. No século XVIII, surgiram em Gales vários músicos de talento, que produziram uma grande quantidade de melodias nativas para concertos, musicais e *eisteddfodau*, assim como excelentes músicas religiosas para os hinários que abundavam na época. Tudo isto ocorreu antes que o País de Gales se tornasse a terra dos corais, em meados do século XIX. O mito de que a música galesa era muito antiga contribuiu bastante para este surto de atividade e para o senso de patriotismo que ele encerrava.

Em 1848, Thomas Jones, "Glan Alun", bardo e jornalista, na revista *Y Traethodydd* reclamou que Gales, embora fosse um país muito musical, não tinha um hino nacional, uma canção entusiástica que unificasse a nação, como os hinos da França e da Prússia.[68] Este desejo, que era geral, logo foi satisfeito, pois em 1856, em Pontypridd, Glamorgan, Evan e James James, pai e filho, compuseram a letra e a música de "Hen Wlad Fy Nhadau" ("Terra de meus pais"). Era uma canção profundamente patriótica, popularizada em 1858 ao ser incluída num grupo de canções patrióticas, no grande *eisteddfod* nacional de Llangollen, sendo aceita por unanimidade, depois de 1860, como hino nacional. O majestoso hino "Tywysog Gwlad y Brynau" ("Deus Salve o príncipe de Gales) surgiu em 1863, na época do casamento do príncipe Eduardo, mas, embora fosse popular, jamais conseguiu alcançar o sucesso de "Land of My Fathers".[69] O mais impressionante foi a rapidez com que se fortaleceu a tradição de cantar "Land of My Fathers" em todos os eventos públicos.

A DAMA DE GALES

O exército de turistas que invadiu Gales no fim do século XVIII, por vezes acompanhado dos artistas de estimação, como John "Warwick" Smith ou J.C. Ibbetson, observou que os camponeses de lá usavam roupas que já haviam saído de moda há sessenta anos e que eram confeccionadas nos mais diferentes tecidos e padrões. Os relatos não mencionam nenhum traje típico, como os saiotes das Terras Altas da Escócia.[70] Como todo turista, eles tentaram encontrar algum atrativo no meio da pobreza, e perceberam que as mulheres costumavam trajar amplas capas azuis ou vermelhas de *tweed* e chapéus masculinos negros. O chapéu de copa alta e o manto faziam lembrar as feiticeiras, pela simples razão de que constituíam o traje característico das camponesas inglesas na década de 1620, tempo da caça às bruxas. As roupas usadas nas planícies da Inglaterra na década de 1620 continuaram a ser vestidas pelos pobres em algumas áreas montanhosas de Gales até a década de 1790, ou mais. Foram conservadas de maneira completamente inconsciente. Não eram um traje típico, mas foram deliberadamente transformadas em traje típico feminino na década de 1830 por obra de várias pessoas, lideradas por Augusta Waddington (1802-96),[71] esposa de Benjamin Hall, poderoso proprietário de terras e industrial do condado de Monmouth, e ministro do governo Palmerston, responsável pela conclusão das obras do Palácio de Westminster, tendo dado seu nome ao Big Ben. Benjamin foi agraciado com um título de nobreza, e sua esposa é conhecida como Lady Llanover. Foi uma das líderes da ala pitoresca romântica da restauração galesa, no início e em meados do século XIX, tendo patrocinado inúmeras causas galesas. Estudou e desenhou trajes femininos galeses e, em 1834, no *Eisteddfod* Real de Cardiff venceu o concurso de dissertações sobre a conveniência de se falar o galês e vestir roupas galesas. Sua intenção, em princípio, era convencer as galesas a prestigiarem o produto nacional, a usarem os *tweeds* nacionais em vez dos algodões e morins, tendo, juntamente com algumas amigas, ofertado prêmios a coleções de desenhos e padrões galeses para *tweed*. Em 1834, nem especificou o que fosse um traje típico, mas estava certa de que devia haver uma vestimenta que fosse distintiva e pitoresca, para ser admirada pelos artistas e turistas. Num instante ela e suas amigas criaram um traje nacional único a partir dos vários trajes camponeses de Gales, cujas características mais peculiares eram uma enorme capa vermelha vestida sobre um elegante conjunto de anágua e camisola (*pais a betgwn*), e uma cartola preta bem alta, no estilo da Mamãe Gansa. Tais roupas destinavam-se a ser usadas nas "festas nacionais", no Dia de são Davi, em concertos de música nativa, principalmente pelas cantoras e harpistas, ou nas procissões que abriam e encerravam os coloridos *eisteddfodau* de Lady Llanover, em Abergavenny. Ela inventou uma vestimenta para ser usada pelos criados de Llanover Court; o harpista, por exemplo, teria de usar um traje estranho, de menestrel misturado com montanhês da Escócia. Como Lorde Llanover não estava disposto a andar fantasiado, os homens de Gales foram poupados. Em 1862, Lady Llanover ofertou um retrato seu, vestida com os trajes nacionais, à escola que havia ajudado a fundar com o objetivo de promover o galês entre as classes altas em Llandovery College. No retrato, ela traz uma joia representando um maço de alho-poró, na aba do chapéu de copa alta, e, nas mãos, um ramo de visco, para mostrar sua ligação com os druidas (ela era uma poetisa de nome Gwenynen Gwent, a Abelha do condado de Monmouth). O traje não tardou a ser adotado, por exemplo, nas tiras humorísticas dos jornais, como caricatura do País de Gales; foi reproduzido nos cartões-postais vitorianos; vendiam-se milhares de estatuetas que reproduziam uma mulher galesa vestida com sua vestimenta típica; os colegiais de todo o país de Gales ainda a vestem no dia 1º de março. Simbolizava o bem e o lar. Aparecia, por exemplo, nos pacotes de farinha de trigo "Dame Wales" (Dama de Gales) e em muitos outros produtos galeses. Entrementes, os velhos trajes nativos, em todas as suas variações locais (incluindo até, vez por outra, uma cartola alta e uma grande capa), desapareciam à medida que Gales transformava-se num dos países mais industrializados do mundo.

O novo Valhalla cambriano

Uma das mais interessantes características desse período é o aparecimento de heróis nacionais, e destes nenhum é mais característico do que Owain Glyndŵr, o Glendower de Shakespeare, que se rebelou contra Henrique IV e governou Gales de 1400 até o seu misterioso desaparecimento, em 1415.[72] Glyndŵr era geralmente tido como usurpador ou um rebelde equivocado na literatura, e embora Ben Jonson tenha dito em 1618 que amigos galeses o haviam informado de que, em Gales, Glyndŵr não era considerado um rebelde, e sim um grande herói, parece não haver muitas provas disso. No início do século XVIII, o círculo dos Morris mal parece ter tomado conhecimento dele, considerando-se que só o mencionaram uma vez, classificando-o de traidor. Segundo parece, Glyndŵr estourou como herói nacional na década de 1770. Aparece em 1772 integrando a procissão de defensores do país no poema de Evan Evans, *The Love of Our Country*, e, em 1775, recebe bastante destaque na *História da Ilha de Anglesey*, atribuída a John Thomas de Beaumaris, aparentemente baseada numa biografia manuscrita de Glyndŵr, composta em meados do século XVII. Em 1778, Glyndŵr recebeu um tratamento dos mais favoráveis por parte de Thomas Pennant no livro *Tours in Wales* (Viagens em Gales).

Gilbert White enviou suas famosas cartas sobre a história natural de Selborne a Thomas Pennant e Daines Barrington, ambos líderes da restauração histórica galesa, na década de 1770. Pennant, natural de Downing, condado de Flint, era um aristocrata anglicizado, apaixonado por tudo que fosse galês. Referia-se ao castelo de Caernavon como "o símbolo mais grandioso de nossa escravidão"; seu retrato de Glyndŵr é dos mais favoráveis, percebendo com perspicácia a tragédia que foi a decadência e desaparecimento do herói, que causaram uma segunda invasão inglesa em Gales. É possível que Pennant estivesse reproduzindo as opiniões de seu companheiro de viagem, John Lloyd de Caerwys, filho do *squire* de Bodidris, que fica bem próximo do quartel-general de Glyndŵr em seu país. Provavelmente, foi Pennant que lançou Glyndŵr como herói nacional, e a quantidade de livros sobre ele, comparável a princípio com um filete, engrossou até as dimensões de um córrego, tornando-se depois uma inundação. Primeiro pintaram-no como um personagem trágico; depois, passaram a apresentá-lo como o homem que previu a necessidade da existência de instituições nacionais galesas (tais como uma igreja nacional e uma universidade); e, finalmente, encararam-no como o pioneiro do nacionalismo moderno.[73]

Em 1770, Dames Barrington publicou o manuscrito da história da família Gwedir, de princípios do século XVII, escrito por Sir John Wynne. Este documento foi utilizado alguns anos antes como fonte para a história da Inglaterra escrita por Carte, que dele retirou o relato do massacre de bardos promovido por Eduardo I, em 1282. Thomas Gray apropriou-se da história de Carte e inspirou-se na interpretação de Blind Parry para completar seu famoso poema, *The Bard* (O Bardo), em 1757.[74] Gray não acreditou inteiramente na história — não existiam ainda bardos galeses, prova de que os bardos de 1282 tinham deixado descendência? O relato de Carte baseava-se, de certo modo, nas lendas galesas segundo as quais houvera uma queima de todos os velhos livros galeses em Londres, e de algum modo todos os bardos haviam sido banidos. Pouco depois de 1757, os próprios galeses começaram a acreditar na descrição de Gray, como se pode comprovar consultando-se um estudioso preciso, como Evan Evans, que citou muitas passagens de Gray na década de 1760. Antes, o círculo dos Morris considerava o bardo galês acima de tudo como um artista profissional. Para eles, a poesia era um divertido passatempo social, o que os levou a romper relações com Gorowyn Owen, para quem a poesia era o tipo mais sublime e épico de literatura. Evan Evans pertencia a uma geração para a qual o bardo era um ser heroico, quase sempre revoltado contra o mundo circundante. Evans admirava profundamente os primeiros poetas galeses que haviam sido guerreiros genuínos. Iolo Morganwg levou ao extremo esta idolatria da figura do bardo, em parte devido à influência de Gorowyn Owen e de Evan Evans, em parte porque sofria de uma terrível mania de perseguição e queria virar o feitiço contra os feiticeiros, contra aqueles que menosprezavam os poetas ou os estudiosos. Iolo fez do bardo a figura principal do préstito histórico galês, embora, em algumas épocas, o bardo fosse um druida, e, em outras, um historiador ou literato; e sua imaginação jamais se incendiava tanto como quando ele falava das perseguições aos bardos.

O bardo de Gray foi um personagem famoso durante as décadas de 1770 e de 1780, sendo naquela época um tema comum na pintura. Paul Sandby foi um dos primeiros a pintá-lo, seguido por Philip De Louthergourg, Fuseli e John Martin. Um dos melhores retratos é o de autoria do aluno de Richard Wilson, Thomas Jones de Pencerring.[75] O quadro foi exposto em 1774, e nele se vê o último dos bardos agarrado à sua harpa, a fugir dos exércitos invasores, que se aproximam de seu templo, uma espécie de Stonehenge em miniatura, o sol se pondo no oeste, ainda acima do maciço de Snowdon, um vento gelado soprando do leste, das bandas da Inglaterra. Esta cena dramática, o confronto entre o poeta e o poder do Estado, iria repetir-se muitas vezes. Logo foi adotada como tema para poemas e dissertações de *eisteddfod*, recontada em vários livros ingleses e galeses, entrando até no famoso poema húngaro *Os bardos galeses*, de Janos Árány, no qual Eduardo I é visto como um cruel imperador da dinastia dos Habsburgo a invadir os Bálcãs. Escusado dizer que tudo não passa de fábula ou mito. No máximo, isso poderia ser interpretado como uma intensificação grosseira do fato de que, de tempos em tempos, os reis medievais ingleses autorizavam e fiscalizavam os bardos galeses devido às discórdias causadas em consequência das profecias que faziam.

Um dos mais extraordinários desses novos heróis foi Madoc, filho do príncipe Owain Gwynedd, que, decepcionado com as disputas em sua terra natal, o norte de Gales, partiu em seu navio *Gwennan Gorn* em direção a mares ocidentais inexplorados, por volta de 1170, e descobriu a América. Retornando ao País de Gales, reuniu alguns companheiros, fez-se ao mar novamente com eles, e nunca mais voltou. Supunha-se que seus descendentes se tivessem miscigenado com os índios e ainda sobrevivessem, no oeste americano.[76] A lenda não surgira no século XVIII, tendo sido utilizada pela primeira vez pelos Tudor, para intimidar a Espanha, que reivindicava o domínio sobre a América do Norte. Permaneceu conhecida e adormecida no País de Gales, vindo a despertar somente na década de 1770, quando o interesse galês pela América foi excitado pela Guerra da Independência Americana. Houve não só um interesse pela Revolução como tal, como também um forte movimento a favor da emigração galesa para a América, com o fim de fundar uma colônia de língua galesa na nova república. O mito de Madoc só conquistou a imaginação do público em 1790, quando o dr. John Williams, ministro e historiador londrino, e bibliotecário da biblioteca do dr. Williams, publicou um relato das peripécias de Madoc. Os galeses londrinos ficaram ansiosos. Iolo Morganwg (que estava em Londres na época) forjou toda sorte de documentos, provando que ainda existiam descendentes de Madoc, falantes de galês, em algum ponto do meio-oeste norte-americano, de modo que o dr. Williams foi obrigado a publicar um segundo volume. William Owen (Pughe) fundou uma associação "madoquiana" com o propósito de organizar uma expedição, que Iolo pediu para chefiar. Ficou desconcertado quando um jovem sério, John Evans de Waun Fawr (1770-99), apresentou-se, pronto para partir. Iolo desculpou-se e ficou, enquanto John Evans ia para a América, chegando por fim ao oeste selvagem. Tornou-se explorador a serviço do rei da Espanha. Depois de passar por uma série de aventuras horripilantes, chegou às terras dos índios *mandan* (que julgou serem madoquianos); porém, descobriu que eles não falavam galês. Morreu no palácio do governador espanhol, em Nova Orleans, após ter vivido outras aventuras. O mapa de sua jornada às terras dos *mandans* veio a ser a base para as explorações de Lewis e Clark. O fato de não ter sido encontrado nenhum índio galês não destruiu a fé de Iolo Morganwg, nem de seus amigos londrinos, muito pelo contrário. Iolo até persuadiu Robert Southey a escrever uma epopeia denominada *Madoc*. O movimento madoquiano fez com que um grande número de galeses emigrasse para a América; um de seus principais líderes foi o jornalista radical Morgan John Rhys, que antes militara em Paris, tentando vender bíblias protestantes para evangelizar os revolucionários franceses. Gwyn A. Williams, depois de ter estudado o trabalho de Morgan John Rhys e o movimento madoquiano, enfatiza que essa agitação em relação a Madoc fazia parte de uma crise de modernização que estava atingindo grande parcela da sociedade galesa naquele período; o sonho de redescobrir os índios galeses perdidos tinha muito em comum com o desejo de recriar o druidismo ou a linguagem dos patriarcas.[77] Era o desejo de alcançar uma sociedade mais pura e livre, que guardava certa semelhança com os mitos dos Saxões Livres e do Jugo Normando entre os operários ingleses contemporâneos.

Iolo Morganwg foi responsável pela transformação de muitos personagens desconhecidos em heróis nacionais. Basta um exemplo. Na década de 1780, Iolo fazia criação de gado nos pântanos entre Cardiff e Newport, onde veio a conhecer Evan Evans, naquela época um cura de Bassaleg, beberrão e esfarrapado. Ambos visitaram juntos as ruínas da residência de Ifor Hael (Ivor, o Generoso), o qual, segundo determinava a tradição, embora de maneira um tanto vaga e incerta, havia sido patrono do grande poeta Dafydd ap Gwilym, do século XIV. Evans escreveu um belo poema romântico sobre as ruínas recobertas de hera, e Iolo empreendeu suas primeiras falsificações importantes, a imitação dos poemas amorosos de Dafydd ap Gwilym, que continham breves e sutis referências a Glamorgan e a Ifor Hael. Nos escritos que se seguiram, Iolo procurou por todos os meios transformar Ifor no maior patrono da literatura galesa.[78] Ivor tornou-se um nome popular em Gales, um chavão que significa generosidade. Vem do seu o nome da mais galesa das sociedades beneficentes, a Ordem dos Ivoritas; as estalagens onde se reuniam muitos de seus hóspedes chamavam-se Ivor Arms, muitas das quais existem até hoje. Nas décadas de 1820 e 1830, encontravam-se em Gales muitos outros criadores de mitos. Um deles, que escrevia histórias populares para os falantes de galês, era um tipógrafo de Caernarfon, de nome William Owen, "Sefnin", também conhecido como "Pab" (Papa) por simpatizar com a Igreja Católica Romana. Escreveu sobre Glyndŵr, Eduardo I e os bardos galeses, a "Traição das Facas Longas", e muitos outros acontecimentos dramáticos da história galesa. Um personagem bastante parecido, mas que escrevia em inglês, era T.J. Llewelyn Pritchard, ator e jornalista preocupado em criar uma ilusão de "galesidade" para a aristocracia e as classes médias que não falavam mais galês, e para o mercado turístico.[79] Não inventou, mas foi o principal promotor de outro curioso herói galês, Twm Sion Catti, sobre o qual escreveu um romance em 1828. O verdadeiro Twm Sion Catti era um certo Thomas Jones, respeitável *squire* e genealogista de Fountain Gate, nas proximidades de Tregaron, no condado de Cardigan, surgido em fins do século XVI; com o passar dos anos, haviam surgido várias histórias locais onde ele se confundia com outros bandidos e salteadores desconhecidos do distrito. Pritchard transformou esta figura desconhecida num Till Eulenspiegel que pregava peças e fazia brincadeiras, e numa espécie de Robin Hood, que promovia a justiça com as próprias mãos, roubando dos ricos para dar aos pobres. A obra de Pritchard popularizou-se, foi traduzida para o galês, e não tardou que os galeses começassem a acreditar nessas lendas. Hoje em dia (não tendo Twm perdido a popularidade como herói ou anti-herói), o personagem promovido por Pritchard parece ter-se originado de lendas folclóricas autênticas. É um ótimo exemplo do modo pelo qual os heróis dos contos vêm substituir o hábito ultrapassado e debilitado de contar histórias ao pé da lareira.

O ESPÍRITO DO LUGAR — A PAISAGEM E OS MITOS

T.J.L. Pritchard, na verdade, fazia parte de um amplo movimento que visava fazer com que os galeses entendessem que deviam tratar com carinho sua paisagem; para mostrar isso de maneira clara ao povo, Pritchard emprestava a cada pau ou pedra um interesse humano e histórico.[80] Um de seus poemas intitulava-se *The Land Beneath the Sea* (A Terra Submarina), e falava sobre Cantre'r Gwaelod, ou Lowland Hundred que havia submergido na baía de Cardigan, uma espécie de Lyonesse galesa que afundara no início da Alta Idade Média por descuido dos servos do dissoluto e libertino rei Seithennyn. Lendas antigas autênticas relacionavam a história do Lowland Hundred com a saga do poeta e profeta Taliesin. Escritores como Pritchard propalaram esta lenda folclórica por todo o País de Gales, e a canção "The Bells of Aberdovey" (Os Sinos de Aberdovey) foi adaptada a fim de provar que era uma música do tipo "Catedral submersa", que se referia aos sinos das torres submersas ao largo de Aberdovey, embora fosse uma melodia bastante recente, de autoria de Dibdin. A história era bastante útil, pois poderia ser transformada numa fábula moral para combater o alcoolismo ou os monarcas irresponsáveis. Thomas Love Peacock soube das tentativas empreendidas por William Maddox com o objetivo de recuperar grandes áreas de terra submersa próximo à sua cidade, Portmadoc. No romance *Headlong Hall*, ele satirizou os *squires* galeses e seus visitantes ingleses por romantizarem a paisagem galesa e por traçar tantos planos de "aprimoramento". Num romance posterior, *The Misfortunes of Elphin* (Os Azares de Elphin), incluiu uma versão em prosa bastante espirituosa da lenda de Taliesin e da destruição do Lowland Hundred. Algumas das lendas referentes à paisagem foram francamente inventadas para os turistas; exemplo excelente é o do túmulo de Gelert em Beddgelert, no condado de Caernarvon. Era um dos locais mais visitados pelos turistas no final do século XVIII, e entre os anos de 1784 e 1794 um hoteleiro de Gales Meridional, proprietário do Royal Goat Hotel, em Beddgelert, inventou a lenda de que a aldeia assim se chamava devido a um marco funerário (que o audacioso hoteleiro construiu às escondidas), feito pelo príncipe

Llywelyn, o Grande, em memória de seu galgo predileto, Gelert, morto injustamente por ele mesmo. O príncipe saíra para caçar, deixando Gelert tomando conta de seu herdeiro, e, ao voltar, encontrou o cão coberto de sangue, e nem sinal do filho. Depois de matar o animal, descobriu o bebê num canto escuro, e só então entendeu que Gelert havia matado um lobo que atacara o berço real. O marco funerário era um sinal do remorso do príncipe.[81] A história comoveu os turistas que gostavam de animais, o Hon. W. Spencer compôs um poema famoso sobre o incidente, que Joseph Haydn adaptou à melodia de Eryri Wen, e dentro de alguns anos a lenda voltou, sob a forma de versões galesas, à boca dos galeses monoglotas que habitavam a Snowdônia. Naturalmente, trata-se de mera fantasia, ou, mais exatamente, de uma adaptação bastante astuta de um conto folclórico conhecido internacionalmente. É um bom exemplo do tipo de elaboração complexa de mitos que ocorreu em milhares de localidades, ajudando, pouco a pouco, a fazer com que os galeses apreciassem a paisagem rude na qual labutavam para sobreviver.

Ao final do século XVIII, os turistas consideravam Gales como um país de grande beleza natural. Em meados do século XIX, os próprios galeses começaram a reconhecer os encantos de sua terra. A segunda estrofe do Hino Nacional galês diz o seguinte (tradução nossa):

Velho Gales montanhoso, dos bardos paraíso
Que belos os teus vales e penhascos
Quão mágico é o som
Dos arroios e rios de minha Pátria [...]

Tais sentimentos seriam inconcebíveis no século XVIII. Neste período não houve quase nenhuma descrição de paisagem, e as que restam, por exemplo os versos de Dafydd Thomas sobre todos os condados de Gales, escritos por volta de 1750, falam apenas de atividades, produtos e habilidades humanas, não exaltando nunca a beleza da terra.[82] O círculo patriótico dos Morris achava as montanhas feias, sombrias e ameaçadoras; consideravam-nas no máximo como um castigo enviado pelo

Todo-Poderoso para purgar as culpas passadas dos galeses. Os galeses nativos custaram muito a deixar-se contagiar pelo interesse demonstrado pelas hordas de turistas ingleses que vinham admirar aquela paisagem agreste. Segundo o reverendo William Bingley, os galeses lhe perguntaram se na terra dele não existiam rochas nem cachoeiras. A gramática de William Gambold, de 1727, foi reimpressa repetidas vezes no início do século XIX, e a edição de 1833 levava em conta as necessidades dos turistas que iam até "as românticas serras do Principado", tendo sido acrescida de frases como "Não há uma cachoeira nesta região?" e "Eu gostaria de visitar o Mosteiro. Vou alugar um cabriole que me leve até lá". O apetite dos turistas tinha sido aguçado pelas gravuras que reproduziam o cenário galês, vendidas nas lojas. John Byng sugeriu, enquanto estava em Crogen, que os gravadores vendessem mapas junto com as estampas, para ajudar as pessoas a chegarem ao local retratado. Contudo, a moda da paisagem galesa foi criada não por um turista, mas por um galês chamado Richard Wilson.

Richard Wilson (1714-82) era parente de Thomas Pennant, e embora grande parte de seu trabalho fosse feito na Itália e na Inglaterra, ele parece ter feito uma descoberta original e independente da paisagem galesa nas décadas de 1750 e de 1760. Antes, o cenário galês era simplesmente um registro topográfico.[83] A paisagem galesa obrigou Wilson (original de Penegoes, próximo a Machynlleth) a adotar dois estilos anacrônicos, o primeiro ao ar livre, em que a natureza parece dominar a humanidade, e o segundo, um estilo mais romântico, em que as montanhas e ruínas de castelos galeses transformam-se em algo fantasticamente belo. Vendeu poucas obras para o público elegante, e morreu à beira do fracasso, perto de Mold, em 1782. Logo após sua morte, suas paisagens foram reproduzidas e imitadas aos milhares. Quando Cornelius Varley visitou Cader Idris, em 1803, identificou a Llyn y Cau nas anotações de viagem como "Lagoa de Wilson", tão famoso havia se tornado o retrato que Wilson fizera dela. Naturalmente, esta nova tendência a apreciar as paisagens montanhosas agrestes se deu na Europa inteira, mas afetou principalmente os pequenos povos montanheses, como os galeses ou os suíços. Os galeses, depois de muito custo, começaram a encarar suas montanhas não como um castigo do Todo-Poderoso, que os havia expulsado das exuberantes planícies inglesas, mas como uma fortaleza ou defesa para a nação. A expressão *Gwlad y Bryniau* (Terra das Montanhas) logo se tornou lugar-comum em Gales, mesmo para aqueles que viviam na baixada. Esta imagem manteve-se firme, embora, na realidade, as melhorias nas estradas de Talford e outras tivessem permitido que se atingissem as partes mais inacessíveis da Snowdônia; embora turistas como William Wordsworth tivessem escalado o pico de Snowdon sem maiores dificuldades; e embora a população estivesse migrando das charnecas e montanhas para os vales e áreas industriais. À medida que os galeses se tornavam mais industrializados, iam se apegando à imagem do galês resoluto e inflexível das montanhas, livre como o ar das alturas.

HERÁLDICA DA CULTURA

O alegre País de Gales, com seus ritos e costumes variados, estava em extinção, ou já extinto. Contudo, neste período surgiu um complexo conjunto de emblemas que não só deram brilho à vida, como também ajudaram os habitantes dos diferentes vales ou os membros das várias seitas a entenderem que faziam parte de uma mesma nação. Tais emblemas apareciam com mais frequência entre os galeses que viviam no exterior, em Londres, na América ou nas colônias, mas não sempre. Os emblemas da nacionalidade surgiram nas complicadas cerimônias de comemoração ao Dia de são Davi, montadas por galeses londrinos depois de 1714.[84] Os galeses atravessavam Londres em procissão até uma igreja, trazendo alho-poró nos chapéus, ouviam sermões pregados em galês, reuniam-se para banquetes imensos (para centenas de convivas), erguiam infindáveis brindes de lealdade ao País de Gales e à dinastia governante, faziam coletas para obras de caridade galesas, e depois iam fazer suas farras particulares.

Na verdade, no século XVIII, o símbolo mais comum do País de Gales não era o alho-poró, mas as três plumas de avestruz do príncipe de

Gales, que originalmente pertenceram (assim como o lema *Ich Dien* — "Eu sirvo") a Ostrevant de Hainault, tendo sido adotadas pelo príncipe Negro, que era filho da rainha Philippa de Hainault. Uma "plumagem emprestada", por excelência. Os galeses de Londres exibiam-nas, como nas cerimônias dos *Ancient Britons*, com o propósito de mostrar aos hanoverianos que os galeses eram leais, ao contrário dos perigosos irlandeses e escoceses. As plumas e o lema foram adotados em 1751 pelo Cymmrodorion para encimar seu brasão, e naquela época foram de longe o ideograma ou logotipo mais comum do País de Gales. Até hoje, continuam sendo um símbolo bastante comum, fazendo parte, por exemplo, do escudo da Associação de Rugby Union do País de Gales.[85]

Por outro lado, o dragão vermelho hoje tão familiar quase não era utilizado. Fora considerado símbolo galês durante a Idade Média, figurando frequentemente entre 1485 e 1603 nos brasões da dinastia Tudor, onde provavelmente simbolizava o fato de que os Tudor descendiam de Cadwaladr, o Bem-Aventurado, representando sua reivindicação de suserania sobre a Grã-Bretanha. Era considerado mais um símbolo administrativo da Assembleia de Gales do que um símbolo nacional, mas mesmo assim foi reabilitado como símbolo real do País de Gales em 1807 e, deste ano em diante, cada vez mais utilizado nos estandartes e brasões dos *eisteddfodau* ou dos clubes e das sociedades galesas no início do século XIX. Só no século XX o dragão substituiu as três plumas na estima dos galeses, pois as três plumas, acompanhadas de seu lema subserviente, foram consideradas respeitosas demais pelos radicais, liberais e socialistas.

O alho-poró havia sido utilizado durante séculos como símbolo pelos próprios galeses. As cores branca e verde associavam-se aos príncipes galeses e eram utilizadas como uniforme militar primitivo no século XIV. Shakespeare idealizou Henrique V (Harry de Monmouth) e Fluellen enfeitados com alho-poró no Dia de são Davi, para honrar a memória de Gales. Também se usava o alho-poró como ornamento na Inglaterra, por exemplo, nos tribunais de Londres, até o século XVIII, sendo ele, possivelmente, um dos meios sutis de que se servia a Igreja Anglicana para enxertar-se na memória da Igreja Britânica primitiva. Sem dúvida, o alho-poró era usado de maneira bem mais consciente por galeses no estrangeiro. Embora essa tradição não se caracterize como inventada, ela veio efetivamente fazer parte da elaborada decoração simbólica que revestia os pavilhões e salas de concerto para música nacional dos festivais no início do século XIX. Foi só em 1907 que o alho-poró foi substituído pelo narciso, devido a uma confusão gerada em torno da palavra galesa que significava "bulbo". Lloyd George, primeiro-ministro da Grã-Bretanha em 1916-22, comoveu-se ante a delicadeza um tanto feminina do narciso, empregando-o, em vez do alho-poró, no imponente cerimonial de posse encerrado em Caernarvon, no ano de 1911, e também em coisas como as publicações e impressos governamentais da época.

Um dos símbolos mais frequentemente utilizados para representar Gales no século XVIII era o druida, principalmente o sumo sacerdote druídico, com manto e capuz, tendo nas mãos a foice e um ramo dourado de visco. Em 1751, ele sustentava o brasão dos Cymmrodorion, juntamente com são Davi, tendo sido, depois disso, cada vez mais empregado para dar nome a sociedades, clubes e estalagens. Aparecia nas folhas de rosto do livros galeses, acompanhado pelos dolmens (tidos por aras dos druidas), que vinham sob a forma de vinhetas ou florões. O *Cambrian Register* (excelente periódico de história e literatura galesas) escolheu o dólmen como decoração para sua folha de rosto, em 1795, assim como William Owen (Pughe) fez em vários de seus livros. Um pouco mais tarde, o druida foi símbolo das casas das sociedades operárias de beneficência; e foi provavelmente o avanço considerável do não conformismo que pouco a pouco expulsou o sacerdote pagão da heráldica galesa nacional, embora ele haja permanecido, juntamente com grinaldas de folhas de carvalho e visco, como elemento decorativo nas coroas, cadeiras e medalhas dos *eisteddfodau*.

A harpa, ou, mais precisamente, a harpa tripla, foi frequentemente utilizada como símbolo do País de Gales. Às vezes, as próprias harpas triplas eram decoradas com símbolos nacionais, folhas de alho-poró entrelaçadas na base e plumas principescas brotando da extremidade superior. As harpas surgiam nos estandartes e nos livros, em códices e medalhas, quase sempre acompanhadas por lemas adequados em galês, como "Gales é o país das harpas", "A linguagem da alma fala em suas cordas" e assim por diante. O cabrito montês, visão ainda das mais impressionantes da Snowdônia, foi adotado por alguns como símbolo de Gales. Pennant colocou um cabreiro com sua gaita de foles ou *pibgorn*, seguido do rebanho, no frontispício de suas *Viagens*; Lady Llanover escolheu um cabrito selvagem para sustentar um de seus brasões; e alguns regimentos galeses adotaram o cabrito como mascote. O animal também não poderia deixar de ser usado como caricatura simbólica de Gales nas sátiras e tiras humorísticas.

O *eisteddfod*, provincial ou nacional, era neste período a ocasião perfeita para um desfile desenfreado de emblemas, e os símbolos nacionais aqui mencionados misturavam-se aos emblemas especiais do *Gorsedd* dos bardos. Produziram-se milhares de coroas e cadeiras para os *eisteddfodau*, fazendo-se, portanto, necessário criar uma linguagem decorativa para estes objetos. Iolo Morganwg (bom pedreiro assalariado e artista amador) era um prolífero manufator de símbolos, dos quais o mais famoso era o *nod cyfrin* (signo místico), composto de três varetas, cada qual representando respectivamente o passado, o presente e o futuro, formando juntas o nome de Deus na teologia druídica; este signo ainda constitui um magnífico logotipo para o *Eisteddfod* nacional. O ponto alto dos ritos e cerimônias do *eisteddfod* só foi alcançado em fins do século XIX, quando Sir Hubert von Herkomer e Sir Goscombe John desenharam para o *Gorsedd* dos bardos trajes e insígnias repletas de todos os símbolos já mencionados.

Os novos cerimoniais e os símbolos e insígnias serviram para ajudar os galeses a visualizar seu próprio país, adquirindo importância excepcional numa comunidade nacional que não constituía um Estado político. Eram substitutos dos costumes e ritos perdidos da velha sociedade dos festivais patriarcais, das noites alegres e das festas religiosas.

UM MOMENTO DECISIVO: "A TRAIÇÃO DOS LIVROS AZUIS"

Em 1847, a Comissão Real de estudos sobre a situação educacional em Gales relatou ao governo os resultados de suas investigações através de seus Livros Azuis. A pesquisa foi provocada por muitos motivos; a preocupação com o aumento da dissidência ou do não conformismo entre o povo, a falta de oportunidades educacionais em Gales e a intensificação da agitação através das últimas décadas, culminando no Levante de Merthyr, em 1831, nos Levantes Cartistas, de 1839, e nos Tumultos de Rebecca, de 1839 a 1843. Os membros da Comissão (todos ingleses) incluíram no relatório assuntos que transcendiam o âmbito educacional, atribuindo o atraso e a imoralidade do povo (principalmente das mulheres) à influência da dissidência e da língua galesa. A onda de protestos gerada no País de Gales pelo que foi por muitos considerado um libelo grosseiro contra a nação, baseado em indícios preconceituosos fornecidos por uma minoria não representativa de galeses aos comissionados ingleses, chamou-se "Traição dos Livros Azuis" (*Brad y Llyfrau Gleision*). Foi um trocadilho histórico bastante requintado, baseado na expressão "Traição das Facas Longas", um dos temas prediletos dos mitólogos românticos. Vortigern (Gwrtheyrn), líder dos galeses (ou bretões) em fins do século V, convidou os saxões comandados por Hengist e Horsa a virem à Grã-Bretanha, para auxiliá-lo no combate a inimigos. Segundo a lenda, os saxões convidaram Vortigern para um banquete, onde ele se apaixonou pela filha de Hengist, Alys Rhonwen ou Rowena, e pediu-a em casamento. Posteriormente, em outro banquete, os saxões, a um sinal especial, caíram sobre os chefes galeses embriagados que se achavam à mesa, e os assassinaram com suas facas longas, obrigando Vortigern a ceder-lhes uma extensa área da Inglaterra. Esta "Noite de são Bartolomeu" galesa era conhecida dos galeses há séculos, sob forma de fábula. O compositor de baladas Matthew Owen, no século XVII, considerou-a um castigo pelos pecados, que deveria ser aceito de maneira passiva e humilde. No século XVIII, os mitólogos aperceberam-se de sua potencialidade em termos dramáticos e ela foi empregada como tema por pintores românticos como Henry Fuseli e Angelica Kauffmann, na década de 1770. Entretanto, após 1847, foi transformada numa forma de propaganda política, para incitar os galeses a agirem.[86]

A ação realizada em consequência da comoção gerada pelos Livros Azuis foi paradoxal e contraditória. Por um lado, ela fez com que os galeses se tornassem mais nacionalistas e anglófobos do que nunca; por outro, fez com que se preocupassem em responder às críticas dos comissionados, tornando-se mais parecidos com os ingleses, virando bretões práticos, obstinados, metódicos e falantes de inglês. A revolta causou também novas alianças e novas divisões na sociedade galesa. A restauração histórica empreendida no século XVIII, da qual analisamos a parte mitológica, havia se colocado à parte das grandes forças envolvidas na questão religiosa, na reforma política e na revolução industrial. Os grandes arqueólogos e historiadores em geral opunham-se à incrível força do metodismo, que não só destruiu o velho estilo alegre de vida, como também preencheu da maneira mais competente possível qualquer espaço que pudesse ter sido deixado em branco. Iolo Morganwg, por exemplo, escreveu a seu patrono, Owain Myfyr, em 1799, que o Gwyneddigion e outros patriotas londrinos estavam sendo tachados de *painitas* na Associação Metodista de Bala por um dos inimigos de Iolo, sempre chamado por ele de "Ginshop Jones". Ginshop Jones era guarda-costas de Jorge III, tornando-se depois estalajadeiro e pastor metodista. "Agora o norte de Gales está tão metodista como o sul, e o sul, metodista como o diabo", queixava-se Iolo.[87]

William Roberts, "Nefydd", ministro batista e organizador de escolas, escreveu uma série de ensaios em 1852 intitulada *Crefyddyr Oesoedd Tywyll* (Religião da Alta Idade Média), onde estabelece um contraste entre a cultura popular semipagã do País de Gales e a nova e respeitável cultura galesa vigente, a do *eisteddfod*, da sociedade literária, do clube e dos periódicos de debate; e observava que até pouco tempo o espírito severo de Genebra havia impedido os metodistas de desfrutarem desta cultura florescente. A velha guarda metodista desapareceu rapidamente na década de 1840. Os jovens perceberam até que ponto a cultura galesa havia mudado, e a controvérsia dos Livros Azuis levou-os finalmente a se unirem aos outros dissidentes e aos patriotas galeses, porque os comissionados os colocavam todos num só saco, atacando ao mesmo tempo metodistas, não conformistas e a língua galesa.

A aproximação entre patriotas galeses, dissidentes e metodistas infelizmente significou o surgimento de outra divergência, dessa vez entre patriotas e anglicanos, que haviam dominado a restauração cultural sob vários aspectos desde o século XVIII, tendo sido, sem dúvida, seus mais brilhantes promotores de 1815 a 1847. A nova onda de interesse pelas coisas galesas após 1815 foi bastante incentivada pelo movimento conhecido como *Yr Hen Bersoniaid Llengar* (Velhos pastores literatos), mas que na verdade também incluía muitos leigos.[88] Sendo um tanto reacionários em matéria de política, eles retornaram ao País de Gales menos conturbado do século XVIII. Queriam preservar o que restava do *alegre Gales* e, dominando a literatura e a história, esperavam evitar quaisquer intromissões dos dissidentes ou dos metodistas na vida galesa. Entre eles, contavam-se a historiadora inglesa Angharad Llwyd (filha de John Lloyd, companheiro de Pennant); Lady Llanover; Lady Charlotte Guest, organizadora da famosa edição de contos galeses medievais por ela intitulada *The Mabinogion* (1849); John Jones, "Tegid", regente do coro da Christ Church, em Oxford; a colecionadora de canções folclóricas Marie Jane Williams de Aberpergwn; Thomas Price, "Carnhuanawc", ministro, historiador e celtólogo; John Jenkins, "Ifor Ceri", ministro, organizador de *eisteddfodau* e colecionador de canções folclóricas; e o ministro John Williams, "Ab Ithel", o inescrupuloso organizador dos escritos druídicos de Iolo Morganwg e um dos fundadores da Associação Arqueológica Cambriana.

A Sociedade de Manuscritos Galeses e a Associação Arqueológica Cambriana, a escola de Llandovery e o Colégio Universitário de são Davi em Lampeter eram todos veículos através dos quais este formidável círculo tentava influenciar a vida galesa; contudo, o principal meio de divulgação para o povo era o *eisteddfod*. Em 1819, o periódico radical de Swansea, *Seren Gomer*, aprovou o *eisteddfod* de Carmarthen, mas em 1832 o editor Joseph Harris desconfiou profundamente do *eisteddfod* de Beaumaris, por crer que ele desviava a atenção dos galeses dos problemas políticos. Angharad Llwyd publicou, como apêndice de sua história de Anglesey, premiada no *eisteddfod*, um discurso de outro ministro patriota, o poeta John Blackwell, "Alun", segundo o qual o camponês de Gales era culto e letrado, escrevia livros isentos de qualquer tipo de imoralidade e não se incomodava com política, nem com o governo.[89]

A INVENÇÃO DAS TRADIÇÕES | 117

Contudo, as coisas estavam mudando até mesmo no mundo romântico do *eisteddfod*, pois já em 1831 Arthur James Johnes (mais tarde juiz) venceu o concurso de ensaios com o trabalho "As Causas da Dissidência em Gales", que hoje em dia seria classificado de sociológico. Foi apenas alguns anos mais tarde que se tentou transformar o *eisteddfod* numa versão galesa da Sociedade Britânica para o Progresso da Ciência. Os ministros patriotas, interessados pelo passado remoto e mitológico, ainda predominaram no *eisteddfod* até o fim da década de 1840, mas a controvérsia dos Livros Azuis colocou-os contra a parede, e, pouco a pouco, os dissidentes e metodistas penetraram no campo deles e os dominaram, afirmando representar a ação galesa e taxando os anglicanos de intrusos estrangeiros. Quando o grande líder dos radicais galeses, Henry Richard, publicou suas *Cartas e ensaios sobre o País de Gales,* em 1866, praticamente equiparou ser galês a ser não conformista, pondo de parte os anglicanos. A tomada da cultura galesa por parte dos não conformistas gerou uma nova imagem. Enfraqueceu o interesse dos galeses pelo passado nacional remoto e substituiu-o por um interesse pelo passado do Velho Testamento e pela história primitiva das causas dissidentes, nos séculos XVII e XVIII, dando ênfase à caracterização no novo domingo puritano com "o domingo galês", sendo o novo "estilo de vida" galês aquele da igreja, da escola de canto (de hinos religiosos, não de baladas), das reuniões de temperança, das *Cymanfa Ganu* (assembleias para entoar cânticos), das reuniões e associações trimestrais, das sociedades de aprimoramento mútuo, e de todas as outras coisas que para nós, hoje em dia, são típicas do País de Gales. Não admira, pois, que o historiador Sir John Lloyd tenha declarado que o Gales vitoriano estava para o Gales da época da rainha Ana como este para o de Boadiceia. John Thomas, "Ieman Ddu", confessou que tinha perdido o contato com as canções do passado; os jovens, mesmo no longínquo condado de Cardigan, eram obrigados a cantar hinos religiosos nas festas de casamento porque não conheciam mais nada além disso.[90]

As grandes forças da política e da industrialização que haviam sido acuadas pelos estudiosos e patriotas acercaram-se do círculo encantado dos mitólogos românticos nas décadas de 1840 e 1850. Não é que os patriotas do século XVIII ignorassem a existência dessas forças; o círculo dos Morris, por exemplo, entendia um pouco "de indústria e política, como não podia deixar de ser, uma *vez* que Lewis Morris era o controvertido diretor das minas reais do condado de Cardigan e Richard Morris trabalhava no Ministério da Marinha. Thomas Pennant vinha do vale de Greenfield, no condado de Flint, onde existiam muitas indústrias primitivas, e como *squire* de importância interessou-se pelas reformas governamentais da década de 1780. Patriotas como Iolo Morganwg ou Morgan John Rhys e seus amigos envolveram-se com a política radical nas décadas de 1780 e 1790, quando surgiu uma extensa literatura sobre questões políticas em galês.[91] Na opinião de Owain Myfyr, a sociedade dos Gwyneddigion deveria dedicar-se a debates que abordassem de um ponto de vista radical as reformas na Igreja e no Estado, e todas as outras sociedades galesas de Londres deveriam fazer o mesmo. Homens como Iolo e Morgan John Rhys pertenciam a uma tradição de debates políticos entre os artesãos dissidentes das montanhas de Glamorgan; constituíam, porém, uma reduzida minoria, e a repressão dos longos anos de guerra enfraqueceu o movimento de reforma, ao mesmo tempo que revigorou o sentimento revolucionário em Gales.

Henry Richard, escrevendo em 1866, referiu-se à cultura de sua infância, recordando o grande número de periódicos galeses lidos pelo pai, e observando que tais periódicos dedicavam-se à poesia e à religião, com raras referências a assuntos políticos ou comerciais, salvo as que apareciam num suplemento final.[92] Isto teria sido aprovado por Lady Llanover e pelos religiosos patriotas, pois a entusiástica renascença cultural por eles promovida teve como pano de fundo uma miséria dolorosa e uma violenta insatisfação. Angharad Llwyd comprou o estoque de livros de William Owen, "Sefnyn", a fim de destruí-los, porque o poeta era favorável à emancipação católica; e Lady Llanover cortou relações com Llywelyn Williams (1822-72), um brilhante intérprete da harpa tripla, porque seu pai, Sephaniah Williams foi líder do Levante Cartista de 1839. Assim como a controvérsia dos Livros Azuis levou os metodistas ao ponto de se envolverem na política e na cultura galesas, também fortaleceu a mão dos galeses que desejavam que seus compatriotas se envolvessem nos negócios e na política. Mesmo sem a controvérsia dos Livros Azuis, as circunstâncias gerais da sociedade galesa estavam obrigando os homens a desempenharem um papel cada vez mais ativo no controle de seus próprios negócios. Edwin Chedwick observou que os ritos e cerimônias extraordinárias associados aos Tumultos de Rebecca, de 1839 a 1843, se haviam originado do costume do *Ceffyl Pren* (Piada de mau gosto).[93] As leis consuetudinárias há muito que puniam os delitos de caráter sexual com procissões noturnas de homens vestidos de mulher, queima de imagens e julgamentos simulados. Porém, em 1839, estes recursos foram transformados com fins de violência política e social. Thomas Jones, "Glan Alun", que pedira um hino nacional em 1848, manifestou-se também no mesmo número do *Traethodydd* contra o interesse galês da época pelo utilitarismo inglês racional e factual. Era chegado o momento, e de 1848 em diante a invenção da tradição, que por tanto tempo dominara a cultura galesa, entrou em decadência.

Os poetas, mitólogos e sonhadores viram-se submetidos às mais severas críticas, às vezes de caráter geral, por parte daqueles que acreditavam que o País de Gales precisava agora progredir de um estágio inferior da evolução humana, onde a poesia e a história eram importantes, para um estágio superior, onde o que importava eram as coisas práticas; de outras vezes, as críticas eram mais específicas. John Williams, "Ab Ithel", esperava fazer do *Eisteddfod de* Llangollen, em 1858, uma restauração dos dias de antanho, da época dos ministros patrióticos das décadas de 1820 e 1830. Esperava obter ele mesmo o prêmio de ensaio histórico, provando a verdade sobre o caso Madoc. E venceu, só que o verdadeiro vencedor foi Thomas Stephens, de Merthyr Tidfil, que já havia publicado uma história da literatura galesa, e que acabou com Madoc, afirmando que era um mito sem fundamento. A mudança podia ser observada simplesmente nos procedimentos de Llangollen; por exemplo, William Roos de Amlwch obteve um dos prêmios de pintura, com um quadro sobre a morte de Owain Glyndŵr, e outro sobre a recente morte do capitão Wynn na Batalha de Alma, na Guerra da Crimeia. Depois de alguns anos os galeses começaram a conhecer através de seus periódicos os grandes progressos da filologia alemã e do trabalho de Bopp e Seuss, que colocaram o galês no seu verdadeiro contexto filológico, usando um método científico, e tornando cada vez mais difícil para os galeses acreditar na elaboração irracional de mitos históricos do século XVIII.[94] Os velhos frangos de Lhuyd e Leibniz iam finalmente descansar no poleiro. Os gênios e fantasmas dos séculos longínquos da história e literatura galesas, que tanto haviam divertido e inspirado as gerações anteriores, foram dispersos como se tivessem sido trazidos à luz do dia.

Enquanto isso acontecia, e enquanto os sobreviventes do mundo antigo, como os ministros "Ab Ithel" e "Glasynys" ou Lady Llanover, recolhiam-se, descontentes, ao isolamento e ao silêncio, o novo mundo do Gales radical e não conformista começou a tornar-se mito, as brumas e névoas cobriram a história recente, e as pessoas passaram a divertir-se com uma série de novas lendas sobre si mesmas, sobre a perseguição aos primeiros metodistas (história contada no livro de Robert Jones de Rhos-lan, *Drych yr Amservedd*, que R.T. Jenkins chamava de "o livro apócrifo da Restauração"), ou sobre Dic Penderyn e o Levante de Merthyr, em 1831, ou a luta contra os proprietários opressores e os capitães de indústria.

CONCLUSÃO: A PRESA ARISCA

Afinal, o que se conseguiu por meio deste movimento extraordinário? O País de Gales que descrevemos não era um Estado político, e, por falta deste Estado, o povo foi levado a concentrar uma quantidade descomunal de suas energias em assuntos culturais, na recuperação do passado e, onde o passado deixava a desejar, na invenção das tradições. O velho estilo de vida entrou em decadência e desapareceu, o passado era frequentemente esfarrapado e maltrapilho, sendo necessária uma boa dose de invenção para remendá-lo. Os mitólogos românticos tiveram tão grande êxito em certos aspectos, que faziam as coisas galesas parecerem de um exotismo sedutor. Isso foi bom enquanto o antigo tinha autoridade, mas quando chegou a era do progresso, as coisas mudaram. O "galesianismo" foi preservado e transmitido às gerações posteriores graças aos esforços decisivos dos patriotas a que nos referimos. Foi, porém, rejeitado por muitos, por estar associado ao passado pitoresco e a uma mitologia um tanto desacreditada. O "galesianismo" da era vitoriana talvez fosse intenso e apaixonado por precisar enfrentar tantos inimigos. Para sobreviver, o nacionalismo galês teve, nas décadas de 1860 e 1870, que se transferir sutilmente para o novo mundo do radicalismo e do não conformismo.

A restauração histórica e a invenção da tradição tiveram, no País de Gales, um efeito mais abrangente do que qualquer coisa semelhante na Inglaterra, embora lembrasse o que estava acontecendo nos pequenos países europeus. No século XVIII, o País de Gales não possuía uma tradição histórica contínua e venturosa; não tinha um passado recente glorioso, nem heroico. Por isso, a redescoberta do passado remoto, dos druidas, dos celtas e dos outros teve um efeito estarrecedor sobre os galeses. O País de Gales não dispunha de uma rede de instituições culturais ou acadêmicas para verificar e avaliar os mitos e invenções com base na crítica. O leitor e o escritor não podiam empreender juntos uma caçada sistemática ao passado. Os manuscritos, por exemplo, estavam quase todos trancados em bibliotecas particulares, e poucos deles eram publicados; assim, era fácil para um falsificador de gênio como Iolo Morganwg mistificar o público galês e inglês. Foi exatamente esta falta de instituições aptas e críticos abalizados que tornou possível a Macpherson defender seus poemas de Ossian na Escócia, ao barão Hersart de la Villemarqué (Kervarker) compor seus poemas bretões antigos falsificados contidos em *Barzaz Breiz,* ou a Vaclav Hanka publicar seu manuscrito tcheco medieval forjado, o *Kralodvorsky Rukopis.* Hanka escreveu-o apenas dois anos depois que Ossian havia sido traduzido para o tcheco, e só foi desmascarado meio século ou mais depois, por Thomas Masaryck. Por outro lado, os ingleses não tardaram a perceber as invenções de Chatterton.

No País de Gales, o movimento de restauração e criação de mitos surgiu de uma crise na vida galesa, em que o próprio sangue da nação parecia estar refluindo. De acordo com a razão e o senso comum, os galeses deviam encarar o passado como encerrado e terminado e, uma vez que haviam sido "riscados das páginas da História", deveriam contentar-se com o que tinham. Foi necessário um esforço sobre-humano da parte de um grupo restrito de patriotas para que seus patrícios apreciassem seu legado, valorizassem o que era deles. Sentiam que a única maneira de realizar isto seria esquadrinhar o passado e transformá-lo com a imaginação, criar um novo "galesianismo" que instruísse, divertisse, alegrasse e educasse o povo. O País de Gales mítico e romântico por eles engendrado permitiu que os galeses perdessem um passado imediato e ganhassem uma versão artística e literária desse mesmo passado, como se pudessem matar dois coelhos de uma cajadada. A arte e os artifícios aqui descritos tiveram uma função altamente curativa nesta difícil conjuntura histórica galesa. A vida galesa continuou se transformando, e à medida que tal ocorria, renovava-se o processo estudado. Logo que os românticos caíram do cavalo, foram substituídos por novos criadores de mitos e tradições, os do País de Gales radical e não conformista. Os caçadores haviam mudado, mas a caça continuou a mesma.[95]

Notas

1. A biografia da maioria das pessoas mencionadas neste capítulo está no *Dictionary of Welsh Biography down to 1940* (Londres: Honourable society of Cymmrodorion, 1959), mas a de Peter Roberts encontra-se no suplemento galês do dicionário (Londres, 1970).

2. Peter Roberts, *Cambrian Popular Antiquities*. Londres: Williams, 1815, introd.

3. C. Bruyn Andrews (org.), *The Torrington Diaries*, v. 3. Londres: Eyre & Spottiswoode, 1936, p. 254-5.

4 R.T. Jenkins, *Hanes Cymru yn y Ddeunawfed Ganrif* (História de Gales no século XVIII). Cardiff: University of Wales Press, 1928, p. 2, 104-34; Cf. Evan David Evans, *A History of Wales 1660-1815*. Cardiff: University of Wales Press, 1976, p. 231-50.

5. Edward Jones. *The Bardic Museum*. Londres: Strahan, 1802, introd., p. 16.

6. Thomas Jones, *The British Language in its Lustre*. Londres: Mr. Lawrence Baskervile, 1688, prefácio.

7. B. Dobrée e G. Webb (orgs.), *The Works of Sir John Vanbrugh*, v. 2. Londres: The Nonesuch Press, 1927, p. 33.

8. Rachel Bromwich, *Trioedd Ynys Prydein, the Triads of the Isle of Britain*. Cardiff: University of Wales Press, 1961, e *Trioedd Ynys Prydein in Welsh Literature and Scholarship*. Cardiff: University of Wales Press, 1969.

9. Evan Evans, *Some Specimens of Early Welsh Poetry*. Londres: R. and J. Dodsley, 1764, principalmente o seu "Dissertatio de bardis".

10. M.M. Griffiths, *Early Vaticination in Welsh with English Parallels*. Cardiff: University of Wales Press, 1937; e Glanmor Williams, "Prophecy Poetry and Politics in Medieval and Tudor Wales", H. Hearder e H.R. Loyn (orgs.), *British Government and Administration*. Cardiff: University of Wales Press, 1974, p. 104-16.

11. Sydney Anglo, "The British History in Early Tudor Propaganda", *Bulletin of the John Rylands Library*, v. 44. 1961, p. 17-48. Glanmor Williams, "Some Protestant Views of Early British Church History", *History*, v. 38. 1953, reimpresso nos ensaios do mesmo autor, *Welsh Reformation Essays* Cardiff: University of Wales Press, 1967, p. 207-19.

12 T.D Kendrick, *British Antiquity*. Londres: Methuen & Co., 1950, p. 34-134.

13. F.V. Emery. "A New Account of Snowdonia 1693 Written for Edward Lhuyd", *National Library of Wales Journal*, v. 18. 1974, p. 405-17.

14. Dafydd Jones. *Blodeugerdd Cymry*. Shrewsbury, 1759, p. 150; e T.H. Parry Williams (org.). *Llawysgrif Richard Morris o Gerddi*. Cardiff: University of Wales Press, 1931, p. 125.

15. Sobre todos os aspectos da cultura intelectual galesa, baseei-me principalmente em G.J. Williams. *Agweddau ar Hanes Dysg Gym raed* (Aspectos da História da Erudição Galesa), A. Lewis (org.). Cardiff: University of Wales Press, 1969, passim, mas neste caso principalmente nas p. 83-4.

16. Citado em J. Davies. *Bywyd a Gwait Moses Williams* (Vida e Obra de Moses Williams). Cardiff: University of Wales Press, 1937, p. 24-5.

17. O.M. Edwards (org.), *Gwaith Edward Morus*. Llanuwchllyn: Ab Owen, 1904, p. 21-4.

18. Henry Rowlands, *Mona Antiqua Restaurata*. Macclesfield: Redesmere Press, 1993.

19. Hugh Owen (org.), *Additional Letters of the Morrises of Anglesey*, 2v, v. 1. Londres: Honourable Society of Cymmrodorion, 1947-9, p. 13.

20. James Howell, *Lexicon Tetraglotoon*. Londres: Samuel Thomson, 1660, contém uma parte dedicada aos provérbios galeses.

21. G.J. Williams, *Traddodiad Llenyddol Morgannwg* (Tradição Literária de Glamorgan). Cardiff: University of Wales Press, 1948; Enid Pierce Roberts, *Braslun o Hanes Llên Powys* (Esboço da História Literária de Powys). Denbigh: Gwasg Gee, 1965; e Myrddin Fardd, *Cynfeirdd Lleyn* (Poetas Antigos de Lleyn). Pwllheli: Richard Jones, 1905.

22. Gwyn Thomas, *"A Study of Change in Tradition in Welsh Poetry in North Wales in the Seventeenth Century"*. Oxford: tese de doutorado, 1966.

23. John Prichard Prys, *Difyrrwch Crefyddol* (Recreação Religiosa). Shrewsbury: John Rhydderch, 1721, prefácio.

24. Ellis Wynne, *Gweledigaetheu y Bardd Cwsc* (Visões do Bardo Adormecido). Londres: E. Powell, 1703, p. 13. Cf. Gwyn Thomas, *Y Bardd Cwsg a'i Gefndir* (O Bardo Adormecido e seu Contexto). Cardiff: Wales University Press, 1971.

25. Peter Smith, *Houses of the Welsh Countryside*. Londres: Her Majesty's Stationery Off, 1975.

26. Mark Girouard, *Life in the English Country House*. New Haven: Yale University Press, 1978, p. 10, 138.

27. Hugh Owen (org.), *Life and Works of Lewis Morris*. Anglesey Antiquarian Society and Field Club Publications, 1951, p. 162.

28. Parry-Williams, op. cit.

29. Edward Lhuyd, *Parochialia* (Archaeologia Cambrensis), R.H. Morris (org.), v. 2, 1909-11, p. 59.

30. Sobre os Morris e seu círculo, veja J.H. Davies (org.), *The Morris Letters*, 2v. Aberystwyth, Fox, Jones & co., 1906-7; *The Letters of Goronwy Owen*. Cardiff: William Lewis Printers Ltd., 1924; e Owen, *Additional Letters*.

31. Hugh Owen (org.), *The Diary of William Bulkeley of Brynddu*. Anglesey Antiquarian Society and Field Club Publications, 1931, p. 22-102.

32. Thomas Pennant, *Tours in Wales, Journey to Snowdon*, v. 2. Londres: Henry Hughes, 1781, p. 114-6. Sobre Henry Lloyd, veja *Dictionary of National Biography*, s. n.

33. Impresso in *Lleuad yr Oes* Swansea, 1827, p. 316-8, 374-6.

34. Impresso in *Cymru*, v. 34. Caernarfon, 1908, p. 253-7.

35. Edmund Hyde Hall, *A Description of Caernarvonshire in 1809-11*, E.G. Jones (org.). Caernarvon: G. Evans, 1952, p. 313-4.

36. Geraint H. Jenkins, *Literature, Religion and Society in Wales 1660-1730*. Cardiff: University of Wales Press, 1978.

37. Robert Jones, *Drych yr Amseroedd* (Espelho das Eras), G. Ashton (org.). Cardiff: Wales University Press, 1958, p. 46. A edição original é de 1820.

38. Geraint H. Jenkins, "Popular Beliefs in Wales from the Restoration to Methodism", *Bulletin of the Board of Celtic Studies*, v. 27. 1977, p. 440-62.

39. Edmund Jones, *A Relation of Apparitions of Spirits [...] in Wales*. Londres: J.E. Owen, 1988. Cf. Edgar Philips. *Edmund Jones, The Old Prophet*. Londres: R. Hale, 1959.

40. Elias Owen, *Old Stone Crosses of the Vale of Clwyd*. Londres: B. Quaritch, 1886. Owen era ministro e famoso estudioso do folclore galês na época vitoriana.

41. W. Hughes, *Life and Letters of Thomas Charles of Bala*. Rhyl., 1881, p. 182.

42. D.E. Jenkins, *Life of Thomas Charles of Bala*, 3v, v. 2. Denbigh: Llewelyn Jenkins, 1908, p. 88-91.

43. Samuel Levis, *Topographical Dictionary of Wales*. Londres: Institute for Historical Research, 2006, no verbete "Llanrwst".

44. William Howells, *Cambrian Superstitions*. Felinfach: Llanerch Publishers, 1831.

45. Thomas Parry, *Baledi'r Ddeunawfed Ganrif* (Baladas do século XVIII) Cardiff: University of Wales Press, 1935, p. 148-9; A. Watkin-Jones, "Popular Literature of Wales in the Eighteenth Century", *Bulletin of the Board of Celtic Studies*, v. 3. 1926, p. 178-95, e "The Interludes of Wales in the Eighteenth Century", ibid., v. 4. 1928, p. 103-11.

46. A biografia padrão de Edward Jones é Tecwyn Ellis, *Edward Jones, Bardd y Brenin 1752-1824*. Cardiff: University of Wales Press, 1957.

47. Gwyn Thomas, *Eisteddfodau Caerwys* (Cardiff: University of Wales Press, 1967), é uma obra bilíngue, uma avaliação do *eisteddfod* da década de 1450 à de 1700. Helen Ramage, "Eisteddfodau'r Ddeunawfed Ganrif" *(Eisteddfodau* do século XVIII), in Idris Foster (org.), *Twf yr Eisteddfod* (Palácio do *Eisteddfod*). 1968, p. 9-29. H. Teifi Edwards, *Yr Eisteddfod* (Palácio do *Eisteddfod*), 1976, é uma avaliação geral, em galês.

48. Sion Rhydderch (John Roderick). *Grammadeg Cymraeg* (Gramática galesa). Shrewsbury: John Rhydderch, 1728.

49. R.T. Jenkins e Helen Ramage, *A History of the Honorable Society of Cymmrodorion 1751-1951*. Londres: Society of Cymmrodorion, 1951.

50. T.D. Kendrick, *The Druids*. Londres: Methuen & Co., 1927; Stuart Piggott, *The Druids*. Harmondsworth: Penguin, 1974, p. 112-57; e Aneurin Lloyd Owen, *The Famous Druids*. Oxford: Clarendon Press, 1962.

51. Prys Morgan, "Boxhorn, Leibniz and the Celts", *Studia Celtica*, v. 8/9 1973-4, p. 270-8.

52. R.T. Gunther (org.), *The Life and Letters, Edward Lhwyd* (sic). Oxford, 1945, p. 376.

53. D. Silvan Evans (org.), *Gwaith y Parchedig Evan Evans*. Caernarfon: Humphreys, 1876, p. 129 e ss. Traz impresso na íntegra o livreto de Evan Evans. Sobre a prolongada correspondência entre Evans e Thomas Percy, veja A. Lewis (org.), *The Correspondence of Thomas Percy and Evan Evans*. New Haven: Yale University Press, 1957.

54. Elijah Waring, *Recollections and Anecdotes of Edward Williams*. Londres: Charles Gilpin, 1850; G.J. Williams. *Iolo Morganwg: y Gyfrol Gyntaf*

Cardiff: University of Wales Press, 1956, é uma biografia em galês, magnífica, porém incompleta; Prys Morgan, *Iolo Morganwg*. Cardiff: University of Wales Press, 1975, constitui um breve estudo sobre Iolo, em inglês.

55. E.G. Bowen. *David Samwell. Dafydd Du Feddyg, 1751-98*. Cardiff: Wales University Press, 1974, é um estudo bilíngue.

56. R.T. Jenkins, *Bardd a'i Gefndir (Um* Bardo e sua Formação). Cardiff: Wales University Press, 1949, é um estudo em galês, sobre Edward Evan de Aberdare.

57. Sobre dr. Price de Llandrisant, veja Roy Denning, "Druidism at Pontypridd", Stuart Williams (org.), *Glamorgan Historian*, v. 1. Barry: S. Williams, 1963, p. 136-45. A *Druopaedia* de Jonathan Williams foi publicada em Leominster, em 1823. Sobre alguns aspectos do druidismo galês, veja D. Moore, "Cambrian Antiquity", in G.C. Boon e J.M. Lewis (orgs.), *Welsh Antiquity*. Cardiff: National Museum of Wales, 1976, p. 193-222.

58. Prys Morgan. "The Abbé Pezron and the Celts", in *Transactions of the Honourable Society of Cymmrodorion*. Londres: 1965, p. 286-95.

59. Victor Tourneur, *Esquisse d'une Historie des Études Celtiques*. Liège: Imprimerie H. Vaillant-Carmanne, 1905, p. 171-206; A. Rivoallan, *Présende des Celtes*. Paris: Nouvelle Librarie Celtique, 1957, p. 178-211; e Stuart Piggott, *Celts, Saxons and the Early Antiquaries*. Edimburgo: Edinburgh University Press, 1967.

60. Lewis, *Correspondence of Thomas Percy and Evan Evans*. p. 106n.

61. W. Rowlands, *Cambrian Bibliography / Llyfryddiaeth y Cymry*, D.S. Evans (org.). Llanidloes: Pryse, 1869; Jenkins, *Literature, Religion and Society in Wales*.

62. Rice Jones, *Gorchestion Beirdd Cumru*. Shrewsbury: Prys, 1773, prefácio. As composições de autoria de Jones foram publicadas por Rice Jones Owen em 1818.

63. Thomas Richards, *Antiquae Linguae Britannicae Thesaurus*. Bristol: F. Farley, 1753, prefácio. Cf. T.J. Morgan, "Geiriadurwyr y Ddeunawfed Ganrif" (Lexicógrafos do século XVIII) in *Llên Cymru*, v. 6. 1966, p. 3-18.

64. Manuscrito Anexo do Museu Britânico 14905, publicado em fac-símile pela Gráfica da Universidade do País de Gales (Cardiff, 1936).

65. Sobre o costume de tocar harpas, consultei Robert Griffith, *Llyrr Cerdd Dannau* (O Livro da Harpa). Caernarfon: Cwmni y Cyhoeddwyr

Cymreig, 1913; sobre a música religiosa do período, consultei R.D. Griffith, *Hanes Canu Cynulleidfaol Cymru* (História do Canto Congregacional no País de Gales). Cardiff: University of Wales Press, 1948; sobre detalhes das várias canções folclóricas, recorri ao *Journal of the Welsh Folk Song Society*; e, para obter críticas polêmicas a Osian Ellis, "Welsh Music: History and Fancy", *Transactions of the Honourable Society of Cymmrodorion 1972-3*. 1974, p. 73-94.

66. Arthur Johnston, *Thomas Gray and the Bard*. Cardiff: University of Wales Press, 1966; F.I. McCarthy, "The Bard of Thomas Gray and its Importance and Use by Painters", *National Library of Wales Journal*, v. 14 1965, p. 105-13.

67. Cecil Price, *The English Theatre in Wales*. Cardiff: University of Wales Press, 1948, p. 114. Contém muitas informações sobre a difusão da cultura inglesa pelo País de Gales no final do século XVIII.

68. *Traethodydd*, v. 4. 1848, p. 387-92. Era a principal revista intelectual galesa, editada por Lewis Edwards.

69. Percy Scholes, "Hen Wlad Fy Nhadau", *National Library of Wales Journal*, v. 3. 1943, p. 1-10.

70. F. Payne, *Welsh Peasant Costume*. Cardiff: University of Wales Press, 1964; M. Ellis, *Welsh Costumes and Customs*. Aberystwyth: National Library of Wales, 1951; K. Etheridge, *Welsh Costume*. Llandybie, 1958, e reimpressões posteriores.

71. O nome de Lady Llanover consta do *Dictionary of Welsh Biography*, s.n.: "Benjamin Hall"; para obtenção de vários pormenores biográficos sobre o Lorde e Lady Llanover, veja diversos artigos sobre eles, escritos por Maxwell Fraser, no *National Library of Wales Journal*, v. 12-14 (1962-6).

72. J.E. Loyd, Owen Glyndŵr. Oxford, 1931; D. Rhys Philips, *A Select Bibliography of Owen Glyndŵr*. Swansea: Beili Glas, 1915.

73. Silvan Evans, *Gwaith y Parchedig Evan Evans*, p. 142; Davies, op. cit., p. 432; Thomas Pennant, *Tours*, v. 1. 1778, p. 302-69.

74. P. Toynbee e L. Whibley, *Correspondence of Thomas Gray*, v. 2. Oxford: Clarendon Press, 1935, p. 501-2. Sobre a interação dos literatos galeses e ingleses neste período, veja Saunders Levis, *A School of Welsh Augustans*. Wrexham: Hughes & Son, 1924; W.J. Hughes, *Wales and the Welsh*

English Literature from Shakespeare to Scott. Londres e Wrexham: Hughes & Son, 1924; e E.D. Snyder, *The Celtic Revival in English Literature 1760-1800.* Cambridge: Harvard University Press, 1923.

75. McCarthy, "The Bard of Thomas Gray"; e introdução de Ralph Edwards ao catálogo da exposição das obras de Thomas Jones: *Thomas Jones.* Londres, 1970.

76. David Williams, *John Evans and the Legend of Madoc.* Cardiff: University of Wales Press, 1963.

77. Gwyn A. Williams, "John Evan's Mission to the Madogwys, 1792-1799", *Bulletin of the Board of Celtic Studies,* v. 27. 1978, p. 569-601. Sobre Morgan John Rhys e emigração, veja Gwyn A. Williams, "Morgan John Rhees and his Beula", *Welsh History Review,* v. 3. 1967, p. 441-72; também os dois livros recentes de Gwyn A. Williams, *Madoc: The Making of a Mith.* Londres: Methuen & Co., 1979, e *In Search of Beulah Land.* Nova York: Holmes & Meier, 1980.

78. David Greene, *Makers and Forgers.* Cardiff: University of Wales Press, 1975; e Morgan, *Iolo Morganwg,* p. 75-91, sobre as falsificações.

79. T.J.L. Pritchard, *Welsh Minstrelsy.* London and Aberystwyth: John & H. L. Hunt, 1825; e *The Adventures and Vagaries of Twm Sion Catty.* Aberystwyth: J. Cox, 1828.

80. F.J. North, *Sunken Cities.* Cardiff: University of Wales Press, 1957, principalmente p. 147 e ss.

81. D.E. Jenkins, *Bedd Gelert, its Facts, Fairies and Folklore.* Portmadoc, 1899, p. 56-73.

82. Os poemas de Dafydd Thomas foram impressos por S. Williams, em Aberystwyth em 1816, mas eu recorri a uma versão impressa in *Trysofa'r Plant* (O Tesouro das crianças) para obter dados sobre 1893-4.

83. Iolo A. Williams, "Notes on Paul Sandby and his Predecessors in Wales", *Transactions of the Honourable Society of Cymwrodorion.* 1961, p. 16-33; A.D. Fraser Jenkins, "The Romantic Traveller in Wales", *Amgueddfa,* v. 6. 1970, p. 29-37; D. Moore, "The Discovery of the Welsh Landscape", in D. Moore (org.), *Wales in the Eighteenth Century.* Swansea: C. Davies, 1976, p. 127-51. A obra-padrão sobre Wilson é W.G. Constable, *Richard Wilson.* Londres: Routledge & Kegan Paul, 1953.

84. Encontra-se em Davies, op. cit., p. 3, uma descrição dos convescotes da Sociedade dos Bretões Antigos.

85. O único estudo sobre o assunto é Francis Jones, *The Princes and Principality of Wales*. Cardiff: University of Wales Press, 1969, principalmente p. 86-7 e 158-204. Edwards, *Yr Eisteddfod*, traz ilustrações de medalhas e decorações de pavilhões.

86. David Williams, *A History of Modern Wales*. Londres: Murray, 1950, p. 246-68, sobre não conformismo, e p. 269-85 sobre o fortalecimento da consciência nacional, é uma excelente obra para o estudo da década de 1840.

87. G.J. Williams, "Llythyrau Llenorion" (Cartas de Autores), *Y Llenor*, v. 6. 1927, p. 39.

88. Bedwyr Lewis Jones, *Yr Hen Bersoniaid Llengar* (Velhos Pastores Literatos). Denbigh: Church in Wales Press, 1963; R.T. Jenkins, *Hanes Cymru yn y Bedwaredd Ganrif ar Bymtheg* (História do País de Gales no século XIX), v. 1. 1789-1843. Cardiff: University of Wales Press, 1933, contém muitas informações sobre os ministros patriotas. Sobre o posicionamento geral dos estudos célticos da década de 1830 e de 1860, veja Rachel Bromwich, *Matthew Arnold and Celtic Literature: a Retrospect 1865-1965*. Oxford: Clarendon Press, 1965.

89 Angharad Llwyd, *A History of the Island of Anglesey*. Ruthin, 1832, p. 39 do apêndice. Cf. Mary Ellis, "Angharad Llwyd", *Flintshire Historical Society Publications*, v. 26. 1976, p. 52-95, e v. 27. 1978, p. 43-87.

90. John Thomas, "Ieuan Ddu", *The Cambrian Minstrel*. Merthyr: David Jones, 1845, p. 29n. A tradição de cantar hinos religiosos em partidas de futebol é um fenômeno do século XIX, originário das mesmas causas.

91. David Davies, *The Influence of the French Revolution on Welsh Life and Literature*. Carmarthen: W.M. Evans, 1926; J.J. Evans, *Dylanwad y Chwyldro Ffrengig ar Lenyddiaeth Cymru* (Influência da Revolução Francesa na Literatura Galesa). Liverpool: Hugh Evans, 1928, e *Morgan John Rhys a'i Amserau* (M.J. Rhys e seu tempo). Cardiff: University of Wales Press, 1935.

92. Henry Richard, *Letters and Essays on Wales*, 2ª ed. Londres: J. Clarke & Co., 1884, p. 93.

93. David Williams, *The Rebecca Riots*. Cardiff: University of Wales Press, 1955, p. 53-6, 104, 128, 185, 191, 241, 290. Sobre a agitação da década de 1790 até 1835 veja D.J.V. Jones, *Before Rebecca*. Londres: Allen Lane, 1973.

94. Bromwich, *Matthew Arnold and Celtic Literature*; Francis Shaw, "The Background to the *Grammatica Celtica*", *Celtica*, v. 3. 1953, p. 1-17, sobre o trabalho de Bopp em 1839 e o de Zeuss em 1853.

95. Em meu livro *The Eighteenth Century Renaissance*. Llandybie: C. Davies, 1981, encontra-se uma análise mais pormenorizada do assunto de que trata este capítulo.

4

CONTEXTO, EXECUÇÃO E SIGNIFICADO DO RITUAL: A MONARQUIA BRITÂNICA E A "INVENÇÃO DA TRADIÇÃO", C. 1820 A 1977[1]

David Cannadine

EM 1820, *The Black Book*, CRÍTICA radical à corrupção e ao poder do *establishment* inglês, fez o seguinte comentário sobre o ritual da realeza:

> O fausto e o espetáculo, o desfile de coroas de reis e de nobres, de chaves de ouro, cetros, bastões brancos e negros, de arminho e cambraia, bordões e perucas, ficam ridículos quando os homens se tornam esclarecidos, quando aprendem que o verdadeiro objetivo do governo é conceder ao povo o máximo de felicidade com o mínimo de gastos.[2]

Quarenta anos mais tarde, Lorde Robert Cecil, futuro terceiro marquês de Salisbury, após presenciar uma abertura solene da sessão do Parlamento, feita pela rainha Vitória, escreveu, em tom não menos desaprovador:

> Há países que têm dom para o cerimonial. Não há dificuldade financeira, nem falta de brilho que os impeça de promoverem espetáculos em que tomam parte de maneira efetiva e intensa. Todos encaixam-se naturalmente em seus devidos lugares, integrando-se sem esforço no espírito da pequena representação de que estão participando, e instintivamente procuram não demonstrar constrangimento, nem distração.

Mais adiante, porém, ele explica

> Tal tendência, porém, verifica-se geralmente apenas entre povos de clima meridional, sem ascendência teutônica. Na Inglaterra, ocorre justamente o contrário. Podemos dar-nos ao luxo de sermos mais suntuosos do que a maioria dos países; porém, até sobre nossos mais solenes cerimoniais paira algum sortilégio maligno, incluindo alguma característica que os torna todos ridículos [...] Sempre enguiça alguma coisa, sempre há alguém que deixa de cumprir o seu papel, ou se permite que algum motivo escuso interfira e estrague tudo.[3]

Consideradas em conjunto, as citações acima exemplificam posicionamentos contemporâneos frente ao cerimonial da monarquia britânica durante os primeiros três quartos do século XIX. Segundo a primeira citação, como estava melhorando o nível cultural da população, o ritual da realeza em breve passaria a ser realizado como se fosse magia primitiva, uma farsa sem valor. O segundo trecho, por sua vez, baseado num profundo conhecimento de causa, transmite a ideia de que, de qualquer forma, a pompa centralizada na monarquia fazia-se notar mais pela sua inadequação do que pela imponência.

Hoje, na Inglaterra, ocorre justamente o contrário. Não há chefe de Estado cercado de mais cerimonial público do que a rainha Elizabeth II, com exceção, talvez, dos papas. Pode ser que de fato a esmagadora maioria da população tenha se tornado mais esclarecida conforme esperavam os autores do *The Black Book;* só que não perdeu por causa disso o gosto pela magia secular da monarquia. Pelo contrário, como diz Ian Gilmour, "as sociedades modernas ainda precisam dos mitos e dos rituais veiculados, por exemplo, pelos monarcas e suas famílias".[4] E, além dessa diferença, o cerimonial atual é realizado de maneira tão impecável, que alguns observadores supõem que sempre foi assim "Todo o fausto e magnificência de uma tradição milenar"; "um espetáculo que perdura há séculos"; "a precisão que é resultado de séculos de tradição"; "os ingleses são verdadeiros especialistas em matéria de cerimonial" — são frases usadas por locutores e jornalistas contemporâneos para descrever os grandes cerimoniais da monarquia.[5] Os relatos do *The Black Book* e de Lorde Cecil podiam ser apropriados para a época deles, mas hoje em dia já não valem mais nada. O objetivo deste capítulo é descrever e explicar as mudanças que se processaram no contexto e na natureza do cerimonial real inglês, tornando irrelevantes os comentários e deitando por terra as previsões de ambos.

I

Apesar da constante posição central da monarquia na vida política, social e cultural da Grã-Bretanha, a natureza variável de sua imagem pública durante os últimos duzentos anos não vem sendo digna de muita atenção por parte dos historiadores. O "teatro de poder" levado a efeito pelas cortes dos Stuart e dos Tudor — a maneira pela qual o prestígio real e republicano era exaltado através de complicados cerimoniais — já foi estudado de modo exaustivo, enfocando não só a Grã-Bretanha, como também a Europa como um todo.[6] Durante o fim do século XIX e início do século XX, elaboraram-se vários estudos sobre um segundo florescimento de rituais e tradições 'inventadas" na Alemanha guilhermina e na Terceira República francesa. Tais trabalhos trazem sugestões interessantes para a investigação sobre o ritual britânico contemporâneo.[7] E na Europa de entreguerras os rebuscados rituais dos novos regimes comunistas e fascistas já começaram a atrair bastante a atenção dos estudiosos.[8] Em comparação, os rituais da monarquia britânica foram deixados de lado quase que totalmente desde fins do século XVII. Embora as biografias de reis e rainhas contenham relatos adequados de casamentos, coroações e funerais, não houve até agora nenhuma tentativa sistemática de analisar este cerimonial sob uma perspectiva diacrônica, comparativa e contextual.

Por conseguinte, foram os sociólogos que empreenderam as pesquisas pioneiras sobre o aspecto cerimonial da monarquia britânica, tanto no sentido de coleta quanto de interpretação dos dados. Desde o estabelecimento do Mass Observation em 1937, houve um fluxo ininterrupto

A INVENÇÃO DAS TRADIÇÕES | 135

de pesquisas que visam avaliar a reação do público a sucessivas ocasiões solenes reais, desde a coroação de Jorge VI até o Jubileu de Prata da rainha Elizabeth.[9] Alguns sociólogos tentaram analisar o "significado" destas cerimônias partindo de uma perspectiva durkheimiana, funcionalista, frisando a força integradora dos rituais e a maneira como eles personificam e refletem, sustentam e reforçam valores profundamente arraigados e generalizados entre o público.[10] Sob um outro ponto de vista, o mesmo ritual é encarado não como expressão de um consenso atingido pelo povo, mas como personificação da "mobilização de tendências" — um exemplo de consolidação da preponderância ideológica da elite dominante através da exploração do cerimonial como propaganda.[11] Em ambos os casos, para os sociólogos, deduz-se qual seja o "significado" do cerimonial na sociedade industrial a partir de uma análise basicamente descontextualizada do ritual em si, avaliado dentro da estrutura relativamente histórica de uma teoria marxista ou funcionalista.

Este capítulo procura redescobrir o "significado" deste cerimonial monárquico por meio do emprego de uma metodologia um tanto diferente, qual seja, a de localizar de maneira mais abrangente o cerimonial em seu respectivo contexto histórico. A ideia central em que se baseia esta abordagem é que as ocasiões solenes, assim como as obras de arte ou de teoria política, não podem ser interpretadas simplesmente "em termos de sua estrutura interna, *indépendant de tout sujet, de tout object, et de tout contexte*". Como acontece com todas as manifestações culturais que podem ser tratadas como textos, ou todos os textos que podem ser tratados como manifestações culturais, exige-se uma descrição "ampla", e não "restrita".[12] No caso das ocasiões solenes, assim como no das grandes obras de teoria política, "estudar o contexto [...] não significa apenas obter informações adicionais [...]; é também uma preparação [...] para que tenhamos uma compreensão [...] melhor de seu significado do que a que poderíamos talvez obter a partir da simples leitura do texto em si".[13] Portanto, para redescobrir o "significado" do ritual real no período moderno, é preciso relacioná-lo com o ambiente social, político econômico e cultural específico em que ele de fato se realizava. Assim como no caso da teoria política, no estudo do cerimonial o simples ato de localizar a ocasião ou o texto em seu contexto apropriado não visa simplesmente fornecer dados históricos, mas na verdade iniciar o processo de interpretação.[14]

Pois naturalmente, mesmo que o texto de um ritual repetido, como o de uma coroação, não sofra alterações com o tempo, seu "significado" pode alterar-se profundamente, dependendo da natureza do contexto. Numa época essencialmente estática, a conservação de rituais imutáveis pode ser um indício e um reforço genuínos da estabilidade e do consenso. Porém, num período de mudança, conflito ou crise, o ritual pode permanecer deliberadamente inalterado, de maneira a dar a impressão de continuidade, comunidade e segurança, embora existam indícios contextuais esmagadores em contrário. Sob certas circunstâncias, uma coroação poderia ser encarada pelos participantes e contemporâneos como uma reafirmação simbólica de grandeza nacional. Mas, num contexto diverso, a mesma cerimônia poderia indicar um desejo coletivo de reviver as glórias do passado. Da mesma forma, um funeral real pode ser um culto de ação de graças para homenagear um monarca que contribuiu para a grandeza do país. Ou, com a mesma forma e texto, poderia ser interpretado como um réquiem não apenas para o próprio monarca, mas para o país como uma grande potência. Assim, os textos de rituais podem alterar-se profundamente de acordo com "a conjuntura histórica", exatamente como ocorreu com a Estátua da Liberdade durante o século passado.[15]

No entanto, as obras de arte, como as estátuas, são, por definição, estáticas: seu significado só se altera com o tempo devido a modificações no contexto. Porém, no caso do ritual e do cerimonial, a própria execução é elástica e dinâmica. Embora o texto básico de um ritual repetido possa permanecer fundamentalmente inalterado — tal como a coroação, unção e reconhecimento de um rei inglês —, a maneira exata pela qual se apresenta o cerimonial pode variar, o que por si só serve apenas para acrescentar uma nova dimensão às mudanças de "significado". O cerimonial pode ser bem ou mal executado. Pode ser cuidadosamente ensaiado ou levado a efeito de qualquer maneira, sem muita preparação.

Os participantes podem mostrar-se entediados, indiferentes, interessados ou mesmo apaixonadamente confiantes na importância histórica da cerimônia na qual estão tomando parte. E assim, dependendo tanto da natureza da apresentação quanto do contexto em que ela se realiza, o "significado" de uma cerimônia visivelmente igual pode sofrer mudanças profundas. Nenhuma análise que se limite ao texto, deixando de lado tanto a natureza da execução e a descrição "ampla" do contexto, poderá oferecer uma explicação historicamente convincente sobre o "significado" do ritual e do cerimonial da realeza na Grã-Bretanha moderna.[16]

Partindo-se deste pressuposto, existem pelo menos dez aspectos do ritual, execução e contexto a serem investigados. O primeiro é o poder político do monarca: era grande ou pequeno, crescente ou decadente? O segundo é a personalidade e a imagem do monarca: ele era amado ou detestado, respeitado ou insultado? O terceiro aspecto é a natureza da estrutura econômica e social do país por ele governado: seria local, provincial e pré-industrial, ou urbana, industrial e regida por critérios de classe? O quarto aspecto é o tipo, alcance e posicionamento dos meios de comunicação: com que vivacidade a imprensa descrevia as cerimônias da realeza, e qual a imagem que ela transmitia da monarquia? Em quinto lugar, deve-se observar a situação predominante da tecnologia e dos costumes: seria possível à monarquia tirar proveito do uso de meios de transporte ou roupas ultrapassadas para exaltar sua magia e mistério? O sexto item é a autoimagem da nação sobre a qual reinava o monarca: era um país confiante na sua posição na hierarquia internacional, ou preocupado e ameaçado por forças estrangeiras? Era contrário à constituição de impérios, ou imperialista convicto? O sétimo aspecto é a condição da capital em que tem lugar a maioria dos cerimoniais da realeza: era uma cidade medíocre e sem atrativos, ou ostentava edifícios magníficos e imponentes vias públicas, cenário perfeito para os rituais e cerimônias? Em oitavo lugar, está a atitude dos responsáveis pela liturgia, música e organização: mostravam-se indiferentes em relação ao cerimonial e incompetentes em matéria de organização, ou tinham disposição e competência para fazer da exibição um sucesso? O nono aspecto diz respeito à natureza do cerimonial segundo a sua execução: era esta medíocre e descuidada, ou magnífica e espetacular? Por último, resta a questão da exploração comercial: até que ponto os fabricantes de artigos de porcelana, medalhas e outros artefatos acreditavam poder lucrar com a venda de peças comemorativas?

Contextualizando-se e avaliando-se desta maneira os rituais e cerimônias da monarquia britânica, torna-se possível redescobrir seu "significado" de modo historicamente mais convincente do que fizeram os sociólogos até agora. Para eles, a Inglaterra do século XIX é uma sociedade "moderna", "industrial", "contemporânea", de estrutura já bastante conhecida.[17] Mas, como acontece com frequência, para o historiador o que importa mais são as *mudanças* e descontinuidades, não as semelhanças. Supor, por exemplo, como fazem muitos sociólogos, que a descrição da monarquia de meados da era vitoriana feita por Walter Bagehot possuía naquela época o mesmo valor que possui hoje é demonstrar uma profunda ignorância, não só em relação ao contexto bastante peculiar no qual ele escreveu *The English Constitution* e seus artigos no *The Economist*, mas também da maneira exata pela qual tanto o contexto quanto a execução dos rituais da realeza se transformaram e se desenvolveram desde aquele tempo.[18]

Dentro deste contexto "amplo", surgem quatro fases diferentes no desenvolvimento da imagem cerimonial da monarquia britânica. O primeiro período, que vai de pouco antes da década de 1820 até a década de 1870, é um período de ritual mal organizado, realizado numa sociedade ainda predominantemente localizada, pré-industrial e provincial. A segunda fase, que se inicia em 1877, quando Vitória foi proclamada imperatriz da Índia, e vai até o irromper da Primeira Guerra Mundial, foi, tanto na Inglaterra quanto na Europa, o auge da "invenção de tradições", uma época em que os velhos cerimoniais eram encenados com uma competência e beleza antes inexistentes, e em que fora inventados propositalmente novos rituais para confirmar tal progresso. Depois, de 1918 até a coroação da rainha Elizabeth, em 1953, veio o período em que os britânicos convenceram-se de que eram mestres na arte do cerimonial porque sempre haviam sido — crença que se tornou possível principalmente porque os antigos rivais da Inglaterra em matéria de ritual da monarquia — Alemanha, Áustria e Rússia — haviam abolido o regime monárquico, deixando a Inglaterra sem oponentes. Por último, desde 1953, o declínio do poderio da nação inglesa, juntamente com o poder de penetração da televisão fazem crer que o "significado" do cerimonial da *realeza* sofreu nova transformação radical, embora não se possa ainda discernir com clareza os contornos desse novo período de mudanças. Em seguida, examinaremos uma a uma todas estas fases sucessivas.

II

O período até a década de 1870 foi o mais expressivo da monarquia britânica em termos do poder real e efetivo por ela exercido. E como a experiência do século XVII ainda permanecia viva na memória do povo inglês, havia muita hostilidade contra a ampliação da influência real através da reabertura do "teatro de poder" felizmente fechado ao final do século XVII. Em 1807, por exemplo, Jorge III dissolveu um parlamento formado menos de um ano atrás, com o objetivo de aumentar a força de um ministério contrário à emancipação dos católicos. Quatro anos depois, quando o príncipe de Gales assumiu a regência, era opinião geral que ele, se quisesse, poderia ter demitido a administração *tory*, substituindo-a pelos *whigs*.[19] Posteriormente, ele continuou sendo um personagem exasperante e importante no firmamento político, um motivo de constante irritação tanto para Canning quanto para Liverpool e Wellington. E seu sucessor, Guilherme IV, foi ainda mais atuante, conforme explica o prof. Gash:

> Em seu curto reinado de sete anos, ele demitiu três ministérios, dissolveu duas vezes o Parlamento antes do tempo por motivos políticos, por três vezes dirigiu a seus ministros propostas formais de coalizão com membros da oposição; e numa célebre ocasião permitiu que se usasse seu nome, sem consulta a seus conselheiros políticos, para influenciar uma votação decisiva na Câmara dos Lordes.[20]

Vitória, em seus primeiros dias de reinado, também não foi exatamente omissa. Em 1839, ao recusar-se a aceitar damas de honra recomendadas por Peel, ela conseguiu prolongar artificialmente o governo de Melbourne. Em 1851, ela quase demitiu Palmerston do Ministério do Exterior e, após a morte de Alberto, continuou sendo "uma severa, persistente e obstinada conselheira e crítica de seus governos". Em 1879, os Comuns ainda debatiam a famosa moção de Dunning de que "a influência da Coroa tem crescido, está crescendo e deve ser diminuída".[21]

Se por um lado o poder real contínuo tornava o cerimonial imponente da realeza inaceitável, a falta constante de popularidade da monarquia tornava-o impossível. A imagem e a reputação junto ao público de gerações sucessivas da família real durante os primeiros três quartos do século XIX significavam que as cerimônias eram quase sempre encaradas com indiferença ou aversão. As vidas, romances e o comportamento dos filhos de Jorge III eram suficientes para fazer deles talvez a mais detestada geração real da história inglesa. A maré da monarquia baixou principalmente devido à extravagância e aos hábitos mulherengos de Jorge IV, que atingiu o auge da impopularidade ao casar-se, em 1821, com a rainha Carolina, acontecimento que se tornou tanto um escândalo quanto assunto de debates políticos. "Nunca houve morte menos sentida do que a deste rei", comentou o jornal *The Times* num editorial condenador sobre sua morte. "Quem derramou sequer uma lágrima por ele? Qual o coração que estremeceu com uma palpitação de tristeza desinteressada?[22] Do mesmo modo, Guilherme IV teve um período muito curto de popularidade, que terminou devido à atitude hostil que manteve em relação ao governo reformista *Whig*, fazendo com que o jornal *The Spectator* condenasse sua "pusilanimidade e estreiteza de ideias, sua ignorância e seus preconceitos".[23] De início, Vitória também não gozou de melhor sorte. Sua preferência pelo primeiro *premier* lhe valeu os apelidos de "sra. Melbourne" e "rainha dos Whig"; o público também não aprovava o vigor alemão do príncipe Alberto, "um príncipe que, desde a infância, respirou os ares de cortes contaminadas pelo servilismo fantasioso de Goethe".[24] E o novo príncipe de Gales, envolvido sucessivamente no escândalo Mordaunt e no caso Aylesford, chamado por Bagehot de "rapazote desempregado", não seria por certo capaz de dar nenhum brilho a esta coroa desmazelada e malquista.

Em suma, a monarquia não era imparcial, não estava acima da política, e nem num Olimpo acima da sociedade, como aconteceria mais tarde, mas participava ativamente tanto da política quanto da vida social. E como tanto a política quanto a vida social eram atividades tipicamente metropolitanas, realizadas em Londres, o atrativo do cerimonial monárquico era bastante restrito. Pois entre os governos de Wilkes e de Chamberlain, a influência de Londres sobre o país era relativamente limitada, frente à reafirmação da Inglaterra interiorana. As lealdades e rivalidades locais continuavam intensas; a comunidade interiorana era ainda uma unidade coesa e realista.[25] Além do mais, o desenvolvimento desigual da economia e a lenta adoção da energia a vapor significavam que embora a Inglaterra fosse considerada a "oficina do mundo", as oficinas lá ainda eram pequenas e relativamente poucas. A Manchester de Engels, com suas fábricas enormes e subúrbios isolados, era uma exceção, não uma regra. Em 1851, a maioria da mão de obra empregava-se na agricultura. Predominava "a Inglaterra da paróquia, das pequenas mansões e da fazenda". "As cidades do interior grandes e pequenas [...] eram a norma, no que concerne à urbanização de meados do século XIX."[26] Num mundo assim localizado, provinciano e informal, o espaço para apresentação de um monarca exaltado por cerimônias, olímpico, arredio e distante, como pai da nação e foco de todas as lealdades, era nitidamente restrito.

A condição e posição da imprensa constituía um obstáculo a mais para este desenvolvimento. Pois, embora as grandes cerimônias reais fossem completamente cobertas tanto pelos jornais interioranos quanto pelos da metrópole, a imprensa como um todo continuava hostil à monarquia. Nas primeiras décadas do século XIX, as críticas feitas na imprensa londrina por Gillray, Rowlandson e os Cruikshank transformaram a monarquia "sem dúvida no tema e no alvo mais comum dos caricaturistas".[27] Da década de 1850 à de 1870, Vitória foi objeto de constantes críticas nos editoriais. Os escândalos e assassinatos sensacionais tinham um efeito muito mais significativo no aumento da circulação do

142 | Eric J. Hobsbawm e Terence Ranger

que os abundantes exemplares das edições comemorativas do *The Times* e do *The Observer* publicados por ocasião das coroações de Guilherme IV e da rainha Vitória.[28] E a imprensa do interior, liberal, intelectual, racional, de classe média, avessa tanto à exibição quanto a manifestações emocionais, geralmente apoiava a imprensa metropolitana.[29] Além disso, a falta de ilustrações fazia dos maiores cerimoniais reais coisas extremamente misteriosas para todos, exceto os mais letrados e ricos. A imprensa ilustrada ainda não era barata, e o *Illustrated London News*, fundado em 1842, custava um xelim o exemplar, sendo distribuído exclusivamente para o público das "paróquias".[30] Sob tais circunstâncias, as grandes cerimônias reais não eram eventos públicos e em que todos participavam, mas ritos grupais distantes e inacessíveis, realizados para proveito de alguns, não para edificação da maioria.[31]

O estado predominante da tecnologia dos transportes serviu para inserir a monarquia na sociedade, em vez de elevá-la a níveis superiores. Nada havia de anacrônico, romântico ou magnífico na maneira em que se locomovia a monarquia inglesa. A Inglaterra vitoriana era, conforme nos lembra o prof. Thompson, uma sociedade movida a cavalo, em que circulavam, por volta de 1870,[32] 120.000 carruagens particulares grandes e 250.000 veículos leves de duas rodas. Aliás, os modelos de carruagens utilizados pelos membros da família real eram geralmente adotados mais tarde pelo público em geral. O faetonte, por exemplo, foi introduzido por Jorge IV, o vagonete pelo príncipe Alberto e o vitória pelo príncipe de Gales.[33] Em meados da era vitoriana houve uma incrível proliferação de tipos de carruagens disponíveis, em virtude do patrocínio feito pela monarquia. Conforme observou W.B. Adams já em 1837, "tantas são as variedades de formato e marca, que nem mesmo os observadores experientes conseguem familiarizar-se com todas".[34] Por conseguinte, as carruagens dos reis e nobres não eram mais vistosas do que as do comum dos mortais. Por exemplo, na coroação de Guilherme IV, o carro mais exuberante era o do príncipe Esterhazy. E na coroação de Vitória, sete anos depois, a carruagem de Marshal Sout, embaixador da França, foi considerada mais suntuosa que a da própria rainha.[35]

Este descaso pela superioridade estrangeira em matérias de pouca importância era compensada pela extrema confiança na superioridade britânica na competição internacional, no que se referia a questões de importância. Com a derrota de Napoleão, a Inglaterra ficou sem rivais na Europa continental, e, na América do Norte, os Estados Unidos, devastados pela guerra civil, pareciam determinados a passar da infância direto para a desintegração, sem chegar a atravessar uma fase de prosperidade como grande potência. O discurso "Don Pacífico" de Palmerston personificava integralmente esta autoconfiança, por ser uma combinação de um panegírico à estabilidade social e constitucional sem par da Grã-Bretanha, com uma afirmação aguda e popular de seu incontestável papel de vigilante do mundo.[36] Do início até meados da era vitoriana, os ingleses viam-se como líderes do progresso e pioneiros da civilização, orgulhando-se da natureza limitada de seu governo, de sua falta de interesse na formalização de impérios, de sua aversão à exibição, à extravagância, ao cerimonial e à ostentação.[37] A certeza do poder e a firme confiança no sucesso significavam que não havia necessidade de se exibir. Podia ser que a pequena Bélgica gastasse mais que a Grã-Bretanha em seus tribunais metropolitanos, mas com o poder efetivo e a religião da parcimônia, os ingleses transmitiam a ideia de que encaravam esse tipo insignificante de competição com desdém ou indiferença.[38]

Esse posicionamento explica muito bem por que a cidade de Londres não era o local adequado para cenário de magníficos cerimoniais reais, e por que os ingleses sem dúvida faziam disso uma virtude. Até mesmo o mais entusiasmado defensor da "metrópole infernal" reconhecia que ela não podia competir com a Washington cuidadosamente planejada de L'Enfant, a Roma das ruínas veneráveis, a Paris magnífica de Haussmann, a Viena, cujos grandes planos de reconstrução foram instituídos por Francisco José em 1854, ou com a São Petersburgo, onde brilhava uma esplêndida constelação de cinco praças, construída durante a primeira metade do século XIX.[39] Nestas grandes capitais, os edifícios imponentes e as espetaculares vias públicas eram monumentos que visavam lembrar o poder do Estado e a influência do monarca. Por outro lado, em Londres, as praças e subúrbios, estações ferroviárias e hotéis, eram monumentos ao poder e riqueza *de particulares*. A Londres de meados da era vitoriana era, conforme afirmou Donald Olsen, um protesto contra o absolutismo, a expressão orgulhosa das energias e valores de um povo livre.[40] A grandiosidade à moda de Paris ou de São Petersburgo evidenciava o despotismo: pois de que outra maneira poderia ser exercido poder suficiente ou levantados bastantes fundos para levar a termo a execução de planos tão faraônicos? Podia ser que Londres, em compensação, fosse uma cidade desmazelada, mas pelo menos seus habitantes não eram escravos. Nas palavras de um contemporâneo: "Os edifícios públicos são poucos, e medíocres em sua maioria [...] Mas que importa isso? Não se sente a forte impressão de estar-se na metrópole de um povo livre?"[41]

Tal amor pela liberdade e pela economia e a aversão pela ostentação foram um golpe mortal para os grandes cerimoniais reais, e a inépcia com que os arranjos musicais eram feitos só serviu para piorar a situação. Os primeiros setenta anos do século XIX foram dos mais desanimadores da história da música na Inglaterra: não se salvou nenhuma obra de nenhum compositor inglês; quanto mais as composições relativamente efêmeras e sem importância feitas para os cerimoniais.[42] O hino nacional estava longe de ser aquele hino patriótico tão venerado em que se transformaria mais tarde: não foi nem cantado na coroação da rainha Vitória; raramente surgiam novos arranjos para corais e, durante o reinado de Jorge IV,[43] proliferaram as versões alternativas, criticando o rei e elogiando a rainha. Os homens que se sucediam na direção do King's Music não eram figuras de destaque, e tinham por obrigação apenas reger a orquestra real.[44] E Sir George Smart, organista da Chapel Royal, encarregado dos arranjos musicais para todas as grandes cerimônias, desde o funeral de Jorge IV até a coroação da rainha Vitória, era especialmente incompetente. Na coroação da rainha Vitória, por exemplo, anunciou-se que ele iria tocar o órgão e marcar o compasso para a orquestra ao mesmo tempo, previsão que o periódico *The Musical World* encarou com ironia, considerando que ele seria incapaz de fazer qualquer das duas coisas separadamente.[45] Esta falta de inspiração e liderança nos altos escalões refletia-se no triste estado dos coros das catedrais inglesas, especialmente no da abadia de Westminster e na catedral de São Paulo. Não havia ensaios; não se usavam sobrepelizes; os coros não se deslocavam em procissão; a falta de assiduidade, a indisciplina e a irreverência eram generalizadas; as cerimônias eram prolongadas e mal organizadas. Na abadia de Westminster, a maioria dos cônegos menores e auxiliares leigos eram velhos e incompetentes, e os poucos capazes geralmente faziam parte de outros coros litúrgicos de Londres, de maneira que nem sempre se podia contar com eles.[46]

Uma parte do problema devia-se a uma ausência de interesse no ritual por parte do clero, que se mantinha indiferente ou hostil. Conforme observou uma autoridade já em 1763, "os escalões mais altos da Igreja não creem que a realização dos cultos esteja incluída entre suas atribuições".[47] A combinação entre a pobreza de recursos e a falta de gosto fizeram dos primeiros três quartos do século XIX uma época de vacas magras em matéria de ritual litúrgico e preocupações eclesiásticas.[48] Na abadia de Westminster, o incomparável Retábulo de Wren foi retirado por ocasião da coroação de Jorge IV e substituído por uma vil estrutura num pretenso estilo gótico. Posteriormente, o coro foi reformado, e os bancos colocados tão próximos uns dos outros, com alguns lugares para a congregação entre eles, que seria impossível conseguir-se uma interpretação decente do canto — mesmo que o coral fosse competente. James Turle, organista de 1831 a 1882, era incapaz de impor qualquer tipo de disciplina ao coro, e o órgão por ele tocado era velho e inaudível. Em 1847-48, o deão Buckland tornou a organizar o coro, colocando a maior parte da congregação nos transeptos, de onde não se podia ouvir nem ver os celebrantes. E quando finalmente a congregação retornou à nave, foi obrigada a cantar os hinos lendo-os "em enormes cartazes presos às colunas". Foi por motivo justo que Jebb exprobou a "frieza, a esterilidade e irreverência na celebração dos ofícios divinos". Até a época do deão Stanley (1870-91), a administração da abadia caracterizou-se pela "ignorância em relação às finanças e incapacidade para os negócios".[49] Se o clero não dava conta nem da organização eficiente dos cultos de rotina, o planejamento e execução efetiva de grandes cerimoniais reais na abadia estava inteiramente fora de cogitação.

III

É neste contexto que se deve compreender a realização e popularidade dos rituais e cerimoniais da realeza durante os primeiros três quartos do século XIX. É claro que neste primeiro período o cerimonial não se destinava a elevar a coroa acima das questões políticas, até aquele Olimpo de impotência em que só desempenharia uma função decorativa e integradora, para onde logo subiria; e nem visava alçá-la até aquele cume de poder pitoresco já antes escalado. A influência política reinante exercida pelo monarca fazia do cerimonial algo perigoso; o poder real do país tornava-o desnecessário; e a natureza localizada da sociedade, reforçada pela imprensa interiorana, e unida à falta de um ambiente metropolitano suficientemente magnífico, transformava-o em algo impossível. Para a maior parte dos habitantes, as lealdades locais ainda predominavam sobre a submissão nacional. E nas raras ocasiões em que o ritual realmente prendia a atenção nacional, ele não estava relacionado à monarquia, mas a heróis como Nelson ou Wellington, cujos funerais, significativamente, superaram de longe os de Jorge III, Jorge IV, Guilherme IV e Alberto quanto ao luxo e à popularidade.[50]

Os monarcas que eram politicamente enérgicos, mas pessoalmente impopulares, rodando através das ruas tristes de Londres nos meios de transporte convencionais, eram chefes da sociedade, não do país. Assim, o ritual real que os acompanhava não era uma folia para divertir as massas, mas um rito grupal em que a aristocracia, a Igreja e a família real reafirmavam em conjunto sua solidariedade (ou animosidade) a portas fechadas. Como diriam os antropólogos, tais exibições realizadas em Londres neste primeiro período não articularam uma linguagem cerimonial coerente, como ocorrera na época dos Stuart e dos Tudor, e como iria ocorrer novamente em fins do século XIX. Os promotores, participantes e espectadores não procuravam ver as cerimônias como parte de uma sequência de cerimoniais cumulativos e inter-relacionados. Não havia nenhuma espécie de vocabulário do cerimonial, de sintaxe do espetáculo, de idioma ritualístico. O todo não era maior do que a soma das partes.

Sob tais circunstâncias, a inépcia do ritual britânico durante este primeiro período torna-se mais facilmente explicável. Aliás, o futuro terceiro marquês de Salisbury não foi o único a considerar inexpressivo o cerimonial britânico. "Os ingleses", segundo artigo publicado no *Illustrated London News* em 1852, na época do funeral solene de Wellington, são tidos como um povo que não compreende os espetáculos e comemorações, nem a maneira apropriada de dirigi-los. Comenta-se que eles se apinham para aplaudir até mesmo as mínimas tentativas no gênero; e que, ao contrário dos franceses e de outros povos continentais, não têm mesmo gosto pelo cerimonial. A crítica, sem dúvida, tem lá suas razões de ser.[51]

Seis anos depois, por ocasião de um casamento real, o mesmo periódico acrescentou que "neste país raras são as cerimônias públicas; e seus componentes são invariavelmente os mesmos, concomitantemente escassos e ineficientes".[52] Aliás, até 1883, William Jones ainda observava que "deve-se admitir que a época atual não favorece a perpetuação de cerimônias elaboradas".[53]

Estava absolutamente certo. A maioria dos grandes cerimoniais reais encenados durante os primeiros três quartos do século XIX oscilaram entre a farsa e o fiasco. Em 1817, nos funerais da princesa Carlota, filha do príncipe Regente, os agentes funerários estavam bêbados. Dez anos mais tarde, quando da morte do duque de York, a capela de Windsor estava tão úmida que a maioria dos presentes resfriou-se, Canning contraiu febre reumática e o bispo de Londres morreu.[54] A coroação de Jorge IV, embora planejada de modo a ser o mais suntuosa possível, numa tentativa desesperada e malsucedida de angariar um pouco de popularidade, foi tão pretensiosa, que a pompa fundiu-se com a farsa. Foi necessário utilizar lutadores profissionais no Palácio de Westminster para manter a paz entre os ilustres porém belicosos convivas. O próprio Jorge, embora suntuosamente vestido, "parecia corpulento demais, apenas para impressionar, lembrando, na verdade, um elefante em vez de um homem". E a tentativa patética e malograda que fez a rainha Carolina de entrar na abadia estragou toda a cerimônia. Na coroação de Jorge III, o encarregado do cerimonial, em resposta às justas críticas feitas pelo monarca contra a organização, observou: "Senhor, é bem verdade que houve certa negligência, mas já providenciei para que a próxima coroação seja controlada da maneira mais precisa possível." Só que as circunstâncias frustraram suas previsões.[55]

O "namoro" de Jorge IV com a suntuosidade foi tão malsucedido que nem se repetiu no meio século seguinte. Nos próprios funerais de Jorge, em Windsor, Guilherme IV falou o tempo todo e saiu antes do final. "Jamais se viu grupo tão heterogêneo, mal-educado e mal-orientado", observou o *The Times*, ao descrever o cortejo fúnebre.[56]

Guilherme, por sua vez, detestava cerimoniais e ostentações, e tentou passar sem coroação nenhuma. No final, permitiu que se realizasse a cerimônia; esta, no entanto, saiu tão truncada que ficou conhecida como a "Meia Coroação". Seus funerais foram igualmente pobres — "um arremedo deprimente", na opinião de Greville. A cerimônia foi longa e tediosa, e os acompanhantes atrasavam-se, riam, tagarelavam e cochichavam perto do caixão.[57] A coroação da rainha Vitória também não impressionou. Não foi ensaiada nenhuma vez; os ministros não sabiam a hora de falar; o coro era lamentavelmente inadequado; o arcebispo de Cantuária pôs o anel num dedo em que ele ficava apertado; e dois pajens conversaram durante a cerimônia inteira.[58] Os funerais do príncipe Alberto foram realizados quase que em particular, em Windsor, como o casamento do príncipe de Gales. Em Londres, na recepção a Alexandra, alguns comentadores deploraram "o fraco gosto da decoração, a ausência de escolta e a extraordinária pobreza dos cortejos reais". A revista *Punch*, por sua vez, não gostou que o casamento fosse celebrado em Windsor — "uma aldeia obscura de Berkshire, conhecida apenas por um velho castelo sem instalações sanitárias". Mais uma vez, o planejamento e a organização foram lamentavelmente inadequados. Palmerston teve de voltar de Windsor num vagão de terceira classe do trem especial, e Disraeli foi obrigado a sentar-se no colo de sua esposa.[59]

Entretanto, o ponto mais baixo da magnificência real e da presença do cerimonial foi atingido nas duas décadas seguintes à morte do príncipe Alberto, quando a viuvez solitária da rainha e os escândalos envolvendo o príncipe de Gales "constituíram a base para inúmeras acusações".[60] Entre 1861 e 1886, a rainha, apelidada agora pela imprensa de "sra. Brown", abriu o Parlamento apenas seis vezes. Até mesmo o *The Times* "lamentava" sua longa ausência em Windsor, Balmoral e Osborne.[61] Em 1864, alguém afixou um aviso às grades do Palácio de Buckingham, como se fosse um anúncio: "Aluga-se ou vende-se esta propriedade por motivo de queda nos negócios do último inquilino."[62] Foram fundados, entre 1871 e 1874, 84 clubes republicanos, e radicais como Dilke e Chamberlain exigiam com veemência que se procedesse a investigações no orçamento da monarquia. Walter Bagehot, embora favorável a uma monarquia suntuosa e esplêndida, frequentemente frisava que na verdade não podia ser assim. "Manter-se invisível é o mesmo que ser esquecido [...] Para ser um símbolo, um verdadeiro símbolo, devemos aparecer com frequência e com entusiasmo." Ou, como ele mesmo disse, de forma ainda mais enfática, "por motivos que não são difíceis de se definirem, a rainha, afastando-se durante tanto tempo da vida pública, prejudicou tanto a popularidade da monarquia quanto o mais desprezível de seus antecessores, através de licenciosidade e frivolidade."[63]

Vitória, porém, era inflexível. Em 1863, por exemplo, recusou-se a abrir o Parlamento, alegando "total incapacidade sem sério risco para sua saúde de realizar funções de sua alta posição acompanhadas por cerimoniais solenes, que exigem o aparecimento em público em trajes a rigor".[64] Pois, conforme ela explicou mais tarde, mesmo na presença do marido, ela "ficava sempre terrivelmente nervosa em todas as ocasiões públicas". A ausência do apoio de Alberto agora tornava-lhe insuportáveis tais aparições.[65] Mas para Gladstone, durante sua primeira gestão como primeiro-ministro, não se poderia tolerar esta situação. "Falando em termos francos e gerais", observou ele, "a rainha não é visível e o príncipe de Gales não é respeitado." Muitas foram as vezes em que, entre 1870 e 1872, com toda a energia, mas sem o tato necessário, Gladstone lembrou à rainha a "imensa importância das funções sociais e visíveis da monarquia", tanto para o "bem-estar social do país" quanto para a "estabilidade do trono".[66] No entanto, por mais forças que empregasse na busca de soluções para esta "grande crise da realeza", exigindo que a rainha aparecesse em público com mais frequência, ou nomeando o príncipe de Gales para o cargo de vice-rei da Irlanda, Vitória nem se perturbava. Conforme explicou Disraeli na Câmara dos Comuns, ela se encontrava "sem condições físicas nem morais" de cumprir com seus deveres.[67]

Este quadro de rituais mal organizados, com influência bastante restrita, é corroborado pelo baixo grau de exploração comercial estimulado por tais cerimoniais durante este primeiro período. As peças comemorativas de porcelana, por exemplo, constituíam um estilo reconhecido desde a década de 1780. Só que a monarquia era retratada com muito menos frequência do que outros personagens contemporâneos. Frederico, o Grande, era muito mais popular do que Jorge II, e Nelson e Wellington eram mais homenageados do que Jorge III. Durante o reinado de Jorge IV, produziu-se mais porcelana em homenagem à rainha Carolina do que ao próprio rei. Não se deu muita atenção às coroações de Guilherme IV e de Vitória, e entre 1861 e 1886, apesar dos inúmeros casamentos reais, não se produziu praticamente nenhuma peça de porcelana comemorativa. O mesmo ocorreu com a produção particular de medalhas para o comércio. Mais uma vez, cunharam-se mais medalhas para homenagear a rainha Carolina do que para comemorar a coroação de seu marido, e as coroações de Guilherme e Vitória passaram despercebidas.[68] Neste período inicial, a família real era tão malvista, e seu cerimonial tão pouco atraente, que não foi julgada digna de exploração comercial em larga escala.

IV

Entre os últimos anos da década de 1870 e o ano de 1914, entretanto, ocorreu uma mudança fundamental na imagem pública da monarquia britânica, na medida em que seu ritual, até então inadequado, particular e pouco atraente, tornou-se suntuoso, público e popular. Até certo ponto isto foi facilitado pelo fato de que os monarcas estavam pouco a pouco se afastando da atividade política. Vitória, embora obstinada e difícil no início do reinado, exercia um poder efetivo muito menor ao seu término. A expansão e aumento da importância do eleitorado, juntamente com uma maior consciência partidária, significava que afirmações de prerrogativas reais do tipo que havia precipitado a Crise do Quarto da rainha estavam em muito menor evidência. Uma vez que o eleitorado se havia pronunciado em 1880, por exemplo, a imperatriz não tinha poderes nem de conservar Disraeli no cargo, nem de destituir Gladstone.[69] E Eduardo VII subiu ao trono já velho e inexperiente, sem muito entusiasmo pelas atividades burocráticas; todo ano passava três meses no exterior e, fora as interferências ocasionais em assuntos de política externa e a entrega de honrarias e condecorações, desempenhava um papel mínimo na vida política.[70] Assim, à medida que minguava o poder real da monarquia, abria-se um caminho para que ela se tornasse novamente o centro dos cerimoniais magníficos. Em outros países, tais como a Alemanha, Áustria e Rússia, empregou-se o engrandecimento do cerimonial, como antigamente, para exaltar a *influência* real. Na Grã-Bretanha, por outro lado, os rituais semelhantes tornaram-se possíveis graças ao enfraquecimento cada vez maior da monarquia. Na Inglaterra, ao contrário dos outros países, a volta do cerimonial marcou não a volta do teatro de poder, mas a estreia da escalada da impotência.

Ao mesmo tempo, o aumento da veneração popular pela monarquia fez com que esse cerimonial se tornasse convincente a um ponto que antes não teria sido possível, na medida em que o poder fora substituído pela popularidade. A longevidade, probidade, senso de dever e posição incomparável de matriarca da Europa e mãe de um império vieram sobrepujar e depois eliminar a atitude antes hostil em relação a Vitória. Ao morrer, ela não era mais a "sra. Guelph", a "rainha dos Whigs", mas a "mais eminente das soberanas" que "legou-nos um nome a ser venerado para sempre".[71] O tempo foi igualmente generoso para com Eduardo VII. Sua vida extravagante; o gosto e o apuro com que viajava; seus notáveis êxitos nas corridas; e a incomparável beleza, encanto e atrativos de sua consorte: todas estas vantagens ele teve durante os seus poucos anos de reinado. O "rapazote desempregado" de Bagehot se havia transformado, no fim do reinado, numa figura patriarcal magnífica e venerável, pai do império e tio da Europa. Um versejador chegou a escrever por ocasião de sua morte:

A maior tristeza já havida na Inglaterra
Foi ver partir nosso velho e querido paizinho.[72]

Tal mudança na posição do monarca, que elevou Vitória e Eduardo acima da política, fazendo deles figuras patriarcais para toda a nação, tornou-se cada vez mais urgente devido aos progressos econômicos e sociais ocorridos no último quartel do século XIX. Uma vez mais, Londres reafirmou seu domínio nacional, na medida em que a identidade e as lealdades provincianas enfraqueciam-se acentuadamente.[73] Foi no fim, e não no começo do século XIX que a Grã-Bretanha tornou-se uma sociedade de massas predominantemente urbana, industrial, com lealdades de classe e conflitos entre classes inseridos pela primeira vez numa estrutura genuinamente nacional. O Novo Sindicalismo, as controvérsias em torno de Taff Vale e o Julgamento de Osborne e a agitação nos anos imediatamente anteriores à Primeira Guerra Mundial prenunciavam um clima político e social bem mais tempestuoso.[74] Além disso, conforme se afirmou na época da coroação de Eduardo, "o caráter ultrapassado de muitas das circunstâncias materiais de vida na época em que a rainha Vitória foi coroada" contrastava bastante com os progressos impressionantes e desconcertantes ocorridos nos sessenta anos seguintes — uma ampliação das liberdades, as estradas de ferro, o navio a vapor, o telégrafo, a eletricidade, o bonde.[75] Numa época de transformações, crise e transtornos, a "preservação do anacrônico", a apresentação deliberada e cerimonial de um monarca impotente porém venerado como símbolo unificador de permanência e da comunidade nacional tornou-se não só possível como necessária. Na década de 1860, Walter Bagehot havia previsto que "quanto mais democráticos nos tornarmos, mais apreciaremos a pompa e o espetáculo, que sempre agradou ao povo". E, de fato, ele estava certo.[76]

Para a promoção desta nova imagem do monarca como chefe da nação concorreu principalmente o desenvolvimento dos meios de comunicação acontecidos desde a década de 1880. Com o advento da imprensa marrom, as notícias sofreram um processo de nacionalização e sensacionalismo, à medida que a imprensa liberal antiga, racional, intelectual e burguesa era gradativamente suplantada pelos grandes diários nacionais: impressos em Londres, com fortes tendências conservadoras, ásperos, vulgares e dirigidos ao operariado.[77] Em 1896, Harmsworth lançou o *Daily Mail*, vendido a meio pêni, cuja circulação diária chegou a setecentos mil exemplares em quatro anos. Seguiram-se o *Mirror*, o *Sketch* e o *Daily Express*. Ao mesmo tempo, as cruéis caricaturas e editoriais do período anterior desapareceram quase que por completo. Os romances de Eduardo VII eram discretamente omitidos, e caricaturistas como Partridge e Carruthers Gould desenhavam as grandes ocasiões das vidas e mortes dos monarcas de maneira contida e respeitosa. Apenas na imprensa estrangeira ainda se encontravam críticas à monarquia britânica. Na Inglaterra, porém, os jornais a tratavam quase como se ela fosse sagrada.[78] Uma terceira mudança importante ocorreu em relação ao desenvolvimento de novas técnicas de fotografia e impressão, o que significava que as ilustrações não se limitavam mais aos caros semanários burgueses. Em consequência disso, ao fim do século XIX as grandes cerimônias reais eram descritas com uma prontidão e intensidade inéditas, de um modo sentimental, emotivo e respeitoso, que atraía uma parcela muito mais ampla da população.[79]

Se, por um lado, a imprensa era um dos principais meios de elevar a monarquia a um Olimpo venerado, as transformações na tecnologia dos transportes produziram efeito semelhante, na medida em que os progressos serviram para tornar as carruagens dos monarcas cada vez mais anacrônicas e suntuosas. A partir da década de 1870, o comércio de carruagens sofreu uma séria parada em sua taxa de crescimento, até então espetacular.[80] A invenção do pneumático por Dunlop, em 1888, levou ao surto ciclístico da década seguinte. Já em 1898 havia mais de 1.600 km de trilhos de bonde nas cidades inglesas, e em 1914 este número havia triplicado.[81] Para os habitantes das cidades, em particular (que nesta época constituíam a maioria da população), o cavalo não fazia mais parte da vida cotidiana, como antes. Em Londres, por exemplo, em 1903, restavam apenas 142 coletivos a tração animal, contra 3.522 ônibus motorizados. A substituição dos fiacres pelos táxis foi também bastante acentuada. Em 1908, produziram-se 10.500 carros e veículos comerciais; em 1913, o número era de 34.000.[82] Sob tais circunstâncias, as carruagens reais, antes comuns, revestiram-se de um esplendor romântico que antes jamais se alcançara. Assim, enquanto os fabricantes de carruagens como Mulliner eram obrigados a produzir carros a motor devido à queda na demanda por seus produtos mais tradicionais, Eduardo VII chegou a pôr em uso um novo landau de gala no qual voltou da abadia após sua coroação. Descrito como "em estrutura, proporções e decoração o mais gracioso e régio veículo jamais construído", era uma prova incontestável da capacidade nova e única que tinha o monarca de recorrer ao velho mundo para contrabalançar o novo.[83]

Em nível internacional, revelavam-se as mesmas tendências. A novidade de uma sociedade de massas nacional exprimia-se no frescor do império formal no estrangeiro. E, mais uma vez, a originalidade do desenvolvimento foi ocultada e transformada em algo aceitável por associação com a mais antiga das instituições nacionais, a monarquia. Durante os primeiros três quartos do século XIX, nenhuma ocasião de cerimonial real poderia ser plausivelmente considerada um "acontecimento imperial". Porém, a partir de 1877, quando Disraeli fez de Vitória a imperatriz da Índia, e de 1897, quando Joseph Chamberlain trouxe os primeiros-ministros e exércitos coloniais para desfilarem na parada do Jubileu de Diamante, toda grande data real passou a ser também uma ocasião *imperial*.[84] Conforme observou Bodley, durante as últimas décadas do reinado de Vitória, sua coroa tornou-se "o emblema da raça britânica, para encorajar sua expansão sobre a face da terra".[85] Eduardo, enquanto ainda príncipe de Gales, visitou o Canadá e a Índia, e na década de 1900 o duque de York seguiu-lhe o exemplo, fazendo uma volta ao mundo imperial e visitas extras ao Canadá e à Índia.[86] É interessante observar que seu pai foi o primeiro monarca britânico a ser coroado imperador da Índia e regente "dos Domínios Britânicos de além-mar". Até mesmo a doença contraída por Eduardo na época de sua coroação foi positiva para o império, pois embora partissem as delegações europeias,

A INVENÇÃO DAS TRADIÇÕES | 155

ficaram as do império, tornando a coroação — quando ela finalmente se deu — "uma festa familiar para o Império Britânico". Havia as "circunstâncias inéditas" sob as quais era celebrada a "tradição imemorial". Ou, conforme outro comentador observou, de maneira mais eloquente:

> A grande cerimônia [...] possuía uma nova característica peculiar, com a qual nenhuma de suas antecessoras em Westminster poderia tentar competir [...] Pela primeira vez na história de nossa terra, a ideia do Império manifestou-se em todo o seu esplendor, ao reunirem-se os filhos e filhas do Império, vindos dos confins da terra para participar. As tradições arcaicas da Idade Média foram ampliadas de maneira a incluir o esplendor moderno de um poderoso império.[87]

"Sob tal aspecto", como observou mais tarde Sir Sidney Lee, "o precedente do Jubileu de Diamante de 1897 foi aperfeiçoado".[88]

Se estes cerimoniais reais, que em parte refletiam uma consciência inédita da possessão imperial formal, foram uma expressão de autoconfiança nacional ou de dúvida, ainda não foi completamente esclarecido. A opinião dominante é a de que os jubileus de Vitória e a coroação de Eduardo marcaram o apogeu do império, da confiança e do esplendor.[89] Mas outros, acompanhando o tom do *"Recessional"* de Kipling, encaram-nos sob um ângulo bastante diferente — como afirmação do espetáculo e da grandiosidade, da extravagância e da bravata, numa época em que o poder real já estava decaindo.[90] Pois não pode haver dúvida de que durante este período a Grã-Bretanha estava sendo cada vez mais desafiada por novas potências mundiais rivais, tanto economicamente quanto colonialmente e politicamente. A unificação da Itália e da Alemanha, a recuperação dos Estados Unidos dos traumas da Guerra de Secessão, a disputa pela África, as tarifas adotadas pelas potências continentais, a decisão tomada pela Inglaterra de abandonar o "Isolamento Magnífico" e buscar alianças e apoio na Europa, a Guerra dos Bôeres e as crises de Fachoda, Agadir e Marrocos, tudo prenunciava um mundo cheio de medo, tensão e rivalidades, inexistente na tranquila época de Palmerston. A liberdade de ação diplomática que antes possuíam os secretários do Exterior havia desaparecido no tempo de Salisbury.

Essa crescente competição internacional refletia-se na reconstrução em larga escala das capitais, uma vez que as grandes potências defendiam sua vaidade da maneira mais visível e aparatosa. Em Roma, o Plano Mestre de 1883 visava criar uma capital digna de uma nova nação, com amplas avenidas e bulevares no estilo parisiense. E o término do enorme monumento a Vítor Emanuel, em 1911, foi mais uma afirmação enfática da grandiosidade e do orgulho nacionais.[91] Em Viena, o conglomerado de imponentes edifícios dando para a Ringstrasse, a maioria dos quais construídos na década de 1870 e 1880, foi especificamente planejado para refletir "a vastidão do Império".[92] Em Berlim, a unificação alemã foi expressa visualmente sob a forma de "magníficas ruas largas, praças arborizadas, monumentos e ornamentos", inclusive a Coluna da Vitória, o *Reichstag*, a *Siegesalle* e a catedral, todos edifícios concebidos num espírito de ostentação chauvinista, "sentinelas silenciosas da glória nacional".[93] Em Paris, a Torre Eiffel, construída para a Exposição de 1889, foi criada para *"frapper le monde"*, para ser um "arco do triunfo tão impressionante quanto aqueles que as gerações anteriores erigiram para honrar os conquistadores".[94] E também em Washington, a Comissão Park, que recomendou o término e a ampliação do plano geral original de L'Enfant, foi em parte motivada por objetivos semelhantes. Pois, como explicou Olmstead, a meta era exaltar "o efeito de imponência, poder e digna magnificência que deviam caracterizar a sede do governo de um grande e laborioso povo". O término do Washington Memorial, a ampliação da Casa Branca, a Union Station, o Monumento a Lincoln e o plano que previa grandiosos edifícios governamentais circundando o Capitólio, datam todos desta época. E, conforme explicou a comissão, quando estes ministérios estivessem prontos, "o conjunto arquitetônico resultante, em matéria de magnitude e monumentalidade, não encontrará paralelo em nenhum outro grupo de edifícios legislativos do mundo moderno".[95]

Neste clima de acirrada competição internacional, a presunção e o orgulho com que os londrinos da geração anterior haviam venerado sua esmolambada capital já não podiam subsistir. Aliás, desde 1868 o periódico *The Builder* alertava que, como "a imponente magnificência de uma capital é um dos elementos do prestígio nacional e, portanto, do poder e da influência nacionais", fazia-se imprescindível que a arquitetura de Londres se tornasse "digna da capital do país mais rico do mundo".[96] Porém, foi só nas últimas décadas do século XIX, quando se percebeu que o prestígio nacional estava ameaçado, que se tomaram providências no sentido de transformar a miserável cidade envolta em brumas, cenário dos romances de Dickens, na capital de um império. O estabelecimento do London City Council (Conselho Municipal de Londres) em 1888 finalmente concedeu a Londres uma autoridade administrativa única, que não se subordinava nem ao despotismo real, nem ao poder estatal, manifestando-se visivelmente pela construção de um imponente County Hall (sede do Conselho Municipal), iniciada em 1908.[97] O Ministério da Guerra, em Whitehall, os edifícios do governo, a um canto da praça do Parlamento, o Methodist Central Hall (sede central dos metodistas) e a catedral de Westminster contribuíram também para o sentimento de grandiosidade e suntuosidade.[98] Em Londres, como em outras metrópoles, proliferaram as estátuas comemorativas e monumentais.[99] Porém, as reconstruções mais importantes e coerentes foram o alargamento do Mall, a construção do Arco do Almirantado, a reconstrução da fachada do Palácio de Buckingham e a construção do monumento a Vitória, em frente ao palácio. Este esplêndido e monumental conjunto imperial, que emprestou a Londres peculiar aspecto triunfal e cerimonial, foi terminado entre 1906 e 1913, sob os auspícios do comitê pelo monumento à rainha Vitória, cujo presidente era Lorde Esher.[100] E em Londres, assim como em Washington, Roma e Paris, era forte o elemento da competição internacional. Conforme Balfour explicou ao organizar o comitê, seu objetivo era o de produzir um conjunto de edifícios esplêndido, majestoso e monumental, "como os que foram erigidos por outros países, exemplos que podemos perfeitamente imitar e superar com facilidade".[101]

Tais progressos, em Londres e no resto do mundo, formaram o cenário do cerimonial, que por si só constituía já um outro aspecto da rivalidade internacional. As monarquias adventícias da Alemanha e Itália não só buscavam competir com as mais veneráveis dinastias europeias, quanto aos rituais da corte, número de iates e trens; também competiam de propósito nas suntuosas mostras públicas da pompa real.[102] Assim, na Áustria, o seiscentésimo aniversário da monarquia dos Habsburgo, o milésimo aniversário do reino da Hungria, os Jubileus de Ouro e de Diamante de Francisco José e o octogésimo aniversário do imperador foram celebrados com pompa e grandiosidade jamais vistas.[103] A Itália retrucou com o extravagante enterro de Vítor Emanuel II, em 1878, e a inauguração do monumento a este rei, em 1911, data em que também se comemorava o jubileu da Unificação Italiana.[104] Na Rússia, os funerais de Alexandre III, em 1894, foram inéditos em matéria de pompa e magnificência, e a comemoração do tricentésimo aniversário da dinastia dos Romanov, em 1913, foi planejada de modo a ser o mais luxuosa possível. Na Alemanha, os funerais do Kaiser Guilherme I e o Jubileu de Prata de seu neto foram também magníficos.[105] Até mesmo os regimes republicanos aderiram à moda. Em 1880, na França, inventou-se o Dia da Bastilha, que passou depois a ser comemorado todos os anos. Os funerais de Vítor Hugo, em 1885, e o centenário da revolução, quatro anos depois, foram também celebrados em grande estilo.[106] Da mesma maneira, nos Estados Unidos, o centenário da revolução e o quadricentésimo aniversário da descoberta da América foram celebrados de forma um tanto extravagante. Ao mesmo tempo, o presidente Chester Arthur começou a aperfeiçoar os rituais e o cerimonial relativos à Casa Branca e, significativamente, o plano de Gilbert para Washington em 1900 incluía a construção de "um grande pavilhão reservado aos préstitos e às cerimônias oficiais".[107]

Mais uma vez fez-se notar o elemento da competição. Um repórter inglês de Moscou e S. Petersburgo que cobria os funerais de Alexandre III para o *The Times* lembrou que "raramente ou nunca se viu, talvez, em toda a história, um cortejo ao ar livre tão deslumbrante. A ele só se poderia comparar, embora não o superasse, a procissão do jubileu de Vitória até a abadia de Westminster".[108] Do mesmo modo, quando o rei Eduardo VII visitou a Alemanha, em 1909, o Kaiser estava decidido a estontear o rei inglês com uma exibição da suntuosidade de seu cerimonial. E, apesar das dificuldades ocasionais, ele conseguiu. "O imperador", escreveu mais tarde em seu diário o mordomo do palácio,

> "ficou encantado com a visita do rei Eduardo, e disse: 'Os ingleses não podem equiparar-se a nós neste tipo de coisa', referindo-se à pompa da procissão, aos apartamentos reais do castelo, ao banquete, ao baile da corte e daí por diante."[109]

Nem mesmo os americanos, por mais que se gabassem do igualitarismo de sua sociedade, ficaram imunes a essa competição. Na virada do século, quando se tentou ampliar a Casa Branca, a justificativa principal era que os quartos apertados deste edifício não eram adequados para recepções, o que, consequentemente, representava "a perda daquela ordem e dignidade que deveria caracterizá-los".[110]

Neste clima de competição, talvez tenha sido favorável — embora bastante fortuito — que coincidisse com este surto do interesse pelo ritual e cerimonial a renascença musical inglesa, estimulada por Parry, promovida pelo zelo empresarial de Stanford e presidida pela genialidade de Elgar, o primeiro compositor inglês de renome internacional desde Purcell.[111] Um dos aspectos dessa renascença foi o aumento do interesse pela história da música e dos hinos patrióticos, satisfatoriamente exemplificada pelo fato de que existiam mais histórias e arranjos corais do hino nacional nas décadas de 1890 a 1910 do que em qualquer outro período antes ou a partir desta época.[112] Ainda mais, tal florescimento tornou possível apresentar as grandes comemorações reais não como denúncias da pobreza musical da Inglaterra, mas como celebrações do talento nacional. Portanto, as coroações de Eduardo VII e Jorge V foram adornadas com composições especialmente encomendadas a Stanford, Parry, German e Sullivan.[113] Paralelamente, graças ao aperfeiçoamento dos padrões dos corais e orquestras, as peças passaram a ser bem executadas. Os principais responsáveis por este desenvolvimento foram Sir George Stainer, organista da catedral de São Paulo de 1872 a 1888, e Sir Frederick Bridge, que ocupou o mesmo posto na abadia de Westminster, de 1882 a 1918. Sob a firme e eficiente orientação de ambos, os corais passaram a ser habilmente exercitados e ensaiados, a entrar em procissão e a portar-se de maneira digna, vestindo sobre--pelizes.[114] Em consequência, o padrão de desempenho nas coroações do princípio do século XX era incomparavelmente melhor do que nas coroações anteriores. Finalmente, Sir Walter Parrat, Mestre do King's Music de 1893 a 1924, trabalhou no sentido de melhorar a organização geral das cerimônias. Durante a gestão dele, o posto deixou de ser uma sinecura, pois ele se tornou a autoridade suprema nos arranjos musicais de grandes ocasiões reais.[115] Por causa destes progressos, Bridge e Parratt puderam colaborar com êxito nos arranjos musicais das coroações de Eduardo VII e Jorge V.

Durante o mesmo período, a posição da igreja oficial em relação ao ritual e às cerimônias mudou visivelmente. Repetindo sem querer as palavras de Bagehot, Samuel Wilberforce havia observado já em 1865: "segundo creio, existe na mentalidade inglesa uma forte tendência a promover rituais mais suntuosos", previsão que foi corroborada nas décadas seguintes. Os bispos começaram a usar batinas roxas e a trazer cajados nas mãos.[116] As casulas, sobrepelizes, o incenso e as velas de altar tornaram-se cada vez mais comuns nas catedrais e igrejas urbanas. Em 1877 e novamente em 1897, os sacerdotes que celebraram o culto do jubileu de Vitória trajavam pluviais e estolas coloridas, inovação bastante pitoresca. E, assim como no aspecto secular do ritual real, o motivo foi em parte um desejo de atrair as classes trabalhadoras. Como E.W. Benson, arcebispo de Cantuária, observou após o Jubileu de Ouro, "dias depois, todos sentem que o movimento socialista foi controlado".[117] Sugestivamente, as biografias e memórias dos últimos prelados vitorianos e eduardinos contêm relatos pormenorizados de preparativos elaborados para os grandes cerimoniais da realeza — algo que é visivelmente omitido em livros semelhantes escritos por seus antecessores ou versando sobre eles. Randall Davidson, em especial, tornou-se uma autoridade eclesiástica inigualável em matéria de ritual real, participando do Jubileu de Ouro de Vitória como deão de Windsor, do Jubileu de Diamante dela, da coroação de Eduardo como bispo de Winchester, e da coroação de Jorge V como arcebispo de Cantuária.[118] Ao mesmo tempo, a própria abadia de Westminster foi transformada num cenário mais colorido e digno para o cerimonial grandioso. O órgão foi reconstruído em 1884 e 1894; o coro, remodelado e iluminado a luz elétrica; os coristas ganharam batinas vermelhas em 1897; e o Lorde Rosebery doou uma nova cruz para o Altar-Mor em 1899.[119] Assim, na coroação de Eduardo VII, a posição da igreja em relação ao ritual havia mudado consideravelmente, desde o início do reinado de Vitória. Segundo Jocelyn Perkins, sacristão da abadia (e também responsável por muitos melhoramentos nela realizados):

> Nem se cogitava em qualquer coisa que sugerisse, mesmo de longe, esta esplêndida mescla [...] O que era aceito em 1838 infalivelmente seria rigorosamente condenado em 1902 [...] Considerou-se urgente atingir um alto padrão de louvor e cerimonial na consagração solene de Eduardo VII.[120]

E para alguém tão favorável à grandiosidade eclesiástica como Perkins, o resultado foi um completo sucesso:

> De ponta a ponta, o altar resplandeceu com a exibição de salvas de coleta, jarras, cálices [...] A cerimônia ensinou uma lição extremamente necessária aos ritualistas amadores do século XIX, com seus vasos de encomenda e seus medíocres arranjos florais.[121]

V

É neste contexto consideravelmente alterado, tanto nacional quanto internacional, que se deve situar o ritual real mais elaborado e mais atraente. Da década de 1870 em diante, tanto na Inglaterra quanto em outros países ocidentais, a posição do chefe de Estado foi realçada por meio do cerimonial. Um monarca venerado, transportado numa carruagem real luxuosíssima pelas ruas repletas de monumentos e prédios triunfais não era apenas, como tinham sido seus antecessores, o chefe da sociedade, mas era visto também como o chefe da nação.[122] Assim como no restante da Europa, na Inglaterra os progressos nunca vistos na indústria e nas relações sociais, e a vasta expansão da imprensa marrom, tornou necessário e possível apresentar o monarca, no esplendor de todo o seu ritual, desta maneira basicamente nova, como símbolo de consenso e continuidade que todos deveriam acatar.[123] E, à medida que as relações internacionais iam se tornando mais tensas, isto acrescentou um novo incentivo à "invenção das tradições", na medida em que a rivalidade nacional era expressa e sublimada na competição entre os cerimoniais. A experiência inglesa só diferia daquela das outras nações ocidentais sob um aspecto principal: na Rússia, na Alemanha, na Itália, nos Estados Unidos e na Áustria, este florescimento do cerimonial concentrou-se num chefe de Estado que ainda exercia um poder efetivo. Na Inglaterra, porém, embora a sombra cerimonial do poder se projetasse sobre o monarca, sua essência desviava-se cada vez mais para outra direção.

Anteriormente, estes desenvolvimentos do contexto e circunstâncias pareceriam uma maneira positiva de explicar as transformações na execução e "significado" do ritual. Na época, porém, talvez não fossem tão propositais como se poderia imaginar. Foi apenas gradualmente, à medida que as cerimônias se sucediam, que surgiu esta sintaxe e linguagem coerentes dos símbolos e significados. Em 1887, após cinquenta anos de reinado, a Viúva de Windsor foi convencida — embora ainda relutasse bastante — a participar de uma cerimônia solene em Londres. Aliás, isto foi arriscado, pois a recente impopularidade da rainha tornava impossível prever que tipo de recepção ela teria. E sua recusa peremptória de usar a coroa e os trajes de gala só faziam dar fundamento a tais previsões. Nem a princesa Alexandra, que exercia sobre a rainha mais influência, conseguiu fazer com que ela mudasse de ideia.[124] Entretanto, o Jubileu de Ouro, realizado com procissão e culto de Ação de Graças na abadia, foi um enorme sucesso: "Um esplendor jamais visto por nós [...] A cerimônia solene mais suntuosa desta geração."[125] O Jubileu de Diamante, planejado com mais confiança e certeza, dez anos mais tarde, foi ainda mais deslumbrante. A própria rainha, agradavelmente surpresa, observou:

Creio que ninguém jamais recebeu ovação maior do que a que recebi enquanto percorria estas seis milhas [...] A multidão era indescritível, e seu entusiasmo realmente maravilhoso e profundamente comovente.[126]

Posteriormente, veio o funeral da rainha Vitória, a coroação e o funeral de Eduardo VII, a coroação e a recepção na Índia de Jorge V, e a investidura de seu filho como príncipe de Gales no castelo de Carnarvon. Aliás, nesta época, os departamentos de Estado e da Casa Real, que eram lamentavelmente ignorantes sobre o passado e o cerimonial em 1887, já se haviam tornado especialistas no assunto. De vez em quando ocorriam ainda alguns deslizes, como, por exemplo, quando os cavalos dispararam durante os funerais da rainha Vitória. Tais acidentes, contudo, raramente ocorriam e, quando aconteciam, eram imediatamente incorporados à "tradição".[127] A combinação de um planejamento meticuloso, do entusiasmo popular, da ampla divulgação e de um esplendor inédito obteve êxito. Sugestivamente, embora os funerais de Nelson e Wellington tenham sido mais esplêndidos e populares do que os concedidos aos monarcas do início do século XIX, os últimos ritos de Vitória e Eduardo foram muito mais deslumbrantes que os de Gladstone.[128]

Como o sucesso destas cerimônias dependia do aprimoramento de sua execução, houve principalmente três pessoas extremamente importantes. A primeira foi Reginald Brett, visconde de Esher, a eminência parda dos círculos governamentais britânicos na virada do século, amigo de Vitória, Eduardo VII e Jorge V, secretário do Ministério de Obras Públicas de 1895 a 1902, e guardião delegado e vice-governador do castelo de Windsor, de 1901 a 1928. Foi responsável não só pela reforma da decoração dos palácios reais e a reorganização dos arquivos reais após a morte de Vitória, como também pelo planejamento geral de todas as grandes cerimônias de gala, desde o Jubileu de Diamante de Vitória até o funeral de Eduardo VII.[129] Em tese, o responsável por estas festas era o duque de Norfolk, chefe do cerimonial por direito hereditário, estribeiro-mor, mordomo-mor e camareiro-mor da casa real. Entretanto, a simpatia, o tato, a sensibilidade histórica, o talento para a organização e o amor pelo cerimonial que Esher manifestava lhe valeram a parte do leão. E havia muito o que fazer, pois já fazia tanto tempo que não se promovia uma grande festa real que ninguém mais se lembrava como agir. "A ignorância em relação ao passado histórico", observou certa vez Esher, exasperado, "por parte de homens que, para trabalharem, deviam conhecê-lo, é algo de estarrecedor." Apesar destes obstáculos, porém, suas cerimônias cuidadosamente ensaiadas e meticulosamente estudadas obtiveram um êxito fenomenal, que lhe valeu "dezenas de cartas elogiosas" enviadas pela família real e também pelos políticos. Vitória, contudo, continuou achando, fiel à velha antipatia pelo antigo primeiro-ministro, que os preparativos cuidadosos e discretos conduzidos por Esher para os funerais solenes de Gladstone, na abadia de Westminster, cheiravam a um "entusiasmo mal endereçado".[130]

Ao interesse de Esher pelo ritual real igualava-se o do próprio Eduardo VII. Embora sua mãe não apreciasse tomar parte em cerimônias públicas, detestasse trajes principescos e aparições em público, Eduardo adorava "aparecer a seus súditos vestido com seus atributos de soberano".[131] Criticara constantemente a melancólica tristeza da mãe, e sentira-se amargamente ofendido ao ver como seu primo, o Kaiser, havia suplantado seu esplendor. Assim, depois de tornar-se rei, teve duas razões para realçar a grandiosidade da monarquia. Com a ajuda de Esher, foi incrivelmente bem-sucedido. Na verdade, era o próprio Esher que rendia tributo ao "curioso dom de visualizar uma cerimônia", e à "diligência, criatividade e *invenção*", possuídas pelo seu soberano, dons que, segundo Esher, eram "essenciais, na ausência dos quais a *improvisação* é impossível" (o grifo é meu).[132] Outro cortesão, captando de modo mais sutil o elemento competitivo no novo cerimonial, observou, de maneira nitidamente favorável: "Nosso rei apresenta-se melhor do que Guilherme. Tem mais graça e dignidade. Guilherme é desajeitado, nervoso e sem graça."[133]

Assim, foi perfeitamente natural que um dos primeiros atos de Eduardo após a coroação fosse restaurar o caráter formal da abertura solene do Parlamento, com cortejo na carruagem real através das ruas de Londres, e a leitura de um discurso, feita pelo rei vestido com traje completo e sentado no trono — coisa que Vitória jamais fizera em quarenta anos.[134] Por ironia, foi a cerimônia fúnebre desse rei, na qual tomou parte também o onipresente Esher, que se tornou "a solenidade mais grandiosa de que ele jamais participara". Foi especialmente importante a exposição do corpo em Westminster Hall — "novidade que revelou ser extremamente popular". Duzentos e cinquenta mil pessoas, aproximadamente, desfilaram diante do esquife: jamais tantos populares haviam pessoalmente vindo prestar, um a um, suas últimas homenagens a um monarca britânico. Foi este precedente inédito que, juntamente com o longo cortejo pelas ruas de Londres, o caixão transportado por uma carreta de artilharia puxada por marinheiros, seguido do sepultamento, uma cerimônia particular em Windsor, competiu com os funerais de Jorge V e VI.[135]

Enquanto Esher contribuiu com sua experiência e senso de organização, e Eduardo com o apoio e o entusiasmo, as composições de Elgar elevaram a música cerimonial de mero detalhe efêmero a obra de arte por si só. A "Marcha Imperial", composta por Elgar em 1897, foi o último sucesso do Jubileu de Diamante, transformando o autor numa celebridade não oficial da música britânica. Cinco anos depois, Elgar compôs a "Ode à Coroação", para comemorar a ascensão de Eduardo VII ao trono. A pedido do rei, foi incluído o arranjo coral da melodia ampla e sublime da "Pompa e Circunstância nº 1", que mais tarde correria mundo sob o nome "Terra da Esperança e da Glória". Depois, para a ascensão de Jorge V, veio a "Marcha da Coroação" e a representação "A Coroa da Índia", para o *durbar* em Déli. Tais obras, que refletiam o amor sincero que Elgar nutria pelo colorido, pela solenidade, pela precisão e pelo luxo, constituíam um fundo marcial e musical perfeito para as grandes cerimônias reais.[136] Ao mesmo tempo, não se deve considerá-las como manifestação da extravagância, do orgulho, do convencimento e autoafirmação eduardina.[137] As grandiosas melodias de Elgar geralmente são fúnebres, melancólicas, tristonhas, meditativas e introspectivas. Nem mesmo o grandioso tema principal de sua primeira sinfonia, gloriosamente enobrecido e triunfante ao final do último movimento, chega a banir totalmente as forças da dúvida e das trevas, da desconfiança e do desespero, que perpassam a composição.[138] Porém, embora a delicadeza real de sua música se perca em meio à expansiva impetuosidade das palavras a ela adaptadas, suas marchas e melodias firmaram-se como acompanhamento indispensável de todas as grandes ocasiões reais — e assim tem sido desde então.

Auxiliada pela intensa colaboração pessoal destes três homens, a imagem da monarquia britânica junto ao público sofreu transformações radicais nos anos anteriores à Primeira Guerra Mundial, na medida em que o cerimonial antigo foi adaptado com sucesso em resposta às mudanças na situação nacional e internacional, inventando-se e acrescentando-se um novo cerimonial. Estas mudanças manifestam-se de forma clara na maneira inédita em que tais ocasiões reais eram comercialmente exploradas. Embora não disponhamos de números precisos, é óbvio que a produção em grande escala de louça comemorativa real começou nesta época, pois os fabricantes lucravam com a atração exercida pelo cerimonial real sobre um mercado que jamais existira antes.[139] Além disso, novas firmas, tais como Rowntree, Cadbury e Oxo, aproveitavam as festas da realeza para fazer propaganda de seus produtos, e as autoridades locais começaram a distribuir copos, canecas e outros brindes comemorativos. Da mesma forma, cunharam-se mais medalhas comemorativas particulares para venda no Jubileu de Ouro de Vitória do que nos quatro maiores acontecimentos anteriores juntos, e a coroação de Eduardo VII foi novo paraíso para os cunhadores de medalhas. Além disso, em 1887, cunharam-se pela primeira vez medalhas comemorativas no estilo das medalhas de campanha feitas para serem presas no lado esquerdo do peito, outra inovação imitada em todas as coroações e jubileus posteriores da época.[140] Assim, tanto pelas medalhas e canecas como pela música e pela grandiosidade, o último quartel do século XIX foi a "idade do ouro" das "tradições inventadas", na medida em que a atração exercida pela monarquia sobre as massas populares de uma sociedade industrializada ampliou-se de uma forma inconcebível apenas uma década antes.

Esta ênfase maior no ritual não se limitou à família real. Restauraram-se cerimoniais veneráveis e decadentes em muitas outras esferas de atividade. Revestiram-se novas instituições com a roupagem deslumbrante e anacrônica do espetáculo arcaico porém inventado. Em Londres, o Desfile do Prefeito (Lord Mayor's Show) foi restaurado sob a forma de uma suntuosa solenidade e, nas cidades do interior, os novos edifícios públicos barrocos e o conceito de civismo mais acentuado evidenciavam também o florescimento dos rituais cívicos. Também a nova geração de universidades "Redbrick", com estilos arquitetônicos propositalmente anacrônicos, reitores aristocráticos, becas antigas e formaturas exuberantes, faziam parte de uma tendência parecida.[141] Nas Colônias, o imponente regime do vice-reinado introduzido por Lorde Dufferin em Ottawa, quando era governador-geral do Canadá (1872-78), lançou um precedente mais tarde imitado na Austrália, Nova Zelândia e África do Sul.[142] E na Índia, os três *durbars* em Déli (1877, 1902 e 1911) constituíram o ponto alto do lado público — embora não do poder particular — do Domínio Imperial. Ao mesmo tempo, o sistema de honrarias foi bastante ampliado, com a criação das Ordens Indianas, da Real Ordem Vitoriana, as Ordens do Mérito e dos Companheiros da Honra, e restauraram-se as solenes cerimônias de posse entre os Cavaleiros da Ordem da Jarreteira e da Ordem do Banho.[143] Em suma, a imagem pública enfatizada e ritualizada da monarquia britânica foi apenas um exemplo de uma proliferação mais geral de cerimonial inédito ou restaurado durante este período, que caracterizou a vida pública inglesa, europeia e americana, não só em nível de chefes de Estado, como também de uma maneira mais difundida.

VI

Durante o terceiro período, de 1914 a 1953, o contexto modifica-se profundamente outra vez, de maneira que o ritual da monarquia britânica deixou de ser simplesmente um aspecto de uma inventividade competitiva geral, tornando-se uma expressão peculiar de continuidade num período de mudanças inusitadas. Para começar, a fórmula de fins da era vitoriana e eduardina, baseada numa monarquia de grandes cerimoniais e de imparcialidade política repetiu-se de uma maneira ainda mais estritamente constitucional. O poder limitado exercido por Eduardo VII foi ainda mais diminuído durante os reinados de seus três sucessores. Embora, por exemplo, Jorge V fosse obrigado a tomar parte na crise constitucional herdada na sua ascensão, na escolha de um primeiro-ministro conservador em 1923, e na formação do governo nacional, em 1931, e embora pessoalmente preferisse os conservadores, ele manteve em seus deveres públicos e constitucionais uma correção e uma imparcialidade escrupulosas.[144] Foi uma figura de proa da política, refletindo apropriadamente sua posição de figura de proa do cerimonial, e realizando a profecia de um radical, feita em 1913, de que "na Inglaterra o rei faz o que o povo quer. O rei será socialista".[145] A abdicação de Eduardo VIII foi mais uma prova conclusiva de que era o Parlamento que escolhia e rejeitava os reis, e Jorge VI era filho de seu pai, não só em termos de preferência pelos conservadores, como também em termos de sua imparcialidade pública. Até seus direitos de ser consultado, de alertar e de dar apoio foram relativamente diminuídos. Em 1940, ele teria preferido Halifax como primeiro-ministro, em 1945 lamentou a saída de Churchill. Porém, em nenhuma das duas ocasiões teve poder para influenciar os acontecimentos.[146] Completara-se a evolução da monarquia constitucional.

Houve, portanto, uma evolução direta da impotência à suntuosidade, passando pelas fases do distanciamento e da veneração, e corroborada pela excelente reputação pessoal dos monarcas. Especialmente Jorge V, aliando a honradez particular de sua avó à suntuosidade pública de seu pai, criou uma síntese que foi imitada por seus dois sucessores em seus longos reinados.[147] Por um lado, como seu pai ele comparecia assiduamente aos rituais públicos e tinha obsessão por coisas como o traje correto e a maneira de colocar as condecorações; ao mesmo tempo, sua vida particular combinava a despretensiosidade do homem do interior com a respeitabilidade da classe média.[148] Talvez acidentalmente, mas decerto com grande êxito, Jorge V conseguiu ser ao mesmo tempo majestoso e doméstico, uma figura paterna para todo o Império, embora também por si só fosse o chefe de uma família com a qual todos podiam identificar-se. (Por sinal, Eduardo VIII desprezou ambos os elementos

A INVENÇÃO DAS TRADIÇÕES | 169

da síntese jorgiana, descuidando completamente do cerimonial, e levando uma vida particular escandalosa e movimentada.)[149] Jorge VI, ao contrário, adotou este nome de propósito, para frisar o retorno ao estilo de seu pai. Aliás, quando ele subiu ao trono, Baldwin observou que ele iria "conquistar a afeição do povo porque parece mais com o pai em matéria de pensamento e personalidade do que qualquer de seus irmãos".[150] Mais uma vez o monarca cumpria religiosamente seus deveres cerimoniais e públicos, enquanto levava uma vida doméstica completamente oposta à do irmão mais velho.[151] Como o pai, possuía as qualidades da "coragem, perseverança, bondade e dedicação": foi o homem que venceu sua gagueira e recusou-se terminantemente a sair de Londres durante a Segunda Grande Guerra.[152] Seu pai era "Jorge, o Bem-Amado"; ele foi "Jorge, o Fiel".

Sob tais circunstâncias, a monarquia, particularmente em ocasiões solenes, cerimoniais, representava o consenso, a estabilidade e a comunidade. Aliás, os grandes rituais da realeza, o cerimonial do Dia do Armistício e o cada vez mais difundido culto natalino (acontecimentos nos quais a família real sempre tomava parte) eram as três maiores celebrações de consenso, nas quais a família real, as famílias individuais e a família nacional estavam todas reunidas. Durante os anos de 1914-1953, a Grã-Bretanha experimentou uma série de mudanças internas, com proporções que superaram em muito as ocorridas anteriormente. Entre 1910 e 1928, a Grã-Bretanha evoluiu de país com mais restrições ao direito de voto na Europa a um país com sufrágio universal para os cidadãos-maiores, medida temida por ser o mesmo que "munir um proletariado faminto e desgastado pela guerra de uma enorme preponderância no poder de voto".[153] O Partido Liberal perdeu o segundo lugar para o Partido Trabalhista e, especialmente após a Segunda Guerra, a decadência das grandes famílias aristocráticas fez com que a Coroa fosse se isolando cada vez mais na sociedade londrina. A Greve Geral e a Grande Depressão acarretaram animosidade e agitação de proporções inauditas, assim como as duas guerras mundiais. Em consequência, apresentou-se uma monarquia politicamente neutra e pessoalmente exemplar, que logrou um êxito tremendo, constituindo-o o "ponto estável de convergência de uma época perturbadora", e tendo como traço mais efetivo a suntuosidade cerimonial contida, e anacrônica.[154]

Em parte isto era facilitado pela eterna subserviência dos meios de comunicação, que continuavam a relatar as grandes cerimônias governamentais de uma forma discreta e respeitosa. Aliás, não era possível tratar de maneira diferente uma instituição que combinava a neutralidade política e a integridade pessoal: nada havia a ser criticado ou caricaturado, à maneira de Rowlandson e Gillray. De Partridge a Shepherd e deste a Illingworth, as caricaturas sobre a família real limitavam-se a quadros parabenizando a família real por viagens imperiais bem-sucedidas, saudando a Casa de Windsor, ou lamentando a morte de um soberano. É interessante notar que quando Low tentou publicar em 1936 uma caricatura que criticava a monarquia na época da abdicação, nenhum jornal londrino quis aceitá-la.[155] Os editores e repórteres, assim como os caricaturistas, continuaram guardando respeito, como se percebia claramente pelo acordo entre os proprietários dos meios de comunicação. Da mesma forma, as fotografias dos jornais, assim como os documentários filmados, eram cuidadosamente montados. Após a coroação de Jorge VI, o chefe do cerimonial e o arcebispo de Cantuária tinham poderes para revisar "qualquer matéria que fosse considerada inadequada para exposição ao público em geral". Da mesma maneira, em 1948, quando Harold Nicholson foi convidado para escrever sobre a vida pública de Jorge V, recebeu recomendações explícitas no sentido de "omitir coisas e incidentes que ferissem a reputação da família real".[156]

Contudo, o melhoramento mais importante desta época foi o advento da BBC, que foi de profunda importância para a transmissão da dupla imagem da monarquia, construída de forma muito bem-sucedida por Jorge V. Por um lado, as transmissões de Natal, instituídas em 1932 e imediatamente adotadas como "tradicionais", enfatizavam a imagem do monarca como pai de seu povo, que falava a seus súditos no conforto e na privacidade de seus próprios lares.[157] Jorge V foi um radialista tão bem-sucedido, que seu segundo filho, embora sofresse de gagueira, foi obrigado a dar continuidade à "tradição". Ao mesmo tempo, o primeiro diretor geral da BBC, Sir John Reith, também entusiasta romântico do cerimonial e da monarquia, reconheceu rapidamente o poder do novo meio de transmitir um sentido de participação no cerimonial jamais atingido antes.[158] Assim, desde a época do casamento do duque de York em 1923, as "solenidades radiofônicas" tornaram-se típicas dos programas da BBC, na medida em que todas as grandes ocasiões reais eram transmitidas ao vivo pelo rádio, por microfones dispostos de maneira a permitir que os ouvintes distinguissem os sons dos sinos, dos cavalos, das carruagens e dos aplausos. De uma forma bastante realista, foi este desenvolvimento técnico que tornou possível a apresentação satisfatória dos cerimoniais da realeza como acontecimentos nacionais e familiares, em que todos podiam tomar parte. E, conforme se pode constatar pelos dados da *Mass Observation*, isso realmente ocorria: as transmissões radiofônicas das festas reais sempre alcançavam recordes de audiência.[159]

A combinação da inovação dos meios de comunicação de massa e o anacronismo do cerimonial tornaram o ritual real ao mesmo tempo consolador e popular numa época de transformações. Agora, o modo de apresentação dos monarcas, já incomum e suntuoso na época anterior, tornou-se positivamente fantástico. Na coroação de Jorge VI, por exemplo, até a maioria dos pares veio de carro. Henry Channon, que tinha uma visão infalível em matéria de detalhes e de romantismo, informou que apenas três vieram de carruagem.[160] Aliás, nesta época a sociedade puxada a cavalo de meados do século XIX já estava esquecida há tanto tempo, que os garis que limpavam as fezes dos cavalos após o préstito principal recebiam os aplausos mais intensos do dia.[161] No mundo do aeroplano, dos tanques e da bomba atômica, a imponência anacrônica dos cavalos, das carruagens, das espadas e chapéus de pluma realçava-se ainda mais. Conforme observou um livro de carruagens de 1948, nem mesmo as grandes famílias usavam mais carruagens de luxo. Elas agora eram apenas "veículos exclusivamente para cerimonial, vagarosos, como a carruagem real, lavrada e folheada a ouro, a carruagem do prefeito de Londres e a carruagem do presidente da Assembleia", raramente utilizadas. Aliás, na época da coroação de Elizabeth, nem mesmo a casa real dispunha de carruagens suficientes para acomodar todos os nobres e chefes de Estado convidados; foi necessário pedir emprestadas sete carruagens de uma companhia cinematográfica.[162]

A avançada organização envolvida na aquisição destas carruagens extras constituía prova de que a tradição de proficiência administrativa iniciada por Esher foi mantida de maneira integral. O 16º duque de Norfolk, chefe hereditário do cerimonial, embora tivesse apenas 29 anos na época da coroação de Jorge VI, logo adquiriu uma reputação de ser pontual, bom animador e dotado de talentos teatrais comparáveis aos de Esher. Aliás, em 1969, ano do último grande cerimonial por ele conduzido, a investidura do príncipe de Gales, ele completou quarenta anos de experiência no ritual real. Na coroação de 1937, ele estava preparado para pagar a um colega uma libra por minuto de atraso ou de adiantamento no cerimonial, e perdeu apenas cinco libras.[163] Nesta cerimônia, Norfolk foi auxiliado pelo arcebispo de Cantuária, Cosmo Gordon Lang, classificado de "ator nato" por Hensley Henson, e descrito por seu biógrafo como alguém que "dava importância aos mínimos detalhes de uma ocasião que exigia toda a teatralização e pompa que, para ele, traziam uma impressão muito forte de sentimento religioso". Assim como Norfolk, o arcebispo pensava em termos da "linguagem teatral", e foram estes representantes da Igreja e do Estado que dominaram os três comitês e supervisionaram os oito ensaios preparatórios para a coroação.[164] Além disso, nesta época, principalmente em consequência do trabalho do deão Ryle e do sacristão Jocelyn Perkins, a própria abadia de Westminster já era um cenário mais adequado para o cerimonial. O coro foi reformado, as cadeiras revestidas com folha de ouro; os sinos foram recolocados nos campanários, e voltaram as procissões com estandartes e pluviais. Aliás, durante o decanato de Ryle (1914-25), foram celebrados nada menos de 86 cultos especiais, inclusive o sepultamento do soldado desconhecido. O "desenvolvimento da grandiosidade e do colorido dos cultos da abadia" significava que as exigências extras do grande cerimonial real podiam ser atendidas com uma tranquilidade, experiência e destreza jamais vistas.[165]

Da mesma forma, quanto à música, as inovações do período anterior foram consolidadas e ampliadas. Em 1924, ao morrer Parrat, o próprio Elgar foi indicado para o cargo de mestre do King's Music, tendo sido o primeiro compositor de projeção a ocupar a posição em mais de um século, o que constituía evidente reconhecimento da importância de sua música no ritual real.[166] Posteriormente, o posto continuou a ser ocupado por compositores de prestígio, e o titular ficava com o controle dos arranjos musicais das cerimônias. Na época da indicação de Elgar, ele já não era tão criativo como antes, não produzindo mais nenhuma grande obra de música popular. Outros compositores, porém, o substituíram, dando prosseguimento à nova tradição segundo a qual cada grande ocasião devia ser também um festival de música britânica contemporânea.[167] Bax, Bliss, Holst, Bantock, Walton e Vaughan Williams compuseram músicas especialmente encomendadas para as coroações de Jorge VI e Elizabeth II. Aliás, as duas marchas da coroação de Walton, "A Coroa Imperial" (1937) e "A Esfera e o Cetro" (1953), rivalizavam com as composições do próprio Elgar, não só em riqueza melódica e orquestral, como também devido ao fato de que ambas tornaram-se peças normalmente executadas em concertos.[168]

Tais progressos no contexto nacional do ritual da realeza fizeram-se acompanhar por transformações ainda maiores na esfera internacional. No período anterior, as cerimônias britânicas, embora bastante aperfeiçoadas em meados e no fim da Era Vitoriana, eram semelhantes às grandes festas dos outros países. Nesta terceira fase, porém, elas deixaram de ser apenas uma instância de inventividade competitiva, para tornarem-se únicas, por desistência dos outros competidores. Durante o reinado de Jorge V, a maioria das grandes dinastias reais foi substituída por regimes republicanos. Em 1910, o imperador alemão, oito reis e cinco príncipes coroados compareceram aos funerais de Eduardo VII como representantes de seus respectivos países. Entretanto, durante o próximo quarto de século, "o mundo testemunhou o desaparecimento de cinco imperadores, oito reis e dezoito dinastias menores — um dos mais importantes desmoronamentos políticos da História".[169] E, novamente, ao cabo da Segunda Guerra Mundial, as dinastias italianas e iugoslavas haviam sido subjugadas, e o imperador japonês estava desmoralizado. Neste contexto internacional incrivelmente modificado, o ritual da monarquia britânica podia ser apresentado como manifestação *sui generis* de uma tradição longa e duradoura, de uma forma que antes jamais seria possível.

Em 1937, por exemplo, um comentarista da próxima coroação observou que "uma coroação inglesa é uma cerimônia diferente de todas as outras: com efeito, não existe no mundo espetáculo mais impressionante, mais admirável".[170] Já então, tais palavras eram verdadeiras. Apenas 25 anos antes, quando ainda se encontravam cerimônias semelhantes em Moscou, Berlim, Viena e Roma, a observação do comentarista seria, evidentemente, mentirosa. A sobrevivência, por si só, havia tornado venerável numa era de transformações aquilo que há pouco tempo era novidade numa era competitiva. Percy Schramm, em sua *História da coroação*, defendia a mesma ideia, com maior exuberância retórica:

> Tudo em Westminster permanece inalterado, ao passo que Aachen e Rheims estão desertas. Já não há mais um *Imperator Romanorum*. Até mesmo os Habsburgo e Hohenzollern tiveram que declinar de seus títulos imperiais, e a Coroa, cetro e vestidos do antigo tesouro imperial transformaram-se em peças de museu. Na França, não restou nem mesmo esta lembrança do passado [...] Se olharmos com atenção à nossa volta, veremos em toda parte velhas tradições reais serem atiradas no monturo. Raro é o país que logrou adaptar por muito tempo suas tradições medievais para evitar sua aniquilação ou deturpação. Com efeito, um dos sintomas de nossa época é que os países, no gozo de poderes recém-surgidos, criam uma forma inteiramente nova de Estado, e conscientemente deixam o passado de lado. Em meio a tais cenas de construção e destruição, já não existem mais lembranças do passado nem símbolos do presente, exceto a Catedral de São Pedro, em Roma, e o coro do rei Eduardo em Westminster.[171]

O contraste entre adaptação e reconstrução não era apenas metafórico: valia para as constituições tanto quanto para as cidades. Embora a reconstrução de Londres já estivesse completa bem antes da Primeira Guerra Mundial, as capitais de outros poderes novos ou recentemente afirmados estavam constantemente sendo reconstruídas, para melhor traduzir a grandeza nacional. Na Itália, por exemplo, Mussolini desejava que Roma "parecesse maravilhosa aos olhos do mundo — vasta, pacífica, poderosa como na época do Império de Augusto", e o Plano-Mestre de 1931 tinha como principal objetivo a criação de uma capital grandiosa e monumental, incluindo a construção da Piazza Venezia, e as grandes e monumentais estradas de acesso da cidade, como a Via Dell'Imperio, que levava ao Coliseu.[172] Também na Alemanha os edifícios imensos, monumentais e descomunais do Terceiro Reich, resultado da colaboração entre Hitler e Albert Speer, refletiam um objetivo semelhante. A Casa da Arte Alemã, a Chancelaria de Berlim e os edifícios e áreas de desfile de Nuremberg, e os planos posteriores e não realizados de construção de vias e arcos comemorativos em Berlim, refletiam a crença eterna de Hitler de que uma civilização era avaliada pelos grandes edifícios que dela restassem.[173] Este neoclassicismo inovador não se limitou às potências fascistas. Em Moscou, a construção da Praça Vermelha para servir de centro de cerimoniais pode ser considerada parte de uma expressão semelhante, assim como foi o imponente (e não realizado) plano do palácio dos Sovietes, num prodigioso estilo neoclássico.[174] Em Washington, o término do Lincoln Memorial, a construção do Monumento a Jefferson na ponte Arlington, assim como de um aglomerado de edifícios administrativos na avenida da Constituição demonstraram a força da mesma influência exercida do outro lado do Atlântico.[175]

Porém, tanto em matéria de edifícios quanto de medidas constitucionais, Londres foi uma vez mais uma exceção. Enquanto outros países completavam ou reconstruíam os teatros em que a elite governante apresentava seus espetáculos, em Londres o palco ficou quase que inteiramente inalterado após a inauguração do conjunto composto do Palácio de Buckingham e do Arco do Almirantado. Nos anos de entreguerras, apenas o County Hall veio reunir-se ao número dos grandes edifícios públicos, embora sua construção tenha sido iniciada antes de 1914. Até o Cenotaph, com todas as suas conotações simbólicas, foi um acréscimo relativamente insignificante à herança arquitetônica de Londres. Assim, edifícios que eram novidade em 1910 tornaram-se, diante da competição arquitetônica em outras capitais, veneráveis em apenas duas décadas. Os londrinos, em vez de aceitarem presunçosamente o caos, como na primeira fase, ou procurarem tardiamente alcançar e superar seus competidores, como na segunda, passaram a encarar sua cidade como a capital mais estável em termos de arquitetura — estabilidade física que refletia adequadamente a estabilidade de sua política. Segundo Harold Clunn, que levantou as mudanças ocorridas entre 1897 e 1914,

> considerando-se os enormes melhoramentos efetuados em todo o centro de Londres [...] parece que a Londres de hoje provavelmente supera Paris em imponência. Embora variem imensamente as opiniões quanto aos méritos das diferentes cidades, Londres tem, sem dúvida, um direito quase que inconteste de ser considerada a capital mais bela do mundo.[176]

Tanto em matéria de construção, quanto de medidas constitucionais, a sobrevivência tornou venerável numa era de transformações aquilo que recentemente fora novo numa era de competições.

Tais contrastes refletem-se exatamente no próprio cerimonial. Tanto na Itália como na Rússia, a nova ordem política trouxe consigo formas histéricas, emotivas e tecnologicamente sofisticadas de cerimonial, a própria antítese das que prevaleciam na Inglaterra. Na Alemanha, em particular, o uso dos tanques, aviões e holofotes subentendiam um compromisso com a tecnologia e uma impaciência com um anacronismo absurdo, com carruagens de luxo e espadas cerimoniais. Em vez de se enfileirar pelas ruas, alegres mas ordeiros, como os londrinos, um quarto de milhão de alemães participava anualmente dos comícios de Nuremberg, onde escutavam com "entusiasmo arrebatador" o "emocionalismo desenfreado" da oratória de Hitler. A recitação semilitúrgica e o intercâmbio entre orador e assistência; a maneira pela qual as palavras pareciam brotar do corpo do Führer; o estado de exaustão quase sexual a que chegava após seus discursos: tudo isto contrastava bastante com a "dignidade inatacável" de Jorge V e sua rainha.[177]

Não importa o quanto o ritual fascista (e a arquitetura) tenha sido mais tarde considerado retrógrado e pouco original; na época, aquela histeria estridente é que foi notada na Inglaterra, e comparada com o tradicionalismo mais evidente da monarquia. Conforme disse Bronislaw Malinowski, na época da coroação de Jorge VI, os ditadores criam rapidamente, de todo tipo de sobras mal organizadas, seu próprio ritual e simbolismo, suas próprias mitologias, e seus próprios credos religiosos e até mesmo mágicos. Um deles transforma-se na encarnação da Divindade Ariana; os outros, clamorosamente, colocam-lhe na cabeça os louros dos antigos imperadores romanos [...] Interpretam-se-lhe ao redor a pompa e o ritual, a lenda e as cerimônias mágicas com um brilho que chega a ofuscar as instituições estabelecidas e históricas da monarquia tradicional.[178]

É natural que, na medida em que as tradições da monarquia britânica relacionavam-se ao ritual, elas de certo modo fossem "estabelecidas" e "históricas"; só podiam ser descritas desta forma quando comparadas com rituais recentes que com elas rivalizavam. Só que no período de entreguerras as coisas eram vistas exatamente desta maneira. Em 1936, por exemplo, o *New Statesman* comparou "o cálido e paternal senso comum da transmissão natalina" feita pelo rei, ao oficial nazista que terminou "pedindo à audiência que o acompanhasse na saudação nazista de Natal ao seu líder — *Heil Hitler*" Ou, como Kingsley Martin afirmou de forma ainda mais enérgica no mesmo ano: "Se nós atirarmos os adornos da monarquia na sarjeta [...] a Alemanha nos ensinou que qualquer pivete os recuperará."[179]

Nestas circunstâncias diversas e desorientadoras, tanto no âmbito nacional quanto no internacional, a atração do Império e a associação da Coroa a ele por intermédio do cerimonial, apenas aumentaram em parte para desviar a atenção do público de problemas internos, e por outro lado para expressar a ideia reconfortante de que num mundo onde novamente competiam grandes potências, a Grã-Bretanha e seu Império continuavam na dianteira. O tratado da Irlanda, a independência do Egito, o fim da soberania britânica na Índia e a separação da Irlanda e da Birmânia podem ter significado que o Império já entrava em decadência. Porém, as viagens muito bem-sucedidas do príncipe de Gales e do duque de York aos Domínios e à Índia só fizeram cimentar os laços entre a Coroa e o Império, de forma que cada ritual real era um acontecimento ao mesmo tempo imperial e nacional.[180] Cabe aqui, por exemplo, a interpretação do prof. Malinowski sobre a coroação de Jorge VI:

A Coroação foi, entre outras coisas, uma amostra cerimonial em larga escala da grandeza, poder e riqueza da Grã-Bretanha. Foi também uma ocasião em que a unidade do Império, a força de seus laços, foi publicamente representada [...] Em termos psicológicos não houve dúvida de que a coroação gerou um sentimento maior de segurança, de estabilidade, e assegurou a permanência do Império Britânico.[181]

Ou, conforme explicou de forma mais sucinta o próprio rei, pelo rádio, em seus discursos de coroação: "Senti esta manhã que o Império estava verdadeiramente reunido no interior da abadia de Westminster."[182] E a coroação de sua filha foi encarada de um ponto de vista igualmente amplo. Segundo Philip Ziegler:

O Império estava de fato desmoronando, mas a Comunidade Britânica ainda parecia ser uma poderosa realidade. Ligados pela monarquia comum, cresceriam em força e coesão. A Grã-Bretanha, ainda bravamente atracada aos arreios de um grande poder, conquistaria outra vez seu devido lugar entre as nações do mundo.[183]

Aliás, é neste contexto que as próprias palavras de Elizabeth devem entrar: "Estou certa de que esta, a minha coroação, não é um símbolo do poder e esplendor ultrapassados, mas uma declaração de nossas esperanças no futuro."[184]

VII

Sob estas circunstâncias, o "significado" do ritual real foi ainda mais desenvolvido e ampliado. Sem dúvida, o poder político e o encanto pessoal do monarca, a posição dos meios de comunicação, o cenário londrino e o estado da tecnologia, fatores profundamente transformados durante o período anterior, permaneceram inalterados. Como antes, o monarca era o pai de seu povo e o patriarca do Império, e o cerimonial real era tão esplêndido e feliz quanto no tempo de Esher. Entretanto, paradoxalmente, são estes elementos tão reais de *continuidade* que ao mesmo tempo disfarçam e explicam as *mudanças* no "significado". Foi exatamente o fato da permanência numa época de agitações internas e revoluções internacionais que emprestou ao ritual real na Inglaterra os atributos de singularidade, tradição e permanência que não existiam antes. O significado do ritual mudou mais uma vez, não apesar da continuidade do estilo e circunstância, mas por causa desta.

Além do mais, a impressão de continuidade e estabilidade era ainda mais enfatizada pela inovação, à medida que se criavam novos cerimoniais. Uma destas séries de inovações concentrou-se nas rainhas-consortes. Entre as décadas de 1870 e 1910, não morreu nenhum cônjuge de monarca: Albert morreu antes de Vitória, e Alexandra viveu mais que Eduardo. Na terceira fase, porém, o papel da rainha-consorte e da rainha-mãe tornou-se importante, o que veio a refletir-se no ritual real. Ao morrer em 1925, a rainha Alexandra recebeu um funeral solene mais devido ao seu marido do que ao príncipe Alberto.[185] Houve nova exposição do corpo (desta vez na abadia de Westminster), seguida de procissão pelas ruas de Londres e de sepultamento particular em Windsor. E no caso da rainha Mary, em 1953, o cerimonial lembrou ainda mais o dos próprios monarcas, pois seu corpo ficou exposto no Westminster Hall. Igualmente inédito foi o fato de que, para dar uma prova inequívoca de solidariedade familiar, a rainha Mary compareceu à coroação de seu filho, Jorge VI, precedente que foi também seguido pela rainha-mãe Elizabeth, em 1953.[186]

Os dois funerais públicos de rainhas viúvas não foram as únicas celebrações reais inventadas durante este período. Devido à idade de Vitória e Eduardo, houve poucos casamentos de filhos do monarca durante o segundo período, sendo que o último foi em 1885, entre a princesa Beatrice e o príncipe Louis de Battenberg. No entanto, com dois reis relativamente jovens no trono entre 1910 e 1953, o potencial de cerimonial derivado dos ritos de passagem dos primeiros estágios do ciclo de vida da família foi realçado. Em 1922, a princesa Mary casou-se com o visconde de Lascelles e Jorge V aproveitou a ocasião para transferir os casamentos reais da privacidade oferecida pelo castelo de Windsor ou pela capela real para as ruas de Londres, encenando o matrimônio na abadia, antecedido por uma procissão completa.[187] Como explicou o duque de York, o resultado foi um grande sucesso junto ao público: "agora não é mais o casamento de Mary", mas (segundo os jornais) o "casamento da abadia", o "casamento real", o "casamento nacional", e até o "casamento do povo".[188] Seguiu-se em 1923 o casamento do duque de York, a primeira vez que um príncipe da casa real se casava na abadia em quinhentos anos. Em 1934, o duque de Kent também se casou ali, e, em 1947, a princesa Elizabeth. Significativamente, porém, o casamento do duque de Gloucester, realizado em 1935, foi encenado na privacidade relativa oferecida pela capela real do Palácio de Buckingham, devido ao receio de que neste ano jubilar houvesse cerimonial demais, o que concorreria para o desgaste da imagem pública da realeza.[189]

Mas a novidade representada pelos casamentos de jovens da família real na abadia e pelos funerais das rainhas viúvas não foram nada perto do Jubileu de Prata de Jorge V, para o qual, novamente, não havia um precedente exato, pois o 25º aniversário da ascensão de Vitória coincidiu exatamente com a época da morte de Alberto e do isolamento voluntário da rainha. Mais uma vez, a inovação foi um grande sucesso, provocando sentimentos gerais de entusiasmo e apoio. Na opinião do Lorde de Salisbury, a ocasião representou "um testemunho assombroso da estabilidade e da solidariedade bem consolidadas deste país e império sob a autoridade de Sua Majestade".[190] E Ramsay Macdonald, que classificou o culto do dia do jubileu de "ardente de emoção", ficou ainda mais comovido com uma recepção aos primeiros-ministros dos Domínios: "Aqui o Império era uma grande família, uma reunião familiar, tendo o rei como chefe paternal. Saímos todos com a sensação de que havíamos participado de algo muito parecido com a Sagrada Comunhão."[191] Não poderia estar mais explícito o conceito de monarquia como uma segunda religião. Porém, a avaliação mais detalhada e, ao que parece, realista, do sentimento popular evocado pelo jubileu foi resumida na biografia de autoria de Harold Nicolson:

Havia, acima de tudo, orgulho, orgulho no fato de que, embora outros tronos houvessem caído, nossa monarquia, inigualável em dignidade, havia durado mais de mil anos. Reverência, na ideia de possuirmos, na

Coroa, um símbolo de patriotismo, um núcleo comum, um emblema de continuidade num mundo em rápida desintegração. Satisfação, ao sentir- mos que o soberano estava acima de todos os conflitos de classe, todas as ambições políticas, todos os interesses sectários. Consolo, ao percebermos que temos um patriarca forte e bondoso, que personifica e realça os mais elevados padrões de nossa raça. Gratidão por um homem que por sua inte- gridade conquistou a estima do mundo inteiro, o rei Jorge representava e realçava as virtudes domésticas e públicas que os cidadãos britânicos con- sideram suas. Nele o povo via, refletido e aumentado, aquilo que mais pre- zava como ideais próprios e individuais — fé, senso de dever, honestidade, coragem, bom senso, tolerância, decência e franqueza.[192]

Sem dúvida é discutível se tais sentimentos, expressos nesta ocasião, de- vem ser encarados como prova do sucesso de ideologias mobilizadoras ou como florescimento genuíno da opinião pública, ou se, na verdade, eram uma combinação dos dois fatores.

Só não se pode negar que tenham existido esses sentimentos.

O restante das cerimônias deste período foram do tipo já estabelecido na fase precedente do desenvolvimento. O funeral de Jorge V foi uma ação de graças pelo rei que sobrevivera à guerra e resistira na paz.[193] A coroação de Jorge VI foi uma reafirmação imperial extravagante da es- tabilidade da monarquia após a interrupção da abdicação. Novamente, seu funeral foi expressão da admiração nacional por um homem que não queria ser rei, mas que havia vencido a guerra e a gagueira por um forte senso do dever. A *Mass Observation* registra tristeza, choque e condolência gerais, tanto que provavelmente o famoso comentário radiofônico feito por Richard Dimbleby sobre a exposição do corpo em Westminster Hall realmente manifesta os sentimentos da maior parte de seus ouvintes:

O carvalho de Sandrigham, oculto sob as douradas e opulentas dobras do estandarte. O lento bruxulear das velas reflete-se delicadamente nas joias da coroa imperial, até naquele rubi que Henrique usou em Agincourt. Ilumina o veludo roxo-escuro do travesseiro, e as frias flores brancas da única coroa que jaz sobre *a* bandeira. Como é comovente esta simplicidade! Como são francas as lágrimas daqueles que passam, olham e depois saem, como fazem agora, numa torrente ininterrupta, e lá se vão na noite escura e fria, buscando a solidão para meditar [...] Jamais um rei falecido esteve tão seguro e tão bem guardado, aquecido pela dourada luz das velas e acompanhado pelos passos amortecidos de seus devotos súditos [...] Como se aplica a Jorge, o Fiel, nesta noite, aquela frase singela de um desconhecido sobre seu querido pai: "O ocaso de sua morte tingiu os céus do mundo inteiro."[194]

A diferença entre esta transmissão orgulhosa, leal, reverente e popular e o agressivo editorial do *Times* por ocasião da morte de Jorge IV ilustra bem até que ponto havia mudado a posição do povo em relação ao cerimonial real e às ocasiões reais.

A última grande cerimônia desta sequência, congregando com êxito a monarquia e o império, enfatizando a estabilidade numa época de transformações e celebrando a duração do estado de grande potência da Grã-Bretanha, foi a coroação de Elizabeth II em 1953. Foi uma ocasião abertamente *imperial*; as vestes da rainha traziam bordados os emblemas dos Domínios, os regimentos da Comunidade Britânica e as tropas coloniais desfilaram, os primeiros-ministros dos Domínios e da Índia compareceram à abadia, assim como uma série de chefes de Estado de vários protetorados exóticos.[195] Na época, parecia que as ameaças e desafios de guerra e de tempos de austeridade haviam sido suplantados: o império estava ainda praticamente intacto; o problema da independência e do status republicano da Índia no seio da comunidade havia felizmente sido bem-resolvido; Churchill voltara ao nº 10 da Downing Street; a Grã-Bretanha havia uma vez mais confirmado seu lugar de grande potência; uma nova era isabelina ia raiando. Estas coisas não ficaram implícitas, mas sim conscientemente expressas na época da coroação. Segundo o *Delhi Express*:

A segunda Era Isabelina começa com um quê de leveza espiritual que a Grã-Bretanha jamais experimentou antes. Em toda a sua história, ela jamais gozou do prestígio moral que a Comunidade Britânica, inclusive a Grã-Bretanha, hoje possuem.

Neste contexto excessivamente eufórico, não nos é de todo surpreendente que o arcebispo de Cantuária achasse que a Grã-Bretanha estava mais próxima do Reino dos Céus no dia da coroação, ou que a própria Elizabeth fizesse uma vibrante profissão de fé no futuro.[196]

A influência desta série de cerimônias pode ser avaliada pelo alto nível de exploração comercial e fabrico de itens comemorativos. Uma vez mais, nos jubileus e nas coroações, proliferaram as peças comemorativas de porcelana. Aliás, os fabricantes nacionais estavam tão ávidos para lucrar com a coroação de 1937 que passou a ser cobrada uma taxa de importação de 100% sobre qualquer *suvenir* estrangeiro. Em 1953, a Birmingham Corporation ofereceu como brinde às crianças do lugar uma Bíblia, um exemplar do livro *Elizabeth Our Queen*, de Richard Dimbleby, um jogo de garfo e colher, duas canecas comemorativas, uma lata de chocolate, lapiseiras, um canivete ou um prato com o retrato da rainha.[197] Conferiram-se novamente medalhas comemorativas à maneira das insígnias de campanha e os colecionadores tornaram a encomendá-las.[198] Porém essas medalhas eram cunhadas em número menor do que antes, principalmente porque estavam surgindo dois novos modos de comemoração. O primeiro era o plantio de árvores por todo o Império, novidade particularmente notável nas coroações de Jorge VI e Elizabeth II.[199] O segundo modo, que vinha do tempo do Jubileu de Prata de Jorge V, foi a emissão de selos postais comemorativos especialmente desenhados. Antes, a emissão de selos comemorativos se restringiu ao Império, e na Inglaterra apenas festejos civis, como a Feira do Império em Wembley, foram dignos de nota. A partir de 1935, porém, todo jubileu, coroação, casamento importante ou aniversário de casamento (porém não, significativamente, nascimentos nem funerais) foi motivo para emissão especial de selos.[200] Mais uma vez, uma novidade; porém bem dentro dos moldes "tradicionais".

VIII

Por definição, o período que se inicia com a coroação, em 1953, é recente demais para ser analisado satisfatoriamente, tanto em detalhes quanto do ponto de vista histórico. Embora pareça evidente que o "significado" do ritual real entrou numa nova fase, na qual muitas das pressuposições do período anterior deixaram de ser válidas, ainda não se esclareceu por completo de que maneira ele poderia ser positivamente classificado. Entretanto, em nome da integridade, apresentamos algumas observações compatíveis com a análise até agora utilizada. Em princípio, o poder político do monarca permanece limitado, ou pelo menos é exercido de forma tão discreta que parece não ter a mínima importância. Numa pesquisa recente, 86% das pessoas entrevistadas pensavam que a rainha era uma "figura de fachada", "que assina as leis e faz o que o governo manda".[201] Ao mesmo tempo, a rainha mantém as tradições de "profunda consciência e senso de dever" que caracterizam a monarquia britânica desde o reinado do avô dela, e permanece leal à síntese jorgiana da probidade na vida particular e de esplendor em público. Acima de tudo, numa época em que grandes áreas de Londres foram reconstruídas, o homem chegou à Lua, e o Concorde permitiu viagens frequentes entre a Inglaterra e Nova York, o fascínio romântico do cerimonial anacrônico tornou-se ainda mais atraente. Conforme explica Sir Charles Petrie, "o mundo moderno ficou tão mecanizado que seus habitantes apegam-se a qualquer oportunidade de fugir da monotonia". E a monarquia, cuja "pompa e cerimonial" traz "fascínio, mistério e emoção" à vida de milhões, está especialmente dotada para fazê-lo.[202] Se, por exemplo, a rainha tivesse ido à catedral de São Paulo numa limusine, para a celebração do culto de ação de graças pelo seu Jubileu, grande parte do esplendor da ocasião se perderia.

Foi de grande importância a maneira pela qual o cerimonial real se tornou um antídoto ou uma legitimação para as mudanças sociais no âmbito nacional, de forma bastante semelhante à do período anterior. Conforme evidencia o desenrolar dos acontecimentos, as consequências da Segunda Guerra Mundial foram em vários pontos muito maiores, sob os aspectos social e econômico, do que as da Primeira Guerra. A aristocracia praticamente desapareceu do governo. Houve um declínio da conformidade do público à ética cristã. Proliferaram os problemas relacionados ao racismo, à violência, aos crimes e às drogas. A opinião pública e a legislação sofreram alterações consideráveis no que diz respeito a questões como a do aborto, da pena de morte, do sexo antes do casamento e do homossexualismo. A riqueza e a renda foram redistribuídas, não de forma drástica, mas certamente mais acentuada do que nunca. Assim, numa "sociedade igualitária, sexualmente permissiva e multirracial", a monarquia permanece fiel ao papel público e cerimonial apontado por Harold Nicolson ao qualificar o Jubileu de Prata de Jorge V: "uma garantia de estabilidade, segurança, continuidade — a preservação de valores tradicionais".[203] Ou, como mostrou uma recente pesquisa de opinião pública:

> Sua existência significa segurança, estabilidade e manutenção do prestígio nacional: promete sanção religiosa e liderança moral; representa um núcleo "suprapartidário" que permite uma identificação grupal; simboliza alegria, emoção e satisfação do gosto pelo luxo; é um importante, e talvez cada vez mais importante, símbolo do prestígio nacional.[204]

Como sugerem estas últimas palavras, o papel do ritual real adquiriu também um novo significado no contexto internacional, uma vez que a posição mundial da Grã-Bretanha sofreu acentuado declínio. As esperanças otimistas e crédulas da época da coroação — de que adiante viria uma nova era isabelina — não se concretizaram. Aliás, para os observadores atentos presentes àquela cerimônia, já se podia prever tudo. Um comentarista americano, que não se deixou levar pela euforia da ocasião, insinuou que "o espetáculo" era, em parte, "encenado pelos britânicos para elevar o moral de seu império já sensivelmente abalado".[205] E, significativamente, o título dado a Elizabeth foi bem menos imperial do que os de seus três antecessores. Ela não era nem imperatriz da Índia, nem rainha dos "Domínios Britânicos de Além-Mar", mas simplesmente "chefe da Comunidade Britânica de Nações".[206] Desde então, o declínio rumo à impotência passou a acelerar-se cada vez mais, com a divisão do império colonial, o desaparecimento da última geração de estadistas imperiais, como Smuts e Menzies, o fracasso de Suez, os problemas em Biafra e na Irlanda do Norte, crises econômicas recorrentes e a entrada da Grã-Bretanha no Mercado Comum Europeu. Na verdade, o funeral solene de Sir Winston Churchill, em 1965, colocado exatamente entre a coroação de Elizabeth e o Jubileu de Prata, foi não só as exéquias de um grande homem, como também, conforme se admitiu na época, um réquiem à todo-poderosa Grã-Bretanha.[207]

Assim, "à medida que se esvaía o poder britânico [...] crescia na família real o orgulho de ser algo exclusivamente nosso, que nenhum país poderia igualar".[208] Assim como, nos períodos anteriores de transformações internacionais, o ritual da monarquia era importante para a legitimação do império formal, e na construção de uma impressão de estabilidade numa época de perplexidade internacional, também no mundo do pós-guerra ela constituiu um paliativo para a perda do status de potência mundial. Ao assistir-se a uma grande cerimônia real, impecavelmente planejada, perfeitamente executada, acompanhada de comentários que frisam (embora erroneamente) sua continuidade histórica desde os dias de grandeza da Grã-Bretanha, é quase possível acreditar que eles ainda não terminaram. Como observou Richard Dimbleby, de forma bastante condescendente, na época da coroação, os americanos talvez fossem "um povo de grande vitalidade", mas devido à sua "falta de tradição" teriam de "esperar mil anos até poderem mostrar ao mundo algo tão importante ou admirável".[209] E, desde 1953, tal posição popularizou-se, na medida em que o declínio se revelava inevitável. Nas palavras de D.C. Cooper, "quando as pessoas veem a mão enluvada acenar na carruagem dourada, sentem-se seguras de que tudo vai bem no país, seja qual for a verdade". A "tendência de elevar a realeza à medida que cai o prestígio nacional", de enfatizar como nunca a grandiosidade e exclusividade de seu cerimonial, em especial, foi particularmente notável na Grã-Bretanha do pós-guerra.[210]

Neste sentido, tudo foi bastante facilitado pelo impacto da televisão, que tornou as festas reais acessíveis de forma nítida e instantânea, coisa que nem o rádio nem os filmes de atualidades podiam fazer. Tanto neste, como em outros aspectos, a coroação da rainha Elizabeth foi uma ponte entre uma era antiga e uma nova fase de desenvolvimento. Embora o tom do comentário de Richard Dimbleby a colocasse num mundo que tinha mais em comum com 1935 (ou mesmo 1897) do que com 1977, o fato de que tal comentário foi transmitido pela televisão, e de que as pessoas em sua maioria estavam *assistindo* à cerimônia pela televisão, em vez de *ouvindo* pelo rádio, tornou claro que se havia aperfeiçoado uma nova maneira de transmitir as grandes cerimônias solenes.[211] Principalmente devido à televisão, Elizabeth foi, com efeito, a "primeira soberana britânica realmente coroada", conforme exige o preceito, "à vista do povo". Daí a opinião de Shils e Young, para os quais a ocasião foi um "ato de comunhão nacional".[212] Jamais fora possível à população como um todo assistir à cerimônia assim, estabelecendo-se um sentido inédito de participação ativa.

Mas, como a imprensa ou o rádio, a televisão também trazia sua mensagem. E, significativamente, embora a televisão tenha colocado os políticos em seus devidos lugares, de forma que no Parlamento e em Whitehall já não se dá mais importância ao luxo, ela continuou a adotar a mesma atitude de reverência em relação à monarquia, pioneirismo do rádio nos tempos de Reith. Por um lado, programas como o filme *Royal Family* lograram perpetuar a figura da rainha e de sua família como protótipos da classe média.[213] Por outro, a cobertura dos grandes cerimoniais ressaltou a imagem da grandiosidade e do esplendor dos contos de fadas que Reith e a BBC, tanto buscaram promover. A esse respeito são de especial importância os comentários de Richard Dimbleby, que cobriu todas as principais ocasiões reais para a BBC, entre a coroação e sua morte, em 1965. Seus comentários eloquentes e carregados de emoção, abrasados por uma profunda dedicação à monarquia e um sentimento romântico pela história e pela tradição, descreviam o ritual real da maneira mais enjoativa e subserviente possível. Por explicarem o cerimonial e expressarem um sentido histórico desta forma, os comentários de Dimbleby foram da maior importância na apresentação do ritual da monarquia como um festival de liberdade e comemoração da continuidade numa época de inquietação e perturbação. Como afirma seu biógrafo, na década de 1950 e no início da década de 1960, Richard Dimbleby, com seus comentários, "fez mais que qualquer outro para assegurar a posição do monarca na afeição do povo britânico".[214]

Assim, apesar dos primeiros receios em relação à transmissão ao vivo da coroação, seu sucesso foi tão grande que todas as cerimônias reais subsequentes foram acima de tudo espetáculos televisivos. Aliás, este elemento expandiu-se a ponto de chegar a influenciar os próprios rituais. Na investidura do príncipe de Gales, em Carnarvon, por exemplo, a cobertura do tablado foi feita transparente de propósito, para que as câmeras de televisão pudessem filmar através dela.[215] Quanto às cerimônias em si, tinham novamente mais em comum com as monarquias de Jorge V e VI do que com as de Vitória e Eduardo: foram ritos de passagem de uma família relativamente jovem, em vez dos jubileus, funerais e coroações de monarcas veneráveis. Os casamentos da princesa Margaret (1960), do duque de Kent (1961), da princesa Alexandra (1963) e da princesa Anne (1973), a investidura do príncipe de Gales (1969) e o Jubileu de Prata da rainha (1977), assim como a abertura solene do Parlamento desde 1958 foram todos rituais televisionados.

É neste contexto "tradicional", porém modificado, que se pode encaixar de maneira mais apropriada o Jubileu de Prata de 1977. Sob o aspecto da reação do público, tal ocasião pode ser encarada como parte de uma tradição que remonta ao Jubileu de Prata de Jorge V e às comemorações mais veneráveis do tempo de Vitória: um espetáculo popular e bem organizado, do gosto do público. Sob outro aspecto, porém, a sublime e ímpar pompa e circunstância da ocasião constituiu, segundo muitos, um perfeito tônico para o amor-próprio da Grã-Bretanha:

> Partilhamos todos de um momento maravilhoso da História [...] Já se disse que a Grã-Bretanha pode ter perdido várias coisas, mas ainda pode mostrar ao mundo que dá banhos em matéria de cerimonial. O espetáculo de ontem foi um exemplo soberbo [...] Prova que ainda compensa fazer as coisas à maneira antiga.[216]

Ao mesmo tempo, porém, os entendidos reconheceram que a diminuta escala do cerimonial colocava o evento claramente numa época pós-imperial:

> Apenas alguns membros da família real acompanharam a rainha até a catedral; havia apenas um punhado de soldados dos Domínios de além-mar para complementar o já modesto contingente britânico; não compareceu nenhum potentado estrangeiro [...] para dar um toque exótico à realização da cerimônia.[217]

Portanto, sob vários aspectos, o cerimonial do jubileu foi uma expressão de declínio nacional e imperial, uma tentativa de convencer o mundo, através de pompa e circunstância, de que este declínio não havia de fato ocorrido, ou de afirmar que, mesmo que tivesse, não fazia a menor diferença.

IX

O relato da evolução do ritual real aqui delineado certamente surpreenderia as autoridades dos séculos XIX e XX citadas no início deste artigo. O cerimonial que antes era mal executado agora tornou-se tão bem dirigido que os britânicos conseguiram convencer-se a si mesmos (apesar das provas históricas em contrário) de que são bons organizadores de rituais porque sempre foram. E, apesar do crescimento da alfabetização e da educação, o gosto do público britânico pelo ritual real aumentou, em vez de diminuir. As antigas cerimônias foram adaptadas, foram inventados novos rituais, cujo resultado conjunto foi, paradoxalmente, o de dar a impressão de estabilidade em períodos de mudanças internas, e de continuidade e conforto em tempos de tensão e declínio internacional. Embora possa existir um sentido no qual a monarquia britânica legitima o *status quo*, permanece o fato de que, durante os últimos duzentos anos, mais ou menos, o próprio *status quo* modificou-se profundamente, e a imagem pública e cerimonial da monarquia mudou juntamente com ele. Se, como parece possível, a próxima coroação for feita fora da Câmara dos Lordes, da Comunidade Britânica ou da Igreja oficial, o papel do cerimonial de criar a imagem consoladora da estabilidade, da tradição e da continuidade só poderá ser mais realçado. O diálogo dinâmico entre o ritual e a sociedade, entre o texto e o contexto, vai continuar.

Ao mesmo tempo, o quadro de evolução, desenvolvimento e transformação aqui mostrado poderá surpreender os comentaristas e jornalistas que, em toda grande cerimônia real, falam com o maior desembaraço de "uma tradição milenar". Naturalmente é verdade que a monarquia e algumas de suas cerimônias são antigas. Nem se pode negar que na Inglaterra, assim como na maior parte da Europa, houve um período anterior, nos séculos XVI e XVII, em que abundavam as cerimônias reais minuciosas e esplêndidas. Porém, como argumentou o prof. Hobsbawm, a continuidade que as tradições inventadas do fim do século XIX buscam estabelecer com esta fase anterior é ilusória.[218] Embora os elementos de que elas foram criadas possam por vezes ser genuinamente veneráveis, seu "significado" foi especificamente relacionado a circunstâncias sociais, políticas, econômicas e culturais da época.

Na Grã-Bretanha, assim como na Europa, pareceu haver duas grandes fases de florescimento do cerimonial real. A primeira foi nos séculos XVI e XVII, centrada no absolutismo da sociedade pré-industrial. No início do século XIX, após um último alento com Napoleão, esta fase passou, sendo sucedida por um segundo período de esplendor cerimonial inventado, que durou da década de 1870 ou 1880 até 1914. Na Áustria, Rússia e Alemanha, o cerimonial girava novamente em torno do poder real, apesar do declínio deste último. Na Inglaterra, porém, centrava-se na fraqueza da monarquia, e na França e nos Estados Unidos, talvez de maneira menos bem-sucedida, nas lealdades republicanas. Além disso, esta segunda grande fase de florescimento do ritual ocorreu em sociedades cujas estruturas econômicas e sociais diferiam profundamente daquelas existentes no período anterior, de criação de tradições, o que por conseguinte operou uma profunda mudança das razões pelas quais tais "tradições" eram inventadas e da forma pela qual elas foram interpretadas e compreendidas pelos contemporâneos dos "inventores".

É, portanto, neste segundo período de inventividade internacional e competitiva que se podem localizar imediatamente as *origens* daqueles rituais grandiosos e esplêndidos que os comentaristas ingleses creem ter mais de mil anos. Ao mesmo tempo, porém, o elemento mais importante na *sobrevivência* destas "tradições" até o dia de hoje é a continuidade exclusiva, preservada entre o ritual real anterior e posterior à Primeira Guerra. Na Áustria, Alemanha e

Rússia, os rituais inventados no período compreendido entre a década de 1870 e a Primeira Guerra Mundial foram eliminados nos anos entre 1917-19, juntamente com as monarquias cuja imagem deviam realçar. Assim, as novas elites governantes, que as substituíram nos anos de entreguerras, foram obrigadas a recomeçar. Na Inglaterra, porém, a monarquia subsistiu, e as "tradições inventadas" também. Portanto, a inovação que porventura tenha ocorrido na imagem cerimonial da monarquia britânica no período de entreguerras foi feita dentro, não fora dos moldes desenvolvidos nos anos anteriores à Primeira Guerra.

Forçosamente, este é um relato restrito de um assunto vasto e complexo, e, mesmo num capítulo deste tamanho, foi impossível explorar todos os temas e ramificações com a atenção por eles merecida. O que se tentou fazer aqui foi uma descrição da natureza, da execução e do contexto mutáveis do ritual real, na esperança de que isto ofereça alguma explicação sobre como cerimônias semelhantes significaram coisas diferentes para pessoas diferentes em épocas diferentes. Naturalmente, encontrou-se mais facilidade em identificar (sem dúvida, *grosso modo*) as etapas de evolução do que em explicar a dinâmica da evolução. Pelo menos, esta abordagem parece tornar os fatos mais compreensíveis, em nível de significado, do que a abordagem dos antropólogos que estudam o ritual *indépendant de tout sujet, de tout objet, et de tout contexte*, ou a dos sociólogos que creem ser o contexto estático e imutável. E se, num ensaio com uma análise "ampla", o texto da cerimônia por vezes desapareceu frente ao contexto da circunstância, isso vem unicamente demonstrar como a análise precisa ser "ampla". Se, com efeito, as formas culturais devem ser tratadas como textos, como obras da imaginação construídas de elementos sociais, então é para uma investigação de tais elementos sociais e das pessoas que — consciente ou inconscientemente — participam nesta construção que precisamos dirigir nossa atenção, em vez de fazer uma análise intrincada e descontextualizada dos próprios textos.[219] Este ensaio, utilizando o exemplo do cerimonial real britânico durante os últimos duzentos anos, é uma tentativa neste sentido.

APÊNDICE: QUADROS ESTATÍSTICOS

QUADRO 1 – GASTOS COM COROAÇÕES*	
Coroação	Custo (em libras)
Jorge IV, 1821	238.238
Guilherme IV, 1831	42.298
Vitória, 1838	69.421
Eduardo VII, 1902	193.000
Jorge V, 1911	185.000
Jorge VI, 1937	454.000
Elizabeth II, 1953	912.000

Nota: No caso da coroação da rainha Elizabeth, as estimativas parlamentares para 1952-3 previam 1.500.000 libras. Contudo, recuperaram-se 648.000 libras com a venda de lugares para assistir à cerimônia.

QUADRO 2 – MEDALHAS COMEMORATIVAS DE ACONTECIMENTOS REAIS**			
Reinado	Ocasião	Data	Número
Jorge IV	Coroação	1821	40
Guilherme IV	Coroação	1831	15
Vitória	Coroação	1838	30
Vitória	Jubileu de Ouro	1887	113
Vitória	Jubileu de Diamante	1897	80
Eduardo VII	Coroação	1902	100
Jorge V	Coroação	1911	42
Jorge V	Jubileu de Prata	1935	12
Eduardo VIII	Coroação	1937	36

* *Fontes:* H. Jennings e C. Madge, *May the Twelfth* (Londres, 1937), p. 4-5; C. Frost, *Coronation, June 2 1953* (Londres, 1978), p. 24.

** *Fonte:* J.A. Mackay. *Commemorative Medals* (Londres, 1970), p. 75-8, revisão de M.H. Grant, "British Medals since 1760", *British Numismatic Journal*, v. 22 (1936-7), p. 269-93, v. 23 (1938-41), p. 119-52, 321-62, 449-80.

A INVENÇÃO DAS TRADIÇÕES

Quadro 3 – Arranjos corais do Hino Nacional*			
Década	Número	Década	Número
1801-10	2	1871-80	4
1811-20	2	1881-90	3
1821-30	3	1891-1900	7
1831-40	6	1901-10	14
1841-50	3	1911-20	3
1851-60	4	1921-30	1
1861-70	1	1931-7	3

Quadro 4 – Estátuas comemorativas erigidas em Londres e em Washington**					
Década	Londres	Washington	Década	Londres	Washington
1801-10	3	0	1871-80	13	7
1811-20	1	0	1881-90	14	8
1821-30	2	0	1891-1900	11	6
1831-40	5	0	1901-10	18	14
1841-50	8	0	1911-20	13	7
1851-60	7	2	1921-8	7	8
1861-70	10	1			

Nota: Nesta relação incluem-se apenas estátuas comemorativas, equestres ou não, excluindo-se relevos, esculturas alegóricas, esculturas de chafarizes, de animais, esculturas abstratas e estátuas de cemitério. Se adicionadas estas últimas, porém, a mesma tendência seria observada.

* *Fonte:* P.A. Scholes, *"God Save the Queen!": The History and Romance of the World's First National Anthem* (Londres, 1954), p. 274-9.

** *Fontes:* Lorde Edward Gleichen, *London's Open Air Statuary* (Londres, ed. 1973), passim; J.M. Goode, *The Outdoor Sculpture of Washington, D.C.: A Comprehensive Historical Guide* (Washington, 1974), passim.

QUADRO 5 – EMISSÕES DE SELOS REAIS COMEMORATIVOS*			
Reinado	Ocasião	Selos datados emitidos	Total de vendas
Jorge V	Jubileu de Prata	1935 1 2d., 1d., 1 1 2d., 2 1/2d.**	1.008.000.000
Jorge VI	Coroação	1937 1/2d.	388.731.000
Jorge VI	Bodas de Prata	1948 2 1 2d., 1 libra.	147.919.628
Elizabeth II	Coroação	1953 2 1/2d., 4d. 1s. 3d., 1s. 6d.	448.849.000
Elizabeth II	Investidura do príncipe de Gales	1969 5d., 9d., 1s.	125.825.604
Elizabeth II	Bodas de Prata	1971 3p., 20p.	66.389.100
Elizabeth II	Jubileu de Prata	1977 8 1/2p., 9p., 10p., 11p., 13p.	159.000.000

Nota: Haverbeck fornece a cifra 450.000.000 para a emissão comemorativa da coroação de 1937. Obtive a cifra mais baixa no catálogo de Gibbons.

---

* *Fontes:* A.G. Rigo de Righi, *The Stamp of Royalty: British Commemorative Issues for Royal Occasions, 1935-1972* (Londres, 1973), p. 14, 19, 26, 33, 41, 48; S. Gibbons, *Great Britain: Specialised Stamp Catalogue,* v. 2, *King Edward VII to George V,* 3ª ed. (Londres, 1974), p. 172, 207, 211: idem. *Great Britain: Specialised Stamp Catalogue,* v. 3, *Queen Elizabeth II: Pre-Decimal Issues* (Londres, 1976), p. 148-9, 254-6; H.D.S. Haverbeck, *The Commemorative Stamps of the British Commonwealth* (Londres, 1955), p. 91, 92, 94.

** d,p = penny, pence; s = shilling. [N.T.]

Notas

1. Já se havia anteriormente apresentado um esboço do presente trabalho no Seminário de História Social na Universidade de Cambridge, e também num seminário conjunto de docentes e discentes na Universidade de Princeton. Agradeço imensamente aos participantes pelos comentários e críticas, ao dr. S.D. Banfield e ao sr. C.J. Babbs pelo auxílio que me prestaram, na resolução de dois problemas específicos, e ao sr. J. Whaley por partilhar comigo seu incomparável conhecimento sobre ritual e cerimonial nos primórdios da Europa moderna. Algumas ideias preliminares sobre o assunto encontram-se em meu artigo anterior, "The Not-So-Ancient Traditions of Monarchy", *New Society*. 2 de jun. de 1977, p. 438-40. A versão final, aqui apresentada, foi terminada em 1979.

2. Citado por D. Sutherland in *The Landowners*. Londres: Blond, 1968, p. 158.

3. *The Saturday Review*. 9 de fev. de 1861. p. 140-1. Artigo anônimo.

4. I. Gilmour. *The Body Politic*. Londres: Hutchinson, 1969, p. 313.

5. Dimbleby. *Richard Dimbleby*. Londres: Coronet, 1977, p. 329; Sir J. Wheeler-Bennett, op. cit.; H. Vickers, "Twenty Five Years a Queen", in H. Montgomery-Massingberd (org.), *Burke's Guide to the British Monarchy*. Londres: Burke's Peerage Ltd., 1977, p. 42; *Illustrated London News*. 6 fev. de 1965.

6. R.E. Giesey, *The Royal Funeral Ceremony in Renaissance France*. Genebra. E. Droz, 1960; R. Strong, *Splendour at Court: Renaissance Spectacle and Illusion*. Londres: Weidenfeld & Nicholson, 1973; S. Anglo, *Spectacle, Pageantry and Early Tudor Policy*. Oxford: Clarendon Press, 1969; D.M. Bergeron, *English Civic Pageantry, 1558-1642*. Londres: Edvard Arnold, 1971; F.A. Yates, *The Valois Tapestries*. Londres: Routledge & Kegan Paul, 1959; E. Muir, "Images of Power: Art and Pageantry in Renaissance Venice", *The American Historical Review*, v. 89. 1979, p. 16-52; G. Reedy, "Mystical Politics: The Imagery of Charles II's Coronation", in P.J. Korshin (org.), *Studies in Culture and Revolution: Aspects of English Intellectual History, 1640-1800*. Menston: Scolar Press, p. 21-42; C. Geertz, "Centers, Kings and

Charisma: Reflections on the Symbolics of Power", in J. Ben-David and T.N. Clark (org.), *Culture and its Creators: Essays in Honor of E. Shils*. Chicago e Londres: University of Chicago Press, 1977, princ. p. 153-7.

7. G.L. Mosse, "Caesarism, Circuses and Monuments", *Journal of Contemporary History*, v. 6. 1971, p. 167-82; C. Rearick, "Festivals and Politics: the Michelet Centennial of 1898", in W. Laqueur and G.L. Mosse (org.), *Historians in Politics*. Londres: Sage Publications, 1974, p. 59-78; C. Rearick, "Festivals in Modern France: The Experience of the Third Republic", *Journal of Contemporary History*, v. 12. 1977, p. 435-60; R. Samson, "La Fête de Jeanne D'Arc en 1894: Controverse et Célébration", *Révue d'Historie Moderne et Contemporarie*, v. 20. 1973, p. 444-63; M. Agulhon, "Esquisse pour une Arquéologie de la Republique: l'Allegorie Civique Féminine", *Annales: Economies, Societés, Civilisations*, v. 28. 1973, p. 5-34; Eric J. Hobsbawm, "Inventing Traditions in Nineteenth Century Europe", Past and Present Conference Paper. 1977, p. 1-25. No correr de todo o presente trabalho manifesta-se minha dívida para com o trabalho de Hobsbawm.

8. G.L. Mosse, "Mass Politics and the Political Liturgy of Nationalism", in E. Kamenka (org.), *Nationalism: The Nature and Evolution of an Idea*. Londres: E. Arnold, 1976, p. 39-54; H.T. Barden, *The Nuremberg Party Ralies, 1929-39*. Londres, 1967.

9. H. Jennings e C. Madge, *May the Twelfth*. Londres: Faber & Faber, 1937; L. Harris, *Long to Reign Over Us?*. Londres: William Kimber, 1966; J.G. Blumler, J.R. Brown, A.J. Ewbank e T.J. Nossiter. "Attitudes of the Monarchy: Their Structure and Development during a Ceremonial Occasion". *Political Studies*, v. 19. 1971, p. 149-71; R. Rose e D. Kavanagh, "The Monarchy in Contemporary British Culture", *Comparative Politics*, v. 7. 1976, p. 548-76. Sobre a análise mais recente a utilizar estes dados, veja P. Ziegler, *Crown and People*. Londres: Collins, 1978.

10. Emile Durkheim. *As formas elementares da vida religiosa*. São Paulo: Martins Fontes, 2003; E. Shils e M. Young, "The Meaning of the Coronation", *Sociological Review*, nova série, v. 1. 1953, p. 63-81; Blumler et al., op. cit., p. 170-1.

11. S. Lukes, "Political Ritual and Social Integration", in S. Lukes, *Essays in Social Theory*. Londres: Macmillan, 1977, p. 62-73; N. Birnbaum, "Monarchies and Sociologists: A Reply to Professor Shils and Mr. Young",

Sociological Review, nova série, v. 3. 1955, p. 5-23; R. Bocock, *Ritual in Industrial Society*. Londres: Allen & Unwin, 1974, p. 102-4.

12. C. Geertz, *A interpretação das culturas*. São Paulo: LTC, 1989.

13. Q. Skinner, *The Foundations of Modern Political Thought*, 2v., v. 1. Cambridge: Cambridge University Press, 1978, p. 12-4.

14. Cf. D.M. Schneider, "Notes Towards a Theory of Culture", in K.H. Oasso e H.A. Selby (org.), *Meaning in Anthropology*. Albuquerque, Novo México: University of New Mexico Press, 1976, p. 214-5: "todo significado é, até certo ponto, definido ou determinado por um contexto".

15 M. Trachtenberg, *The Statue of Liberty*. Nova Yorque: Viking Press, 1976. Sobre uma análise semelhante da alteração no "significado" da famosa ponte ferroviária sobre o rio Zambeze, na altura das Cataratas de Vitória, consulte J. Morris, *Farewell the Trumpets: An Imperial Retreat*. Londres: Faber & Faber, 1978, p. 347-8.

16. Para mim, como historiador, este parece ser o principal problema da abordagem textual em antropologia, exemplificado in E. Leach, *Culture and Communication: The Logic by which Symbols are Connected: an Introduction to the Use of Structuralist Analysis in Social Antropology*. Cambridge: Cambridge University Press, onde o autor analisa a narrativa bíblica da consagração de Aarão como sumo sacerdote. Encontra-se um exemplo ainda melhor do gênero no discurso não publicado do mesmo autor. "Once a Knight Is Quite Enough", em que se compara a investidura de um cavaleiro ao sacrifício de porcos na Bornéu dos anos quarenta, paralelo que, do ponto de vista histórico, não acrescenta quase nada sobre o "significado" da cerimônia de investidura no contexto atual.

17. Por exemplo, veja Lukes, op. cit.

18. Shils e Young, op.cit, p. 64; Bocock, op. cit.; Rose e Kavanagh, op.cit, p. 553, 557. Aliás, o aspecto mais importante do quadro complexo e ocasionalmente contraditório que Bagehot pinta do poder e pompa da monarquia é que este quadro não era *descritivo*, e sim *prescritivo*. Para uma análise mais completa neste sentido, veja: N. St. John-Stevas (org.), *The Collected Works of Walter Bagehot*, 12v., até a presente data, v. 5. Londres: The Economist, 1965-78, p. 81-3. Veja também: R.H.S. Crossman, introdução a W. Bagehot, *The English Constitution*. Londres: Collins, 1963, p. 36.

19. C. Hibbert, *George IV*. Londres: Penguin UK, 2000.

20. N. Gash, *Reaction and Reconstruction in English Politics, 1832-1852*. Oxford: Clarendon Press, 1965, p. 5.

21 D. Beales, *From Castlereagh to Gladstone, 1815-1885*. Londres: Sphere Books, 1971, p. iii, 163, 166; J. Ridley, *Palmerston*. Londres: Panther, 1972, p. 529-40; K. Martin, *The Crown and the Establishment*. Londres: Hutchinson, 1962, p. 52.

22. Hibbert, op. cit.

23. Martin, op. cit., p. 27.

24. R. Fulford, *The Prince Consort*. Londres: Macmillan, 1966, p. 156-9.

25. A. Briggs, *Victorian Cities*. Harmondsworth: Penguin, 1968, p. 312, 357-9; H. Pelling, *A History of British Trade Unionism*. Londres: Macmillan, 1963.

26. W.L. Burn, *The Age of Equipoise: A Study of the Mid-Victoria Generation*. Nova York: Norton, 1964, p. 7; A. Briggs, op. cit., p. 32; W.A. Armstrong, *Stability and Change in an English County Town: A Social Study of York, 1801-1851*. Cambridge: Cambridge University Press, 1974, p. 10-1; P. Mathias, *The First Industrial Nation: An Economic History of Britain, 1700-1914*. Londres: Methuen & Co., 1969. p. 259-73; C. Chamberlain, "The Growth of Support for the Labour Party in Britain", *British Journal of Sociology*, v. 24. 1973, p. 482-4; A.E. Musson, *British Trad Unions, 1800-1875*. Londres: Macmillan, 1972, p. 16-21; A. Reid, "Politics and Economics in the Formation of the British Working Class: A Response to H.F. Moorhouse", *Social History*, v. 3. 1978, p. 359.

27. M. Wynn Jones, *A Cartoon History of the Monarchy*. Londres: Macmillan, 1978, p. 40-5, 68-77; M. Walker, *Daily Sketches: a Cartoon History of British Twentieth-Century Politics*. Londres: Paladin, 1978, p. 23.

28. R.D. Altick, *The English Common Reader*. Chicago: University of Chicago Press, 1957, p. 343-4.

29. A.J. Lee, *The Origins of the Popular Press, 1855-1914*. Londres: Croom Helm, 1976, p. 38, 45, 74, 120-1.

30. C. Fox, "The Development of Social Reportage in English Periodical Illustration during the 1840s and Early 1850s", *Past and Present*, n. 74. 1977, p. 92-3, 100-2, 111; J.D. Symon, *The Press and its Story*. Londres: Seeley, Service & Co, 1914, p. 213.

31. Vale mencionar que alguns volumes foram lançados em comemoração a grandes ocasiões reais neste período, e que aqueles que o foram, como o livro de Sir George Naylor, *The Coronation of His Most Sacred Majesty King George IV*, 2v. Londres: Henry George Bohn, 1839, eram tão luxuosos que sua venda limitou-se a um público bastante restrito.

32. F.M.L. Thompson, *Victorian England: The Horse-Drawn Society*. Londres: Bedford College, 1970, p. 16.

33. Sir W. Gilbey, *Modern Carriages*. Londres: Vinton & Co., 1905, p. 46-53, 63-4; G.A. Thrupp, *The History of Coaches*. Londres: Kerby & Endean, 1877, p. 87-90.

34. W.B. Adams, *English Pleasure Carriages*. Londres: C. Knight & Co, 1837, p. 220.

35. Thrupp, op. cit., p. 89-90; P. Ziegler, *King William IV*. Londres: Collins, 1971, p. 193.

36. Burn, op. cit.; Ridley, op. cit.; A. Briggs, *Victorian People*. Harmondsworth: Penguin, 1965, p. 10-1, 24, 51.

37. R. Robinson and J. Gallagher, *Africa and the Victorians: The Official Mind of Imperialism*. Londres: Macmillan, 1961, p. 1-4.

38. Sir J. Summerson, *Victorian Architecture in England: Four Studies in Evaluation*. Nova York: W.W. Norton, 1971, p. 115. "No século XIX, os governos ingleses eram parcimoniosos a um ponto quase inconcebível; tal parcimônia estava ligada a uma filosofia nacional que se expressava de tempos em tempos sob a forma de um desprezo incrível pelos arquitetos e pela arquitetura." Os tribunais de Bruxelas projetados por Poelaert custaram 1.760.000 libras; o primeiro esboço dos tribunais de Londres, feito por Street, custou apenas 1.500.000 libras.

39. Eric J. Hobsbawm, *A era do capital - 1848-1875*. São Paulo: Paz e Terra, 2009; E.N. Bacon, *Design of Cities*, ed. rev. Londres: Thames & Hudson, 1978, p. 196-9, 220-3; J.W. Reps, *Monumental Washington: The Planning and Development of the Capital Center*. Princeton: Princeton University Press, 1967, p. 5, 20, 21; A. Sutcliffe, *The Autumn of Central Paris: The Defeat of Town Planning, 1850-1970*. Londres: Edward Arnold, 1970, cap. 2; D.H. Pinkney, *Napoleon III and the Rebuilding of Paris*. Princeton: Princeton University Press, 1958, passim; P. Abercrombie, *"Vienna", Town Panning Review*. 1910-1, p. 221, 226-7; G.R. Marek, *The Eagles Die*. Londres: Hart-Davis, MacGibbon, 1975, p. 171-2; I.A. Egorov, *The Architectural Planning of St. Petersburg*. Atenas: Ohio University Press, 1969, p.

104-5, 182, 192; J.H. Bater, *St. Petersburg: Industrialization and Change*. Londres: E. Arnold, 1976, p. 17-40.

40. D. Olsen, *The Growth of Victorian London*. Londres: B.T. Batsford, 1976, p. 51-3, 61, 329. Sobre alguns comentários gerais acerca das estruturas de valor dos sistemas espaciais, veja D. Harvey, *Social Justice and the City*. Londres: Edward Arnold, 1973, p. 31-2.

41. Citado por Olsen, op. cit., p. 55-6.

42. M. Kennedy, *The Works of Ralph Vaughan Williams*. Londres: Oxford University Press, 1964, p. 1.

43. P.A. Scholes, *"God Save the Queen": The History and Romance of The World's First National Anthem*. Londres: Oxford University Press, 1954, p. 147-8, 165, 203-4, 209. Veja também Quadro 3 do Apêndice, ao fim deste capítulo.

44. Foram eles: Sir William Parsons (1786-1817), William Shield (1817-29), Christian Kramer (1829-34), François Cramer (1834-8), George Anderson (1848-70), Sir William Cusins (1870-93). Veja E. Blom (org.), *Grove's Dictionary of Music and Musicians*, 5ª ed., 10v, v. 5. Londres: Macmillan, 1954, p. 627.

45. Anôn., "Music at the Last Coronation", *Musical Times*, v. 43. 1902, p. 18-20.

46. B. Rainbow. *The Choral Revival in the Anglican Church (1839-1872)*. Londres: Barrie & Jenkins, 1970, cap. 13; Sir F. Bridge. *A Westminster Pilgrim*. Londres: Novello & Co., 1919, p. 72-5, 195-201. Comentários contemporâneos encontram-se nas seguintes obras: J. Pearce, *Apology for Cathedral Service*. Londres: J. Bohn, 1839; J. Jebb, *The Choral Service of the Church*. Londres: J.W. Parker, 1843; S.S. Wesley, *A Few Words at Cathedral Music*. Londres: F. & J. Rivington, 1849.

47. Citado por Pearce, op. cit., p. 18-9.

48. W.O. Chadwick, *The Victorian Church*, 2ª ed. Londres: A. & C. Black, 1972, parte 2, p. 366-74.

49. J. Perkins, *Westminster Abbey: Its Worship and Ornaments*, 3v. Londres: Oxford University Press, 1938-52, v. 1: p. 89-94, 106-9, 144, 153-63; v. 2: p. 16; v. 3: p. 141, 149, 152, 155, 160, 163-4; R.E. Prothero, *The Life and Correspondence of Arthur Penrhyn Stanley, D.D., último deão de Westminster*, 2v, v 2. Londres: J. Murray, 1893, p. 282-3

50. R. Davey, *A History of Mourning*. Londres, s.d., p. 75-7, 81-3; J.S. Curl, *The Victorian Celebration of Death*. Newton Abbot: David & Charles, 1972,

p. 4-5; C. Oman, *Nelson*. Londres: Hodder and Stoughton, 1947, p. 563-6; E. Longford, *Wellington*, 2v, v. 2. St. Albans: Panther, 1971-5, p. 489-95

51 *Illustraded London News*. 25 de set. de 1852

52. Ibid., 30 de jan. de 1858.

53. W. Jones, *Crowns and Coronation*. Londres: Chatto & Windus, 1883, p. vii.

54. C. Hibbert. *The Court and Windsor: A Domestic History*. Londres: Longmans, 1964, p. 171-2.

55. J. Perkins, *The Coronation Book*. Londres: Isbister & Co., 1902, p. 97, 115, 175, 258; Hibbert, *George IV*. Londres: Penguin UK, 2000. É importante frisar que o estilo público de Jorge IV antecipa, sob muitos aspectos, desenvolvimentos posteriores: a grandiosidade de Londres (Regent Street), as visitas reais (à Escócia e à Irlanda), e uma coroação dispendiosa (veja Apêndice. Quadro I). Creio que, apesar de tudo isto, sem a concatenação adequada entre o procedimento e as circunstâncias do contexto (conforme ocorreu mais tarde), ele simplesmente não funcionou.

56. Christopher Hibbert, *George IV*.

57. Philip Ziegler, *King William IV*, 1ª ed. Nova York: Harper & Row, 1973.

58. E. Longford, *Victoria, R. I.* Londres: Abacus, 2011.

59. Ibid.: G. Battiscombe, *Queen Alexandra*. Londres: Sphere, 1972, p. 45-6.

60. Philip Ziegler, *Crown and People*. Nova York: Random House, 1978

61. *The Times*. 9 de nov. de 1871.

62. E. Longford, op. cit.

63 W. Bagehot, "The Monarchy and the People", *The Economist*. 22 de jul. de 1871; idem, "The Income of the Prince of Wales", *The Economist*, 10 de out de 1874. Ambos os artigos foram reimpressos in St. John-Stevas, *The Collected Works of Walter Bagehot*. Cary: Oxford University Press, 1986.

64. G.E. Buckle (org.), *The Letters of Queen Victoria*, 2. sér. 1862-1885, 3v. , v. 1. Londres: J. Murray, 1926-8, p. 133.

65. Ibid., v. 1, p. 244.

66. P. Guedalla, *The Queen and Mr. Gladstone, 1845-1879*, 2v., v. 2. Londres: Hodder & Stoughton, 1933-4, p. 357.

67. P. Magnus, *Gladstone: A Biography*. Londres: John Murray, 1963, 207-17.

68. John e Jennifer May, *Commemorative Pottery, 1780-1900*. Londres: Scribner, 1972, p. 22, 40-5, 51, 58-9, 73; D. Rodgers, *Coronation Souvenirs and Commemoratives*. Londres: Latimer, 1975, p. 25-30, 31-3, 36; J. Edmundson, *Collecting Modern Commemorative Medals*. Londres: Pelham, 1972, p. 39-42. Veja também Quadro 2 do Apêndice.

69. E. Longford, op. cit.

70. P. Magnus, *King Edward VII*. Harmondsworth: Penguin, 1975.

71. R. Davey, *The Pageant of London*, 2v, v. 2. Londres: Methuen & Co., 1906, p. 623. Em um mês, publicaram-se no Reino Unido e nas colônias trinta elegias, que mais tarde foram reproduzidas in J.A. Hammerton, *The Passing of Victoria*. Londres: Horace Marshall, 1902. Como observou Hynes, "o mais impressionante é a frequência com que as elegias chamam a velha rainha de mãe". Veja S. Hynes, *The Edwardian Turn of Mind*. Princeton: Princeton University Press, 1968, p. 15.

72. P. Magnus, op. cit. p. 68; Ziegler, op. cit. p. 28.

73. A. Briggs, op. cit., p. 312-3, 327, 330, 356-9.

74. Chamberlain, op. cit.; Pelling, op.cit.; Musson, op. cit.; J. Lovell, *British Trade Unions, 1875-1933*. Londres: Macmillan, 1977, p. 9. 21-3, 30-3, 41-6.

75. J.E.C. Bodley. *The Coronation of King Edward the Seventh: A Chapter in European and Imperial History*. Londres: Methuen & Co., 1903, p. 203-6.

76. W. Bagehot, "The Cost of Public Dignity", *The Economist*. 20 de jul. de 1867; artigo reproduzido in St. John-Stevas, *The Collected Works of Walter Bagehot*. p. 413.

77. A. Briggs, op. cit., p. 356-8.

78. Walker, *Daily Sketches*. p. 7, 8, 13; Michael Wynn Jones, *Cartoon History of the Monarchy*. Nova York: Macmillan, 1978, p. 130, 138-9; A.J. Lee, *The Origins of the Popular Press*. Londres: Croom Helm, 1980; James. D. Symon, *The Press and its Story*. Charleston: Nabu Press, 2010; H. Herd, *The March of Journalism*. Londres: Allen & Unwin, 1952, p. 233-40.

79. Symon, op. cit., p. 235-9. É interessante observar que este é também o período em que ocorre uma proliferação acentuada de obras populares que visam explicar, descrever e comemorar grandes eventos da realeza. Sobre as coroações de Eduardo VII e Jorge V veja, por exemplo: J.H. Pemberton, *The Coronation Service according to the Use of the Church*

of England. Londres: Skeffington & son, 1902, 1911; Douglas Macleane, *The Great Solemnity of the Coronation of the King and Queen of England*. Toronto: University of Toronto Libraries, 2011; W.H. Stackpole, *The Coronation Regalia*. Londres: Whitaker Almanack Office, 1911; E. Metallinos, *Imperial and Royal Coronations*. Londres: Henry Frowde, 1902; L.G. Wickham Legg, *English Coronation Records*. Charleston: Nabu Press, 2010; H.F. Burke, *The Historical Records of the Coronation*. Londres: McCorquodale & Co. Ltd. 1911; J.E.C. Bodley, op. cit.; Perkins, *The Coronation Book*. O surto de biografias reais populares e laudatórias também data desta época.

80. Thompson, *Victorian England*. p. 16-8.

81. P.S. Bagwell, *The Transport Revolution from 1770*. Londres: Batsford, 1974, p. 150, 155.

82. F.M.L. Thompson, "Nineteenth-Century Horse Sense", *Economic History Review*, 2. ser., v. 29. Blackwell Publishing, 1976, p. 61; S.B. Saul, "The Motor Industry in Britain to 1914", *Business History*, v. 5. 1962, p. 24-5.

83. Gilbey, *Modern Carriages*. Charleston: Nabu Press, 2010, p. 36-8; M. Watney, *The Elegant Carriage*. Londres: J.A. Allen, 1969, p. 81.

84. J.L. Garvin and Julian Amery, *The Life of Joseph Chamberlain*, 6v., v. 3. Londres: Macmillan, 1969, p. 185-95.

85. J.E.C. Bodley, op. cit.

86. P. Magnus, op. cit.; H. Nicolson, *King George the Fifth: His Life and Reign*. Londres: Pan Books, 1967, p. 106-10, 128-33, 228-37.

87. J. Perkins, *The Coronation Book*. Londres: Sir Isaac Pitman & Sons, 1911, p. 329; Ziegler, *Crown and People*. p. 56, 66; P.E. Schramm, *A History of the English Coronation*. Oxford: Clarendon Press, 1937, p. 104.

88. Sir S. Lee, *King Edward the Seventh: A Biography*, 2v., v. 2. Londres: Macmillan, 1925-7, p. 100. Também se deve observar que nesta época o hino nacional foi sendo cada vez mais tratado como hino imperial. Em 1892, S.G.R. Coles escreveu uma letra imperial, que começava com "Deus salve nossa imperatriz e rainha", e, cinco anos depois, H.A. Salmone compôs *O Sol Imperial*, "tradução da terceira estrofe do Hino Nacional, apresentado com metrificação em cinquenta das mais importantes línguas faladas no Império britânico". Veja Scholes, *"God Save the Queen"*, p. 141.

89. Duas obras recentes que adotam este ponto de vista são: J. Morris, *Pax Britannica: The Climax of an Empire*. Londres: Faber & Faber, 1968; C. Chapman e P. Raben, *Debrett's Queen Victoria's Jubilees, 1877 and 1897*. Londres: Debrett's Perrage, 1977.

90. Samuel Hynes, *Edwardian Turn of Mind*. Londres: Random House UK, 1992.

91. S. Koslof, "The Drafting of a Master Plan for *Roma Capitale:* An Exordium", *Journal of the Society of Architectural Historians*, v. 35. 1976, p. 8; A. Robertson, *Victor Emmanuel III: King of Italy*. Londres: Allen & Unwin, 1925, p. 104-6; R.C. Fried, *Planning the Eternal City: Roman Politics and Planning Since World War II*. New Haven: Yale University Press, 1973; C. Meeks, *Italian Architecture, 1750-1914*. New Haven: Yale University Press, 1966, p. 189 e ss. Sobre um episódio em particular, veja E. Schroeter, "Rome's First National State Architecture: The *Palazzo de la Finanze*", in H.A. Millon e L. Nochlin (org.), *Art and Architecture in the Service of Politics*. Cambridge: MIT Press, 1978, p. 128-49.

92. Marek. *The Eagles Die*, p. 173-7.

93. P. Abercrombie, "Berlin: Its Growth and Present Day Function — II — The Nineteenth Century", *Town Planning Review*, v. 4. 1914, p. 308, 311; D.J. Hill, *Impressions of the Kaiser*. Londres: Chapman & Hall, 1919, p. 59-62: príncipe von Bülow, *Memoirs, 1897-1903*. London: Putnam, 1931, p. 543.

94. Trachtenberg, op. cit.

95. C.M. Green. Washington, 2v., v. 2. Princeton: 1962-3, cap. 7; Reps, *Monumental Washington*, p. 91, 115; L. Craig et al., *The Federal Presence: Architecture, Politic and Symbols in U.S. Government Building*. Cambridge: MIT Press, s.d., princ. p. 244-65. Cf. as observações do arquiteto americano Gilbert de que os edifícios públicos deveriam inspirar "um justo orgulho no Estado" e ser "símbolos da civilização, cultura e ideais de nosso país".

96. Citado por Olsen, *Growth of Victorian London*, p. 53.

97. A. Briggs, op. cit., p. 325, 332-3.

98. A. Service, *Edwardian Architecture: A Handbook to Building Design in Britain, 1890-1914*. Londres, 1977, cap. 10; M.H. Fort, "Imperial Victorian", *Geographical Magazine*, v. 49. 1977, p. 553-62.

99. Veja Apêndice, Quadro 4. Veja também Trachtenberg, op. cit.: "À medida que o século chegava ao fim, aumentava o ritmo da construção de

colossos, inaugurando-se um complexo emaranhado de monumentos de menor escala que quase ameaçavam sufocar as praças públicas e locais pitorescos da Europa."

100. G. Stamp, *London 1900*. Londres: 1978, p. 305.

101. E. e M. Darby, "The Nations Monument to Queen Victoria", *Country Life*, v. 164. 1978, p. 1647.

102. Sobre o ritual da corte em fins do século XIX na Europa, veja barão von Margutti, *The Emperor Francis Joseph and His Times*. Londres: Hutchinson & Co., 1921, p. 166-85; princesa Fugger, *The Glory of the Habsburgs*. Londres: Harrap & Co., 1932, p. 100-40; A. Topham, *Memories of the Kaiser's Court*. Londres: Dodd, Mead and Co., 1914, p. 85-6, 123, 184-202; Hill, *Impressions of the Kaiser*, cap. 3; conde R. Zedlitz-Trützschler, *Twelve Years at the Imperial German Court*. Londres: Nisbet, 1924, p. 46-60, 70-1, 95, 117, 165; M. Buchanan, *Recollections of Imperial Russian Court*. Londres: Hutchinson & Co., 1923.

103. K. Tschuppik, *The Reign of the Emperor Francis Joseph, 1848-1916*. Londres: G. Bell, 1930, p. 272, 354, 400.

104. G.S. Godkin, *Life of Victor Emmanuel II, First King of Italy*, 2v., v. 2. Londres: Macmillan, 1879, p. 233-44; Robertson, *Victor Emmanuel III*, p. 103-6.

105. C. Lowe, *Alexander III of Russia*. Londres: Macmillan, 1895, p. 65-76, 289-303; R.K. Massie, *Nicholas and Alexandra*. Londres: Gollancz, 1968, p. 42-5, 224-7; B. Tuchman, *The Proud Tower: A Portrait of the World before the War, 1890-1914*. Nova York: Macmillan, 1978. p. 403.

106. Mosse, op. cit.; Rearick, "Festivals in Modern France", p. 447-8.

107. Reps, *Monumental Washington*, p. 72-3, 85; S.M. Alsop, *Lady Sackville: A Biography*. Londres: Weidenfeld & Nicolson 1978, p. 27-30. Uma das consequências de tornarem-se os monarcas e presidentes poderosos mais imponentes (e portanto mais expostos ao público) foi o aumento do número de assassinatos durante este período: presidente Garfield dos Estados Unidos, 1881; Alexandre II da Rússia, 1881; presidente Carnot da França, 1894; primeiro-ministro Canovas, da Espanha, 1897; imperatriz Elizabeth da Áustria,1898; rei Humberto da Itália, 1900; presidente McKinley dos Estados Unidos, 1901;

primeiro-ministro Stolypın da Rússia, 1911; primeiro-ministro Canalejas da Espanha, 1912; arquiduque Francisco Ferdinando da Áustria, 1914. Na Inglaterra, porém, todos os atentados contra a vida de Vitória ocorreram entre 1840 e 1882. A pompa sem poder era muito mais segura do que acompanhada pelo absolutismo. Veja Tuchman, *The Proud Tower*. p. 72, 76; E. Longford, op. cit

108. Lowe, *Alexander III*, p. 66-7.

109. Sedlitz-Trützschler, *Twelve Years at the Imperial German Court*, p. 257.

110. Reps, *Monumental Washington*, p. 131.

111. F. Howes, *The English Musical Renaissance*. Londres: Gollancz, 1966, cap. 7-9; Kennedy, *Ralph Vaughan Williams*, cap. 1.

112. Relatos históricos encontram-se em *Musical Times*, v. 19. 1878, p. 129-30, 196-7, 260-2, 315-18, 379-81, 438-9; F.K. Harford, *God Save the Queen*. Londres: Chappell & Co, 1882; A.C. Bunten, *God Save the King: Facsimiles of the Earliest Prints of our National Anthen*. Londres: Schott & Co, 1902; W.H. Cummings, *God Save the King: The Origins and History of the National Anthem*. Londres: Novello and Co., 1902; S. Bateman, *Our Literate National Anthem: A Jacobite Hymn and a Rebel Song*. Londres, 1911. Sobre arranjos corais, veja Quadro 3 do Apêndice.

113. Encontram-se relatos detalhados da parte musical destas duas coroações em *Musical Times*, v. 43. 1902, p. 387-8, 577-84; v. 52. 1911, p. 433-7. Veja também: Sir A.C. Mackenzie, *A Musician's Narrative* Londres: Cassel & Co., 1927, p. 155; C.L Graves, *Hubert Parry: His Life and Work*, 2v v. 2. Londres: Macmillan, 1926, p. 28-31, 56-7; W.H. Londres: C. Palmer, 1932, p. 152-4; P.M. Young, *Sir Arthur Sullivan*. Londres: J.M. Dent & Sons, 1971, p. 248, 261; H.P. Greene, *Charles Villiers Stanford*. Londres: E. Arnold & Co, 1935, p. 223-4.

114. Chadwick, *Victorian Church*, p. 385-7; *Rainbow, Choral Revival in the Anglican Church*, p. 286-9; W. Sinclair, *Memorials of St Paul's Cathedral*. Londres: Chapman & Hall 1909, p. 411-2; Bridge, *Westminster Pilgrim*, p. 65-77, 172-8, 182-6, 222-34.

115. Sir D. Tovey e G. Parratt, *Walter Parratt: Master of the Music*. Londres: Oxford University Press, 1941, p. 90-1, 96-102, 119. Parratt também foi organista da capela de são Jorge, em Windsor, de 1882 até 1924, e em

1897 organizou um volume de "Melodias para canto coral em honra de Sua Majestade, a rainha Vitória", que incluía composições de Stanford, Bridge, Parry e Elgar.

116. Owen Chadwick, *Victorian Church*. Norwich: SCM Pres, 1966.

117. A.C. Benson, *The Life of Edward White Benson, sometime Archbishop of Canterbury*. Londres: Macmillan, 1899, p. 133.

118. G.K.A. Bell, *Randall Davidson: Archbishop of Canterbury*, 3ª ed. Londres: Oxford University Press, 1935.

119. Perkins, *Westminster Abbey: Its Worship and Ornaments*, v. 1: p. 112, 187, 189; v. 2: p. 16-17, 111; v. 3: p. 163, 169, 179.

120. Ibid, v. 2, p. 111. Perkins foi sacristão de Westminster de 1899 a 1958.

121. Perkins, *Coronation Book*, p. 336-7.

122. Veja a carta do professor Norman Cohn ao professor Terence Ranger, citada por este último em seu artigo "The Invention of Tradition in Colonial Africa". Past and Present Conference Paper, 1977, p. 85, n. 31.

123. Eric J. Hobsbawm, "Inventing Traditions". p. 15.

124. Battiscombe, *Queen Alexandra*. Filadélfia: Trans-Atlantic Publications, 1984.

125. *Illustrated London News*. 25 de jun. de 1887; E. Longford, *Victoria, R. I.*, p. 626.

126. Ziegler, op. cit.; Longford, op. cit.

127. Sir F. Ponsonby, *Recollections of Three Reigns*. Londres: Eyre & Spottiswoode, 1951, p. 32-3, 83-94, 271-2.

128. P. Cunnington and S. Lucas, *Costume for Births, Marriages and Deaths*. Londres: A. & C. Black, 1971, p. 240.

129. P. Fraser, *Lord Esher: A Political Biography*. Londres: Hart-Davis, Mac-Gibbon, 1973, p. 68-71, 80-3.

130. M.V. Brett e Oliver, visconde de Esher (org.), *Journals and Letters of Reginald, Viscount Esher*, 4v. Londres: Ivor Nicholson & Watson, 1934-8, v. 1: p. 204-7, 214-17, 331-2, 274-87, 304, 322, 333, 337; v. 3: p. 5.

131. J.E.C. Bodley, op. cit.

132. Lorde Esher, *Cloud Capp'd Towers*. Londres: J. Murray, 1927, p. 182-3.

133 Citado por J. Elliot in *Fall of Eagles*. Londres: BBC, 1974, p. 137.

134. Sir S. Lee, op. cit., p. 21-3.

135. Ibid., p. 720.

136. I. Parrott, *Elgar*. Londres: J.M. Dent & Sons, 1971, p. 7, 18, 65; P.M. Young, *Elgar, O.M.: A Study of a Musician*. Londres: Collins, 1955, p. 79, 97, 222, 288.

137. Sobre esta interpretação de Elgar, veja A.J. Sheldon, *Edward Elgar*. Londres: Musical Opinion, 1932, p. 16, 33, 48; C. Lambert, *Music Ho!*, 3ª ed. Londres: Faber & Faber, 1966, p. 240; D.M. McVeagh, *Edward Elgar: His Life and Music*. Londres: J.M. Dent & Sons, 1955, p. 181; B. Maine, *Elgar: His Life and Works*, v. 2. Londres: G. Bell & Sons, 1933, p. 196-7, 297-300.

138. Encontra-se uma apresentação mais eloquente desta interpretação em M. Kennedy, *Portrait of Elgar*. Londres: Oxford University Press, 1968, p. 132-53, 202-9.

139. May, *Commemorative Pottery*, p. 73-4; D. Seekers, *Popular Staffordshire Pottery*. Londres: Joseph, 1977, p. 30-1.

140. A Casa da Moeda Real também cunhou medalhas oficiais — outra novidade — em 1887, 1897, 1902 e 1911. Veja Rodgers, *Coronation Souvenirs*. Londres: London Latimer, 1975, p. 38-41; Joseph Edmunson, *Collecting Modern Commemorative Medals*. Pelham, 1972, p. 54-61; H.N. Cole, *Coronation and Commemoration Medals, 1887-1953*. Aldershot: Gale & Polden, 1953, p. 5. Veja também o Quadro 2 do Apêndice.

141. D. Cannadine, "From 'Feudal' Lords to Figureheads: Urban Landownership and Aristocratic Influence in Nineteenth-Century Towns", *Urban History Yearbook*, v. 5. Cambridge: Cambridge University Press, 1978, p. 26-7, 31-2; M. Sanderson, *The Universities and British Industry, 1850-1970*. Londres: Routledge & Kegan Paul, 1972, p. 81.

142. R.H. Hubbard, *Rideau Hall: An Illustrated History of Government House, Ottawa, from Victorian Times to the Present Day*. Londres: McGill-Queen's University Press, 1977, p. 20-38.

143. Sir I. de la Bere, *The Queen's Orders of Chivalry*. Londres: Spring Books, 1964, p. 129, 143,144, 149, 168, 171, 177, 178.

144. Jocelyn Perkins, *Westminster Abbey: Its Worship and Ornaments*, v. 2. Oxford: Oxford University Press, 1940, p. 202.

145. Citado por J.A. Thompson in "Labour and the Modern British Monarchy", *South Atlantic Quarterly*, v. 70. General Books LLC, 2009.

146. Wheeler-Bennett, op. cit.; E. Longford, *House of Windsor*, p. 91.

147. J.A. Thompson e A. Mejia Jr., The Modern British Monarchy. Nova York: St. Martin's Press, 1971, p. 38.

148. E. Longford, op. cit.

149. Thompson e Mejia, op. cit., p. 73, 79.

150 Citado por R. Lacey, *Majesty: Elizabeth II and the House of Windsor*. Nova York: Avon Books, 1983.

151. Sobre a iconografia da família real no século XX, veja: R. Strong, "The RoyalImage",inMontgomery-Massingberd(org.)*Burke'sGuidetotheBritish Monarchy*, p. 112.

152. Ziegler, op. cit.

153. Wheeler-Bennett, op. cit.

154. E. Longford, op. cit.

155 Walker, *Daily Sketches*. Manchester, p. 13, 23, 126-7; Wynn Jones, *Cartoon History of the Monarchy*. Nova York: Macmillan, 1978. Houve, naturalmente, exceções que tenderam a confirmar a regra. Em 1937, Tom Driberg, então repórter do *Daily Express*, relatou a coroação num tom agressivo se comparado à "silenciosa admiração considerada apropriada pela maioria da imprensa"; isso provocou "revolta e indignação" entre os leitores. Veja: T. Driberg, *Ruling Passions*. Nova York: Stein and Day, 1978, p. 107-9. A onda de livros comemorativos e autobiográficos continuou firme durante este período.

156. Lacey, op. cit.; Jennings and Madge, op. cit.

157. Ziegler, op. cit.; Nicolson, op. cit.

158. A. Boyle, *Only the Wind Will Listen: Reith of the BBC*. Londres: Hutchinson & Co., 1972, p. 18, 161, 281.

159. J.C.W. Reith, *Into the Wind*. Londres: Hodder & Stoughton, 1949, p. 94, 168-9, 221, 238-41, 279-82; A. Briggs, *The History of Broadcasting in the United Kingdom*, 4v. até agora. Oxford e Londres: Oxford University Press, 1961-79, v. 1: p. 290-1; v. 2: p. 11, 81, 100-1, 112-13, 157, 266, 272, 396, 505.

160. R. Rhodes James (org.), *"Chips": The Diaries of Sir Henry Channon*. Londres: Weidenfeld & Nicolson, 1967, p. 123

161. Jennings e Madge, op. cit.

162. H. McCausland, *The English Carriage*. Londres: Batchworth Press, 1948, p. 85; C. Frost, *Coronation: June 2 1953*. Londres: J. Baker, 1978, p. 57-8.

163. Ibid., p. 39.

164. H. Henson, *Retrospect of an Unimportant Life*, 3v., v. 1. Londres: Oxford University Press, 1942-50, p. 380-5; J.G. Lockhart, *Cosmo Gordon Lang*. Londres: Hodder & Stouton, 1949, p. 408-23.

165. Perkins, *Westminster Abbey: Its Services and Ornaments*, v. 1: p. 113-7, 193-4; v. 2: p. 207; v. 3: p. 180-7; M.H. Fitzgerald, *A Memoir of Herbert E. Ryle*. Londres: Macmillan, 1928, p. 290-2, 307-10; Lawrence E. Tanner, *Recollections of a Westminster Antiquary*. Londres: J. Baker, 1969, p. 65-8, 144-52.

166. Desde 1924, os titulares foram: Sir Edward Elgar (1924-34), Sir Walford Davies (1934-41), Sir Arnold Bax (1941-52), Sir Arthur Bliss (1953-75), Malcolm Williamson (1975-). Veja Blom, *Grove's Dictionary of Music and Musicians*, v. 5. p. 627. Sobre o trabalho de um determinado titular, veja: H.C. Coles, *Walford Davies: A Biography*. Londres: Oxford University Press, 1942, p. 157-61.

167. Sobre a música executada nas coroações de Jorge VI e Elizabeth II, veja *Musical Times*, v. 78. 1937, p. 320, 497; v. 94. 1953, p. 305-6.

168. I. Holst, *The Music of Gustav Holst*, 2ª ed. Londres: Oxford University Press, 1968, p. 46, 162; C. Scott-Sutherland, *Arnold Bax*. Londres: J.M. Dent & Sons, 1973, p. 181-2; S. Pakenham, *Ralph Vaughan Williams: A Discovery of his Music*. Londres: Macmillan, 1957, p. 118, 164-5; F. Howes, *The Music of William Walton*, 2ª ed. Londres: Oxford University Press, 1974, p. 119-21.

169. Nicolson, op. cit.

170. W.J. Passingham, *A History of the Coronation*. Londres: Marston & Co., 1937, p. vii.

171. Schramm, *History of the English Coronation*, p. 104-5.

172. Fried, *Planning the Eternal City*. New Haven: Yale University Press, 1973, p. 31-3; E.R. Tannenbaum, *Fascism in Italy: Society and Culture, 1922-1945*. Londres: Allen Lane, 1973, p. 314; S. Kostof, "The Emperor and the Duce: the Planning of *Piazzale Augusto Imperatore* in Rome", in Millon and Nochlin (org.), *Art and Architecture in the Service of Politics*, p. 270-325.

173. A. Speer, *Inside the Third Reich*. Nova York: Macmillan, 1970, cap. 5, 6, 10, 11; B.M. Lane, *Architecture and Politics in Germany, 1918-1945*. Cambridge: Harvard University Press, 1968, p. 185-95; Burden, *Nuremberg Party Rallies*. Westport CT: Praeger Pub, 1969, cap. 6.

174. M.F. Parkins, *City Planning in Soviet Russia*. Chicago: University of Chicago Press, 1953, p. 33-43; A. Kopp, *Town and Revolution:*

Soviet Architecture and City Planning, 1917-1935. Londres: G. Braziller, 1970, p. 219-26; J.E. Bowlt, "Russian Sculpture and Lenin's Plan of Monumental Propaganda", in Millon and Nochlin (org.) *Art and Architecture in the Service of Politics.* Cambridge: The MIT Press, 1978, p. 182-93.

175. Reps, *Monumental Washington*, p. 167, 170-4; Craig, *Federal Presence*, p. 309-27.

176. H. Clunn, *London Rebuilt, 1897-1927.* Londres: J. Murray, 1927, p. 10.

177. J.P. Stern, *Hitler: The Fuhrer and the People.* Londres: Fontana, 1975, p. 39, 82, 85-6, 88-91; Sir N. Henderson, *Failure of a Mission: Berlin, 1937-1939.* Londres: Hodder & Stoughton, 1940, p. 70-1; Barden, *Nuremberg Party Rallies*, p. 113-20, 125, 133-4; S. Morley, *A Talent to Amuse: A Biography of Noel Coward.* Harmondsworth: Penguin, 1974, p. 193.

178. B. Malinowski, "A Nation-wide Intelligence Service", in C. Madge e T. Harrison, *First Year's Work, 1937-38.* Londres: 1938, p. 112.

179. *New Statesman.* Blackfriars, 25 de jan. de 1936; K. Martin, "The Evolution of Popular Monarchy", *The Political Quarterly*, v. 7. 1936, p. 155-6.

180. Wheeler-Bennett, op. cit.; F. Donaldson, *Edward VIII.* Filadélfia: Lippincott, 1975, cap. 6-8.

181. Malinowski, "A Nation-wide Intelligence Service", p. 114-5.

182. The Times, *Crown and Empire.* Londres: 1937, p. 184.

183. Ziegler, op. cit.

184. Frost, *Coronation*, p. 136.

185. Battiscombe, *Queen Alexandra.* Filadélfia: Trans-Atlantic Publications, 1984, p. 302; Lawrence E. Tanner, op. cit.

186. Lacey, op. cit.

187. Ibid., p. 76-8; Nicolson, op. cit.

188. J. Pope-Hennessy, *Queen Mary, 1867-1953.* Londres: Allen & Unwin, 1959, p. 519-20.

189. Lacey, op. cit.; Wheeler-Bennett, op. cit.

190. E. Longford, op. cit.

191. D. Marquand, *Ramsay Macdonald.* Londres: J. Cape, 1977, p. 774.

192. Nicolson, op. cit.

193. O relato mais completo a este respeito encontra-se no *The Times, Hail and Farewell: The Passing of King George the Fifth.* Londres: 1936.

194. Dimbleby, op. cit.; L. Miall (org.), *Richard Dimbleby: Broadcaster*. Londres: BBC, 1966. p. 75-6. Sobre a reação popular à morte do rei, veja Ziegler, op. cit.

195. Morris, *Farewel the Trumpets: an Imperial Retreat*. Boston: Mariner Books, 1980, p. 498.

196. A. Briggs, op. cit., v. 4, p. 470; K. Martin, op. cit., p. 15. Os melhores relatos de todos os grandes cerimoniais reais, desde o Jubileu de Prata de Jorge V até a coroação de sua neta, são os de autoria de Sir Henry Channon. Veja Rhodes James, *Chips*, p. 32-3, 54-7, 123-6, 464-5, 472-4, 275-7.

197. David Rodgers, *Coronation Souvenirs and Commemoratives*. 1977, p. 38-43.

198. Veja Quadro 2, no Apêndice. Produziram-se novas medalhas oficiais na Real Casa da Moeda para o jubileu de Jorge V e a coroação de Jorge VI, da maneira costumeira desde 1887. Em 1953, porém, a Casa não emitiu uma Medalha Oficial da Coroação; cunhou apenas uma Coroa. Edmunson explica que "os colecionadores reclamaram que não produzir uma medalha dessas resultaria num sério rompimento com a tradição, mas observou--se que nos tempos modernos a 'tradição' só existia desde a Coroação de Eduardo VII". Edmunson, *Collecting Modern Commemorative Medals*, p. 65-6.

199. Por exemplo, Comitê de Plantio da Coroação, *The Royal Record of Tree Planting, the Provision of Open Spaces, Recreation Grounds and Other Schemes Undertaken in the British Empire and Elsewhere, Especially in the United States of America, in Honor of the Coronation of His Majesty King George VI.* Cambridge, 1939.

200. L.N. e M. Williams, *Commemorative Postage Stamps of Great Britain, 1890-1966*. Londres: Arco Publications, 1967, p. 9, 25-40; T. Todd, *A History of British Postage Stamps, 1660-1940*. Londres: Duckworth, 1941, p. 211, 214, 215, 217; H.D.S. Haverbeck, *The Commemorative Stamps of British Commonwealth*. Londres: Faber & Faber, 1955, p. 89-94. Veja também Quadro 5, adiante. É interessante observar que a Grã-Bretanha demorou a adotar os selos comemorativos, ao contrário da Europa e do Império Britânico. Na maioria dos países europeus, emitiram-se selos especiais nos aniversários e jubileus no período de 1890 a 1914, e, no Império, a Terra Nova (Canadá) emitira selos especiais em comemoração à coroação de Jorge V. Veja: Eric J. Hobsbawm, op. cit.

201. Rose and Kavanagh, op. cit., p. 551.

202. Sir Charles Petrie, *The Modern British Monarchy*. Londres: Eyre & Spottiswoode, 1957; Harris, *Long to Reign Over Us? The status of the royal family in the sixties*. Kimber, 1966, p. 27, 55.

203. Lacey, op. cit., p. 245; Ziegler, op. cit.; A. Duncan, *The Reality of Monarchy*. Londres: Heinemann, 1970, p. 95.

204. Harris, op. cit., p. 137.

205. A. Briggs, *Sound and Vision*. Oxford: Oxford University Press, 1995, p. 471.

206. E. Longford, op. cit.; Morris, op. cit., p. 498-9.

207. Ibid., p. 545-57; Dimbleby, op. cit., p. 370-5; B. Levin, *The Pendulum Years: Britain in the Sixties*. Cambridge: Icon, 2003; R. Crossman, *The Diaries of a Cabinet Minister*, 3v., v. 1. Londres: J. Cappe, 1975, p. 141-3, 145.

208. Ziegler, op. cit.

209. Miall, op. cit., p. 83.

210. D.C. Cooper, "Looking Back in Anger", in V. Bogdanor e R. Skidelsky (org.), *The Age of Affluence, 1951-64*. Londres, 1970, p. 260; Harris, op. cit., p. 18, 52.

211. A. Briggs, op.cit.; Dimbleby, op. cit., p. 223-39.

212. Lacey, op. cit., p. 208; Shils e Young, op. cit., p. 80.

213. Ziegler, op. cit.

214. Miall, op. cit., p. 145-6, 157, 161, 167; Dimbleby, op. cit., p. 225-52, 326-30.

215. Sobre a cobertura do cerimonial real feita por televisão, veja R. Baker, "Royal Occasions", in Mary Wilson et al., *The Queen: A Penguin Special*. Harmondsworth: Penguin, 1977, p. 105-27.

216. *Daily Mirror*, 8 de jun. de 1977.

217. Ziegler, op. cit.

218. Hobsbawm, op. cit.

219. Geertz, op. cit.

5

A REPRESENTAÇÃO DA AUTORIDADE NA ÍNDIA VITORIANA

Bernard S. Cohn

CONTRADIÇÕES CULTURAIS NA CONSTRUÇÃO DE UMA LINGUAGEM RITUAL

EM MEADOS DO SÉCULO XIX, a sociedade colonial indiana caracteriza-va-se por dividir-se em um pequeno grupo governante estrangeiro, de cultura britânica, e um quarto de bilhão de indianos que viviam sob domínio britânico efetivo. A superioridade militar destes estrangeiros já havia sido positivamente demonstrada na brutal repressão de uma revolta militar e civil alastrada pela maior parte da Alta Índia nos anos de 1857 e 1858. Nas duas décadas seguintes a esta ação militar, codificou-se uma teoria da autoridade, com base nas ideias e conclusões sobre a maneira adequada de organização dos grupos na sociedade indiana e seu relacionamento com seus governantes britânicos. Em termos conceituais, os britânicos, que iniciaram seu domínio na qualidade de "intrusos", tornaram-se "membros integrantes" ao conferirem ao monarca britânico a soberania da Índia, através da Lei do Governo da Índia, de 2 de agosto de 1858. Esta nova relação entre o monarca britânico, seus súditos e os príncipes nativos da Índia foi proclamada em todos os principais centros de poder britânico na Índia no dia 8 de novembro de 1858. Na proclamação, a rainha Vitória assegurava aos príncipes nativos que "seus direitos, dignidade e honra", assim como seu controle sobre as áreas que possuíam, seriam respeitados, e que a rainha "devia aos nativos de nossos territórios indianos as mesmas obrigações que a todos os outros súditos". Todos os seus súditos indianos deviam sentir-se livres para praticar suas religiões. Deviam gozar de "proteção igual e imparcial por parte da lei", e da formação e administração desta lei: "Serão devidamente respeitados os antigos direitos, usos e costumes da Índia." Os príncipes e seus súditos indianos foram informados de que tudo se faria para estimular "as indústrias pacíficas da Índia, para promover obras de utilidade e melhoramento público", e que iriam "gozar do desenvolvimento social que só poderia ser assegurado pela paz interna e por um bom governo".[1]

A proclamação baseava-se em duas suposições principais: segundo a primeira, havia na Índia uma diversidade autóctone de culturas, sociedades e religiões; de acordo com a segunda, os governantes estrangeiros eram responsáveis pela manutenção de uma forma de governo imparcial, que não se destinaria exclusivamente a proteger a integridade inerente a essa diversidade, mas também a promover o progresso social e material que beneficiasse os governados.

A proclamação pode ser encarada como um pronunciamento cultural que abrange duas teorias de poder divergentes ou até contraditórias: uma, que procurava manter na Índia um sistema feudal; e outra, que previa mudanças que inevitavelmente acarretariam a destruição desta ordem feudal. Cada uma destas teorias sobre o poder britânico incluía ideias sobre a sociologia da Índia e a relação entre governantes e indivíduos e grupos da sociedade indiana. Se a Índia devesse ser governada à maneira feudal, seria necessário reconhecer e/ou criar uma aristocracia indiana, cujos membros poderiam fazer as vezes de "vassalos" leais à rainha britânica. Se a Índia fosse governada pelos ingleses à moda "moderna", seria necessário desenvolver princípios que visassem atingir um novo tipo de ordem cívica ou pública. Aqueles que adotavam este ponto de vista desejavam uma modalidade de governo representativo baseado sociologicamente em comunidades e interesses representados por indivíduos.

Os partidários britânicos das modalidades feudal e representativa de governo colonial concordavam quanto a várias suposições sobre o passado e o presente da Índia, e defendiam a necessidade e conveniência de um governo monárquico para a Índia. Em ambas as modalidades, embora os indianos talvez se unissem a seus governantes brancos na qualidade de vassalos ou de representantes de comunidades e interesses, os governantes britânicos é que tomariam as decisões que afetassem o sistema como um todo. Os governantes britânicos acreditavam que os indianos haviam perdido o direito à autonomia por causa justamente de sua fraqueza, que os sujeitou a uma série de regentes "estrangeiros", desde as invasões arianas, e, mais recentemente, à vitória britânica sobre os governantes anteriores da Índia, os mongóis. Esta óbvia incompetência dos indianos para se governarem era aceita por todos os britânicos ligados ao governo da Índia. As disputas surgidas entre os ingleses buscavam determinar se esta incompetência era inerente e permanente, ou se sob uma tutela adequada os indianos poderiam tornar-se aptos a serem autônomos. A teoria feudal abrangia a teoria representativa e a possibilidade de evolução da competência, uma vez que os britânicos haviam passado por uma etapa feudal histórica e, em termos analíticos, o presente da Índia podia equiparar-se ao passado britânico. A organização política, a sociedade e a economia britânicas haviam evoluído a partir deste passado até chegar à forma moderna; daí, teoricamente, a atual sociedade feudal da Índia poderia também evoluir até tornar-se, num futuro distante, uma sociedade moderna. Em termos de diretrizes políticas, os membros do grupo governante poderiam discutir a eficácia política de dar apoio aos proprietários de terras, príncipes, camponeses ou à população indiana urbana, de educação ocidental, que crescia a cada ano, em termos de um acordo geral sobre a natureza da sociedade indiana e do alcance de metas finais em relação ao país, sem questionar as instituições de controle colonial existentes.

Nas décadas de 1860 e 1870, a ideia de que "uma vez adquirida, a autoridade precisa ter um passado seguro e conveniente"[2] começou também a estabelecer-se. O passado, que estava sendo codificado e exigia representação dos britânicos tanto na Índia quanto na Grã-Bretanha, e também dos indianos, tinha um componente britânico e outro indiano, e uma teoria de relacionamento entre as duas partes. A rainha era o monarca tanto da Índia como da Grã-Bretanha, um centro de autoridade de ambas as sociedades. O chefe do governo britânico na Índia após 1858 tinha cargo e títulos duplos. Como governador-geral, ele era responsável fundamentalmente frente ao Parlamento; e como vice-rei, representava o monarca e sua relação com os príncipes e povos da Índia.

A partir de 1858, como parte do restabelecimento da ordem política, Lorde Canning, o primeiro vice-rei da Índia, realizou uma série de longas viagens pelo norte da Índia para anunciar a nova relação proclamada pela rainha. Tais excursões tinham como uma de suas características os *durbars*, ou seja, reuniões, feitas com grande número de príncipes e dignitários indianos, e funcionários indianos e britânicos, em que se conferiam honrarias e recompensas a indianos que tivessem demonstrado fidelidade a seus governantes estrangeiros durante as revoltas de 1857-8. Nestes *durbars* ofereciam-se aos indianos títulos como os de Rajá, Nababo, Rai Sahib, Rai Bahadur e Khan Bahadur, acompanhados de trajes e emblemas especiais *(khelats),* de garantia de privilégios e de algumas isenções quanto aos procedimentos burocráticos normais; estes indianos recebiam também recompensas sob a forma de pensões e concessões de terras em troca de iniciativas como as de proteger europeus durante as revoltas e fornecer soldados e mantimentos para o exército britânico. Estes *durbars* tinham uma forma derivada dos rituais cortesãos dos imperadores mongóis e utilizada nos rituais realizados pelos hindus e muçulmanos, que dominavam a Índia no século XVIII, rituais esses adaptados pelos ingleses no início do século XIX, e onde os enviados ingleses representavam o papel de governantes indianos.

O ritual mais importante do *durbar* mongol era a cerimônia de incorporação. A pessoa a ser agraciada com esta honra oferecia *nazar* (moedas de ouro) e/ou *peshkash* (bens como elefantes, cavalos, joias e outros objetos de valor). A quantidade de moedas de ouro oferecida ou a espécie e quantidade de *peshkash* trazidas eram cuidadosamente determinadas segundo a classe e posição social do ofertante. Os mongóis ofereciam um *khelat* (enxoval) que, num sentido estrito, consistia em conjuntos de trajes específicos e ordenados, entre os quais uma túnica, um turbante, xales, vários adornos para turbantes, um colar e outras joias, armas e escudos, podendo também ser acompanhado de cavalos e elefantes com vários equipamentos, como sinal de autoridade e poder. A quantidade destes itens e seu valor também eram estipulados. Alguns brasões, roupas e direitos, tais como o de usar tambores e certos estandartes, restringiam-se a membros de uma certa família dominante. Para os mongóis e outros governantes da Índia, estas oferendas rituais constituíam uma relação entre o doador e o receptor, não sendo meramente entendidas como simples intercâmbio de bens e valores. O *khelat* era símbolo da "ideia da continuidade ou sucessão [...] continuidade esta fundada sobre uma base física, que dependia do contato do corpo do receptor com o corpo do doador por intermédio dos trajes".[3] O receptor incorporava-se por intermédio das roupas ao corpo do doador. Tal incorporação, segundo F.W. Buckler, baseia-se na ideia de que o rei representa um "sistema de governo no qual ele é a encarnação [...] que incorpora em seu corpo [...] as pessoas daqueles que participam de seu domínio".[4] Aqueles assim incorporados não eram apenas servos do rei, mas passavam a fazer parte dele, "assim como o olho na função principal da visão e o ouvido na área da audição". O termo *nazar*, que designava as moedas de ouro oferecidas pelo subordinado, é derivado de uma palavra árabe e persa que significa "voto". O *nazar* típico é oferecido na moeda do monarca, representando o reconhecimento de que o monarca é a fonte da riqueza e do bem-estar dos subordinados. A apresentação do *nazar* é recíproca ao recebimento do *khelat*, e faz parte do ritual de incorporação. Estes gestos, do ponto de vista dos doadores do *nazar* e receptores dos *khelats*, eram atos de obediência, garantias de lealdade e simbolizavam a aceitação da superioridade daquele que oferecia os *khelats*.

Nos *durbars* havia regras fixas quanto à colocação relativa das pessoas e dos objetos. A disposição espacial num *durbar* estabelecia, criava e representava relações com o governante. Quanto mais próximo se colocasse alguém da pessoa do governante ou de seu representante, maior era seu status. Tradicionalmente, num *durbar*, o personagem real sentava-se sobre almofadas ou num trono baixo colocado numa plataforma ligeiramente elevada; todos os outros formavam fileiras à *esquerda* e à direita, que se estendiam verticalmente do trono até a entrada do salão de audiências ou tenda. Em outros *durbars*, as fileiras se estendiam no sentido horizontal, separadas por balaustradas; em ambos os casos, porém, quanto mais próximo alguém estivesse da pessoa do rei, mais participava de sua autoridade. Ao entrar no *durbar, cada* um prestava homenagem ao governante, geralmente prostrando-se e saudando-o com diversas formas de toque das mãos na cabeça. Segundo os mongóis, assim a pessoa "colocava sua cabeça (sede dos sentidos e da mente) humildemente em suas mãos e a oferecia à assembleia real, como um presente".[5] Se houvesse oferta de *nazar* ou *peshkash*, ou recebimento de *khelats* ou outras honrarias, a pessoa dava um passo à frente, para que o rei visse e/ou tocasse as oferendas; depois um funcionário ou o próprio rei vestia-o e entregava-lhe outros objetos de valor. Se entre esses presentes estivessem elefantes ou cavalos, os animais eram trazidos até a entrada do salão para serem admirados.

Nos séculos XVII e XVIII, os britânicos tendiam a interpretar de forma errônea estas cerimônias, imaginando que fossem de função e natureza econômica. A oferta de *nazar* e *peshkash* seriam pagamentos por favores prestados, que os britânicos traduziam como "direitos", de acordo com suas atividades comerciais. Porém, para os subordinados de governantes indianos, os direitos estabeleciam privilégios que constituíam fontes de riqueza e status. Os objetos que formavam a base da relação pela incorporação — fazendas, roupas, moedas de ouro e prata, animais, armas, joias e pedrarias e outros objetos — eram para os britânicos bens utilitários que faziam parte do seu sistema de comércio. Para os indianos, porém, o valor dos objetos não era determinado pelo mercado, mas pelo gesto ritual da incorporação. Uma espada recebida das mãos do imperador mongol, ou que tivesse passado pela mão de várias pessoas, possuía um valor que transcendia de longe seu valor "de mercado". Os tecidos e roupas, elementos essenciais num *khelat*, adquiriam um caráter de bens herdáveis. Deviam ser guardados, passados de geração a geração e exibidos em ocasiões especiais. Não se destinavam ao uso cotidiano. Os britânicos interpretavam a oferta de *nazar* como suborno, e do *peshkash* como imposto, de acordo com seus códigos culturais, e acreditavam que aquilo implicasse alguma compensação direta.

Na segunda metade do século XVIII, a Companhia das Índias Orientais ressurgiu após uma série de rixas com seus competidores franceses, tornando-se a maior potência militar dos Estados indianos, após derrotar sucessivamente o Nababo de Bengala (1757), o Nababo Vizir de Awadh e o imperador mongol (1764), Tipu, o Sultão de Maiçor (1799) e os Maratas governados por Scindhia (1803). Constituía um poder nacional *dentro* do sistema político da Índia do século XVIII, tendo sido designada como *Diwan* (diretor das finanças) de Bengala pelo imperador mongol em 1765, e encarregada de "proteger" o imperador mongol em 1803, depois que Lorde Lake tomou Déli, a "capital" mongol. Em vez de deporem o imperador e proclamarem-se governantes da Índia e sucessores do império mongol, os britânicos contentaram-se, seguindo instruções de Lorde Wellesley, seu governador-geral, em oferecer ao imperador "todas as demonstrações de reverência, respeito e atenção".[6] Ao criarem a Companhia das Índias Orientais, que, de acordo com Wellesley e outros encarregados, era a "protetora" do imperador mongol, os britânicos pensaram que iriam "entrar em posse da autoridade nominal do imperador".[7] A aquisição da "autoridade nominal" seria interessante para os ingleses, pois, embora o imperador mongol não tivesse, segundo os padrões europeus, "nenhum poder, domínio e autoridade reais, quase todos os estados e classes sociais da Índia continuavam a reconhecer sua autoridade nominal".[8] Sir John Kaye, cuja *História da insurreição indiana* foi e, em muitos aspectos ainda é, a obra básica sobre as "causas" do Grande Levante, fazia menção ao relacionamento entre a Companhia das Índias Orientais e o imperador mongol de 1803 a 1857, dizendo que fora criado um "paradoxo político", pois o imperador ia tornar-se "um assalariado, uma ilusão, um fantoche. Era rei, mas não era — era ao mesmo tempo alguma coisa e nada — uma realidade e uma farsa, ao mesmo tempo".[9]

Depois que a Companhia das Índias Orientais ganhou o controle militar de Bengala, em 1757, sua influência cresceu, e os empregados da Companhia começaram a voltar à Inglaterra com grandes fortunas; estas fortunas e influência começaram a fazer-se sentir no sistema político britânico. A questão da relação entre a Companhia e a Coroa e o

Parlamento tornou-se crucial. A Carta da Índia (1784) transferia definitivamente ao Parlamento o governo da Índia, mas mantinha a Companhia como instrumento de atividade comercial e governante dos territórios indianos sobre os quais a Companhia havia adquirido domínio. O Parlamento e os diretores da Companhia também começaram a restringir a aquisição de fortunas particulares, por seus empregados, reduzindo e depois eliminando as atividades comerciais privadas e definindo como "corrupção" a incorporação de funcionários da Companhia nos grupos nativos dominantes através do recebimento de *nazar*, *khelats* e *peshkash*, consideradas formas de suborno.

Com esta definição de "corrupção", e com a manutenção do imperador mongol como núcleo simbólico da ordem política indiana, estabeleceu-se outro paradoxo político. A coroa britânica não era a coroa da Índia; os britânicos, na Índia, eram súditos de seus próprios reis, mas os indianos não eram. O imperador mongol continuava a ser a "fonte de honra" para os indianos. Os ingleses não podiam ser incorporados através de gestos simbólicos a um governante estrangeiro, e, o que talvez fosse mais importante, não podiam incorporar os indianos a seu governo através de meios simbólicos.

Em fins do século XVIII, à medida que os funcionários da Companhia das Índias Orientais passaram a desempenhar a função de lançadores e coletores de impostos, juízes e magistrados, legisladores e executivos no sistema político indiano, eram proibidos, por ordem de seus empregadores e de seu Parlamento, de participar de rituais e constituir relações oportunas com indianos que lhes fossem subordinados. Porém, em relações com governantes locais aliados aos britânicos que lhes fossem subordinados, os empregados da Companhia entendiam que essa lealdade deveria ser simbolizada para tornar-se válida aos olhos dos subordinados e seguidores. Os britânicos começaram, portanto, a oferecer *khelats* e a aceitar *nazar* e *peshkash* em reuniões formais que pudessem ser reconhecidas pelos indianos como *durbars*.

Embora os britânicos, como "governantes indianos" na primeira metade do século XIX, continuassem a aceitar *nazar* e *peshkash* e a oferecer *khelats*, tentaram restringir as ocasiões em que se realizavam estes rituais. Por exemplo, quando um príncipe ou nobre visitava o palácio do governo, em Calcutá, ou quando o governador-geral, governadores, comissários e funcionários britânicos menos graduados viajavam, organizava-se um *durbar*. Os *khelats* eram sempre ofertados em nome dos governadores das províncias ou do governador-geral, e com permissão destes. O que os indianos oferecessem como *nazar* e *peshkash* nunca ficava com o funcionário que o recebesse. Em vez *disso*, faziam-se listas pormenorizadas e avaliação dos objetos apresentados, que ficavam depositados no *Toshakhana*, um tesouro especial do governo para recebimento e oferta de presentes. Ao contrário dos indianos, os britânicos usavam presentes recebidos, ou de forma direta, dando a um indiano o que haviam recebido de outro, ou indireta, vendendo num leilão em Calcutá o que haviam recebido e usando a renda obtida para comprar objetos que servissem como presentes. Os britânicos procuravam sempre igualar em termos econômicos o que davam e recebiam, dando a conhecer aos indianos o valor exato dos objetos e a quantia em dinheiro que lhes seria permitido oferecer. Se alguém, por exemplo, tivesse que oferecer como *nazar* 101 rupias, receberia um xale ou traje de idêntico valor como *khelat*.

O ritual mongol conservou-se, ao que parece, mas os significados sofreram uma transformação. O que havia sido para os governantes indianos um ritual de incorporação agora era um ritual que denotava a subordinação, sem estabelecimento de laços místicos entre a figura real e o amigo e servo escolhido, que se tornaria parte do governante. Ao converter uma forma de oferecimento de presentes e oferendas numa espécie de "intercâmbio econômico", a relação entre funcionário britânico e súdito ou governante indiano tornou-se contratual. Na primeira metade do século XIX, os britânicos, à medida que expandiam seu domínio, baseavam sua autoridade na ideia de contrato e "bom governo". Criaram um exército mercenário em que o contrato expressava-se metaforicamente na expressão "comer o sal da Companhia". A lealdade entre os soldados indianos e seus oficiais europeus mantinha-se segundo seu pagamento regular, um tratamento "decente" e a observação da regra de não interferência nas crenças e costumes nativos. Quando havia alguma rebelião, ela partia da ideia que os soldados tinham de que tal "contrato", explícito ou implícito, havia sido violado, quando eram obrigados a usar chapéus de couro, a viajar sobre as *águas negras*, ou a ingerir alimentos proibidos, como gordura de porco ou de novilho castrado. O estado tornou-se o criador e abonador das relações contratuais entre os indianos com relação ao uso dos recursos básicos de mão de obra e terra, através da introdução de ideias europeias de propriedade, renda e receita. Os senhores locais que defendiam um sistema social baseado em conceitos cosmológicos, mantendo a ordem própria através de rituais, converteram-se em "proprietários de terras". Os "reis" indianos a quem se permitia uma autonomia interna sobre seus domínios foram rebaixados à condição de "chefes e príncipes". Eram controlados por tratados de natureza contratual, que garantiam as fronteiras dos estados, o apoio da Companhia a uma família real e a seus descendentes, em troca de suas armas; tal contrato perdurava enquanto os chefes "exercessem um bom governo" e aceitassem a supervisão de um funcionário inglês.

Creio que na primeira metade do século XIX havia uma lacuna e uma contradição da constituição cultural-simbólica da Índia. "Uma constituição cultural e simbólica" que, segundo Ronald Inden,

> abarca o que se denomina esquema classificatório, suposições sobre a natureza das coisas, cosmologias, visões de mundo, sistemas éticos, códigos legais, definições de unidades governamentais e grupos sociais, ideologias, doutrinas religiosas, mitos, rituais, modos de agir, e regras de etiqueta.[10]

Os elementos contidos numa constituição simbólico-cultural não são uma mera reunião de itens e coisas, mas organizam-se seguindo um padrão que afirma a relação entre os elementos e determina seu valor.

A teoria nativa do domínio na Índia baseava-se em ideias de incorporação e numa teoria de hierarquia na qual os governantes não só eram mais importantes que todos, mas também absorviam os governados. Daí a importância duradoura do imperador mongol, mesmo como "assalariado", na medida em que tanto os súditos indianos da

Companhia das Índias Orientais quanto os governantes dos estados aliados ainda ostentavam honrarias que só ele poderia conferir. O *khutba* nas mesquitas, mesmo na Índia britânica, continuou a ser lido em seu nome, as moedas da Companhia das Índias Orientais até 1835 exibiam seu nome, e muitos estados indianos continuaram a cunhar moedas com a data régia do imperador mongol até 1859-60. Embora os britânicos se referissem ao imperador mongol em inglês como o "rei de Déli", continuaram a usar seus títulos imperiais completos quando a ele se dirigiam em persa. Como o monarca da Grã-Bretanha só se tornou monarca da Índia em 1858, os governadores-gerais tinham dificuldade em conceder medalhas e títulos aos indianos. Quando um governador-geral viajava e oferecia *durbars* a senhores indianos, geralmente chamava um chefe de cada vez, para que se evitasse o problema de ter que colocar um chefe acima de outro em termos de colocação pessoal frente a frente com o governador-geral. Somente na década de 1850 os britânicos começaram a tentar regularizar a prática de dar salvas de tiros de canhão em sinal de respeito à presença dos chefes indianos. O sistema de hierarquia representado pelas salvas só foi fixado em 1867. As tentativas dos governadores-gerais no sentido de simbolizar uma nova ordem ou de eliminar algumas das contradições e lacunas na constituição simbólico-cultural esbarraram no ceticismo e até mesmo em censuras dos diretores da Companhia das Índias Orientais e do presidente da Comissão de Controle em Londres. O Lorde William Bentick, governador-geral de 1828 a 1835, foi o primeiro a aperceber-se da necessidade de estabelecer uma capital "imperial" longe de Calcutá, comentando com seus empregados em Londres sobre a "necessidade de um ponto cardeal" que fosse sede do governo.[11] Para isso, escolheu Agra, por crer que fosse a capital de Akbar, e por acreditar que pouca diferença havia entre as condições políticas do tempo de Akbar e as do tempo atual, à medida que ambos os governantes preocupavam-se com a "preservação do império".[12] Agra era considerada a "mais brilhante joia" da "coroa" do governador-geral,[13] uma vez que se localizava "entre todos os cenários da glória passada e futura, onde o império deva ser salvo ou perdido".[14]

Quando Bentick levantou a questão da possibilidade de mudar a capital, em 1829, a assembleia de diretores proibiu o estudo da mudança, asseverando que seu governo não era o governo de um único soberano independente, mas que a Índia "é governada por uma potência marítima distante, e a posição da sede do governo deve ser considerada levando-se em conta esta circunstância peculiar". Era exatamente este passado marítimo/mercantil que Bentick tencionava mudar, pois acreditava que o caráter do governo britânico "não era mais o caráter incoerente de Soberano e Mercador",[15] mas o de potência imperial. Lorde Ellenborough, que havia sido presidente da Comissão de Controle de 1828 a 1830, na época da investigação periódica do estado dos territórios da Companhia das Índias Orientais anteriormente à renovação de seu contrato de vinte anos pelo Parlamento, sugeriu ao então primeiro-ministro, duque de Wellington, que o governo da Índia fosse transferido para a Coroa.[16] A sugestão foi recusada pelo duque que, segundo Ellenborough, "estava preocupado em não criar divisões entre os interesses comerciais de Londres".[17]

Ellenborough tornou-se governador-geral da Índia após a grande derrota do exército da Companhia frente aos afegãos em 1842, e estava decidido a restaurar o prestígio britânico na Índia. Comandou uma invasão do Afeganistão, que ocasionou os saques a Ghazni e Cabul, em represália. Ellenborough teve a ideia de simbolizar a derrota dos afegãos muçulmanos através do resgate do que se acreditava serem os Portais de Somnath, um famoso templo hindu de Guzerate (saqueado e profanado seiscentos anos antes pelos muçulmanos, que levaram os Portais para o Afeganistão); os Portais foram trazidos triunfalmente para a Índia e colocados num templo recém-construído em Guzerate. Ellenborough publicou instruções para que os portais de sândalo atravessassem a cidade de Punjabe numa carreta e fossem levados a Déli, escoltados por uma guarda de honra, com a devida cerimônia. Ellenborough chamou a atenção para seu intento publicando uma proclamação dirigida a "todos os príncipes e chefes e ao povo da Índia". A volta dos Portais seria, conforme proclamou Ellenborough, "o mais esplêndido registro da vossa glória nacional; a prova de vossa superioridade militar sobre as nações além do Indo". Prosseguindo, identificou-se com os povos e príncipes da Índia tanto em "interesse como em sentimento", afirmando que o "heroico exército" refletia "honra imortal em meu país nativo e no adotado", e prometendo que preservaria e aperfeiçoaria "a felicidade de nossos dois países".[18] Escreveu uma carta no mesmo tom à jovem rainha Vitória sobre o triunfo, acrescentando que as "reminiscências da autoridade imperial (seriam) agora transferidas para o governo britânico", e que o que restava a ser feito era tornar os príncipes da Índia "vassalos de uma imperatriz", se "Vossa Majestade viesse a ser cabeça nominal do Império".[19]

Ellenborough fez cunhar uma medalha especial para condecorar os soldados britânicos e indianos do exército da Companhia que serviram na China durante a Guerra do Ópio. O duque de Wellington achou que Ellenborough, com esta iniciativa, usurpara as prerrogativas da Coroa.[20] O ato de Ellenborough e sua proclamação relativa ao retorno dos Portais de Somnath originaram críticas e insinuações maldosas entre os britânicos da Índia e da Inglaterra. Embora as preocupações de Ellenborough com as representações simbólicas da função imperial para os britânicos na Índia não fossem a causa de sua demissão em 1844, foram considerados representativos de uma concepção do relacionamento entre Inglaterra e Índia que não encontrava grande apoio, nem na Índia nem na Inglaterra.

As contradições e dificuldades para a definição de uma constituição simbólico-cultural remontam às tentativas, feitas durante a primeira metade do século XIX, de construir uma linguagem ritual que servisse para representar a autoridade britânica junto aos indianos. A persistência no uso da linguagem mongol causou frequentes dificuldades, tais como penosas negociações entre os funcionários britânicos e os súditos indianos a respeito de questões de precedência, formas de tratamento, os direitos preservados de usar títulos mongóis, o costume ainda vigente de ofertar *nazar* ao imperador mongol, tanto do lado indiano quanto do lado britânico, e a concessão de *khelats* e emissão de *sanads* (cartas régias) na sucessão ao *masnad* nos estados indianos. Esta última prática era designada pelos britânicos "tráfico *de sanads*".

A INVENÇÃO DAS TRADIÇÕES | 227

Não havia conflito apenas entre os nobres e elites e os funcionários britânicos, mas também no dia a dia dos tribunais e escritórios locais da Companhia, no que tornou-se conhecido como a "controvérsia dos sapatos". Na Índia, os britânicos seguiam uma lógica metonímica em suas relações com seus súditos indianos, e o uso de sapatos pelos indianos na presença dos britânicos era encarado como uma tentativa de estabelecer relações de igualdade entre o governante e seus governados. Por isso, os indianos eram sempre obrigados a retirar os sapatos ou sandálias quando entravam no que os britânicos definiam como seu espaço — seus escritórios e lares. Por outro lado, os britânicos sempre insistiam em usar sapatos ao entrar em espaços indianos, inclusive mesquitas e templos. A única exceção importante ocorria no caso de um indiano que habitualmente usasse roupas europeias em público; a este seria permitido usar sapatos na presença de seus chefes ingleses em ocasiões de rituais à moda ocidental, como a recepção do governador-geral, recepções reais, saraus ou bailes.

Os britânicos experimentaram variadas formas de ritual para assinalar ocasiões públicas. O lançamento da pedra fundamental do *Hindu College* e do *Muhammadan College* (Colégio Hindu e Colégio Maometano) no ano de 1824 em Calcutá foi celebrado "com as costumeiras cerimônias imponentes da maçonaria".[21] Os colégios foram fundados sob os auspícios do Comitê de Instrução Pública, composto de indianos e europeus que levantaram fundos principalmente de fontes privadas para estas instituições. Os colégios deveriam instruir os indianos sobre os "princípios fundamentais das Ciências Morais e Físicas".[22] Os membros das diversas Lojas Maçônicas Livres de Calcutá marcharam pelas ruas da cidade, liderados por uma banda, com as insígnias e estandartes de cada loja, reunindo-se na praça em que o edifício seria construído.

As Taças, Esquadro e outros implementos do Ofício foram então colocados sobre o Pedestal [...] O reverendo irmão Bryce [...] elevou uma prece solene ao grande Arquiteto do Universo [...] Havia fileiras e fileiras de rostos humanos a perder de vista, e em todas as direções os nativos acotovelavam-se sobre os telhados, ansiosos para contemplar a imponente cena.[23]

Após a prece, depositaram-se moedas em uma bandeja de prata com a inscrição dedicatória no buraco sobre o qual seria colocada a pedra fundamental. A pedra foi então depositada, ungida com milho, óleo e vinho. Seguiu-se um discurso do Grão-Mestre Provincial, sendo o final da cerimônia assinalado pela execução do Hino Nacional, "Deus salve o rei". Não é apenas a linguagem ritual que é europeia, mas também a instituição homenageada, e seu ideal público e cívico subjacente. A educação a ser oferecida nestas duas instituições deveria ser secular, não estando envolvida com a transmissão de ensinamentos sagrados, como ocorria nas instituições educacionais nativas. Embora uma instituição se destinasse aos hindus e outra aos muçulmanos, não havia restrições quanto à admissão de determinados grupos de hindus ou muçulmanos, como seria de se esperar na Índia. O fato de que os fundos foram levantados por subscrição pública, encarada como um gesto de caridade à europeia, assim como o uso de fundos levantados por meio de loterias, fazia com que a ocasião fosse, se não singular, certamente inédita.

Nas primeiras décadas do século XIX abundaram as celebrações das vitórias britânicas na Índia e na Europa, chegadas e partidas de governadores-gerais e heróis militares, mortes e coroações de reis ingleses e aniversários reais. A linguagem ritual destas ocasiões revelou-se idêntica à da Inglaterra, com fogos de artifício, paradas militares, iluminação especial, jantares com brindes cerimoniais, acompanhamento musical, orações cristãs e, acima de tudo, discursos frequentes. Os indianos tinham uma participação secundária, como soldados nas paradas, como criados ou como plateias nas partes públicas das celebrações.

CONTEXTUALIZAÇÃO DOS EVENTOS: O SIGNIFICADO DO LEVANTE DE 1857

As contradições na constituição simbólico-cultural da Índia britânica foram resolvidas no levante de 1857, tradicionalmente denominado Insurreição Indiana, que acarretou a dessacralização da pessoa do imperador mongol, uma brutal demonstração do poder que os britânicos tinham de coagir os indianos, e o estabelecimento do mito da superioridade do caráter britânico sobre o dos indianos desleais.

O julgamento do imperador, após o sufocamento da rebelião, anunciou formalmente uma transformação no poder.[24] O ato de levar um rei a julgamento significa que aqueles que o fazem consideram-no um ato justo e "negam explicitamente o direito do rei ao trono". Segundo Michael Walzer, este ato separa o passado do presente e do futuro, estabelecendo novos princípios políticos, que marcaram o triunfo de um novo tipo de governo.[25]

O julgamento do imperador deve ser analisado em relação à Lei do Governo da Índia, de 1858, e à Proclamação da rainha, de 1º de novembro de 1858. O julgamento e posterior exílio do imperador, e o término do governo mongol, foi possível devido a uma prévia dessacralização completa da ordem política anterior. A lei parlamentar e a proclamação da rainha anunciam o início de uma nova ordem. Esta exigia um centro, um meio através do qual os indianos pudessem agora relacionar-se com este centro, e o desenvolvimento da expressão ritual da autoridade britânica na Índia.

No sistema cultural da Anglo-Índia, a Grande Rebelião de 1857-8 pode ser encarada como algo que determinou mudanças fundamentais. Para as elites governantes britânicas, na metrópole e na colônia, os significados ligados aos eventos de 1857-8, e as mudanças constitucionais resultantes, foram constituindo o pivô em torno do qual girava a teoria do domínio colonial. A guerra levou a redefinições da natureza da sociedade indiana, das relações próprias e necessárias entre governados e governantes, e a uma reavaliação dos objetivos do governo da Índia, o que, por sua vez, levou a mais mudanças nos dispositivos institucionais exigidos para atingir estes objetivos. Os ingleses da segunda metade do século XIX, viajando pela Índia como turistas ou a serviço, normalmente faziam a peregrinação da Rebelião, visitando os lugares dos grandes acontecimentos — a Serra de Déli, o Poço Comemorativo e os Jardins de Kanpur, rematados por uma enorme estátua em mármore do Anjo da Ressurreição, e a Residência em Lucknow. Tumbas, memoriais, pedras com inscrições e placas nas paredes das igrejas europeias lembravam aos ingleses o martírio, sacrifício e derradeiras vitórias militares e civis cuja morte tornava sagrado, para os ingleses vitorianos, seu domínio sobre a Índia.

Desde 1859 até o início do século XX, os ingleses interpretaram a Insurreição como um mito heroico que encarnava e expressava seus valores fundamentais que explicavam o domínio britânico sobre a Índia — sacrifício, cumprimento do dever, fortaleza; acima de tudo, simbolizavam o triunfo definitivo sobre aqueles indianos que haviam ameaçado uma autoridade e ordem legitimamente constituídas.

FORMALIZAÇÃO E REPRESENTAÇÃO DA LINGUAGEM RITUAL: O CONGRESSO IMPERIAL DE 1877

Os vinte anos após a dessacralização de Déli e o esmagamento definitivo do levante de 1858 caracterizaram-se pela consumação da constituição simbólico-cultural da Índia britânica. Relacionarei aqui apenas os componentes do conteúdo desta constituição, e depois prosseguirei explicando como estes componentes eram representados num evento ritual, o Congresso Imperial de 1877, convocado para proclamar a rainha Vitória imperatriz da Índia.

O fato político fundamental foi o fim do governo da Companhia e a transformação do monarca britânico em monarca da Índia, em 1858 Este ato pode ser interpretado como a recíproca da dessacralização definitiva do império mongol. Terminou com a ambiguidade da posição britânica na Índia, pois agora a monarquia britânica abrangia também a Índia. Estabeleceu-se uma ordem social em que a Coroa britânica era o foco de autoridade, capaz de ordenar numa única hierarquia todos os seus súditos, tanto ingleses como indianos. Os príncipes indianos eram agora os "leais vassalos indianos" da rainha Vitória, devendo-lhe, portanto, deferência e vassalagem, prestadas à pessoa de seu representante, o vice-rei. O governador-geral e o vice-rei, sendo a mesma pessoa, era, sem sombra de dúvida, a autoridade suprema na Índia, e todos os britânicos e indianos podiam ser hierarquizados em relação a ele, seja por cargo, seja por grupo de status a que pertenciam. Os britânicos utilizavam na Índia uma teoria ordinal de hierarquia, na qual os indivíduos podiam ser classificados por precedência — sendo esta baseada em critérios fixos e conhecidos, estabelecidos por atribuição e sucessão, ou conquista e posto. Os príncipes aliados foram em 1876 agrupados por região, com posição hierárquica fixa em relação a outros chefes da região. O tamanho dos estados dos príncipes, o montante de sua receita, a data em que eles se haviam aliado à Companhia, a história de suas famílias, sua colocação em relação ao império mongol e seus gestos de lealdade aos ingleses podiam ser levados em consideração, estabelecendo-se um índice que determinasse a posição de qualquer chefe. Este status representava-se então em *durbars* oferecidos por governadores ou vice-governadores da região, ou quando o governador-geral — vice-rei — fazia alguma viagem. Estabeleceu-se um código de conduta para os príncipes e chefes que vinham ao *durbar*. Os trajes que usavam, as armas que podiam levar, o número de servos e soldados que poderiam acompanhá-los ao acampamento do vice-rei, o local onde eram recebidos por funcionários britânicos em relação ao acampamento, o número de salvas de canhão em sua honra, a hora de entrada no salão ou tenda do *durbar*, se o governador se ergueria e viria cumprimentá-los, o lugar do tapete vice-real em que seriam cumprimentados pelo vice-rei, onde deveriam sentar-se, que quantidade de *nazar* ofertariam, se teriam direito a serem visitados pelo vice-rei; todos estes eram marcadores de hierarquia e poderiam ser mudados pelo vice-rei para melhor ou para pior Em concordância com o vice-rei, as formas de saudação, os tipos de títulos indianos que os britânicos usavam e as frases usadas ao final de uma carta eram todos classificados e interpretados como sinais de aprovação ou louvor.

Da mesma forma, os indianos que estavam sob domínio britânico direto eram normalmente classificados segundo suas cidades, distritos e províncias contidas nos livros de *durbar* de vários funcionários. Os líderes dos distritos eram hierarquizados de acordo com a receita paga, com a extensão das terras possuídas, árvore genealógica, atos de lealdade ou deslealdade para com o governo britânico. Os funcionários e empregados indianos do governo provincial ou imperial eram classificados por repartição, tempo de serviço e honrarias recebidas; o povo, de acordo com a casta, a comunidade e a religião.

Imediatamente após o esmagamento da rebelião, e a transformação da rainha da Inglaterra em "fonte de honra" da Índia, procedeu-se a investigações no sistema de títulos reais indianos, para ordená-los segundo uma hierarquia. Não só o sistema foi organizado, como também os proprietários de títulos tiveram de "provar" por critérios estabelecidos pelos britânicos que tais títulos eram legítimos. Doravante apenas o vice-rei poderia conceder títulos indianos, baseado em recomendação de funcionários locais ou provinciais. A base da concessão de títulos passou a ser especificada por atos de lealdade, serviço destacado e prolongado no governo, obras especiais de caridade, como doações para escolas e hospitais, contribuições para fundos especiais e "boa" administração dos recursos que visassem o aperfeiçoamento da produção agrícola. Os títulos indianos eram vitalícios, embora houvesse em algumas famílias proeminentes a crença de que se o sucessor desse ao chefe da família provas de bom comportamento, seria devidamente recompensado com a renovação de um título já possuído, na próxima geração. As honrarias e títulos na década de 1870 estavam estreitamente ligados aos objetivos expressos da nova ordem governamental, "progresso e estabilidade".

Em 1861, estabeleceu-se uma nova ordem de cavaleiros indianos, a Estrela da Índia. A princípio esta ordem, que incluía cavaleiros britânicos e indianos, limitou-se a 25 membros que eram os príncipes indianos mais importantes e funcionários britânicos civis e militares mais velhos e ilustres. Em 1866, a ordem aumentou, com o acréscimo de duas categorias menores, e em 1877 já havia diversas centenas de cavaleiros na ordem, donos de títulos pessoais concedidos pela rainha. A investidura e a manutenção das categorias da ordem acrescentaram um importante componente europeu à linguagem ritual que estava sendo estabelecida na Índia. Os atavios da ordem eram ingleses e "feudais": uma túnica ou manto, um medalhão com a efígie da rainha (o uso de uma efígie humana era um anátema para os maometanos) e um pingente cravejado de joias. A investidura era no estilo europeu, com a leitura da justificativa e a entrega dos distintivos, sendo que o cavaleiro recém-agraciado ajoelhava-se diante do monarca ou de seu representante. O aspecto contratual do merecimento ficava constrangedoramente claro para os agraciados indianos, uma vez que os atavios deveriam ser devolvidos após a morte do possuidor. Ao contrário das oferendas recebidas dos governantes indianos no passado, que eram conservadas como objetos sagrados em salas do tesouro, para serem admiradas e usadas em ocasiões especiais, estas tinham de ser devolvidas. Os estatutos da Ordem exigiam que os agraciados assinassem um termo segundo o qual os objetos seriam devolvidos pelos seus herdeiros. Os indianos também objetavam contra um dos estatutos, que dizia em que condições o título seria cassado por atos de deslealdade. A Estrela da Índia tornou-se uma recompensa por "bons serviços".

O relacionamento entre a Coroa e a Índia estava começando a caracterizar-se por viagens dos membros da família real pela Índia, sendo o primeiro o duque de Edimburgo, em 1869. O príncipe de Gales fez uma excursão de seis meses à Índia em 1875-6. As viagens reais não só eram importantes na Índia em termos de representação dos laços entre os príncipes e os povos da Índia com seu monarca, mas eram amplamente divulgadas pela imprensa britânica. Após o retorno do príncipe de Gales, organizaram-se nas principais cidades inglesas exposições dos presentes exóticos e caros por ele recebidos. Ironicamente, um dos presentes principais ofertados em retribuição pelo príncipe de Gales foi uma tradução dos Vedas para o inglês, feita por Max Müller.

No período de 1860 a 1877 ocorreu uma rápida expansão do que se poderia considerar a definição *e* expropriação da civilização indiana pelos senhores imperiais. O domínio colonial baseia-se em formas de conhecimento, assim como em instituições de controle direto. Desde que Sir William Jones fundara, juntamente com outros estudiosos europeus, a Sociedade Asiática de Bengala, em 1784, houve um desenvolvimento estável do acúmulo de conhecimentos sobre a história da Índia, seus sistemas de pensamento, suas crenças e práticas religiosas, e sua sociedade e instituições. Grande parte deste acúmulo era resultado da experiência prática em tribunais, na avaliação e recolhimento da receita e o imperativo inglês anexo de ordenar e classificar as informações. Durante todo este período, cada vez mais europeus vieram a definir a chamada singularidade da civilização indiana. Tal definição incluía o desenvolvimento de um aparelho destinado ao estudo das línguas e textos indianos, o que trouxe a padronização e imposição autoritária, não apenas aos europeus, mas até aos próprios indianos, do que eles consideravam ser os "clássicos" do pensamento e da literatura indiana. Através do incentivo à produção de livros didáticos nativos, os indianos começaram a escrever história à maneira europeia, adotando frequentemente ideias europeias sobre o passado da Índia. Na década de 1860 foi iniciado um levantamento arqueológico no qual os europeus decidiam quais eram os grandes monumentos da Índia, quais os monumentos que poderiam ser preservados ou descritos como parte do "legado" indiano. As operações de recenseamento e um serviço de levantamento etnográfico ficariam encarregados de estudar "os povos e culturas da Índia" e de colocar tais dados à disposição, em monografias, fotos e tabelas estatísticas, não só de seus funcionários, mas dos cientistas sociais, de maneira que a Índia pudesse fazer parte do laboratório da humanidade. Os britânicos acreditavam que as artes e ofícios indianos haviam entrado num período de acentuado declínio diante da tecnologia e dos produtos industrializados ocidentais, daí a necessidade da coleta e da preservação e colocação destas artes e ofícios em museus. Além disso, fundaram-se nas principais cidades escolas de arte onde os indianos poderiam aprender a criar esculturas, pinturas e artesanato com conteúdo indiano, mas atraentes e aceitáveis para o gosto europeu. Os construtores arquitetos indianos começaram a erguer edifícios de estilo europeu, só que com motivos decorativos "orientais". O governo imperial criou comitês para procurar e preservar manuscritos vernáculos em sânscrito, em persa, em árabe. Os indianos educados viam-se cada vez mais forçados a aprender sobre sua própria cultura por intermédio de ideias e conhecimento europeu. Os governantes britânicos definiam cada vez mais o que era indiano num sentido oficial e "objetivo". Os indianos tinham de parecer indianos: antes de 1860, os soldados indianos, assim como seus oficiais europeus, usavam uniformes de estilo ocidental; agora os uniformes de gala dos indianos e ingleses incluíam turbantes, faixas e túnicas consideradas mongóis ou indianas.

A visão reificada e objetificada da Índia, de sua vida, pensamento, sociologia e história seriam reunidas para celebrar a consumação da constituição política da Índia, através da transformação de Vitória em imperatriz da Índia.

A Lei dos Títulos Reais de 1876

Em 8 de fevereiro de 1876, pela primeira vez desde a morte de seu marido, em 1861, a rainha Vitória abriu o Parlamento. Para grande surpresa da oposição liberal, ela anunciou, em seu discurso, que seria apresentado ao Parlamento um projeto de emenda a seus Títulos Honoríficos Reais. No discurso ela referiu-se à "sincera afeição" com que seu filho, o príncipe de Gales, então em viagem pela Índia, estava sendo recebido "por meus súditos indianos". Para ela, isto provava que "eles estão felizes com Meu governo, e são leais a Meu trono".[26] Ela portanto julgava que o momento era apropriado para fazer uma emenda aos Títulos.

Num discurso de 17 de fevereiro de 1876, o primeiro-ministro, Disraeli, criticou as discussões de 1858 com relação à elevação de Vitória a imperatriz da Índia. Naquela época, considerou-se prematura a ideia de fazer Vitória imperatriz, por causa das agitações na Índia. Porém, continuou ele, nos vinte anos seguintes aumentou bastante na Grã-Bretanha o interesse pela Índia. A visita do príncipe estimulou um sentimento de simpatia entre os dois países, e Disraeli tinha certeza de que um título imperial, cuja natureza exata não especificou, "dará grande satisfação, não apenas aos príncipes, mas às nações da Índia".[27] Simbolizaria a "determinação unânime do povo deste país de conservar nossa ligação com o Império Indiano".[28] Neste discurso, Disraeli frisou a diversidade da Índia, pintando-a como "um país antigo, feito de várias nações", povos e raças variegados, "diferentes quanto à religião, aos costumes e às leis — algumas bastante elaboradas e civilizadas, e muitas de rara antiguidade". "E esta vasta comunidade é governada", continuou ele, "sob a autoridade da rainha, por vários príncipes soberanos, alguns dos quais ocupam tronos ocupados por seus ancestrais quando a Inglaterra ainda era Província Romana".[29] A mirabolante fantasia histórica proferida por Disraeli fazia parte do mito mais tarde encenado no Congresso Imperial. A Índia era uma diversidade — não tinha uma comunidade coerente, a não ser aquela propiciada pelo domínio britânico, sob o sistema integrador da coroa imperial.

Assim, no fundamento da defesa do projeto pelos conservadores, estava a ideia de que os indianos eram um povo diferente dos britânicos. Eram mais suscetíveis a frases grandiloquentes, e seriam melhor governados através de algo que fascinasse sua imaginação oriental, "pois atribuem um enorme valor às mais ínfimas diferenças".[30] Argumentou-se que, dadas as relações constitucionais entre a Índia e a Grã-Bretanha, os príncipes indianos eram de fato vassalos, e a ambiguidade existente no relacionamento entre os príncipes e a supremacia britânica seria diminuída se o monarca britânico tivesse o título de "imperador". Embora alguns governantes indianos fossem chamados de "príncipes" em inglês, seus títulos em línguas indianas eram de reis, por exemplo, marajá. Com o título imperial, a ordem hierárquica seria nítida e inequívoca. A rainha Isabel já tivera um título imperial, e assinalou-se que, na prática, desde a época em que Canning estivera na Índia, os títulos imperiais eram usados para referir-se à rainha pelos príncipes e governantes asiáticos independentes, tais como os Emires da Ásia Central. Insistiu-se, porém, que os britânicos eram sucessores dos mongóis, que possuíam uma coroa imperial reconhecida por indianos de todas as classes. Os britânicos, segundo os conservadores, eram sucessores do imperador mongol; daí ser próprio e correto que a monarca da Índia, a rainha Vitória, fosse declarada imperatriz.

O projeto de Lei dos Títulos Reais foi aprovado, e recebeu a sanção real em 27 de abril de 1876. A necessidade de superar o áspero debate, a cobertura jornalística antagônica, principalmente quando aparecia nos jornais indianos e era debatida por indianos educados no Ocidente, tornou-se parte da base para o planejamento do Congresso Imperial. Os três principais planejadores do Congresso, Disraeli, Salisbury (secretário de Estado para a Índia) e Lorde Lytton (o recém-indicado vice-rei), perceberam que o Congresso teria de ser planejado para impressionar tanto os ingleses quanto os indianos.

As intenções dos planejadores do Congresso Imperial

O Lorde Lytton, recém-indicado vice-rei e governador-geral, voltou à Inglaterra de Portugal, onde estivera exercendo o cargo de embaixador, e em janeiro de 1876 já havia iniciado o processo de superar sua "absoluta ignorância [...] em relação à Índia". Este processo incluiu reuniões em fevereiro com membros do pessoal do Ministério da Índia, e outros encontros em Londres com pessoas consideradas "especialistas" em Índia. O mais influente era O.T. Burne, que mais tarde acompanhou Lytton à Índia, como secretário particular, e era considerado por Lytton o criador do plano do Congresso.[31]

Lytton escolheu Burne como seu secretário particular para "ajudar a restaurar relações amistosas e saudáveis entre a Índia e o Afeganistão e, ao mesmo tempo, proclamar o título imperial indiano, ambos assuntos", escreveu Burne, "sobre os quais todos reconheciam que eu tinha conhecimento especial".[32] Como acontecia com a maioria dos vice-reis, Lytton chegou à Índia sem saber quase nada sobre o país ou, o que talvez fosse mais importante, nada sobre o funcionamento do governo colonial. A maior parte dos mais graduados funcionários do Império provinham do funcionalismo público, ou seja, tinham de vinte a trinta anos de experiência e relações bem-tramadas por toda a burocracia, assim como uma capacidade altamente desenvolvida para as intrigas políticas. Os vice-reis queixavam-se amargamente das frustrações na implementação de seus planos e políticas impostas pela situação política na Inglaterra. Coube ao secretário particular do vice-rei articular o escritório do vice-rei com a burocracia. As questões de indicações, promoções, colocações e atribuição de honrarias passavam, a princípio, por suas mãos. Os vice-reis dependiam do conhecimento do secretário particular sobre relações pessoais e facções no seio da burocracia, e sobre sua capacidade de utilizar o poder do vice-rei com êxito em relação ao funcionalismo público. Após vinte anos de experiência em várias posições do quadro, Burne já conhecia grande parte dos funcionários da Índia, e por causa de seu serviço na Irlanda e em Londres era bem relacionado com os líderes políticos do Reino Unido.

O planejamento do Congresso Imperial começou em sigilo, logo após a chegada de Lytton e Burne a Calcutá, em abril de 1876. Estabeleceu-se um comitê que incluía T.H. Thornton, secretário do Exterior ativo do governo da Índia, responsável pelas relações com os príncipes e chefes indianos, e o general de brigada (mais tarde marechal de campo) Lorde Roberts, quartel-mestre geral do exército indiano, incumbido de executar o planejamento militar do Congresso. No comitê figurava também o coronel George Colley, secretário de Lytton para assuntos militares, e o major Edward Bradford, do departamento político, chefe da polícia secreta recentemente fundada.

O presidente do comitê era Thomas Thornton, que havia servido principalmente em posições do secretariado; tinha sido secretário do governo do Punjabe durante 12 anos, antes de exercer por pouco tempo o cargo de secretário do Exterior. O general Roberts, que tinha reputação de especialista em logística, foi encarregado de planejar os acampamentos em Déli.[33] Lorde Lytton ficou muito impressionado com os talentos de Roberts. Devido à forma como se desincumbiu do planejamento do Congresso, foi designado para comandar as forças britânicas no Afeganistão, tarefa de importância capital para a carreira posterior de Roberts na Índia e na Inglaterra.[34]

O comitê aproximou-se das ideias e sugestões de um grupo pequeno e influente de oficiais políticos, homens que haviam servido por muitos anos como residentes ou como agentes dos governadores-gerais nas principais cortes indianas. Nos estágios iniciais do trabalho o general de brigada Henry Dermot Daly, sobre o qual Lytton escreveu "há um consenso universal em torno da ideia de que não existe na Índia um homem que saiba lidar tão bem com os príncipes nativos como Daly",[35] também fez parte do grupo, ao que parece. Daly argumentava que fazer um *durbar* com todos os principais príncipes representados seria impossível, por causa dos ciúmes e suscetibilidades dos chefes.[36] A maioria dos especialistas em política acreditava que "fatalmente surgiriam questões de precedência e queixas tediosas de todas as espécies, assim como rancores e melindres, o que causaria dificuldades ainda mais sérias".[37] Lytton tentou abrandar a oposição dos oficiais políticos, ignorando-os sem qualquer resposta, e insistindo que a reunião em Déli não era um *durbar*, mas um "Congresso Imperial". Assim, ele esperava que a questão da precedência não surgisse, e que, controlando cuidadosamente as visitas aos príncipes, não precisasse tratar de várias disputas territoriais.[38]

Ao final de julho de 1876, o comitê já havia terminado seu planejamento preliminar. O plano foi apresentado ao conselho do vice-rei, sendo enviada uma súmula a Londres, para ser aprovada por Salisbury e Disraeli. A esta altura, já em princípios de agosto, foi mantido um estrito sigilo, pois Lytton temia que uma divulgação precoce do plano levasse a um protesto geral na imprensa indiana — europeia e indiana — sobre certos detalhes do plano; receava também que ele causasse um debate tão "indecoroso" quanto o que assinalara a Lei dos Títulos Reais.

Lytton esperava alcançar um incrível êxito com o Congresso. Esperava que ele visivelmente "colocasse a autoridade da rainha no antigo trono dos mongóis, ao qual se associa, segundo a imaginação e a tradição de (nossos) súditos indianos, o esplendor do poder supremo!"[39] Por isso, tomou-se a decisão de realizar a reunião em Déli, a capital mongol, em vez de em Calcutá. Nesta época, Déli era uma cidade relativamente pequena, que estava se recuperando da destruição sofrida no levante de 1857. A população da cidade era tratada como um povo subjugado. Uma das "concessões" divulgadas em favor da rainha no Congresso foi a reabertura do *Zinat ul Musajid*, há muito fechado por "motivos militares" à visitação e adoração pública, e a restituição da Mesquita Fatepuri, em Chandi Chowk, aos muçulmanos de Déli; este templo havia sido confiscado em 1857.[40]

A escolha de Déli para local do Congresso também evitaria que se associasse a coroa a um centro regional diferente, tal como Calcutá ou Bombaim. Déli apresentava a vantagem de estar situada numa região relativamente central, embora lá os recintos disponíveis para grandes reuniões fossem poucos. O local da assembleia relacionava-se com a Déli britânica, não com a mongol, pois não foi o amplo *Maidan* diante do Forte Vermelho (que foi purificado e hoje é o centro ritual político da Índia), mas um lugar próximo à serra, escassamente povoado, palco da grande vitória britânica sobre a Rebelião. O acampamento britânico localizava-se na crista da serra, alongando-se para o leste, em direção ao rio Jamna.

O Congresso deveria ser uma ocasião que despertasse o entusiasmo da "aristocracia nativa do país, cuja simpatia e cordial fidelidade constituem considerável garantia de estabilidade [...] para o Império Indiano".[41] Lytton procurava criar laços mais fortes entre esta "aristocracia" e a coroa. Acreditava que a Índia jamais poderia manter-se apenas com a política do "bom governo", ou seja, melhorando as condições do *ryot* (agricultor), aplicando apenas a justiça, e gastando somas consideráveis em obras de irrigação.

A suposta suscetibilidade especial dos indianos aos desfiles e espetáculos e a posição estratégica da aristocracia foram os temas que definiram o Congresso que, por sua vez, segundo escreveu Lytton, devia influenciar também a "opinião pública" na Grã-Bretanha, e funcionaria como apoio ao governo conservador na Inglaterra. Lytton tinha esperanças de que um Congresso bem-sucedido, que causasse comentários favoráveis na imprensa, e que exibisse a lealdade dos príncipes e povos da Índia, provaria a sensatez da Lei dos Títulos Reais.

Lytton queria que o Congresso unisse ainda mais as comunidades britânicas dirigentes e não dirigentes da Índia, em apoio ao governo. Tal expectativa não se confirmou no Congresso. Os governadores de Madras e Bombaim aconselharam que a assembleia não se realizasse, e houve momentos em que se pensou que o governador de Bombaim nem compareceria. Ele alegou que havia em Bombaim uma grande carestia, que seria preciso ficar lá; os gastos feitos com a participação do governo central ou do representante da província seriam melhor aplicados para minorar a fome. Ambos os governadores queixaram-se do descontrole causado pela sua ausência do governo durante duas semanas, quando dispunham de inúmeros funcionários que poderiam representá-los no Congresso.

Muitos britânicos que no momento estavam na Índia, tanto dirigentes como não, e muitos jornais britânicos influentes consideraram a reunião como parte de uma política de exaltação dos "negros", e de demasiada atenção aos indianos, porque a maioria das concessões e

A INVENÇÃO DAS TRADIÇÕES | 241

privilégios destinava-se aos indianos. Lytton escreveu que teve de enfrentar "as dificuldades práticas de satisfazer ao elemento europeu, que tem uma tendência à reclamação, e de superar o problema de favorecer mais o conquistado que o povo conquistador".[42]

A oposição aos planos em Londres e na Índia foi tão forte que Lytton escreveu à rainha Vitória:

Se a Coroa da Inglaterra alguma vez tiver o infortúnio de perder o vasto e magnífico império da Índia, não será por deslealdade da parte dos súditos nativos de Vossa Majestade, mas por um espírito de desunião na Grã-Bretanha, e a deslealdade *e* insubordinação dos membros do Serviço Indiano de Vossa Majestade, cujo dever é cooperar com o Governo [...] na execução disciplinada e fiel de suas ordens.[43]

A SOCIOLOGIA COLONIAL E O CONGRESSO

Em termos analíticos, o objetivo do Congresso foi manifestar e tornar imperiosa a sociologia da Índia. Os convidados foram escolhidos com base em ideias dos governantes ingleses sobre qual seria a ordem social adequada para a Índia. Embora se enfatizasse o poder feudal dos príncipes e a "aristocracia natural", o Congresso também incluía outras categorias de indianos, os "cavalheiros nativos", os "senhores de terras", os "editores e jornalistas", e "homens representativos" de várias categorias. Na década de 1870 evidenciou-se uma contradição na teoria britânica da sociologia indiana. Alguns membros do grupo dominante britânico encaravam a Índia, em termos históricos, como uma sociedade feudal formada por proprietários, chefes e camponeses. Outros britânicos consideravam a Índia uma sociedade em transformação, composta de comunidades. Estas podiam ser de grandes dimensões e relativamente amorfas, tais como a hindu/muçulmana/sique/cristã/animista; podiam ser vagamente regionais, tais como a bengali e a guzerate; podiam ser castas, tais como a dos brâmanes, a dos rajaputros e a dos banianos; podiam também basear-se em critérios educacionais e ocupacionais, sendo compostas por indianos ocidentalizados. Os governantes ingleses que entendiam a Índia como um todo formado de comunidades procuravam controlá-las identificando para isso os "homens representativos", líderes que, segundo se supunha, falavam em nome da comunidade e respondiam por ela.

Segundo a teoria feudal, havia uma "aristocracia nativa" na Índia. Lytton, para definir e regulamentar esta aristocracia, planejou a instituição de um conselho privado e uma Academia Militar em Calcutá. O conselho privado seria puramente consultivo, convocado pelo vice-rei "que manteria todo o mecanismo sob seu controle".[44] A intenção de Lytton era organizar a constituição do conselho privado "de modo a tornar possível ao vice-rei, embora parecesse consultar a opinião nativa, a submissão dos membros nativos, assegurando, apesar disso, o prestígio de sua presença e anuência".[45] O plano de organizar um conselho privado na Índia logo esbarrou em problemas de ordem constitucional e na oposição do conselho para a Índia em Londres. Era necessária uma lei parlamentar para que se estabelecesse tal conselho, e o Parlamento não se reuniu durante o verão e o outono de 1876. Consequentemente, anunciou-se, no Congresso, a nomeação de vinte "conselheiros da imperatriz", com o objetivo de "dirigir-se, em determinadas épocas, com o fim de resolver assuntos importantes, aos príncipes e chefes da Índia, para ouvir seu parecer e seus conselhos, associando-os assim ao Poder Supremo".[46]

A Academia Militar de Calcutá seria o equivalente indiano da Academia Militar Britânica de Londres, o que realmente estabeleceria e organizaria uma "aristocracia" para a Índia. Os títulos indianos haviam sido um problema que afligia os governantes britânicos da Índia desde o início do século XIX. Aos olhos dos ingleses, não havia hierarquia fixa e linearmente ordenada, nem qualquer sistema comum de títulos, como o existente na sociedade britânica. Os títulos considerados reais pelos ingleses, como os de rajá, marajá, nababo ou bahadur, pareciam ser usados ao acaso pelos indianos, e não eram condicionados ao controle efetivo de nenhum território ou cargo, nem a um sistema hierárquico de diferenças de status.

A INVENÇÃO DAS TRADIÇÕES | 243

Havia, coordenado ao plano da fundação da Academia Militar, um plano de apresentar no Congresso Imperial noventa dos mais destacados príncipes e chefes indianos, trazendo enormes estandartes engalanados com seus brasões. Tais estandartes tinham o formato de escudos, à moda europeia. Os timbres também eram europeus, com componentes heráldicos derivados da história da casa real correspondente. As representações "históricas" dos timbres incluíam as origens míticas das famílias, eventos que relacionassem as casas ao domínio mongol e, principalmente, aspectos do passado que ligassem os príncipes e chefes indianos ao domínio inglês.

Os estandartes foram apresentados no Congresso Imperial aos príncipes indianos que compareceram. Estas apresentações substituíram a antiga prática mongol da troca de *nazar* (moedas de ouro) e *peshkash* (bens de valor) por *khelats* (trajes de cerimônia), que caracterizava a prática britânica anterior nos *durbars*. Ao eliminar os rituais de incorporação, os britânicos completaram o processo de redefinição da relação entre dominador e dominado, iniciado em meados do século XVIII. O que fora um sistema de autoridade baseado na incorporação dos subordinados à pessoa do imperador era agora uma expressão de ordem hierárquica linear, na qual a oferta de um estandarte de seda tornava os príncipes indianos súditos legítimos da rainha Vitória. Na concepção britânica da relação, os príncipes indianos tornavam-se cavaleiros ingleses, e deviam obedecer à rainha e prestar-lhe vassalagem.

Lytton estava ciente de que alguns dos funcionários graduados mais experimentados e práticos, que haviam trabalhado na Índia e agora eram membros da secretaria de Estado para o conselho da Índia, considerariam a apresentação das bandeiras e a fundação da Academia Militar como coisas "banais e tolas".[47] Para Lytton, tal reação seria um grave erro. "Do ponto de vista político", escreveu, "o campesinato indiano é uma massa inerte. Seu único movimento é o de obediência, não a seus benfeitores britânicos, mas a seus chefes e príncipes nativos, por mais tiranos que sejam."[48]

Os outros possíveis representantes políticos da "opinião nativa" era o que Lytton desdenhosamente denominava "babus", que haviam aprendido a escrever "artigos meio subversivos na imprensa indiana, e que nada representam, a não ser a anomalia social que é a sua posição".[49] Ele sentia que os chefes e príncipes não eram uma mera nobreza, mas uma "poderosa aristocracia", cuja cumplicidade poderia ser assegurada e utilizada de forma eficiente pelos britânicos. Além de seu poder sobre as massas, a aristocracia indiana poderia ser facilmente manobrada, se corretamente seduzida, pois "deixam-se facilmente influenciar pelos sentimentos, e são suscetíveis à influência dos símbolos aos quais os fatos correspondem inadequadamente".[50] Os britânicos, continua Lytton, poderiam obter "sua lealdade sem abdicar de sequer uma parcela de nosso poder".[51] Para reforçar seu raciocínio, Lytton referiu-se à posição britânica na Irlanda e, principalmente, à recente experiência com os gregos jônicos que, apesar do "bom governo" a eles concedido pelo domínio britânico, comprometeram entusiasticamente todas as vantagens por aquilo que chamou de "um paninho com as cores gregas". Acrescentou ainda, para frisar sua opinião a respeito da aristocracia indiana, que "quanto mais para leste se vai, mais importância se dá aos paninhos."[52]

A REPRESENTAÇÃO DA SOCIOLOGIA COLONIAL NA ÍNDIA: OS CONVIDADOS PARA O CONGRESSO IMPERIAL

No centro do palco, de acordo com os idealizadores da reunião, ficariam os 63 príncipes regentes que compareceram a Déli. Segundo Lytton, eles governavam quarenta mil pessoas e possuíam territórios maiores do que a França, a Inglaterra e a Itália.[53] Os chefes em exercício e os trezentos "chefes titulares e aristocratas nativos" que compareceram foram considerados a "nata da nobreza indiana". Lorde Lytton escreveu a respeito:

> Entre eles estavam o príncipe de Arcot e os príncipes de Tanjore, da Província de Madras; o Marajá Sir Jai Mangai Singh, e alguns dos principais Talukdars de Oudh; quarenta representantes das mais destacadas famílias

da Província do Noroeste, descendentes da ex-família real de Déli; descendentes dos Saddozai de Cabul, e os chefes Alora de Sind, sardares siques de Amritzar e Lahore, rajaputros das colinas de Kangra; o senhor semi-independente de Amb, na fronteira de Hazara, enviados de Chitrai e Yassin, vindos no cortejo do marajá de Jamu e Cachemira; árabes de Peshawar, chefes Patas de Kohat e Derajat; Tomduis Biluques de Dera Ghazi Khan; cidadãos proeminentes de Bombaim; nobres gondes e maratas das Províncias Centrais; rajaputros de Ajmir e nativos da Birmânia, da Índia Central, Maiçor e Baroda.[54]

Esta ladainha de nomes, títulos e lugares era para Lytton e para os ingleses a personificação do Congresso. Os nomes exóticos, os títulos "extravagantes" e, acima de tudo, a elaborada variedade de trajes e aparências foram constantemente comentados por observadores ingleses do Congresso. A lista de convidados incluía representantes de muitas das famílias reais indianas despojadas, tais como o filho mais velho do "ex-rei de Oudh", o neto do Sultão de Tipu, e os membros da "ex-família real de Déli" (a Casa do Imperador Mongol). O comparecimento destes descendentes das antigas grandes dinastias governantes da Índia emprestou ao Congresso um certo sabor de triunfo romano. A concepção britânica da história indiana, assim, concretizou-se, sob a forma de um "museu vivo", formado pelos descendentes tanto dos inimigos quanto dos aliados dos ingleses, a reviver o período de conquista da Índia. Os "governantes" e "ex-governantes" eram personificações fossilizadas de um passado criado pelos conquistadores britânicos no final do século XVIII e princípio do XIX. Toda esta "história" reuniu-se em Déli, para anunciar, exaltar e glorificar o poder britânico representado pela figura de seu monarca.[55]

A reunião de passado e presente foi anunciada na primeira proclamação oficial do Congresso Imperial, quando se afirmou que entre os que seriam convidados estavam "os príncipes, líderes e os nobres, em cujas pessoas se associa a *ambiguidade do passado* à prosperidade do presente".[56] Indianos de todas as partes do Império e até mesmo alguns asiáticos de outros países confirmaram, com sua diversidade, a necessidade do domínio britânico imperial. O vice-rei, representando a imperatriz, constituía o único poder que poderia integrar a imensa diversidade inerente à "sociologia colonial". A unidade do império era literalmente concedida pelos governantes britânicos, superiores e abençoados. Mencionou-se frequentemente a diversidade nos discursos, característicos dos dez dias de atividades do congresso. No banquete solene antes do início do Congresso, diante de uma audiência composta de indianos em "trajes nativos" e de britânicos de sobrecasaca ou uniforme, Lytton proclamou que se alguém quisesse conhecer o significado do título imperial, bastaria "olhar ao redor" e ver um império de "tradições e população numerosas, povoado por uma variedade quase infinita de raças, cujo caráter foi moldado por inumeráveis crenças".[57]

A sociologia colonial na Índia não era absolutamente fixa e rigidamente ordenada e classificada. O sistema classificatório baseava-se em critérios múltiplos, que variavam segundo o tempo e segundo a região. A classificação baseava-se em dois tipos de critérios; o primeiro referia-se ao que os britânicos acreditavam ser "natural", tal como casta, raça e religião; e o segundo dizia respeito a aspectos sociais que poderiam incluir aproveitamento, educação — tanto ocidentais como indianos —, o financiamento de obras de utilidade pública, atos de lealdade aos governantes britânicos e a história da família, considerada em termos de descendência e genealogia. O que os ingleses chamavam de "aristocracia natural" da Índia era por vezes confrontado com a categoria dos "aristocratas nativos", cujo status baseava-se em suas ações (critérios sociais), não em sua descendência (critérios naturais).

A maioria dos 22 indianos convidados pelo governo como "aristocratas nativos" eram grandes proprietários, que controlavam extensos territórios, tais como Hatwa, Darbangha e Dumroan em Bihar, ou homens como Jai Magal Singh de Monghyr, que havia prestado serviços de lealdade durante a "Rebelião" de Santhal e o "Levante" de Sepoy.[58]

O contingente de "nobres e aristocratas nativos" de Madras era liderado por descendentes dos dois governantes depostos: o príncipe de Arcot e a filha do último marajá de Tanjore. Além dos grandes proprietários da província de Madras, os membros indianos da Assembleia

Legislativa de Madras e dois funcionários públicos menos graduados também se encontravam entre os convidados oficiais. O contingente de "nobres e aristocratas nativos" de Bombaim era o mais variado, tendo sido aparentemente escolhido por qualidades representativas. A cidade de Bombaim enviou dois parses, dos quais um, Sir Jamesetji Jajeebhoy, era o único indiano da época que possuía um título hereditário de cavaleiro, tendo sido nomeado chefe da comunidade parse de Bombaim pelo governo britânico. Além disso, havia também um mercador proeminente, considerado "membro representativo da comunidade maometana", intercessor governamental do supremo tribunal de Bombaim e advogado bem-sucedido. Das "comunidades" da cosmopolita Bombaim, duas eram parses, duas maratas, uma guzerate e a outra muçulmana. Do resto da província vieram diversos proprietários, um juiz de tribunal de pequenas causas, um subcoletor, um professor de matemática da faculdade do Decão, e o tradutor oriental do governo de Bombaim.[59]

Logística e planejamento físico:
acampamentos, anfiteatro e motivos decorativos

No final de setembro de 1876, já haviam sido feitas as listas de convidados e enviados os convites. Agora o planejamento ocupava-se dos preparativos propriamente físicos para o Congresso, o local e preparação das áreas dos acampamentos, que deveriam oferecer acomodações adequadas para mais de 84.000 pessoas, que convergiriam a Déli no final de dezembro. Os acampamentos estendiam-se num semicírculo de 10 km, a partir da estação ferroviária de Déli. A preparação do local exigiu o despejo de cem aldeias, cujas terras foram arrendadas, e cujos lavradores foram impedidos de plantar suas culturas de inverno. Realizaram-se depois grandes obras de construção de uma rede rodoviária, de uma rede de fornecimento de água, de diversos bazares e de instalações sanitárias adequadas. Como sempre ocorria no caso de grandes reuniões de indianos no século XIX, os britânicos ficaram muito preocupados com a possibilidade de surgimento de uma epidemia, e por isso tomaram-se as devidas precauções de caráter médico. Foi necessária a contratação de mão de obra, na maior parte camponeses das aldeias, deslocados para que seus campos fossem utilizados para os acampamentos. A preparação para a construção das áreas de acampamento começou propriamente no dia 15 de outubro, supervisionada pelo general de divisão Roberts.

Os governantes indianos convidados receberam aviso para trazerem suas tendas e bagagens; os horários das ferrovias tiveram de ser refeitos para transportar os milhares de servidores e animais que acompanhavam os governantes. Impuseram-se severas restrições quanto ao número de acompanhantes. O número de servos permitido a cada chefe baseava-se no número de salvas de canhão que ele poderia receber, sendo que os que tinham a honra de receber dezessete ou mais salvas podiam trazer quinhentos servos; os que recebiam quinze poderiam trazer quatrocentos; os de onze, trezentos; os de nove, 250 e os "vassalos" sem direito a salvas só podiam trazer cem servos.[60] Os planejadores calculavam que os governantes indianos e suas comitivas chegariam a um total de 25.600 pessoas; mas, após o evento, calculava-se que havia 50.741 indianos em seus próprios acampamentos, 9.741 nos acampamentos imperiais, trabalhando como secretários, serventes e acompanhantes, e mais 6.438 nos "acampamentos mistos", como os da polícia, dos correios e telégrafos, do bazar imperial e dos visitantes.[61] Com exceção dos acampamentos da cavalaria — aproximadamente 14.000 homens — que compareceram ao Congresso, havia oito mil tendas armadas em Déli e nos arredores para abrigar os convidados. No total, havia pelo menos 84.000 pessoas no Congresso, das quais apenas 1.169 eram europeias.

O acampamento imperial central estendia-se por 3 km, com 1,5 km de largura, nas planícies contíguas ao lado nordeste da serra de Déli, ocupando os campos do posto militar anterior à Rebelião. O complexo de tendas do vice-rei dava para a estrada principal, de modo a ser facilmente acessível ao imenso número de visitantes, europeus e indianos, que receberia para audiências. Wheeler, historiador oficial do Congresso, chamou as tendas do vice-rei de "casas de lona", e o "pavilhão" — a enorme tenda do *durbar* — de "palácio".[62] Nesta tenda ficava a corte do vice-rei, que a presidia do seu trono, colocado numa plataforma elevada, sob um retrato da rainha Vitória, séria e vestida de preto, a inspecionar os procedimentos. Em frente a ele estendia-se o tapete vice-régio, com o brasão do governo imperial indiano. Sobre ele havia cadeiras arrumadas em leve semicírculo, onde se sentariam os membros de sua comitiva e os servidores importantes do chefe que viriam prestar homenagem à recém-proclamada imperatriz e a seu vice-rei. Distribuídos em fileira ao redor de toda a tenda ficavam abanadores com leques de cauda de iaque e de égua, vestidos com o uniforme da criadagem do palácio real, e atrás das cadeiras, dispostas paralelamente aos lados da tenda, ficavam cavalarianos europeus e indianos. Tudo isto, brilhantemente iluminado por lampiões de gás.

Acampado imediatamente à direita do vice-rei estava o governador de Bombaim, e à esquerda ficava o governador de Madras. Depois vinham os acampamentos dos vice-governadores. Na extremidade sudoeste do acampamento imperial, adjacentes aos acampamentos do vice-rei e do governador de Madras, ficavam os acampamentos do comandante em chefe do exército indiano e dos comandantes dos exércitos de Madras e Bombaim. Estes acampamentos tinham entradas individuais e eram quase tão grandes quanto os acampamentos do vice-rei. Atrás dos acampamentos do vice-rei, dos governadores e vice-governadores ficavam os dos delegados, do presidente de Hyderabad e dos agentes do governador-geral da Índia Central, Baroda e Rajaputrana; chegava-se a estes acampamentos por meio de estradas internas, pois eles não davam para as planícies.

Espalhados ao redor das planícies, a uma distância de 1,5 km até 7,5 km, ficavam os acampamentos dos indianos, organizados segundo a região de origem. No lado oriental da serra, na várzea do rio Jumna e mais próximos do acampamento imperial ficavam os do Nizam de Hyderabad, do Gaicovar de Baroda e o do marajá de Maiçor. Estes eram os "Acampamentos Nativos Especiais". Na frente do acampamento imperial ficavam os dos chefes centro-indianos, sendo que o mais próximo do acampamento imperial era o do Marajá Sindhia de Gwalior. 4 km ao sul ficavam os acampamentos dos chefes da Província do Noroeste de Bombaim e da Província Central. Enfileirados ao longo dos muros da cidade, a oeste e ao sul, ficavam os chefes do Punjabe, dentre os quais a primazia do lugar cabia ao marajá de Cachemira que, a uma distância de 3 km, era o que ficava mais próximo ao acampamento imperial. Os chefes rajaputros acamparam ao longo de 7,5 km, à margem da estrada de Gurgoan, diretamente ao sul do acampamento imperial. Os acampamentos dos Talukdars de Oudh ocupavam 8 km ao longo da Estrada de Kootub. Os nobres de Bengala e de Madras ficaram a uma distância de 1,5 km do acampamento principal.

Havia um contraste marcante entre a disposição dos acampamentos europeus e os indianos. Os acampamentos europeus eram bem organizados, com ruas retas e fileiras perfeitas de tendas de cada lado. As flores e a grama denotavam o toque inglês que os britânicos divulgaram por toda a Índia. As plantas foram fornecidas pelos Jardins Botânicos de Saharanpur e Déli. Nos acampamentos indianos, ofereciam-se aos governantes áreas onde cada um erguesse seu acampamento à sua maneira. Aos olhos dos europeus, os acampamentos indianos eram confusos e desorganizados, com fogueiras dispostas aparentemente ao acaso, e uma mistura de pessoas, animais e veículos a dificultar a livre circulação. Entretanto, a maioria dos observadores europeus impressionou-se com a vibração e o colorido dos acampamentos indianos.[63]

O contraste entre o acampamento imperial e outros acampamentos também foi notado por alguns indianos. Sir Dinkar Rao, *dewan* (primeiro-ministro) de Sindhia, comentou com um dos ajudantes de ordens de Lytton:

> Se algum homem quiser entender por que os ingleses são e precisam necessariamente continuar sendo senhores da Índia, basta subir à Torre do Mastro (ponto mais alto de observação dos acampamentos) e contemplar este acampamento maravilhoso. Ele verá o método, a ordem, a limpeza, a disciplina, a perfeição de toda a organização e reconhecerá imediatamente a síntese de todo o direito que tem uma raça de comandar e governar outra.[64]

A INVENÇÃO DAS TRADIÇÕES | 251

Há muito exagero, e talvez também uma certa dose de interesse na afirmação de Dinkar Rao; contudo, ela realmente indica uma das principais metas de Lytton e seus colaboradores, ou seja, representar a natureza do domínio britânico conforme a concebiam; e era isto que o acampamento representava, em sua teoria de governo: a ordem e a disciplina, que, na ideologia britânica, constituíam parte de todo o sistema de domínio colonial.

O ANFITEATRO E A PRECEDÊNCIA

Desde o início do planejamento, a questão da disposição dos lugares dos governantes indianos foi considerada como a mais delicada, dela dependendo o êxito do Congresso Imperial. Como sabemos, os problemas de precedência que, na opinião de especialistas como Daly, infernizavam um *durbar* tinham de ser evitados. A transformação do *durbar* em "congresso" permitiu a Lytton conseguir isso. Ele insistiu que a reunião não deveria lembrar um *durbar* "nem nos preparativos nem nas cerimônias",[65] uma vez que o ritual de proclamar o novo título não se daria "sob a lona", mas "nas planícies abertas, o que o desobriga de questões de precedência, troca de presentes e outros estorvos de um *durbar* comum".[66] Os planejadores do congresso foram de encontro a uma solução singular para a disposição dos assentos no Congresso Imperial. Decidiu-se que os príncipes ficariam numa arquibancada em semicírculo, divididos segundo a região de origem, do norte ao sul. O vice-rei ficaria sentado em seu trono sobre um estrado, cercado apenas por membros mais graduados de sua comitiva e de seus familiares. O estrado seria colocado de maneira que todos os indianos, pelo menos na primeira fila, ficassem equidistantes do vice-rei. Assim, ninguém poderia gabar-se de ser superior a seus colegas. A arquibancada seria dividida por província ou por agência, com exceção do Gaicovar de Baroda, do Nizam de Hyderabad e do marajá de Maiçor, que ficariam numa seção especial, nos assentos centrais. Cada uma das principais divisões geográficas tinha uma entrada privativa, e como a precedência de cada uma das unidades

geográficas tinha sido satisfatoriamente resolvida, não surgiria, esperavam os planejadores, a questão da precedência regional. Havia uma
estrada separada de acesso às entradas, e um horário para a chegada.
Os funcionários europeus deviam sentar-se no meio dos indianos, por
exemplo, o vice-governador do Punjabe ficaria junto com os príncipes
e pessoas eminentes do Punjabe, o delegado geral de Rajaputrana e os
vários residentes no meio dos chefes daquela região. Lytton escreveu:

> Os chefes não apresentam tantas objeções a sentarem-se em grupos de
> suas próprias nacionalidades e província, como apresentariam por terem
> de se misturar e ser classificados com pessoas de outras províncias, como
> acontece num *durbar*. Cada chefe sairia de seu acampamento para o Estra-
> do que lhe fora designado numa procissão de elefantes diferente, a tempo
> de receber o vice-rei.[67]

Além do pavilhão para acomodação dos grandes, construíram-se duas
enormes arquibancadas num ângulo oblíquo em relação a ele, para os
servidores e outros visitantes. Grande número de soldados do exército
indiano e dos exércitos dos príncipes ficavam em fileiras semicirculares
de frente para o pavilhão, assim como os servidores e outros indianos.
Disperso em meio aos espectadores estava um grande número de elefantes e cavalos com seus palafreneiros e *mahouts* (condutores).

Para realçar a singularidade do evento, os planejadores desenvolveram um motivo decorativo geral que poderia ser chamado de "feudo
vitoriano". Lockridge Kipling, pai de Rudyard Kipling e diretor da Escola de Artes de Lahore, um pré-rafaelita sem grande importância e, segundo suas próprias palavras, um "soberbo ceramista", foi encarregado
de desenhar os uniformes e a decoração do Congresso.

Construiu-se um enorme tablado para o vice-rei em frente ao pavilhão, em forma de hexágono, medindo cada lado 12 m, o que dava um
perímetro de 66 m; a base de alvenaria tinha três metros de altura. Um
largo lance de escadas levava à plataforma sobre a qual ficava o trono do
vice-rei. Acima do tablado ficava um imenso baldaquino. As colunas que
o sustentavam eram festonadas com coroas de louro, coroas imperiais,

águias semelhantes a gárgulas, estandartes com a Cruz de são Jorge e a bandeira britânica. Um friso pendente do baldaquino exibia a Rosa, o Trevo irlandês e o Cardo, ao lado do Lótus indiano. Das colunas do baldaquino pendiam também escudos com a Harpa irlandesa, o Leão Rampante da Escócia e os Três Leões da Inglaterra. O pavilhão semicircular de 240 m em que se sentavam os chefes e altos funcionários do governo era decorado em flores de lis e galeotas douradas, e os suportes da lona ostentavam a coroa real. Entre os mastros traseiros foram colocados os imensos estandartes de seda, com os brasões dos príncipes e chefes. Nem todos os observadores se impressionaram com o cenário. Val Prinsep, pintor contratado para fazer um quadro do Congresso, que seria um presente coletivo dos príncipes à sua nova imperatriz, ficou horrorizado com o que considerou uma mostra de mau gosto. Ao ver o lugar, escreveu:

Que horror! E eu terei de pintar isso?! Uma coisa ainda mais repelente que o Palácio de Cristal! [...] é toda ferro, ouro, azul e branco [...] O tablado do vice-rei é uma espécie de templo escarlate com 24 m de altura. Jamais existiu decoração mais barata, nem gosto pior.[68]

Em seguida escreveu:

Eles amontoaram decorações e cores umas sobre as outras. (O tablado do vice-rei) parece o topo de um bolo de camadas. Pregaram panos bordados em painéis de pedra, escudos de latão e achas espalhadas por todos os lados. O tamanho (do conjunto das estruturas) faz com que o lugar pareça um circo gigantesco, com uma decoração bem adequada.[69]

O CONGRESSO IMPERIAL

No dia 23 de dezembro, tudo estava preparado para a chegada do personagem principal do Congresso Imperial, o vice-rei, Lorde Lytton. Os 84.000 indianos e europeus haviam se instalado em seus acampamentos distantes, as estradas estavam prontas e as construções e instalações também. As atividades do congresso durariam duas semanas; o objetivo era comemorar a ascensão da rainha Vitória ao trono imperial, com o título de "Kaiser-i-Hind". O título foi sugerido por G.W. Leitner, professor de Línguas Orientais e reitor do Colégio Governamental, em Lahore. Leitner era húngaro, e começou sua carreira de orientalista, linguista e intérprete no exército inglês, durante a Guerra da Crimeia. Foi educado em Constantinopla, Malta e no King's College, em Londres; obteve um Ph.D. pela Universidade de Friburgo e era professor de árabe, turco, direito árabe e maometano no King's College, em Londres, antes de ir para Lahore, em 1864.[70] Leitner argumentou que o termo "Kaiser" era bem conhecido pelos nativos da Índia, tendo sido usado por escritores maometanos para referir-se ao César romano; daí ser o rei do Império Bizantino conhecido por "Kaiser-i-Rum". Nas atuais circunstâncias do governante britânico na Índia, o título sugerido seria adequado, segundo Leitner, porque combinava perfeitamente o termo romano "César", o alemão "Kaiser" e o russo "Czar", todos títulos imperiais. No contexto indiano, seria um título extraordinário, e não correria o risco de ser pronunciado de forma errada pelos indianos, como o título de imperatriz, nem faria com que se associasse o domínio britânico com títulos já batidos, como "Xá", "Padixá" ou "Sultão". Evitaria a associação imediata com títulos hindus e muçulmanos.[71]

Lorde Lytton havia comentado com o Lorde Salisbury em fins de julho de 1876, ao ler ou ao tomar conhecimento da leitura feita por Burne do panfleto de Leitner, que o título de "Kaiser-i-Hind" era "bastante conhecido dos orientais" e "amplamente reconhecido" na Índia e Ásia Central como "símbolo do poder imperial". Além do mais, o título era igual em sânscrito e árabe, "sonoro" e não era "vulgar, nem monopolizado por nenhuma Coroa desde os Césares romanos". Lytton deixou que Salisbury tomasse a decisão definitiva sobre a questão do título indiano da rainha.[72] Salisbury concordou com "Kaiser-i-Hind" e o título foi devidamente anunciado em caráter oficial no *The Times* de 7 de outubro de 1876. Alguns o criticaram, dizendo-o obscuro, como o eminente orientalista R.C. Caldwell; e Mir Aulad Ali, professor de árabe e urdu do Trinity College, em Dublin, considerou-o "absurdo", por evocar "a figura de uma dama europeia, vestida metade com roupas árabes, metade com trajes masculinos persas e de turbante indiano na cabeça".[73]

A chegada de Lytton à estação ferroviária de Déli deu início oficialmente ao congresso. Ele desceu do trem acompanhado pela esposa e duas filhas pequenas e sua comitiva, fez um curto discurso de boas-vindas aos governantes indianos e altos funcionários do governo ali presentes, cumprimentou entusiasticamente alguns deles, e depois dirigiu-se a uma fila de elefantes que o aguardava.

Lorde Lytton e a esposa foram transportados num *houdah* (cadeira com cobertura) de prata, feito para a visita do príncipe de Gales no ano anterior, colocado nas costas de um elefante considerado o maior da Índia, propriedade do Rajá de Banaras.

A procissão, precedida por cavalarianos, passou pela cidade de Déli e encaminhou-se ao Forte Vermelho, contornou o Jama Masjid e depois prosseguiu em direção ao noroeste, até os acampamentos da serra. Ao longo do trajeto estavam postados soldados do exército indiano, indianos e ingleses, entre os quais se encontravam contingentes dos exércitos reais de elite, vestidos com trajes "medievais" e portanto armas indianas. Lytton comentou que estes soldados nativos tinham "uma aparência bastante surpreendente e peculiar [...] uma exibição variada e brilhante de armas estranhas, uniformes esquisitos e tipos exóticos".[74]

O séquito levou três horas para atravessar a cidade e chegar aos acampamentos. À passagem do vice-rei, de sua comitiva e de outros funcionários britânicos, alguns dos servos dos príncipes indianos aderiam ao destacamento oficial. Entretanto, nenhum dos príncipes convidados desfilou na comitiva. Estavam ali para receber a dádiva e as homenagens de sua imperatriz, e para assistirem ao que os britânicos fariam em nome dela, como monarca da Índia.

A semana entre a chegada e a grande recepção de Lorde Lytton e o dia da assembleia reservado à leitura da proclamação da ascensão de Vitória ao trono imperial, em 1º de janeiro de 1877, foi repleta de audiências dadas por Lorde Lytton aos principais chefes, várias recepções e jantares para visitantes e participantes ilustres. No total, foram 120 audiências durante o tempo em que Lytton esteve em Déli, inclusive visitas de retribuição a muitos príncipes; Lytton recebeu também várias delegações que traziam abaixo-assinados e comunicações de lealdade à nova imperatriz.[75]

As mais importantes destas reuniões foram as realizadas com os príncipes na tenda de recepções do vice-rei. O príncipe comparecia num horário estipulado, acompanhado por parte de sua comitiva. Ao entrar, dependendo de seu status preciso, seria cumprimentado pelo vice-rei, que depois lhe ofertaria "seu" brasão bordado e costurado sobre um grande estandarte de seda. As cotas d'armas dos príncipes indianos foram criadas por Robert Taylor, funcionário público de Bengala e estudioso amador de heráldica. Taylor elaborou cotas d'armas para os governantes indianos pela primeira vez quando das visitas do duque de Edimburgo, em 1869, e do príncipe de Gales, em 1876. Lorde Lytton decidiu que além daqueles que Taylor havia feito anteriormente, deveriam ser criados mais oitenta.

Os emblemas inventados por Taylor tinham relação com a ideia que ele fazia das origens míticas das várias casas reais, da identificação destas com determinados deuses ou deusas, de fatos da história delas, características topográficas dos territórios governados; ou então combinavam-se com algum emblema ancestral associado a alguma casa real ou até a um conjunto de casas. A maior parte das armas dos rajaputros continha um sol que simbolizava sua descendência de Rama. Os chefes siques do Punjabe tinham todos um javali em seus estandartes. A cor do fundo do emblema poderia também ser usada para denotar grupos regionais de chefes, sendo que em alguns apareciam determinadas árvores ou plantas que eram sagradas para certas dinastias. Até mesmo episódios da Insurreição eram reproduzidos, se indicassem lealdade aos britânicos. Às vezes, a imaginação de Taylor parecia se esgotar. Cachemira, estado-tampão criado pelos britânicos em 1854, através do estabelecimento de um marajá que regesse territórios anteriormente dominados por vários outros governantes, teve de contentar-se com três linhas onduladas para representar as três cadeias montanhosas do Himalaia, e três rosas para sim-

A INVENÇÃO DAS TRADIÇÕES | 257

bolizar a beleza do Vale de Cachemira. Os brasões eram bordados sobre amplos estandartes de seda, de 1,5 m por 1,5 m, no estilo romano; os estandartes indianos, que são flâmulas de seda, foram rejeitados por não possuírem a forma adequada para ostentar as armas da nova nobreza feudal.[76] Além do estandarte e da cota d'armas, os mais importantes governantes indianos recebiam um enorme medalhão de ouro, que devia ser usado pendurado numa fita em torno do pescoço. Os chefes menores recebiam medalhões de prata, assim como centenas de funcionários públicos menores e soldados, tanto indianos como britânicos.

Nem tudo correu bem durante a entrega dos estandartes e dos medalhões; os estandartes eram incômodos e difíceis de carregar, devido ao peso dos mastros de latão e dos apêndices; os indianos ficaram sem saber o que fazer com eles. Pensaram que os estandartes talvez fossem destinados a serem exibidos em cortejos, nas costas dos elefantes. Um oficial de exército inglês, que ao entregar medalhões de prata a vários de seus cavalarianos indianos dirigiu-se a eles em urdu, sequer foi capaz de explicar o significado da comenda a seus homens. O que ele disse foi o seguinte: "*Suwars* (porcos — ele queria dizer *sowar*, palavra urdu que significa soldado), sua imperatriz mandou-lhes um *billi* (gatos — ele queria dizer *billa*, um medalhão) para que vocês usem em torno do pescoço".[77] As ofertas da imperatriz destinavam-se a substituir o oferecimento de *khelats* e evitar a oferta de *nazar*, ou moedas de ouro. É de se notar que o presente principal fosse uma representação da versão britânica do passado dos príncipes indianos em brasões.

Ao meio-dia de 1º de janeiro de 1877, tudo estava preparado para a entrada solene do vice-rei no anfiteatro. Os príncipes e outros dignitários estavam todos sentados em suas seções, a arquibancada cheia de espectadores, e milhares de cavalarianos indianos e europeus, formados em fileiras. O vice-rei e sua reduzida comitiva, inclusive sua esposa, entrou no anfiteatro ao som da "Marcha" da ópera "Tanhäuser". Logo que o grupo desceu da carruagem, seis trombeteiros, vestidos em trajes medievais, tocaram uma clarinada. A seguir o vice-rei subiu ao seu trono ao som dos acordes do Hino Nacional. O arauto-chefe, tido como o oficial mais alto do exército indiano, leu a proclamação da rainha, onde se anunciava que daquela data em diante seria acrescentado a seus Títulos Reais o de "imperatriz da Índia".

T.H. Thornton, secretário do Exterior do governo da Índia, leu uma tradução da proclamação do novo título para o urdu. Depois, foi disparada uma salva de 101 tiros de canhão, e os cavalarianos reunidos dispararam tiros de festim. O estrondo dos tiros de canhões e carabinas causaram um estouro dos elefantes e cavalos; vários espectadores morreram e se feriram, e ergueu-se uma enorme nuvem de pó que ficou pairando no ar até o final da cerimônia.

Lytton fez um discurso no qual, como era comum em discursos de vice-reis em ocasiões especiais, ele frisou o cumprimento da promessa feita pela imperatriz em sua proclamação de 1º de novembro de 1858, de que seria conquistada "uma prosperidade gradual", juntamente com o gozo tranquilo, por parte dos príncipes e povos da Índia, "de suas glórias hereditárias" e a proteção de "seus legítimos interesses".

A base histórica da autoridade britânica na Índia foi criada pela "Providência divina", que havia solicitado à Coroa que "substituísse e aperfeiçoasse o governo de Soberanos bons e grandes", cujos sucessores, porém, deixaram de

> assegurar a paz interna em seus domínios. As discórdias tornaram-se crônicas, e a anarquia, recorrente. Os fracos foram presa dos fortes e os fortes, vítimas de suas próprias paixões.

O governo dos sucessores da Casa de Tamerlane, continuou Lytton, "não mais conduzia ao progresso do Oriente". Agora, sob o domínio britânico, todos os "credos e raças" estavam protegidos e seguiriam guiados "pela vigorosa mão do poder imperial" que trouxera um rápido progresso e "uma maior prosperidade".

Lytton depois referiu-se às normas de conduta apropriadas para os componentes do império. Primeiramente referiu-se aos "Administradores Britânicos e Fiéis Dirigentes da Coroa", a quem a imperatriz agradecia "pelo grande esforço em favor do bem do Império", e pela "perseverante atividade, honestidade e abnegação, inéditas na história".

Especialmente, destacaram-se os "diretores regionais", de cuja paciente inteligência e coragem dependia a eficácia do funcionamento de todo o sistema administrativo. Todos os membros dos serviços civis e militares receberam agradecimentos da rainha por sua capacidade de "manter a alta reputação de sua raça, e de cumprir os preceitos benignos de sua religião". Lytton disse-lhes que eles estavam "conferindo a todos os outros credos e raças deste país os inestimáveis benefícios do bom governo". A comunidade não dirigente europeia foi cumprimentada pelos benefícios recebidos pela Índia "de sua iniciativa, diligência, atividade social e retidão cívica".

Os príncipes e chefes do império receberam agradecimentos do vice-rei em nome da imperatriz por sua lealdade e sua disposição de auxiliar seu governo no passado "caso este fosse atacado ou ameaçado"; era para "unir a Coroa Britânica a seus vassalos e aliados que Sua Majestade havia graciosamente consentido em assumir o título imperial".

O vice-rei disse aos "súditos nativos da imperatriz da Índia" que "os interesses permanentes deste Império exigem que a supervisão e direção suprema de sua administração seja feita por funcionários ingleses", que deveriam "continuar a constituir o mais importante canal para o livre escoamento das artes, ciência e cultura ocidentais para o Oriente". Apesar de tal afirmação da superioridade inglesa, havia espaço para que os "nativos da Índia" participassem da administração "do país que habitam". Contudo, não seriam indicados para os altos cargos públicos apenas aqueles que tivessem "qualificações intelectuais", mas também os "líderes naturais", "por nascimento, classe e influência ancestral", isto é, a aristocracia feudal, que estava sendo "criada" no Congresso.

O vice-rei concluiu o discurso lendo uma mensagem telegráfica da "rainha, Vossa imperatriz", assegurando a todos os congressistas sua amizade. "Nosso governo", dizia a mensagem, baseava-se nos sublimes princípios da liberdade, igualdade e justiça, "que promoverão sua felicidade", somando-se à sua "prosperidade e aumentando seu bem-estar".[78]

A conclusão do discurso do vice-rei foi saudada por ruidosos aplausos, ao término dos quais o Marajá Scindia, erguendo-se, dirigiu-se à rainha em urdu, dizendo:

Xá em Xá, Padixá, Deus a abençoe. Os príncipes da Índia a abençoam e oram para que seu *hukumat* (o poder de dar ordens absolutas que devem ser obedecidas, soberania) seja inabalável para sempre.[79]

Após Scindia, outros governantes exprimiram seus agradecimentos e protestaram lealdade. A declaração de Scindia, que parece ter sido espontânea, apesar de ele ter-se dirigido à rainha sem utilizar o título de "Kaiser-i-Hind", foi interpretada por Lytton como sinal de que os objetivos do Congresso haviam sido alcançados.

As atividades do Congresso estenderam-se ainda por mais quatro dias. Houve torneios de tiro ao alvo, a inauguração de uma Taça Real de hipismo, vencida (a calhar) por um dos cavalos dos príncipes, vários outros jantares e recepções, e a entrega de declarações de lealdade e pedidos de várias corporações regionais e civis. Organizou-se também uma grande mostra de artesanato indiano. As atividades encerraram-se com uma marcha dos cavalarianos imperiais, seguidos de contingentes dos exércitos dos príncipes. Anunciaram-se longas listas de honrarias, alguns príncipes tiveram acréscimos em suas salvas de canhão, e doze europeus e oito indianos receberam o título de "Conselheiros da imperatriz". Entraram mais 38 membros para a ordem da Estrela da Índia. Milhares de prisioneiros foram soltos ou ganharam redução de sentença, e alguns membros das Forças Armadas receberam recompensas em dinheiro. No dia da proclamação, realizaram-se cerimônias comemorativas em toda a Índia. Ao todo, mais de trezentas reuniões semelhantes aconteceram nas capitais das províncias, em todos os postos civis e militares, até nas coletorias locais.

Nas cidades, os planos das cerimônias eram geralmente elaborados pelos dirigentes indianos locais, incluindo *durbars*, oferta de poemas e odes em sânscrito e outras línguas, desfiles de colegiais, distribuição de doces às crianças, de alimentos aos pobres, de roupas aos necessitados, culminando em geral numa exibição de fogos de artifício ao cair da noite.

Conclusão

Os historiadores não deram muita importância ao Congresso de 1877; ele é no máximo tratado como uma espécie de leviandade, um grande *tamasha*, ou espetáculo, com muito poucas consequências práticas. É considerado em histórias do nacionalismo indiano como a primeira vez em que os primeiros líderes e jornalistas nacionalistas de toda a Índia reuniram-se no mesmo local e na mesma hora, mas é omitido por ser um mero disfarce para mascarar as realidades do império. É também tomado por exemplo da insensibilidade dos governantes imperiais, que gastavam fantásticas somas do dinheiro público numa época de carestia.

Na época em que foi planejado e imediatamente após, o Congresso foi bastante criticado pela imprensa de língua indiana e pelos jornais ingleses. Foi considerado por muitos, assim como as tentativas de glorificação do Império feitas por Ellenborough, uma coisa, de qualquer maneira, anti-inglesa, produto das loucas imaginações de Disraeli e Lytton.

Mesmo assim, mais tarde os indianos e europeus continuaram a fazer do Congresso uma espécie de marco histórico, de referência. Tornou-se o padrão pelo qual se mediam as cerimônias públicas. Pode-se dizer que o mesmo evento repetiu-se duas vezes — em 1903, quando Lorde Curzon organizou um *durbar* imperial em Déli para proclamar Eduardo VII imperador da Índia exatamente no local onde se proclamara o título imperial de Vitória; e quando, em 1911, também no mesmo lugar, Jorge V foi em pessoa coroar-se imperador da Índia. Curzon, homem muito ativo, inteligente e de uma fé quase megalomaníaca em seu próprio poder de governar a Índia, passou quase seis meses planejando "seu" *durbar*, seguindo sempre escrupulosamente os padrões estabelecidos por Lytton. Quando deles se desviava, era obrigado a dar explicações exaustivas e detalhadas para suas modificações e acréscimos. Provavelmente

Curzon queria que o *Durbar* fosse mais "indiano" do que o Congresso, e por isso o motivo era "indo-sarraceno", em vez de "feudo-vitoriano". Também queria que os príncipes tivessem uma participação mais ativa no evento em si, oferecendo homenagens diretamente. Este tipo de participação tornou-se o núcleo do *Durbar* Imperial de 1911, quando muitos dos príncipes mais importantes, durante o desenrolar da cerimônia, ajoelharam-se um a um diante de seu imperador, no que foi chamado de "pavilhão das homenagens", que substituía o tablado do vice-rei, no centro do anfiteatro.

Qual a importância ou consequência, não só do Congresso Imperial e dos *Durbares* Imperiais, mas também do idioma ritual criado para expressar, manifestar e impelir a construção da autoridade britânica sobre a Índia? Teriam Lytton e seus sucessores alcançado suas metas? Sob determinado aspecto não, pois a Índia, o Paquistão e Bangladesh hoje são países independentes. A ideia da permanência do poder imperial é uma raridade quase esquecida, até para os historiadores para quem os eventos do período de 1877 a 1947 são uma disputa feroz por lucros materiais, ou o auge da luta dos povos indianos contra o império.

Creio, no entanto, que há uma outra forma de encarar a questão do êxito ou fracasso das intenções de Lytton e seus aliados e da codificação do idioma ritual. Concentrei-me exclusivamente na estruturação britânica da autoridade e respectivas representações. Quando os indianos, principalmente nos primeiros anos do movimento nacionalista, começaram a desenvolver um idioma público político próprio, qual foi a linguagem utilizada? Em minha opinião, eles usaram o mesmo discurso empregado por seus governantes ingleses. As primeiras reuniões dos Comitês Congressistas da Índia pareciam-se muito com *durbares*, com procissões, a colocação dos principais personagens no centro, seus discursos, veículo pelo qual tentavam participar na conquista dos valores do "governo progressista" e na obtenção da felicidade e do bem-estar dos povos indianos. O idioma britânico foi eficaz por ter determinado os termos do discurso do movimento nacionalista em suas fases iniciais. Aliás, os primeiros nacionalistas diziam ser mais leais às verdadeiras metas do império indiano que os governantes ingleses.

A INVENÇÃO DAS TRADIÇÕES | 263

O Primeiro Movimento de Não Cooperação de 1920-1921 é considerado o marco do estabelecimento definitivo de Gandhi como personagem decisivo na luta nacionalista. Era a primeira vez que se experimentava uma nova linguagem, sob a forma da não cooperação e da resistência passiva. Basicamente foi esta a primeira rejeição completa e ampla da autoridade britânica na Índia. O movimento começou quando Gandhi declarou que os indianos deviam devolver todas as honrarias e emblemas concedidos pelo governo britânico. Ao fazer isso, Gandhi atacou não só as instituições governamentais, como também a capacidade do governo de tornar sua autoridade significativa e obrigatória através das honrarias.

A maioria das contribuições de Gandhi ao movimento nacionalista referiam-se à criação e representação de novos códigos de conduta baseados numa teoria de autoridade radicalmente diferente. Tais códigos eram simbolizados por uma série de sinais. Os indianos não usariam mais roupas ocidentais, nem os trajes "nativos" estipulados por seus governantes imperiais, mas apenas túnicas simples, tecidas em casa. Era nas reuniões para prece comunitária, sem a atmosfera de *durbar* dos comícios políticos, que ele pregava suas ideias. A peregrinação indiana adaptou-se à política sob a forma das marchas de Gandhi, e a ideia da *paidatra* (caminhada dos políticos junto com o povo) ainda faz parte dos rituais políticos da Índia.

Todavia, a linguagem britânica não se extinguiu com facilidade ou rapidez, e ainda pode ser encontrada sob várias formas. O fim do império começou onde se pode considerar que ele se iniciou, em 1857, com a profanação do palácio mongol, onde os funcionários britânicos beberam vinho e comeram carne de porco. O momento da transferência da autoridade do vice-rei para o novo primeiro-ministro de uma Índia independente teve lugar no Forte Vermelho, quando, à meia-noite de 14 de agosto de 1947, arriou-se a bandeira britânica diante de uma vasta multidão de indianos exultantes.

Notas

1. "Queen Victoria's Proclamation, 1 November 1858", in C.H. Phillips, H.L. Singh and B.N. Pandey (orgs.), *The Evolution of India and Pakistan 1858-1947: Select Documents*. Londres: Oxford University Press, 1962, p. 10-1.
2. J.H. Plumb, *The Death of the Past*. Boston: Houghton Mifflin, 1971, p. 41.
3. F.W. Buckler. "The Oriental Despot", *Anglican Theological Review*. Chicago, 1927-8, p. 241.
4. Ibid., p. 239.
5. Abu Al Fazl, *The Ain i Akbari*, trad. de H. Blochman, D.C. Philot (org.), 2ª ed., v. 67. New Delhi: Manas Publications,1927.
6. De Wellesley a Lake, em 27 de julho de 1803, in Montgomery Martin (org.), *The Despatches, Minutes and Correspondence of the Marquess of Wellesley During His Administration in India*, v. 3. Londres: J. Murray, 1837, p. 232.
7. Ibid., p. 208.
8. De Wellesley à Assembleia dos Diretores, em 13 de jul. de 1804, in Martin, *Despatches*, v. 4. p. 153.
9. John W. Kaye e George B. Malleson, *Kaye's and Mallesons History of the Indian Mutiny 1857-8*, 2ª ed. Londres: Longmans, 1897.
10. Ronald Inden, "Cultural Symbolic Constitutions in Ancient India", imp. mimeógrafo. 1976. p. 6-8.
11. "Bentick, Minute 2 January 1834", *I.O.L.R.*, Coleção da Comissão, 1551/62/250, p. 83.
12. Ibid., p. 94.
13. John Rosselli. *Lord William Bentick*. Berkeley: University of California Press, 1974, p. 192.
14. "Extract Political Letter to Bengal 3 July 1829", *I.O.L.R.*, Coleção da Comissão, 1370/54/508, p. 12.
15. "Bentick to Ct. Director, Minute, 2 January 1884", ibid., p. 83.
16. Albert H. Imlah, *Lord Ellenborough: A Biography of Edward Law. Earl of Ellenborough, Governor General of India*. Cambridge: Harvard University Press, 1939, p. 41.
17. Ibid., p. 42.

18. John William Kaye, *History of the War in Afghanistan*, v. II. Londres: Bentley, 1851, p. 646- 7.

19. Lorde Colchester (org.), *The History of the Indian Administration of Lord Ellenborough*. Charleston: Nabu Press, 2012.

20. Ibid., p. 324-38.

21. A.C. Das Gupta (org.), *The Days of John Company: Selections from the Calcuta Gazette, 1824-1832*. Calcutá, 1959, p. 23.

22. Ibid., p. 26.

23. Ibid., p. 3.

24. Registros do governo do Punjab· *Correspondence*, v. 7, parte 2, p. 39; H.L.O. Garrett, "The Trial of Bahadur Shah II", *Journal of the Punjab University Historical Society*, parte 1. Abr. de 1932, p. 3-18; F.W. Buckler, "The Political Theory of the Indian Mutiny", *Transactions of the Royal Historical Society*, 4. sér., v. 5. 1922, p. 71-100.

25. Michael Walzer, *Regicide and Revolution*. Cambridge: Cambridge University Press, 1974, p. 6.

26. Hansard, *Parliamentary Debates*, 3ª ser, v. 227. 1876, p. 4.

27. Ibid., p. 409.

28. Ibid., p. 410.

29. Ibid., p. 409.

30. Ibid., p. 1750.

31. De Lytton a Salisbury, em 12 de ago. de 1876, I.O.L.R., E218/518/1, p. 367.

32. General de divisão Sir Owen Tudor Burne, *Memories*. Charleston: Nabu Press, 2012, sobre sua carreira.

33. Marechal de campo Lorde Roberto de Kandahar, *Forty-one Year in India*. Londres: Macmillan, 1900.

34. O.T. Burne. "The Empress of India", *Asiatic Quarterly Review*, v. 3. 1887, p. 22.

35. De Lytton a Salisbury, em 11 de mai. de 1875, I.O.L.R., E218/518/1, p. 147.

36. Ibid., p. 149.

37. L.A. Knught, em seu artigo, "The Royal Titles Act and India", *Historical Journal*, v. 11, n. 3 (1968), p. 488-507, dá pormenores acerca das disputas de terras da época que supostamente poderiam fazer-se

notar no *durbar*; T.H. Thornton, *General Sir Richard Meade*. Londres: Longmans, 1898, p. 310.

38. De Lytton a Salisbury, em 11 de mai. de 1876, *I.O.L.R.*, E218/518/1, p. 149.

39. De Lytton à rainha Vitória, em 21 de abr. de 1876, *I.O.L.R.*, E218/518/1.

40. *I.O.L.R.*, Cartas políticas e secretas da Índia, jan. e fev. de 1877, n. 24, par. 20.

41. De Lytton à rainha Vitória, 4 de mai. de 1876, *I.O.L.R.*, E218/518/1.

42. De Lytton a Salisbury, em 30 de out. de 1876, ibid.

43. De Lytton à rainha Vitória, em 15 de nov. de 1876, ibid.

44. De Lytton a Salisbury, em 30 de jul. de 1876, ibid, p. 318.

45. Ibid., p. 319.

46. *Gazette of India*, edição extraordinária. 1º de jan. de 1877, p. 11.

47. De Lytton a Salisbury, em 11 de mai. de 1876, *I.O.L.R.*, E218/518/1. p. 149.

48. Ibid.

49. Ibid.

50. Ibid., p. 150

51. Ibid.

52. Ibid.

53. *I.O.L.R.*, Cartas políticas e secretas da Índia, fev. de 1877, n. 24, par. 5.

54. Ibid.

55. Para obter a lista dos principais convidados consultar ibid., ap. 1 e 2.

56. *Gazette of India*, edição extraordinária, 18 de ago. de 1876.

57. *I.O.L.R.*, Cartas políticas e secretas da Índia, fev. de 1877, n. 24, ap. 11, "Speech of Lord Lytton at State Banquet".

58. *I.O.L.R.*, Cartas políticas e secretas da Índia, jan. e fev. de 1877, n. 24, ap. 2.

59. Ibid.

60. *I.O.L.R.*, Atividades do Congresso Imperial 8, 15 de set. de 1876, Temple Papers, Euro. Man: F86/166.

61. Os números são fornecidos in *I.O.L.R.*, Cartas políticas e secretas da Índia, 6 de ago. de 1877, n. 140, ap. 8.

62. J. Talboys Wheeler, *The History of the Imperial Assemblage at Delhi*. Londres: Longmans, 1877, p. 47.

63. Wheeler, op. cit., p. 47.

64. Citado in Lady Betty Balfour, *The History of Lord Lytton's Administration, 1876-1880*. Londres: Longmans, 1899, p. 123.

65. Lytton, "Memorandum", *I.O.L.R.*, Atividades do Congresso Imperial 8, 15 de set. de 1876, Temple Papers, Man. Euro. F86/166, par. 16.

66. Ibid.

67. Ibid., par. 18: veja também Thornton, op. cit., ap. do cap. 21, "Note on the Arrangement of the Imperial Assemblage".

68. Val. C. Prinsep, *Imperial India: An Artist's Journal*. Londres: Chapman and Hall, 1879, p. 20.

69. Ibid., p. 29.

70. G.W. Leitner, *Kaiser-i-Hind: The Only Appropriate Translation of the Title of the Empress of India*. Lahore: I.P.O. Press, 1876, p. 11-2.

71. Ibid., p. 9.

72. De Lytton a Salisbury, em 30 de jul. de 1876, *I.O.L.R.*, E2I8/515, p. 321-2.

73. *Athenaeum*, n. 2559. 11 de nov. de 1876, p. 624-5; n. 2561. 25 de nov. de 1876, p. 688-9.

74. De Lytton à rainha Vitória, *I.O.L.R.*, Cartas enviadas à rainha, 12 de dez. de 1876 a 1º de jan. de 1877, E218/515/2.

75. Thornton, op. cit., p. 305.

76. R. Taylor. *The Princely Armory Being a Display for the Arms of the Ruling Chiefs of India after their Banners as Prepared for the Imperial Assemblage held at Delhi on the First Day of January, 1877*, documento datilografado do *I.O.L.R.*; e *Pioneer Mail*, 4 de nov. de 1904 (recorte arquivado com Taylor, *Princely Armory* no *I.O.L.R.*).

77. Burne, op. cit., p. 42-3.

78. *Gazette of India*, edição extraordinária, 1º de jan. de 1877, p. 3-7.

79. Thornton, op. cit., p. 310.

6

A INVENÇÃO DA TRADIÇÃO NA ÁFRICA COLONIAL

Terence Ranger

INTRODUÇÃO

AS DÉCADAS DE 1870, 1880 E 1890 foram épocas de grande florescimento das tradições inventadas europeias — tanto eclesiásticas como educacionais, militares, republicanas e monárquicas. Estas décadas também marcaram a penetração europeia na África. Existiram várias ligações complexas entre estes dois processos. A ideia de império era dominante no processo de invenção de tradições na própria Europa, mas os impérios africanos, por terem surgido muito mais tarde, mostraram as consequências, não as causas das tradições inventadas europeias. Distribuídas pela África, entretanto, as novas tradições adquiriram um caráter peculiar, que as distinguiu de suas versões imperiais europeias e asiáticas.

Ao contrário da Índia, muitas partes da África tornaram-se áreas de colônias de povoamento de brancos. Isso significava que os colonizadores tiveram de definir-se como os senhores naturais e incontestáveis de uma grande população africana. Os colonizadores basearam-se nas tradições inventadas europeias, tanto para definir quanto para justificar sua posição, e também para fornecer modelos de subserviência nos quais foi às vezes possível incluir os africanos. Na África, portanto, todo o aparelho composto pelas tradições escolares, profissionais e regimentais veio a exercer um papel de comando e controle muito maior do que na própria Europa. Além disso, na Europa, tais tradições inventadas

das novas classes dominantes eram até certo ponto contrabalançadas pelas tradições inventadas dos operários ou pelas culturas "populares" inventadas pelos lavradores. Na África, nenhum agricultor branco se considerava camponês. Os trabalhadores brancos das minas do sul da África realmente basearam-se nos rituais inventados do sindicalismo de ofício europeu, porém em parte porque estes eram rituais de exclusividade, podendo ser usados para evitar que os africanos fossem definidos como operários.

Também ao contrário da Índia, a África não ofereceu a seus conquistadores a estrutura de um estado imperial nativo, nem rituais centralizados de prestação de homenagens, ou de entrega de honrarias. Só se poderiam observar nítidas semelhanças entre os sistemas de governo africanos e europeus em nível de monarquia; havia na África, segundo os colonizadores, várias dezenas de reinos rudimentares. Por isso, os britânicos fizeram um uso muito maior do conceito de "monarquia imperial" na África do que na Grã-Bretanha e na Índia. A "teologia" de uma monarquia onisciente, onipotente e onipresente tornou-se praticamente o único ingrediente da ideologia imperial apresentada aos africanos. Para os alemães, o Kaiser também era o símbolo dominante do domínio germânico. Já os franceses tiveram de incorporar os africanos numa tradição republicana, tarefa bem mais difícil.

Todavia, por mais vantajosa que fosse para os britânicos, a ideologia monárquica não era suficiente para fornecer a teoria, nem justificar de pronto as estruturas locais de autoridade colonial. Como poucas eram as semelhanças entre os sistemas político, social e jurídico da África e da Grã-Bretanha, os administradores ingleses puseram-se a inventar tradições africanas para os africanos. O próprio respeito que sentiam pela "tradição" os dispunha a encarar favoravelmente aquilo que julgavam ser tradicional na África. Começaram a codificar e a promulgar essas tradições, transformando desta maneira costumes flexíveis em rígidas prescrições

Tudo isto faz parte da história do pensamento europeu, mas também se integra bastante na história da África moderna. Os historiadores, para chegarem a compreender as particularidades da África pré-colonial, precisam compreender estes processos complexos; muitos estudiosos africanos e africanistas europeus ainda sentem dificuldade em libertar-se dos falsos modelos de "tradição" colonial africana codificada. Entretanto, o estudo de tais processos não compete apenas aos historiógrafos, mas também aos historiadores. As tradições inventadas importadas da Europa, ao mesmo tempo que forneceram aos brancos modelos de "comando", deram também a muitos africanos modelos de comportamento "modernos". As tradições inventadas das sociedades africanas — inventadas pelos europeus ou pelos próprios africanos, como reação — distorceram o passado, mas tornaram-se em si mesmas realidades através das quais se expressou uma incrível quantidade de conflitos coloniais.

AS TRADIÇÕES INVENTADAS EUROPEIAS E O IMPÉRIO AFRICANO

As tradições inventadas na Europa no século XIX foram irregularmente introduzidas na África. Nas décadas de 1880 e 1890, muitos brancos vindos da Europa, Canadá e Austrália estavam chegando ao sul da África para trabalhar nas minas; grande número de africanos, atraídos, estavam entrando na rede migratória de mão de obra. Só que as tradições inventadas europeias, proletárias ou artesanais, não iriam facilitar a definição do lugar ocupado na hierarquia proletária pelos trabalhadores africanos, e muito menos classificá-los como artesãos ou trabalhadores. Pelo contrário, os rituais restaurados e inventados do sindicalismo artesanal foram utilizados para impedir os africanos de participarem. Em seu estudo sobre o sindicalismo branco na África do Sul, Elaine Katz mostra como os mineiros reivindicavam o status profissional. Esse sindicato, dominado por mineiros britânicos e australianos, era "organizado com base numa filiação exclusiva, restrita a mineiros subterrâneos brancos que tivessem um certificado de trabalho com explosivos". Os líderes sindicais incitavam os membros muitas vezes acomodados a desfilarem atrás do estandarte da profissão e de uma charanga no Dia do Trabalho — rituais de solidariedade trabalhista que naquele contexto evidenciavam status de elite. Conforme observou John X. Merriman, primeiro-ministro da Colônia do Cabo, em 1908, os operários brancos que na Europa eram considerados membros das "classes baixas" ficaram "maravilhados ao ver que aqui se encontravam numa posição aristocrática devido à cor".[1]

Diversos livros recentes demonstram que nas décadas de 1880 e 1890 os africanos de todo o leste, centro e sul da África estavam se tornando lavradores, sendo que o excedente de sua produção era expropriado por exploração, através do comércio, impostos ou arrendamento, e que sua posição subordinada era definida pelo cristianismo missionário.[2] Porém, os lavradores africanos não tiveram grandes oportunidades de usufruir as tradições inventadas através das quais o campesinato europeu procurara defender-se contra as intrusões do capitalismo. Quase em toda a África, os agricultores brancos viam-se não como camponeses, mas como uma verdadeira aristocracia rural. As manifestações camponesas europeias só chegaram aos africanos por meio de algumas das igrejas missionárias, tendo já sofrido modificações em sua forma.

A coisa que mais se assemelhou a uma igreja missionária camponesa foi a Missão da Basileia. Produto do pietismo de Vurtemberga, os missionários da Basileia levaram à África um modelo de sociedade rural derivado de sua defesa ao retorno à vida rural da Alemanha pré-industrial. Pregavam, contra a ameaça dos aglomerados urbanos industriais, uma "aldeia-modelo cristã" idealizada, uma "tradição" rural reconstituída com base na "combinação pré-industrial de ofícios empregando produtos naturais e famílias numerosas". Defendiam "uma estrutura social e econômica tradicional" no sentido de existirem relações diretas "entre a produção e o fornecimento locais de alimentos". Foram para a África em princípio para encontrar terras que servissem de refúgio às comunidades rurais alemãs. No contato com os africanos, agiam como "uma missão da aldeia para a aldeia". Na Alemanha, o modelo pietista apenas refletia de forma imperfeita um passado bem menos orgânico e coerente. Na África, jamais haviam existido "aldeias" com o tamanho e a estabilidade das da Basileia. As aldeias das missões da Basileia, longe de oferecer aos cultivadores africanos um meio de protegerem seus valores, agiram como mecanismos de controle europeu autoritário e de inovação econômica.[3]

Foram poucas as outras igrejas missionárias que expressaram de maneira tão clara as aspirações camponesas europeias. Muitas, porém, trouxeram características produzidas através das reações das igrejas à aspiração dos lavradores europeus. Assim, a Igreja Anglicana reagira às tensões de uma sociedade rural cada vez mais classista desenvolvendo rituais comunitários "tradicionais"; mais tarde introduziu na África as festas da colheita e as procissões da época da Ascensão, através dos campos africanos.[4] A Igreja Católica Romana reagira à proliferação anárquica de santuários, devoções e peregrinações rurais locais dando autorização a uma veneração mariana popular e centralizando-a em alguns santuários aos quais se dirigiu o fluxo de peregrinos.[5] Depois introduziu na África réplicas dos santuários de Fátima e Lourdes. Esta centralização dos rituais e devoções, instituída antes que se estabelecesse um cristianismo popular africano que a reclamasse, acarretou uma restrição, não um estímulo à imaginação dos lavradores africanos.

As tradições inventadas mais importantes para os brancos na África, e que causaram o maior impacto sobre os negros, não foram as dos trabalhadores e lavradores europeus, mas as dos aristocratas e dos profissionais liberais. Havia duas razões principais para a importância destas neotradições. Nas décadas de 1880 e 1890 já havia um excesso de capital neotradicional na Europa, à espera de investimentos no estrangeiro. A produção de homens que pudessem empregar-se na classe governante ampliada da democracia industrial realizara-se com êxito excepcional. Os filhos mais novos, os órfãos bem-nascidos, os filhos dos clérigos haviam conhecido as "tradições" do colégio, do batalhão, da universidade, mas não tinham garantias de progresso seguro nas hierarquias administrativas britânicas. Estes homens espalhavam-se pela África, transformados em soldados, caçadores, comerciantes, lojistas, oportunistas, policiais, missionários. Frequentemente envolviam-se em tarefas que na Grã-Bretanha seriam consideradas subalternas, aceitáveis apenas pela causa deslumbrante da construção do Império. A ênfase colocada por estes homens em seu direito neotradicional à aristocracia começou a intensificar-se.

A INVENÇÃO DAS TRADIÇÕES | 273

As neotradições eram importantes também porque nas últimas décadas do século XIX passou a haver uma necessidade urgente de tornar a atividade europeia na África mais respeitável e organizada. Embora na própria Grã-Bretanha, com a promoção da burocracia e das tradições do funcionalismo na escola, no exército, na igreja e até mesmo no comércio, a vida estivesse sendo organizada, a maior parte das atividades europeias na África tropical, administrativas ou não, haviam permanecido desorganizadas, mirradas, irregulares e ineficientes. Com o advento do domínio colonial formal, tornou-se imprescindível a transformação dos brancos em membros de uma classe dominante convincente, com direito de defender sua soberania não só pela força das armas e do capital, como também através do status consagrado pelo uso e outorgado pelas neotradições.

Portanto, tomaram-se determinadas providências para assegurar aos serviços militares e administrativos na África uma relação com as tradições dominantes. No período inicial da administração colonial fez-se uso frequente de oficiais do exército britânico, que apenas recentemente se tornara uma força eficiente e respeitável. Lugard contava com estes funcionários para auxiliar os "nobres" administradores da Nigéria. Em 1902, Lady Lugard, numa carta escrita em Lokoja, às margens do Níger, conseguiu descrever um verdadeiro festival de neotradições. Para comemorar o Dia da Coroação — dia da primeira coroação "tradicional" pormenorizada —,

> mandamos enfeitar a mesa patrioticamente, com rosas [...] e bebemos à saúde do rei, enquanto a banda tocava "Deus salve o rei" e uma multidão de negros, servos e outros exclamavam: "Bom rei! Bom rei!" Eu mesma pensei, ao percorrer a mesa com o olhar, observando os tipos de rostos de cavalheiros ingleses que se enfileiravam dos dois lados, que o nosso Império nos proporciona realmente um fenômeno permitindo que reunamos no coração da África para jantar vinte finos oficiais ingleses do tipo que se esperaria encontrar nos centros mais civilizados de Londres.[6]

Entrementes, o sistema educacional inglês começava a formar administradores coloniais civis. O reitor de Harrow declarou que quando um reitor pensa no futuro de seus alunos, não esquece que eles serão cidadãos do maior império existente sobre a terra; ensina-lhes patriotismo [...] Inspira-os com fé na missão divina de engrandecer seu país e sua raça.[7]

Os principiantes no funcionalismo colonial testemunharam o êxito destes esforços. "Quanto às escolas particulares", escreveu Sir Ralph Furse, um dos principais planejadores do funcionalismo colonial,

são indispensáveis. Não poderíamos ter prosseguido sem elas. Na Inglaterra, as universidades exercitam o raciocínio; as escolas privadas fortalecem o caráter e ensinam a liderar.[8]

Mas as universidades também vieram a desempenhar seu papel, e logo

o comissário distrital precisou ser um homem muito bem-dotado. Para candidatar-se ao setor administrativo do serviço colonial, tinha de ser bacharel em humanidades, graduado com distinção numa universidade reconhecida [...] Melhor ainda se, além de boas notas, ele tivesse também algum recorde em atletismo.[9]

Isto fez com que se produzissem administradores que governavam seus distritos como prefeitos arrogantes, que inventavam tradições particulares para humilhar os serviçais. Contam de um comissário do distrito de Tunduru, ao sul de Tanganica, que ele costumava

dar um longo passeio vespertino, de chapéu. Quando, próximo à hora do crepúsculo, ele resolvia ir para casa, pendurava o chapéu numa árvore próxima e continuava de cabeça descoberta. O primeiro africano que passasse por ali e visse o chapéu devia levá-lo à casa do comissário e entregá-lo aos criados, mesmo que estivesse seguindo em direção oposta, e ainda tivesse muito que andar. Se fingisse não ter visto o chapéu, seria para sempre assombrado pela ideia de ser capturado pelo serviço de espionagem do comissário.[10]

A INVENÇÃO DAS TRADIÇÕES | 275

Só que isso não foi o suficiente para garantir a aristocracia dos soldados e administradores da África. Havia também necessidade de acreditar que muitos colonos brancos também eram herdeiros reais ou potenciais das neotradições do domínio. Algumas comunidades foram bem-sucedidas o suficiente para implantar na África réplicas das escolas cujas tradições validavam a classe governante britânica. Assim, em 1927,

> foi debatido com o Eton College um plano para fundação da "Escola Privada do Quênia", sob os auspícios de Winchester e Eton, com colaboração das duas entidades na formação do quadro de pessoal *e* na concessão de bolsas de estudo aos filhos dos brancos mais pobres. Após uma viagem à Grã-Bretanha para analisar o apoio ao projeto, o diretor de Educação resolveu pedir que "todas as principais escolas particulares nos enviassem quadros dos edifícios escolares para que os meninos se lembrassem constantemente das enormes escolas da Inglaterra, e para que os jovens que visitassem a escola pudessem também se recordar de sua *Alma Mater*".

Como toque final, a escola receberia o título de "rei Jorge V", "como lembrança às raças atrasadas de que elas faziam parte do Império".[11] Para começar, porém, a transformação foi ocasionada principalmente por um complexo sistema de reformulações que influenciaram a forma pela qual os brancos da África eram encarados e a forma como eles mesmos se encaravam.

Tal processo funcionou de duas maneiras. O fato de que o excedente do capital neotradicional estava sendo investido na África, juntamente com o envolvimento de membros da alta sociedade na busca de um enriquecimento fácil, tornou possível aos analistas ressaltar o elemento aristocrata em meio aos colonos brancos, e insinuar que a própria experiência colonial dava aos outros a oportunidade de se tornarem aristocratas. Lorde Bryce impressionou-se com "a enorme proporção de homens bem-educados e de fino trato que se podia encontrar" na "imensidão tropical" da Rodésia em meados da década de 1890, acrescentando que a experiência colonial incentivava a "personalidade a desenvolver-se sob condições simples, porém duras, ideais para fazer ressaltar a verdadeira força de um homem". Em tais circunstâncias, Bryce estava preparado para tolerar os rasgos de entusiasmo neotradicional um tanto vulgares, que ele mesmo deplorava na Inglaterra. Ficou muito impressionado com o entusiasmo dos brancos sul-africanos pelo críquete, "o jogo nacional".

> Mesmo quem pensa que na Inglaterra a paixão pelos esportes já ultrapassou todos os limites do razoável, tornando-se uma séria ameaça à educação e ao gosto pelos prazeres intelectuais, descobrirão talvez na espécie de clima a justificativa para a dedicação ao críquete [...] Nossos compatriotas não deixam de praticar o jogo nacional por medo do Sol. São tão ingleses aqui na África quanto o seriam na Inglaterra.[12]

Ao lado deste processo de afirmação e construção da aristocracia, ocorria um outro — uma redefinição de ocupações; agora, era elegante ser comerciante ou garimpeiro. Os jovens aristocratas que migravam para a Rodésia ou para o Quênia talvez sonhassem um dia serem proprietários de terras, mas no princípio administrar uma loja de produtos agrícolas e comprar a produção agrícola africana era muito mais lucrativo que tentar fazer plantações individualmente. De qualquer forma, supunha-se que os "fazendeiros" que falassem inglês eram aristocratas, que não trabalhavam a terra com suas próprias mãos, mas lançavam mão de seus novos poderes neotradicionais de comando para dirigir os trabalhadores. Assim, em princípio, dependiam dos conhecimentos que os africanos — ou os africânderes (africanos descendentes de europeu) — tinham da terra, e compravam a melhor parte do excedente dos lavradores africanos. Ao fazê-lo, desempenhavam uma função indispensável, uma vez que a mão de obra das economias coloniais primitivas dependia inteiramente dos alimentos produzidos pelos africanos. Por isso, durante um certo tempo, era considerado elegante ser dono de loja ou comprar cereais e gado dos africanos.[13] Lorde Bryce encontrou jovens lojistas brancos "cultos e ponderados" na Rodésia em 1896, e também garimpeiros à procura de ouro com as mesmas características. O clima

A INVENÇÃO DAS TRADIÇÕES | 277

desta época inicial — e a euforia com as neotradições da aristocracia — manifesta-se de forma notável na autobiografia de Colin Harding. Harding era filho do senhor da Mansão de Montacute, e na juventude preocupava-se exclusivamente com extravagâncias da caça. Contudo,

> a morte de meu pai revelou o desagradável fato de que nem eu nem os outros membros de minha família éramos tão opulentos como pensávamos [...] Nem eu nem meus irmãos tínhamos profissão, nem meios de adquirir-mos uma

Apesar disso, "a caça ensina muita coisa". Harding chegou a Bulawayo em 1894, e descobriu que "a agricultura era um fracasso completo", e que "homens como eu eram mercadoria de pouca saída". Entretanto, "os lojistas experientes e confiáveis podiam conseguir quase todo o dinheiro que quisessem". Só que o jovem cavalheiro não sucumbiu. Partiu com um velho amigo também caçador, para procurar ouro. Logo começou a cavar uma galeria de mina. "Não adiantava lembrar meu amigo de que eu nada sabia sobre escavações de minas, porque ele me reduzia ao silêncio com a resposta de que desencavar ouro era o mesmo que desentocar uma raposa." Dentro em pouco Harding entrou na Polícia Britânica da África do Sul, encaminhado para uma carreira administrativa considerada mais aristocrática.[14]

Bem cedo, as condições na Rodésia e no Quênia desenvolveram-se de forma a estabelecer uma sociedade aristocrática mais estável. Os asiáticos, gregos e judeus assumiram o papel de lojistas e "vendedores de *kaffir*" (sorgo, milho-zaburro, plantado como cereal e forragem); a produção agrária africana teve seus preços deliberadamente reduzidos por manobras políticas, colocando mão de obra à disposição dos fazendeiros aristocratas. M.G. Redley descreve as características da sociedade queniana branca logo após a Primeira Guerra Mundial, da seguinte forma:

> A fonte principal de imigrantes britânicos com capital após a guerra era o que se denominava a "nova classe média alta". A riqueza familiar gerada em empreendimentos na área da indústria, comércio e profissões

havia atenuado as diferenças de classe da sociedade vitoriana. A educação das escolas particulares havia fornecido antecedentes básicos para aqueles que não podiam reivindicar diretamente títulos aristocráticos como os que tinham esse direito. Os antecedentes dos colonizadores de pós-guerra deviam muito mais à usina, à mansão do dono de manufatura, ao reitorado rural e à caserna dos oficiais do Exército Indiano do que à linhagem aristocrática [...] Entretanto, a fidalguia era um estilo de vida com que estes se sentiam muito identificados, e pelo qual tinham um interesse obsessivo [...] O fato de que os colonizadores europeus pertenciam à classe média alta representava a maior recomendação para aqueles que sentiam ameaçado seu status e sua individualidade na sociedade britânica.[15]

Redley relata como as neotradições funcionaram de modo a conservar integrada a sociedade branca rural pequena e dispersa. Os jogos de equipe reuniam regularmente os vizinhos de maneira aprovada e organizada. Permitiam também expressões simbólicas de protesto em linguagem familiar tanto a colonizadores como a administradores. Redley descreve uma "partida de futebol beneficente à fantasia" realizada em Nairobi, em 1907, e patrocinada pelo governador, que

foi desbaratada por colonos líderes, vestidos de secretários coloniais, que traziam fileiras de medalhas feitas de tampas de lata e fita vermelha e foram marcando com estacas um contorno ao redor do campo, de modo a isolá-lo das reservas de florestas, de nativos e de caça, até que o próprio campo ficasse inteiramente "fora dos limites".[16]

Por outro lado, todo projeto que visasse aumentar a população de colonos brancos através da entrada de milhares de pequenos lavradores ou artesãos era frustrado pela determinação, por parte daqueles que controlavam a sociedade do Quênia, de mantê-la nas mãos dos cidadãos "educados nas escolas particulares que tivessem patrimônio, pensão militar, renda resultante de investimentos ou subvenção familiar estável"

A transmissão das tradições de autoridade aos africanos

O jornalista queniano radical J.K. Robertson criticava violentamente os brancos do Quênia por colocarem empecilhos à indústria de produção. Para provar sua opinião, inventou a história da carreira de um colono.

> John Smith, empregado de um armazém em Londres, encontra uma vaga num certo escritório da África oriental inglesa. John Smithers-Smith deixa o suor do rosto nos livros e arquivos. "É o mesmo John, só que muito mais ele [...] Descobriu o valor de um nome de grosso calibre [...] John leva uma vida dissipada. É o costume, neste país. Raramente paga suas contas [...] Vive de vales e das lindas histórias sobre o sangue azul de seus ancestrais. John é uma verdadeira instituição neste país, e insinua-se no próprio seio da sociedade de Nairobi.[17]

De maneira mais geral, a força das tradições inventadas europeias de autoridade na África colonial ajudaram a produzir soldados, administradores e colonos dedicados à ética "feudal/patriarcal", em vez de à ética "capitalista/transformadora".

Esta questão, porém, sob muitos aspectos, é bastante enganosa. As tradições inventadas da Grã-Bretanha do século XIX representavam uma forma de administrar uma sociedade industrial imensamente complexa, uma maneira de gerenciar e acomodar as mudanças. Na África, também, os brancos dependeram da tradição inventada para gerar a autoridade e confiança que lhes permitiram tornar-se agentes de transformações. Além disso, na medida em que essas tradições foram conscientemente impingidas aos africanos, foram consideradas justamente como agentes de "modernização".

Havia duas maneiras bem diretas pelas quais os europeus procuravam fazer uso de suas tradições inventadas para transformar e modernizar o pensamento e o comportamento africanos. A primeira delas era a aceitação da ideia de que *alguns* africanos poderiam tornar-se membros da classe governante da África colonial, daí estender-se a esses africanos a educação num contexto neotradicional. A segunda maneira

— mais comum — era uma tentativa de fazer uso do que as tradições inventadas europeias tinham a oferecer em termos de uma relação reformulada entre governantes e governados. Afinal, a tradição regimental definia as posições dos oficiais e soldados; a tradição de casa-grande da aristocracia rural definia o papel de servos e senhores; a tradição da escola particular definia os papéis dos monitores e dos alunos que os obedeciam. Tudo isto poderia ser usado para construir uma sociedade hierárquica claramente definida, na qual os europeus comandavam e os africanos eram comandados, porém num contexto comum de orgulho e lealdade. Assim, se as tradições que os trabalhadores e lavradores haviam criado para si na Europa não exerceram grande influência sobre os africanos das colônias, as tradições inventadas europeias de subordinação tiveram uma influência realmente decisiva.

O melhor exemplo da primeira ideia — a de que alguns africanos poderiam transformar-se em governadores pela exposição à neotradição britânica — talvez seja a famosa escola, King's College, em Budo, Uganda. É G.P. McGregor que nos fornece o relatório mais completo, assinalando com inteligência que o oferecimento da educação primária só começou a ser levado a sério na própria Grã-Bretanha na década de 1870, como parte do processo de situar a maioria da população em seu devido lugar na hierarquia vocacional e educacional. Daí a disseminação de escolas primárias em Buganda (protetorado britânico em Uganda) no final do século XIX ter sido uma extensão consideravelmente rápida do mesmo processo ao império africano. Em Buganda, porém, embora este tipo de educação parecesse bastante adequada à maioria lavradora, os missionários anglicanos não a consideravam apropriada para a aristocracia ganda.

> Até hoje, quase nada havia sido feito pelas crianças das classes altas (escreveu o bispo Tucker), as quais, sob muitos aspectos, estavam em pior situação do que os filhos dos lavradores. Estávamos convictos de que se as classes dominantes de nosso país deviam exercer no futuro uma influência positiva sobre seu povo e sentir-se responsável por ele, era imperioso que se tomassem providências no sentido de aprimorar a educação destas

A INVENÇÃO DAS TRADIÇÕES | 281

crianças abandonadas, da forma mais saudável possível [...] através da disciplina pelo trabalho e pelo esporte em escolas internas, de maneira a fortalecer o caráter e a capacitar os bugandeses a assumirem seus próprios lugares na vida administrativa, comercial e industrial de seu próprio país.[18]

Em suma, no Buganda os missionários queriam acrescentar à educação elementar de estilo britânico uma estrutura de educação secundária de estilo britânico, de um tipo neotradicional. Faziam questão de explicar que seu objetivo era "adaptar nosso método da Escola Privada inglesa ao contexto africano". Obtiveram um êxito extraordinário. O King's College foi construído sobre a Colina da Coroação dos reis buganda, de forma que "ambos os cultos da coroação deste século foram celebrados na capela do colégio"; "embora algumas das cerimônias tradicionais tenham sido observadas", o culto "obedeceu a vários aspectos do culto de coroação inglês".[19] "O espírito de grupo logo se estabeleceu na Escola Privada inglesa", e os membros ganda da Turkey House requereram que este nome fosse mudado para Canada House, para combinar com England House, South Africa House e Australia House — Turkey (ou seja, "peru") parecia "visivelmente anti-imperial". O lema da escola, segundo o que se informa também escolhido pelos alunos, era uma versão ganda das últimas palavras de Cecil Rhodes: "Tão pouco feito e tanto para fazer."

McGregor reproduz uma carta de um aluno bugandês, escrita no primeiro ano de vida da escola, que nos permite ver este notável processo de socialização do ponto de vista dos nativos.

Primeiro, de manhã, depois de levantar, arrumamos direitinho nossas camas. Se não arrumarmos direito, os europeus nos criticam e censuram, quando aparecem por aqui [...] Nossas xícaras têm na frente um bicho semelhante a um leão. É assim que se reconhece um estudante de Budo. E ninguém pode comer nada no seu compartimento, nem mascar café; só na varanda, onde se servem as refeições. Cantamos um hino, rezamos, depois temos aula de inglês [...] Quando saímos, às quatro, vamos jogar futebol, onze contra onze, e colocamos todos os jogadores em suas posições, os goleiros, zagueiros, os meias e os atacantes.[20]

Todos concordavam que Budo tinha conseguido criar aquela coisa impalpável, o "espírito da escola". Fazia-se sentir em Budo

em sua melhor forma, tal como o respiramos na Inglaterra após várias gerações de experiências — o espírito de equipe, de disciplina, de patriotismo local — tendo sido notável a transposição dele para o coração da África.

Sir Philip Mitchell achava que Budo era "um dos poucos lugares daqui que têm alma". Professores expatriados mais tarde teceram críticas ao "hábito budoniano de defender tradições sem valor só porque elas sempre existiriam".[21]

Fossem quais fossem as tensões implícitas no ato de fazê-lo no âmbito imperial que subordinava tão firmemente a classe ganda governante aos administradores britânicos e a monarquia ganda à coroa imperial, não há dúvida de que os missionários criaram em Budo um complexo bem-sucedido de novas tradições, que evoluíram gradualmente num sentido paralelo a um cerimonialismo crescente da função do *Kabaka* e dos outros reis ugandeses, de modo a obter uma síntese próxima daquela ocorrida no século XIX na Inglaterra. As cerimônias do Jubileu de Ouro do colégio — "Havia quatro Reis na mesa das professoras" — foram também expressão ritual da dedicação de uma grande fatia da classe governante ganda a essas tradições inventadas e já consagradas.[22] Mas a experiência de Budo não seria um modelo repetido; os próprios britânicos terminaram se arrependendo da aliança original com os chefes ganda, e achando que eles não poderiam promover mudanças realmente modernizadoras. Estas só seriam obtidas por comandantes europeus que tivessem o apoio leal de subordinados africanos.

Havia várias tradições de subordinação à disposição. Uma delas era a tradição da hierarquia da casa-grande. Uma parte da autoimagem dos europeus na África consistia no direito de ter criados negros — no auge da crise de mão de obra das minas sul-africanas, havia mais negros trabalhando em Johannesburgo como empregados domésticos do que nas minas.[23] Em 1914, Frank Weston, bispo de Zanzibar, fez uma oposição

A INVENÇÃO DAS TRADIÇÕES | 283

entre a comunidade islâmica africana e a diferenciação cristã. O cristão africano, escreveu, não tem a que se apegar, a não ser "alguns europeus que passam por ele na rua; ele é inferior a eles; eles podem tratá-lo com simpatia; talvez seja garçom deles, ou então mordomo [...] mas irmão? Ainda não".[24] Não havia tendência à "fraternidade" na África colonial. Para a maioria dos europeus, a imagem predileta de sua relação com os africanos era a de senhor paternal e servo fiel. Esta foi prontamente transferida para o âmbito industrial. Em toda a África do Sul, os empregados africanos não se definiam como operários, mas eram controlados e disciplinados pelas Leis das Relações entre Senhores e Servos.

Contudo, poucos brancos mantinham na África estabelecimentos domésticos de dimensões que permitissem todo o arsenal "tradicional" da hierarquia servil britânica. A reestruturação dos exércitos africanos permitiu uma aplicação mais elaborada das neotradições europeias de subordinação. No fascinante relato de Sylvanus Cookey a respeito deste processo, os franceses destacam-se como os primeiros e mais criativos manipuladores da tradição inventada militar. Na década de 1850, Faideherbe dispensou suas tropas oprimidas e desmoralizadas e atraiu voluntários africanos com uniformes "seduisant", armas modernas, juramentos de lealdade sobre o Corão e carreiras instantâneas na glória militar da tradição francesa.

> De Paris sugeriu-se até, como meio de instilar bem cedo um sentido da modalidade militar nos jovens africanos, de maneira a prepará-los para uma carreira militar, que os filhos dos *tiralleurs* recebessem uniformes e equipamentos em miniatura semelhantes aos dos pais.[25]

Os britânicos custaram mais a seguir esta linha. Mas diante da ameaça francesa eles também puseram-se a regularizar os regimentos africanos. Lugard dedicou sua meticulosa paixão pelo detalhe à transformação de suas tropas nigerianas de turbas" em uma força de combate disciplinada e efetiva. Logo passou a tê-los em alta estima; choviam sobre eles elogios oficiais por sua conduta em campanhas na Costa do Ouro e no norte da Nigéria; construía-se uma tradição regimental tão rapidamente quanto se construíra o espírito de Budo. A administracão de Lugard era formada principalmente de oficiais do exército; também na África Oriental os "governos eram essencialmente de caráter militar nesta época", e o professor George Shepperson fez observações sobre

> a estreiteza da linha entre os civis e militares [...] Foi através de suas forças, bem como de suas missões que a cultura europeia foi levada aos habitantes nativos da África Central britânica.[26]

Este tipo de entrada de africanos na tradição militar teve o mesmo tipo de ambiguidades e o mesmo grau de êxito que a criação do espírito de Budo. Às vezes, as duas formas de socialização se reuniam, como no caso do *Kabaka* Edward Mutesa. Mutesa tornou-se *Kabaka* quando ainda era um colegial, em Budo, e ficou lá até terminar seus estudos; sua coroação foi realizada na capela da escola; ele liderou a procissão do Jubileu de Ouro. Contudo, ele foi integrado à tradição regimental do exército britânico.

> Entrou no Corpo de Oficiais de Cambridge logo após sua chegada à universidade e tornou-se oficial [...] Depois candidatou-se formalmente a uma vaga no exército, dando como primeira opção a corporação dos Guardas Granadeiros [...] Foi o rei Jorge VI que, numa iniciativa de boa vontade, sugeriu que Mutesa fosse promovido a capitão. Mutesa foi ao Palácio de Buckingham para a cerimônia.[27]

Ali Mazrui afirma que os *Kabakas* haviam-se tornado "uma instituição anglo-africana", fato nitidamente manifesto nas cerimônias que sucederam a morte de Mutesa. Ele teve dois funerais — um em Londres e outro em Kampala, ambos caracterizados por grandes honras militares.

> Já houvera um toque de silêncio no primeiro sepultamento de Mutesa em Londres, em 1969. Naquela ocasião, o componente militar do funeral foi deixado a cargo dos Guardas Granadeiros britânicos. Agora (em Kampala), os Guardas Granadeiros apenas tomaram parte na cerimônia. O grosso

A INVENÇÃO DAS TRADIÇÕES | 285

do componente militar vinha do exército ugandês. Mesmo assim, o universo de discurso existente entre aquela trombeta de Londres em 1969 e a trombeta entre as sepulturas *kasubi* de Uganda em 1971, era um universo comum.[28]

A aceitação de Mutesa nas fileiras oficiais, porém, foi uma rara exceção. Muito mais geral foi a produção de homens como o sucessor de Mutesa à presidência do Uganda, Idi Amin. Mazrui argumenta que a ascensão de Amin e de seu "lumpen-militariado" pode ser considerada como a restauração das tradições militares pré-coloniais, suspensas desde a conquista colonial. Porém, de fato, a carreira de Amin nos fornece um excelente exemplo de socialização através do exército colonial. Conforme nos relata Mazrui, quando Amin foi recrutado no Real Corpo Africano de Fuzileiros em 1946, mostrava

> todos os sinais do condicionamento colonial à dependência [...] Dentro de sete anos foi promovido a cabo e exibia as qualidades que tanto encantaram seus superiores britânicos — obediência instantânea, profundo orgulho regimental, reverência em relação à Grã-Bretanha e aos britânicos, um uniforme com vincos impecáveis, engomados até estalarem, e botas de biqueiras tão polidas que pareciam espelhos negros.[29]

Espelhos negros de oficiais ingleses era exatamente o que se pretendia fazer dos soldados africanos. Como Keegan demonstrou, os exércitos europeus haviam-se baseado livremente nos trajes e na aura romântica das raças "guerreiras" por eles enfrentadas. Não parecem ter feito isso na África, não como consequência de seus confrontos militares com os africanos. Restou a Baden Powell, um crítico da mentalidade formal e militar, basear-se nas capacidades escotistas dos matabele (povo da Rodésia) para oferecer à juventude branca um treinamento flexível, fecundamente inspirado em mitos kiplinguianos sobre a jângal. Durante muito tempo, na África meridional, os jovens africanos eram treinados sob rígidas normas regimentais e os jovens brancos, paradoxalmente, nas técnicas dos mateiros [30]

A admissão dos africanos ao que se pretendiam que fossem réplicas das neotradições da Grã-Bretanha não ficou só na copa-cozinha, da casa-grande, nas escolas como Budo ou no recrutamento para o exército. O cristão africano hipotético do bispo Weston, em busca da fraternidade, poderia, se tivesse sorte, "aprender datilografia",[31] e muitos africanos educados em missões ingressaram nos níveis inferiores da hierarquia burocrática. Os escriturários africanos começaram a dar valor aos carimbos e à fileira de canetas no bolso da camisa; as sociedades de dança africanas usavam carimbos surrupiados para autenticar sua correspondência mútua, e dançavam com trajes completos, tanto burocráticos como militares.[32] O personagem louco de Graham Greene, no barco cheio de rolos de papel, escrevinhando constantemente as minutas, enquanto procurava endireitar um mundo alienado, foi um tributo ao poder imaginativo — embora também uma dramatização da impotência — das formas de burocracia colonial. E, naturalmente, os cristãos africanos, transformados em integrantes do clero da fraternidade imperfeita das próprias igrejas cristãs, aprenderam a desempenhar os rituais inventados e reinventados da eclesiologia europeia do século XIX.

Neste sentido, houve uma certa periodização. As tradições inventadas europeias foram importantes para os africanos numa série de fases superpostas. A neotradição militar, com demarcações hierárquicas claramente visíveis, e obviamente indispensável ao funcionamento do colonialismo primitivo, foi a primeira influência poderosa. Seu impacto atingiu um clímax — particularmente na África Oriental — com as campanhas da Primeira Guerra Mundial. Daí por diante, principalmente na África britânica, a presença militar diminuiu.[33] A modalidade militar teve sua influência diminuída em relação às modalidades de integração missionária ou a formação burocrática dos africanos nos empregos do governo ou do empresariado. Mas o debate sobre a sequência das influências ou sobre qual das neotradições havia exercido a maior influência, afinal — um debate que oscila, na medida em que os reis africanos, cercados por ornamentos neotradicionais, dominam alguns novos estados africanos; na medida em que elites burocráticas triunfam em outros Estados; e o "lumpen-militariado" de Mazrui controla outros

A INVENÇÃO DAS TRADIÇÕES | 287

— acaba por tornar-se menos importante que uma avaliação do efeito geral destes processos de socialização neocolonial.

Este foi certamente considerável. As tradições inventadas europeias ofereceram aos africanos uma série de pontos definidos de entrada no mundo colonial, embora na maioria dos casos tenha sido uma entrada na situação subordinada em relação a um superior. Os europeus começaram a socializar os africanos no sentido de aceitarem um dos modos de conduta neotradicionais europeus à disposição — a literatura histórica está repleta de africanos orgulhosos por terem aprendido a serem membros de um regimento ou de terem aprendido a celebrar corretamente o ritual do anglicanismo do século passado. O processo frequentemente terminava com sérias ameaças ao poder colonial, expressas muitas vezes em termos das próprias neotradições de socialização. (Os meninos de Budo passaram da celebração fiel da cerimônia de coroação "modernizada" de Edward Mutesa aos motins e protestos porque o *Kabaka* não era tratado pelas autoridades como se fosse um rei "de verdade".) Este padrão foi estabelecido por Martin Channock para os professores tradicionalistas da Niazilândia e, com maiores detalhes, por John Iliffe para o Tanganica.[34] Em suas formas variáveis inspirou fortemente o que denominamos nacionalismo. É doloroso, mas não surpreendente, que Kenneth Kaunda, em busca de uma ideologia pessoal que o auxiliasse no caminho para a liderança nacional, encontrasse refrigério e inspiração nos *Books for Boys* de Arthur Mee (escritor inglês de literatura infantil).[35]

Se voltarmos por um momento à questão da "modernização" através do uso de tradições inventadas europeias, evidenciam-se todas as suas vantagens e limitações para os colonos. Elas *realmente* serviram para limitar os africanos a categorias relativamente especializadas — os *askari* (soldados nativos da África oriental), os professores, os servos, e daí por diante — e oferecer uma profissionalização rudimentar de trabalhadores africanos. Incrustadas nas neotradições da autoridade e subordinação, estavam exigências bastante nítidas para a observação dos horários e da disciplina do trabalho — o horário organizado, até fanaticamente determinado dos colegiais de Budo; o pátio dos exercícios como origem e símbolo de disciplina e pontualidade. Por outro lado, as tradições inventadas impingidas aos africanos foram as de autoridade, em vez das de produção. Os operários podem ter sido categorizados como "servos", mas por muito tempo o verdadeiro servo doméstico gozou de um prestígio muito maior, podendo manipular as reciprocidades implícitas na relação senhor/empregado negadas ao operário. Os operários e lavradores nunca tiveram acesso aos cerimoniais claros e prestigiados do soldado, do professor, do escriturário — exceto na medida em que os adotaram nas fantasias de carnaval ou concursos de dança.[36] E, conforme já vimos, os africanos foram excluídos especificamente das tradições dos sindicatos. Os operários africanos tiveram que criar sozinhos uma consciência e um comportamento apropriado a sua posição.[37]

Esta foi uma das muitas razões para o prestígio relativamente alto dos empregos não produtivos entre os africanos da África colonial. Ao mesmo tempo, se as novas tradições de subordinação haviam começado oportunamente a definir certos tipos de especializações, deram origem mais tarde a conceitualizações profundamente conservadoras destas especializações, fazendo com que os professores, ministros e soldados africanos se opusessem abertamente a tentativas posteriores de modernização.

AS NOVAS TRADIÇÕES DA MONARQUIA NA ÁFRICA COLONIAL

Os governos coloniais da África não queriam governar exercendo constantemente uma força militar, e precisaram de uma maior gama de colaboradores do que os africanos conquistados para as neotradições de subordinação. Precisavam especialmente da colaboração dos chefes, dos cabeças e anciãos das áreas rurais. Tal colaboração era, no fundo, um caso bastante prático de troca de benefícios.[38] Os governantes coloniais sentiram, porém, necessidade de uma ideologia comum do Império que englobasse brancos e negros, enobrecesse as práticas de colaboração e justificasse o domínio branco. Os britânicos e alemães encontraram tudo isto na ideia de Monarquia Imperial.

Na África Oriental alemã a ideia da centralização da monarquia tinha dois aspectos. Por um lado, os alemães acreditavam que os próprios africanos tinham uma noção rudimentar de realeza, e principalmente nos primeiros estágios de interação com os reis africanos prepararam-se para apoiar as manifestações africanas de monarquia e para enfeitá-las com alguns dos acessórios das encenações cerimoniais europeias do século XIX. Assim, um oficial alemão relatou ao Kaiser em 1890 que havia entregue presentes do imperador ao chefe Rindi do Chagga: "Enquanto os soldados apresentavam armas [...] envolvi seus ombros com o manto da coroação [...] do Teatro Lírico de Berlim e coloquei-lhe na cabeça o elmo com o qual certa vez Niemann cantou Lohengrin."[39] Por outro lado, os alemães acreditavam que as ideias africanas de governo pessoal por um monarca poderiam ser infinitamente ampliadas de forma que a figura de um Kaiser todo-poderoso viesse a personificar a autoridade imperial alemã. Como nos fala John Iliffe:

> A cerimônia que sintetizou o domínio alemão foi a celebração anual do aniversário do Kaiser. Em todos os postos administrativos os *askaris* desfilaram diante de uma imensa multidão. Após uma inspeção e algumas manobras, o oficial superior alemão dirigiu-se aos espectadores, louvando as virtudes do imperador e fazendo com que eles dessem três vezes um "viva" ao Kaiser e ao Reich. Depois todos dançaram, em círculos espalhados pela área do desfile.[40]

Mas foram os britânicos que mais elaboraram a ideologia monárquica. O rei britânico não possuía o poder executivo indiscutível e manifesto do Kaiser alemão. Contudo, dele se falava em termos mais místicos do que práticos. J.E. Hine, bispo da Rodésia do Norte, achou que a coroação do rei Jorge V foi "uma grande cerimônia religiosa".

Alguns aspectos do ritual, segundo ele, foram "muito teatrais, lembrando uma cena de ópera". Houve também "música demais", especialmente escrita para a ocasião, "música moderna, para mim barulhenta e sem melodia". Mas, no geral, a Coroação foi magnífica. Não foi uma simples encenação medieval, anacrônica, sem nada a ver com o espírito do século XX; não foi uma mostra teatral de uma magnificência bem preparada [...] Era um simbolismo da mais alta pompa, só que por trás dele havia uma realidade — a unção sagrada do eleito do Senhor, um ato de caráter quase sacramental, seguido pelo gesto de depositar sobre a cabeça deste homem a Coroa que é o símbolo externo da terrível, porém, grandiosa responsabilidade de governar todo o povo inglês e as várias nações de além-mar que devem sua lealdade ao rei inglês.[41]

No norte da Rodésia, o administrador em exercício convocou todos os chefes Ngoni e seu povo para uma festa do Dia da Coroação; a banda da "polícia nativa" tocou; o representante anglicano "vestido com trajes cerimoniais, rezou a prece especial escolhida para a ocasião, de pé junto à bandeira hasteada em comemoração". O arrebatado missionário mais tarde relatou as comemorações da tarde.

No vale acenderam-se quatro enormes fogueiras, ao redor das quais centenas de nativos escuros pulavam e dançavam. Alguns tinham guizos nos pés, e quase todos traziam clavas [...] Os europeus, abrigados por um anteparo de capim, ficaram sentados em semicírculo, e entre eles e as fogueiras dançavam os aborígines [...] Depois a banda da polícia adiantou-se e à luz do fogo que morria brindaram-nos com a "Marcha dos homens de Harlech", "Avante, soldados de Cristo" e outras melodias.[42]

Porém, não foi apenas a igreja oficial que falou da monarquia em termos religiosos. Os administradores leigos, foram ainda mais longe. Seus discursos pintaram aos ouvintes africanos um rei quase divino; onipotente, onisciente e onipresente. Numa série de discursos oficiais aos Sotho, por exemplo, frisava-se que o rei tinha conhecimento de sua situação, preocupava-se com o bem-estar do povo e responsabilizava-se por decisões que na verdade houvessem sido tomadas pelo gabinete. Em 1910, o príncipe Arthur de Connaught disse ao chefe supremo dos Sotho que o novo rei Jorge V "lembra-se das reivindicações que fizestes a Sua Majestade anterior, rei Eduardo", e que ele sabia que "quando ele resolver que é hora de incluir a Basutolândia na União Sul-Africana, vós obedecereis lealmente à Sua decisão".[43] Em 1915 Lorde Buxton afirmou ao chefe supremo que "Sua Majestade jamais deixa de interessar-se pelo bem-estar dos Basuto", e que apreciava o apoio aos "grandes exércitos que o rei enviou contra Seus inimigos".[44] Em 1925, o príncipe de Gales disse aos Sotho que estava

> muito satisfeito por ver que vós ainda cultivais a memória de minha bisa-vó, a rainha Vitória [...] Ela já não está mais entre nós, mas o rei continua a velar por vós, com carinho de pai. Deveis mostrar-vos merecedores de sua proteção, ouvindo os homens que ele enviou para guiar-vos e educar-vos.[45]

E em 1927, o coronel Amery, secretário de Estado para as colônias, disse aos Sotho que "Sua Majestade o rei, que me enviou nesta viagem através de Seus domínios, está profundamente interessado por cada um de seus súditos — grandes e pequenos".[46]

Quando o rei dirigiu-se pessoalmente aos Sotho — como na Mensagem Imperial de 1910 — seus assistentes puseram-lhe na boca palavras de tom patriarcal:

> Quando uma criança está com problemas, vai falar com seu pai, e este, após escutar o que ela tem a dizer resolverá o que deve ser feito. A criança deverá, então, confiar em seu pai e obedecer a ele, porque não passa de um membro de uma grande família, enquanto o pai tem grande experiência por ter resolvido os problemas de seus filhos mais velhos, sendo capaz de julgar o que é melhor não só para o filho mais novo, mas para a tranquilidade e bem-estar da família inteira [...] A nação Basuto é como uma filha muito pequena entre os muitos povos do Império Britânico.[47]

Não admira que em vista de tudo isto o velho chefe Jonathan tenha saudado a visita do príncipe de Gales à Basutolândia em 1925 com termos que alguns dos missionários presentes, surpresos, consideraram quase blasfêmias:

Para mim, hoje é um dia de festa. Rejubilo-me neste dia como Simeão das Escrituras por ter visto o Senhor Jesus antes de dormir no túmulo de seus pais.[48]

Usou-se a mesma retórica em toda a África britânica. Um observador atilado das *indabas* (conferências) do governador com os chefes no norte da Rodésia na década de 1920 ouviu-o dizer que essas reuniões "eram consideradas como uma demonstração (no sentido mais infantil possível) da benignidade de Sua Majestade em relação a seus súditos africanos incultos".[49] Certamente o governador preocupava-se muito em indicar o rei como fonte de sua autoridade e da autoridade dos administradores distritais.

Todos vós sois um só povo — súditos do rei da Inglaterra. O rei deseja que todos os seus súditos vivam juntos em paz [...] É para assegurar isto que se enviam governadores [...] O governador que mora em Livingstone e tem uma grande região para administrar não pode ficar em um só lugar, mas os comissários distritais [...] representam o governador e o rei, e cuidam para que os desejos do rei se realizem.[50]

Para emprestar credibilidade a estas alegações, os administradores coloniais consideravam o aspecto cerimonial da monarquia extremamente importante. Quando em 1919 o chefe supremo da Basutolândia requereu permissão para visitar o Vaticano e o Palácio de Buckingham em sua viagem à Europa, o alto comissário temeu que ele "se deixasse impressionar indevidamente pela pompa e solenidade da recepção no Vaticano e concluísse que o papa era mais importante que o rei"! A permissão foi recusada.[51] Quando o príncipe de Gales visitou o sul e o leste da África em 1925, apesar de obviamente não gostar de cerimonial, foi convencido pelas súplicas dos administradores coloniais, que lhe garantiram que se não aparecesse todo vestido de escarlate às multidões de africanos, seria melhor nem aparecer. O efeito foi satisfatório. "A chegada do príncipe foi um acontecimento magnífico", publicou o *Daily Telegraph* de Basutolândia; "Sua Alteza Real fulgurava de tantas medalhas, uma visão que impressionou profundamente a multidão imensa e silenciosa."[52] Do subdistrito Solwezi da Rodésia do Norte, veio a notícia de que os dois chefes que haviam comparecido à *indaba* do príncipe

> estavam muito emocionados ao manifestarem o prazer que sentiram em conhecer o príncipe [...] As duas principais impressões que parecem ter-lhes ficado gravadas na mente [...] foram, em primeiro lugar, a pompa e cerimônia que cercaram a visita — nas palavras de Kapijimpanga, "o uniforme do *Bwana* brilhava tanto que nem podíamos olhá-lo diretamente" — e, em segundo lugar, o fato de poderem reunir-se assim amigavelmente com todos os outros chefes do Território.[53]

A administração da Rodésia do Norte gabava-se de que a *indaba* havia representado a união de todos os povos do território, não porque fossem todos africanos, e menos ainda porque fossem todos da Rodésia do Norte, mas porque eram todos súditos de um rei poderoso. Tendo em vista estes antecedentes, foi um sinal de enfraquecimento da autoconfiança em vez de arrogância o fato de o governo da Rodésia do Norte ter sido obrigado a publicar instruções para os africanos, por ocasião da visita real de 1947, informando-os de que

> O rei Jorge é o maior monarca do mundo. Não é como um chefe africano. Não gosta de aglomerações em torno d'Ele, e espera que seus súditos se comportem muito bem.[54]

Mas as visitas reais eram ocasiões necessariamente raras na África colonial. Nos intervalos, o culto real teve de ser sustentado por rituais inventados locais. Havia gente que fazia carreira se conseguisse dar contribuições inspiradas a esses rituais. Exemplo excelente foi Edward Twining, mais tarde governador de Tanganica. O biógrafo de Twining conta que a família da mãe dele achava que ela não tinha feito um bom casamento, porque o pai de Twining, um ministro, não era considerado aristocrata. A carreira militar não muito destacada de Twining e sua transferência para o serviço colonial foi uma tentativa de conseguir um destaque convincente, levada a efeito do modo consagrado nas periferias imperiais da aristocracia. Twining só encontrou distinção no final — e obviamente devido à sua capacidade de inventar tradições com a maior sinceridade.

Enquanto ainda era oficial administrativo em Uganda, Twining escreveu e publicou um panfleto sobre a cerimônia de coroação inglesa, sobre o qual o *The Times Literary Supplement* comentou que embora "não existissem quase livros que se pudesse pensar em consultar em busca de pormenores arqueológicos", "para permitir o acompanhamento passo a passo do rito moderno, não se poderia esperar coisa melhor". Tendo assim rendido tributo à tradição inventada por outras pessoas, Twining pôs-se, no ano da coroação de 1937, a inventar a sua própria. Na verdade, a administração começou a notá-lo pela sua organização bem-sucedida das comemorações de 1937 em Uganda, um triunfo de criatividade cerimonial, descrito com entusiasmo por seu autor:

À noitinha, houve a Exibição Conjunta de Toque do Tambor e Fogos de Artifício, que foi um espetáculo em sua maior parte pessoal meu, uma vez que eu o criara, ensaiara dois números eu mesmo, organizara tudo, construíra uma arquibancada, vendera todos os bilhetes pessoalmente [...] Ao chegar, o governador apertou um botão que na verdade não acionava nada, embora aparentemente disparasse um foguete que, por sua vez, acendia uma enorme fogueira do outro lado do lago, que então disparava cinquenta foguetes. Neste momento, os corneteiros tocavam a retirada no escuro, e aí acendiam-se quarenta e poucas lâmpadas, holofotes e ribaltas, e os tambores e a banda começavam a tamborilar nos instrumentos de percussão, enquanto os espectadores acomodavam-se para escutar [...] Depois, alguns colegiais faziam o desfile dos soldados de brinquedo. Soube dos detalhes na Escola Duque de York, em Dover, e adaptei-os às condições locais. Os meninos vieram de calças brancas, túnicas vermelhas, e capacetes brancos de casamata, o oficial com uma barretina de pele de urso [...] O batuque prosseguiu depois disso. Fogos de artifício. Uma dança de guerra executada por 120 guerreiros vestidos com peles de leopardo. Plumas de avestruz, lanças e escudos. Depois, o espetáculo "De selvagens a soldados", mostrando o processo de transformação dos guerreiros nativos em verdadeiros soldados.

O principal acontecimento, a sensação da noite, foi uma retransmissão da voz do novo rei/imperador, ampliada por alto-falantes ocultos. No dia seguinte, houve uma cerimônia na suprema corte, com a presença do *Kabaka*, dos juízes, do governador, dos chefes e dos bispos — "invenção minha, também, que se tornou uma cerimônia altamente honrosa".[55]

O restante da *carreira* adequadamente destacada de Twining mostrou o mesmo interesse pelo cerimonial inventado. Foi um resplendente governador de Tanganica. No final, tornou-se um dos primeiros pares vitalícios criados — exemplo supremo da tradição inventada — e vendeu por uma ninharia seu Manto da Grã-Cruz da Ordem de são Miguel e são João, para comprar "uma túnica de segunda mão com orla de arminho legítimo".[56]

Em toda a África colonial britânica tais rituais eram levados muito a sério, embora exuberância como a de Twining fosse coisa rara. Numa análise recente do relacionamento entre "Estado e campesinato na África colonial", John Lonsdale afirma que "a questão da pompa do Estado colonial na África" pode ser talvez melhor investigada através da "observação de suas festas".

> Por todo o Império (escreve ele), houve comemorações no dia 6 de maio de 1935, jubileu de prata do rei Jorge V, até na pequena Kakamega, sede de um distrito nas montanhas do Quênia ocidental [...] O *poder* do Estado manifesta-se com um desfile das forças policiais [...] A *majestade* do governo foi evocada num discurso do governador, lido pelo comissário distrital, que observou que o rei Jorge estava presente, mesmo diante do súdito mais desprezível, na efígie das moedas que traziam, das medalhas de seus chefes. Ele era "um grande soberano, que muito ama o seu povo e procura governá-lo com justiça. Sempre mostrou um profundo interesse pessoal por vosso bem-estar" — e os mestres-escola líderes da opinião dos lavradores estavam ainda influenciando nos princípios do legitimismo camponês

ao passarem por cima dos servos do rei e requererem à Câmara dos Comuns que desagravasse as ofensas recebidas [...] A família real foi ainda mais ligada ao *progresso* material na cidadania camponesa. Na década da rainha Vitória "muito poucos eram os que tinham roupas, a não ser peles e cobertores, e raros eram os que sabiam ler. Agora tendes ferrovias, escolas, hospitais, cidades e centros comerciais, que vos dão a oportunidade de desenvolvimento que é consequência da civilização e do bom governo". O aperfeiçoamento colonial relacionou-se à *recreação* dos lavradores. As atividades do dia incluíram uma exibição do grupo local de escoteiros [...] Os governantes buscavam a simpatia de seus súditos no carnaval, quase que em verdadeiras *saturnais*. Havia competições exclusivamente para os africanos, pau de sebo, cabo de guerra, cabra-cega; havia também, contudo, esportes inter-raciais, uma corrida de bicicletas, uma corrida de asnos, até uma partida de futebol à fantasia, entre europeus e indianos, para os nativos assistirem. Também a *economia* camponesa foi cooptada; havia corrida de ovo na colher e de saco de farinha [...] Também se utilizou a *cultura* camponesa; o dia começou com cultos religiosos. Os europeus foram a um erudito culto anglicano. Os africanos tiveram de contentar-se com uma simples missa.[57]

É óbvio que os administradores britânicos levavam este tipo de coisa muito a sério — Twining, quando governador da Tanganica, recusava-se a negociar com a União Africana da Tanganica, de Nyerere, porque os considerava desleais à rainha. Contudo, é muito difícil avaliar como os africanos encaravam tudo isto. Lonsdale descreve as comemorações do Jubileu de Ouro de Kakamega como parte do processo de "naturalização do Estado", e mostra como os líderes do campesinato local agiam facilmente de acordo com as regras; na Rodésia do Norte, os chefes apoiavam a "teologia" administrativa dirigindo suas reivindicações de armas ou uniformes ao rei através de seu governador e enviando ao rei presentes de peles ou presas de leopardo; as associações de dança africanas elegiam seus Reis e Césares, para presidi-las, com cerimônias adequadas; pregadores milenaristas anunciavam a seus ouvintes que o rei Jorge, que até ali havia sido enganado por seus conselheiros corruptos, assumiria o controle direto e conduziria o Império à Idade do Ouro.[58] O símbolo da monarquia nitidamente excitava a imaginação. Talvez por algum tempo também tenha contribuído para algum tipo de consenso ideológico entre os europeus e seus colaboradores africanos. Como veremos, uma grande parcela da política de colaboração teve lugar dentro dos limites impostos pela teoria colonial da monarquia. Todavia, conforme demonstra a fatal rigidez de Twining no Tanganica, a manipulação colonial da monarquia e, aliás, todo o processo da invenção das tradições, tendo satisfeito grande número de objetivos práticos, tornou-se, afinal, contraproducente. A aparente irreverência despreocupada e a rapidez com que Twining fabricava tradições mal disfarçavam sua profunda dedicação à monarquia, à aristocracia, à neotradição. Era mais fácil inventar uma tradição do que modificá-la e torná-la mais flexível depois de inventada. As tradições *inventadas*, ao contrário dos costumes evoluídos inconscientemente, só poderiam ser levadas a sério se fossem seguidas ao pé da letra. Aquele famoso "espírito" tão decantado em Budo não poderia surgir onde fosse contado entre os restos mortais do cerimonialismo colonial.

TENTATIVAS AFRICANAS DE UTILIZAÇÃO DA NEOTRADIÇÃO EUROPEIA

Uma das funções da invenção da tradição no século XIX foi dar uma forma simbólica reconhecível e rápida aos tipos de autoridade e submissão em evolução. Na África, e sob a influência por demais simplificadora do domínio colonial, as próprias afirmações simbólicas tornaram-se mais simples e enfáticas. Os observadores africanos da nova sociedade colonial dificilmente poderiam deixar de perceber a importância que os europeus davam aos rituais públicos da monarquia, às gradações da hierarquia militar, aos rituais da burocracia. Os africanos que procuravam manipular estes símbolos por si mesmos, sem aceitarem as implicações de subordinação dentro de uma neotradição de autoridade, geralmente eram acusados pelos europeus de se preocuparem com ninharias, de confundirem a forma com a realidade e de imaginarem que era possível obter poder e prosperidade apenas imitando práticas rituais. Todavia, embora isso fosse verdade, o excesso de ênfase nas formas já fora criado pelos próprios colonos brancos, cuja maioria era beneficiária, em vez de geradora da riqueza e do poder. Se o monopólio dos ritos e símbolos da neotradição era tão importante para os brancos, não era ingenuidade da parte dos africanos tentar apropriar-se deles.

Parece-me que havia de modo geral quatro maneiras pelas quais os africanos procuraram aproximar-se das tradições inventadas europeias, de maneira relativamente autônoma, sem aceitar os papeis a eles atribuídos pelos europeus dentro delas. Num certo aspecto, a burguesia africana aspirante procurava apropriar-se da gama de comportamentos e atividades que definiam as classes médias europeias. Por outro lado, muitos governantes africanos — e seus partidários — lutavam para obter o direito de exprimirem sua autoridade através dos títulos e símbolos da monarquia neotradicional europeia. Os africanos novamente adaptaram o simbolismo neotradicional europeu como se fosse um modismo, manifestando sua sofisticação não através da "imitação" dos europeus, mas de uma mostra de sua impressionante capacidade de atualizar-se, de discernir as realidades do poder colonial e fazer sobre elas comentários perspicazes. Contudo, sob muitos aspectos, quem usou de forma mais interessante as neotradições europeias foram africanos erradicados, que precisavam descobrir novas maneiras de construir uma nova sociedade.

O relato mais claro de aspirações pequeno-burguesas africanas e da apropriação de neotradições da classe média britânica encontra-se na obra de Brian Willan sobre os africanos educados em missões em Kimberley, na década de 1890. "Nesta época, Kimberley era um lugar inexcedivelmente britânico: a vida cotidiana na Cidade dos Diamantes, com efeito, expressava talvez de maneira tão nítida como qualquer outra parte do Império o significado e a realidade da hegemonia imperial britânica" Na cidade havia

> uma classe cada vez maior *e* mais bem organizada de africanos educados que tinham sido atraídos a Kimberley pelas oportunidades lá existentes de emprego e de utilização das habilidades e alfabetização que possuíam.

Tais homens aspiravam tornar-se cidadãos estáveis do universo liberal britânico do século XIX — um universo de liberdade, igualdade sob a lei comum, de direitos estáveis de propriedade e de vigor empresarial. Ao mesmo tempo, pretendiam mostrar que pertenciam a este universo através do domínio das tradições inventadas mais "irracionais" da classe média britânica de fins do século passado.

Superaram os brancos em sua lealdade à coroa. "Um símbolo curiosamente importante e difundido [...] que expressava os valores e crenças por eles assumidas, era a figura da rainha Vitória"; eles celebraram o Jubileu de Diamante da rainha em 1897 com banquetes e discursos de lealdade em que dramatizaram suas conquistas "sucessivas" e sua fé na monarquia como abonador delas. Estabeleceram "uma rede de atividades regulares e participação em clubes, igrejas e sociedades". Acima de tudo, aderiram ao esporte:

O esporte (diz Willan) era importante na vida da pequena burguesia africana de Kimberley, proporcionando-lhes mais um motivo de associação e um meio de disseminar o valor hegemônico da sociedade em que viviam. Jogava-se tênis em três clubes: *Blue Flag Tennis Club, Champion Lawn Tennis Club e Come Again Dawn Tennis Club* [...] Muito mais populares, entretanto, eram o críquete e o *rugby*, esportes mais jogados na Colônia do Cabo em geral [...] O críquete foi o jogo realmente adotado pela pequena-burguesia africana de Kimberley. Não admira, pois afinal o críquete não era apenas um jogo. Era antes uma instituição exclusivamente britânica que englobava tantos dos valores e ideais [...] a que aspiravam os pequenos burgueses. O críquete era um espaço de treinamento social: a analogia entre o críquete e a vida era amplamente aceita, sendo inquestionável seu valor na formação do caráter. "Cautela, cuidado, paciência e decisão", segundo alegava um escritor do *Diamonds Fields Advertiser* em 1893, "inculcam-se com a viril prática diária do críquete". O críquete personificava e propagava a ideia do império.

Em Kimberley, os dois clubes africanos (que tinham vários times cada) eram o *Duke of Wellington Cricket Club* [...] e o *Eccentrics Cricket Club*; até mesmo os nomes são sugestivos, simbolizando ambos qualidades sobre as quais se construiu o Império Britânico.[59]

Mais tarde, na história africana, tudo isto veio a ser considerado pelos brancos como uma supervalorização do ideal do império. Na África do Sul não havia lugar para uma classe governante *negra* e jogadora de críquete. O críquete africano extinguiu-se, e foi mais tarde substituído pelo futebol proletário, esporte das massas na África moderna. Apenas em sociedades coloniais excepcionais, como Serra Leoa, a sociedade *creole* podia demonstrar regularmente seu real poder através de elaborados rituais neotradicionais europeus.

Entrementes, os chefes "tribais" africanos puseram-se a disputar os visíveis atributos da monarquia neotradicional porque seu status estava sendo ameaçado em toda parte durante o período colonial médio. Nos estágios iniciais, os administradores coloniais estavam satisfeitos o suficiente para reconhecer os governantes africanos como reis, e para conceder-lhes, como a Rindi, os luxos do cerimonial. Porém, à medida que os regimes coloniais se afirmaram e tornaram-se menos dependentes de concessões dos governantes africanos, começou um processo de esvaziamento. Assim, muitas das reivindicações da administração da Companhia Britânica da África do Sul à Rodésia de noroeste dependiam das concessões conseguidas de Lewanika de Baroce. Dizia-se que Lewanika era um grande rei, recompensado com o acesso ao fascínio da coroa britânica. O clímax simbólico da carreira de Lewanika veio com o convite por ele recebido para ir assistir à coroação de Eduardo VII, em 1902. Lewanika foi recebido com honras pela "sociedade" inglesa:

> puseram-lhe à disposição carruagens reais, desatrelaram-lhe os cavalos da carruagem numa aldeia de Dorset para que os aldeões pudessem puxar o veículo, pessoas como a duquesa de Abercorn ensinaram-no a jogar jogos simples, em chás.

Foi incentivado a adquirir para uso na Inglaterra e em seu país alguns dos símbolos do cerimonialismo real britânico: um coche real, um uniforme de gala de almirante, jaquetas escarlates para seus criados em Lealui. "Quando os reis se reúnem", anunciou o velho rei lozi, "nunca há falta de assunto".[60]

A INVENÇÃO DAS TRADIÇÕES | 301

Dentro em pouco, porém, o velho soberano perderia completamente o poder. Assim que a administração da Rodésia do Norte se sentiu mais segura, reduziu os poderes de Lewanika, repelindo-lhe os protestos e manifestando esta retirada de privilégios através de uma dupla manipulação do simbolismo real. Foi estabelecido que o alto comissário e o administrador deviam ser saudados com a saudação real lozi; também se estipulou que Lewanika não seria mais chamado de "rei", uma vez que isto o colocava acima dos outros chefes e estabelecia o que se considerava uma analogia completamente inadequada com o monarca imperial.[61] As coisas se desenrolaram de forma semelhante no reino Ankole, em Uganda. Lá houve um período inicial de apoio colonial à monarquia Ankole, seguido de uma reação na qual "oficiais a serviço na região desaprovaram que o título de rei fosse usado para referência aos governantes de pequenos Estados africanos".[62]

Neste período colonial médio, os "chefes supremos" africanos lutaram por obter o título de rei, convites para coroações britânicas, por manifestarem sua autoridade interna com coroas e tronos, coroações e jubileus à moda britânica. O *Omugabe* de Angola conseguiu um trono e um brasão, bem como uma coroa.[63] O sucessor de Lewanika, Yeta, lutou infatigavelmente para proclamar um status real especial. Teve certas vantagens. Sempre que um membro da realeza visitava a Rodésia do Norte, a administração procurava desesperada outras atrações que não as Cataratas de Vitória para lhe mostrar. Acabavam por recorrer aos lozi. Ao comentar as alternativas cerimoniais para a visita do príncipe de Gales, em 1925, o governador lamentou que "de modo geral certamente nenhum destes Chefes causará grande impressão", consolando-se, porém, com a ideia de que a "exibição aquática" de lozi certamente seria "coisa deveras pitoresca como cerimonial nativo".[64] Yeta trouxe sua frota pelo Zambeze ao encontro do príncipe, mas procurou frisar em seu discurso que "seria um grande prazer para nós receber e saudar Vossa Alteza Real em nosso território com cerimônias *adequadas*".[65] Além disso, havia milhares de lozi trabalhando nas minas e cidades do sul, muitos como escriturários e supervisores. Estes "novos homens" estavam perfeitamente preparados para fazerem doações e elaborarem abaixo-assinados para recuperarem o título de "rei" para seu chefe supremo. Em último lugar, o status especial de Baroce significava que a administração não poderia simplesmente impor "reformas" locais, mas teria de negociar com Yeta.

Com todas estas vantagens, Yeta alcançou um notável triunfo simbólico no final de seu reinado. Estava decidido a assistir à coroação de 1937. Os obstáculos eram incríveis. A secretaria de Estado em Londres havia a princípio decidido não convidar nenhum chefe africano para a cerimônia, restringindo-se aos príncipes indianos. Os administradores da Rodésia do Norte alegaram que a coroação era um rito sacramental apropriado apenas para os brancos; os africanos não podiam penetrar neste sacrário; a liturgia da coroação "não significaria nada para a grande maioria dos nativos".[66] Yeta, contudo, usou todas as suas vantagens; fez concessões à "reforma" do governo local e foi convidado. Sua viagem para o sul foi triunfal, pois a mão de obra migrante lozi acorreu aos magotes à linha do trem para doar fundos para a viagem. Yeta foi recebido pelo rei; apresentou-lhe a saudação real lozi; e retornou em triunfo a Baroce, onde os progressistas lozi mostraram-se

muito satisfeitos com a honra concedida a Baroce pelo Império Britânico, que convidou Vossa Alteza para assistir à Coroação e, além disso, deu a Vossa Alteza um dos melhores lugares da abadia, privilégio de que apenas algumas dentre milhares de milhões de pessoas gozaram.[67]

Esta vitória foi registrada para a posteridade pelo secretário de Yeta, Godwin Mbikusita, cuja obra *Yeta III's Visit to England* foi publicada em 1940.

A Coroação (escreveu Mbikusita) foi o maior evento que já vimos ou que jamais veremos em nossas vidas. Ao assistir ao Cortejo da Coroação, sentimo-nos como se estivéssemos sonhando ou entrando no Paraíso.

Todavia, ele também deixou bem claro que Yeta prestou homenagem ao rei Jorge de rei para rei, relatando que Sobhuza II da Suazilândia lhe havia telegrafado "desejando [...] que saúdes o rei com a etiqueta e o espírito real africano"[68]

Não foram apenas os grandes chefes que já uma vez haviam possuído o título de "rei" que utilizaram este tipo de política simbólica. O recurso à neotradição política real foi uma das técnicas da grande invenção de tradições "tribais" ocorrida em toda parte nas décadas de 1920 e 1930.[69] Leroy Vail relata o que ocorreu no caso: os Tumbuka tinham instituições religiosas e sociais diferentes. Sob o colonialismo, porém, um grupo de africanos educados nas missões criou uma supremacia Tumbuka. Chilongozi Gondwe foi escolhido para chefe em 1907, e iniciou uma campanha para imprimir seu status real nas cabeças dos Tumbuka. Todo ano comemorava o aniversário de sua ascensão ao trono, e começou a usar o título de "rei". Foi entusiasticamente apoiado pela elite missionária, que começava a produzir uma história mítica do antigo império Tumbuka. Conforme afirma Leroy Vail,

> que a elite erudita aceitasse valores tradicionais e uma organização hierárquica da sociedade sob a autoridade de chefes, não é coisa de se admirar, dada a natureza da educação vitoriana por eles recebida nas escolas missionárias.

O comissário distrital tentou deter a aquisição de influência por parte de Gondwe. "Disse-lhe que ele não poderia adotar o título de rei." Porém, na época da morte de Chilongozi Gondwe, em 1931, as coisas já estavam mudadas. A administração colonial já apoiava uma política de governo indireto que criou uma oportunidade para os inventores da tradição de elite.

Um ministro africano, Edward Bote Manda, apoiou o filho de Chilongozi, John Gondwe, como novo chefe. Manda criou um rito de coroação elaborado, que incluía uma série de "votos de chefia" baseados nos da coroação britânica — "Prometeis solenemente proteger nossa religião cristã e observar os ensinamentos da Bíblia que norteiam o correto governo de vosso povo?" A supremacia Tumbuka começou a assumir as características de uma monarquia cristã progressista.[70]

Veremos que estas tentativas de manipular o simbolismo real britânico eram complexas. Se do ponto de vista dos chefes elas eram principalmente reafirmações do status, do ponto de vista dos educados em missões eram também uma tentativa de *redefinir* a autoridade dos chefes. O rito da Coroação Britânica, segundo Mbikusita,

> mostra grande cooperação entre a Coroa e o Povo, e isto evidencia que embora o povo seja súdito do rei, o rei também é súdito do povo [...] Para nós é surpreendente que na Inglaterra a rainha seja coroada junto com o rei. Isto é um sinal de matrimônio irrevogável e de um verdadeiro companheirismo. A civilização europeia levou séculos para apreciar isto; esperamos que através dos ensinamentos e exemplos a nós concedidos por esta civilização, esta geração venha a aperceber-se disso.

Os professores lozi exprimiam a esperança de que a visita de Yeta para a coroação "abrisse uma porta para a classe alta de Baroce" e "elevasse o país através da adoção de algumas das práticas civilizadas existentes na Inglaterra".[71] Mais uma vez, na África, neotradições britânicas eram consideradas fontes de transformações modernizadoras.

Contudo, assim como a dedicação ao simbolismo real revelou-se, afinal, restrita aos colonialistas, seus frutos por toda a África foram no máximo ambíguos. Os africanos educados perceberam afinal que o caminho para o poder efetivo, de forma a trazer mudanças modernizadoras, não estava nos pequenos "reinos" africanos. Começaram a inventar tradições nacionalistas, em vez de tribais. Na época da visita do rei Jorge VI à Rodésia do Norte, em 1947, os intelectuais africanos aproveitaram a ocasião para fazer discursos de lealdade defendendo uma série de ideias nacionalistas; as velhas lealdades destas ocasiões só puderam ser mantidas à custa de censura arbitrária dos textos. A essa altura, surgira uma nítida diferença entre seus objetivos e os do chefe lozi, que em 1947 promoveu uma outra cerimônia seguramente pitoresca.[72]

Enquanto isso, os governantes africanos que *realmente* conseguiram adquirir alguns dos acessórios da monarquia neotradicional sofriam um processo irônico. Tratava-se, como Doornbos expressa muito bem em relação a Ankole, de uma transformação das instituições monárquicas costumeiras, flexíveis e adaptáveis, numa monarquia colonial "adaptada à estrutura burocrática e enfeitada com o correr do tempo com uma grossa camada de cerimonialismo". A essência da mudança

A INVENÇÃO DAS TRADIÇÕES | 305

em Ankole transformaria o *Omugabe* "num instrumento de hierarquia burocrática e relegaria os valores tradicionais ao nível do folclore". As aspirações de tornar-se mais parecidos com o rei/imperador terminaram por tornar os governantes africanos realmente mais parecidos com ele, pois eles passaram a ocupar cada vez mais o centro cerimonial de suas sociedades, em vez de estarem no núcleo político ou cultural. Foi um processo perfeitamente resumido pelo título do livro de Doornbos, *Regalia Galore* (Abundância de adereços). Porém, ao contrário do cerimonial do rei/imperador, que ainda desempenha uma função na reduzida Grã-Bretanha pós-imperial, o cerimonial dos reis africanos acabou não servindo para refletir nada de importante. A monarquia Ankole foi abolida sem qualquer sombra de oposição, e a imprensa local resumiu na manchete a transição para um símbolo de autoridade mais abertamente burocrático — "O trono substituído pela cadeira do presidente".[73]

Entretanto, não foram apenas os governantes e o clero africanos que tentaram manipular os símbolos da tradição inventada europeia. Também se apoderaram deles milhares de outros que viviam uma economia colonial, seja como trabalhadores ambulantes ou como pequenos escriturários e funcionários. Cada um destes dois grupos procurava adaptar-se à nova sociedade colonial, e faziam-no em parte pela participação em associações de dança em que algumas tradições inventadas europeias eram adotadas para exprimir a essência do colonialismo, como fonte de prestígio, ou como sinal de bom gosto. John Iliffe descreve as associações de dança litorâneas na África Oriental Alemã logo antes da Primeira Guerra Mundial. Em 1911, os *ngoma ya kihuni* — associação de dança dos vadios, nome ousado, escolhido por "imigrantes de baixa classe do norte" — executavam danças em homenagem ao Kaiser. Dançavam o *Bom*, uma imitação de um exercício militar alemão; o nome da dança vinha do barulho da metralhadora. Os escriturários e empregados domésticos "sempre comemoravam o aniversário do Kaiser com *chapaulinge*". Essas associações de dança reuniam-se numa casa mobiliada em estilo europeu; tomavam chá; "ao cabo do festim, gritavam 'Hurrah!' três vezes".[74] Nas cidades litorâneas do Quênia uma divisão semelhante de classes gerou uma competição entre os migrantes Arinoti do norte e os jovens Marini suaíli. Os Marini gozavam de protetores ricos e aristocratas, e venciam seus oponentes plebeus com cortejos abertos por retratos do governador e de seus escudeiros; com carros alegóricos de navios de batalha, com almirantes em uniformes de gala recebendo a saudação na ponte; e numa gloriosa ocasião ainda muito celebrada nos álbuns fotográficos de Lamu, uma majestosa fileira de nobres da Câmara dos Lordes, todos trajando vestimentas cerimoniais completas.[75]

Como já expliquei, estas ocasiões carnavalescas eram muito mais do que uma mera imitação dos brancos. As sociedades de dança descendiam de associações mais antigas que durante décadas, e provavelmente séculos, refletiram as transformações na experiência do litoral e do interior, ora evidenciando uma mudança no equilíbrio de poder, pela adoção dos costumes Omani, ora pela adoção dos costumes indianos. Entre outras coisas, as associações de dança conseguiam captar com muita perspicácia as divisões básicas existentes na sociedade colonial europeia, usando-as como base para o concurso de dança. Antes da formalização do colonialismo, as equipes francesas competiam com as britânicas e alemãs. Sob o colonialismo, as equipes que representavam o poder marítimo competiam com a infantaria colonial. No Quênia, as equipes que professassem lealdade à coroa britânica — "Kingi" — competiam com as equipes que representassem os rivais mais evidentes dos ingleses, os escoceses. As equipes "Scotchi" desfilavam pelas ruas de Mombasa, vestindo saiotes e tocando gaitas de fole, consagrando assim a invenção bem-sucedida, no século XIX, da tradição escocesa. Os galeses, infelizmente, estavam menos presentes no império africano, e não houve druidas nos concursos de dança africanos![76]

Estas danças eram executadas por homens que ou tinham segurança em seu ambiente urbano litorâneo ou podiam retornar a seus lares no interior. Outros, porém, sentiam-se deslocados, necessitando não só refletir sobre a experiência colonial, mas também descobrir uma maneira de organizar suas vidas como um todo. Para essas pessoas, foi útil uma tradição europeia em particular — a modalidade militar. Era o modelo mais nítido disponível, principalmente nos primórdios do colonialismo. Suas demarcações de autoridade eram óbvias, assim como seus métodos de inspirar a disciplina no trabalho; constituía uma parte essencial das primeiras sociedades coloniais europeias, e parecia oferecer um modelo completo de comunidade operativa. Estava tão à mão, que a modalidade e a metáfora militares eram amplamente empregadas pelos missionários europeus, que armavam e treinavam seus recém-convertidos antes que se estabelecesse o domínio colonial formal, e continuaram a treinar os colegiais e a organizá-los em bandas estrídulas durante grande parte do período colonial.[77] A disciplina apropriada, entretanto, não era simplesmente reforçada pelos brancos; muitas vezes, era algo que os próprios africanos procuravam. Afinal, a adaptação às exigências do novo sistema colonial era coisa que os próprios africanos tinham de fazer. Era necessário um novo modelo de interação social, de hierarquia e controle para muitos agrupamentos africanos que queriam tornar-se comunidades. A modalidade militar poderia ser utilizada pelos africanos para todos esses fins.

O prof. Ogot cita um caso impressionante. O bispo Willis visitou convertidos africanos espalhados no oeste do Quênia em 1916.

Educado ou semieducado numa escola missionária (escreveu o bispo), o convertido retorna à sua aldeia nativa, e dele não mais se tem notícia. Da próxima vez que o missionário o encontra, ele já está dirigindo por livre iniciativa uma pequena congregação de leitores, da qual termina saindo um pequeno grupo de candidatos a catecúmenos. Assim se desenvolve o trabalho, mas grande parte dele, em seus primeiros estágios, é totalmente independente dos europeus. Da mesma forma, quem visitar em qualquer domingo a congregação nativa de Kisumu, verá que só em Kavindoro se encontra uma congregação uniformizada, e treinada. Nem todos, mas algumas centenas de fiéis, estarão vestidos com uma camisa branca curta com guarnições azul-escuras e uma proteção azul-escura para as costas; as letras C.M.K. toscamente bordadas no peito; e sobre o fez vermelho, uma cruz azul sobre um escudo branco. Um exame mais cuidadoso revelará listas e botões misteriosos, mostrando que de terceiro-sargento a coronel estão representados todos os postos. Dois botõezinhos vermelhos no ombro indicam o tenente, três indicam capitão, e daí por diante. Até o contingente da Cruz Vermelha se reúne, com seus próprios oficiais, em frente ao edifício, antes do culto. Em toda parte, a mesma coisa, com vários níveis de competência. As cores variam, a forma da cruz do boné varia de acordo com os vários distritos, mas percebe-se em todos os lugares a mesma ideia geral. A parte interessante da organização é que ela foi ideia exclusiva dos cristãos nativos. Foram eles que criaram e pagaram seus próprios uniformes. Treinam e organizam-se sem instrução nem intromissão de nenhum branco; seria difícil encontrar maior prova de independência natural.[78]

Os europeus e a "tradição" na África

As tradições inventadas da Europa do século XIX haviam sido introduzidas na África para permitir que os europeus e certos africanos se reunissem para fins de "modernização". Mas havia uma ambiguidade inerente ao pensamento neotradicional. Os europeus adeptos de algumas neotradições acreditavam que respeitavam os costumes. Apreciavam a ideia dos direitos consuetudinários e gostavam de comparar o tipo de título possuído por chefes africanos com os títulos aristocráticos que reivindicavam. Existia assim um profundo mal-entendido. Ao comparar as neotradições europeias com os costumes da África, os brancos estavam sem dúvida comparando coisas muito diferentes. As tradições inventadas europeias caracterizavam-se por sua rigidez. Envolviam conjuntos de regras e procedimentos registrados — como os ritos de coroação modernos. Davam segurança porque representavam algo imutável num período de transformação. Ora, quando os europeus pensavam nos costumes africanos, atribuíam a ele, naturalmente, estas mesmas características. A afirmação feita pelos brancos de que a sociedade africana era profundamente conservadora — que levava uma vida fundada em regras antiquíssimas e imutáveis; uma ideologia baseada na imobilidade; uma estrutura social claramente definida como hierárquica — não implicava sempre uma denúncia do atraso ou da relutância dos africanos em modernizar-se. Significava, com frequência, um elogio às admiráveis virtudes da tradição, embora um elogio completamente equivocado. Esta atitude em relação à África "tradicional" tornou-se mais evidente quando os brancos entenderam nas décadas de 1920 e 1930 que na África não ia acontecer uma rápida transformação econômica, e que a maioria dos africanos teria que continuar em comunidades rurais; ou quando os brancos começaram a deplorar as consequências das mudanças que já haviam ocorrido. Os colaboradores africanos, desempenhando seu papel dentro de uma ou outra das tradições europeias introduzidas, passavam a ser menos admirados que os "verdadeiros" africanos, que ainda habitavam, supostamente, seu próprio universo adequado de tradição.

O problema desta abordagem era que interpretava de modo completamente errado as realidades da África pré-colonial. Estas sociedades sem dúvida valorizavam as tradições e sua conservação, mas seus costumes eram maldefinidos e infinitamente flexíveis. Os costumes ajudavam a manter um sentido de identidade, mas permitiam também uma adaptação tão espontânea e natural que passava muitas vezes despercebida. Além do mais, raramente existiu de fato o sistema consensual corporativo e fechado que era considerado "característico" da África "tradicional". Quase todos os estudos recentes sobre a África pré-colonial do século XIX frisaram que, longe de existir uma identidade "tribal" única, a maioria dos africanos assumia ou rejeitava identidades múltiplas, definindo-se em certos momentos como súditos de um chefe, em outros como membros de certa seita, em outros, ainda, como membros de um clã, e em outros momentos como iniciantes numa categoria profissional. Tais redes superpostas de associação e permuta estendiam-se por amplas áreas. Assim as fronteiras da comunidade "tribal" e as hierarquias de autoridade nelas existentes *não* definiam os horizontes conceituais dos africanos. Como afirma Wim van Binsbergen, ao criticar historiadores africanistas por aceitarem a chamada "identidade Chewa" como um conceito organizador útil para o estudo do passado:

As tribos modernas da África central não são restos de um passado pré-colonial, mas criações coloniais de administradores coloniais e intelectuais africanos [...] Os historiadores não limitam a suposta homogeneidade Chewa em vista dos indícios históricos de incessante assimilação e dissociação de grupos periféricos [...] Não distinguem entre um sistema de governantes mais velhos, imposto pelo congelamento colonial da dinâmica política, e o desequilíbrio de poder e influência competitivo, instável, fluido do período pré-colonial.[79]

Da mesma forma, a África do século XIX *não* se caracterizava pela falta de competição econômica e social interna, pela autoridade indiscutível dos mais velhos, pela aceitação dos costumes que dava a cada um — jovens, velhos, homens e mulheres — um lugar na sociedade, definido e protegido. A competição, o movimento e a fluidez eram características presentes tanto nas pequenas comunidades como nos agrupamentos maiores. Assim Marcia Wright demonstrou, num estimulante relato das realidades da sociedade de fins do século XIX no corredor do lago Tanganica, que a competição econômica e política desprezava as "garantias consuetudinárias" oferecidas às mulheres pelo casamento ou parentela por afinidade. As mulheres viam-se muitas vezes expulsas dos abrigos em que haviam buscado segurança, e precisavam encontrar outros lugares para viverem sozinhas. Mais tarde, é claro, e no século XX, os dogmas das garantias consuetudinárias e das relações fixas e imutáveis ganharam vigor nestas mesmas sociedades, assumindo a forma de solidariedade à maneira *ujamaa;* a época de "rápida transformação", na qual "os fatores estruturais formais" tornaram-se relativamente menos importantes do que a "elasticidade e os poderes de decisão pessoais", levaram à estabilização. Como comenta Marcia Wright

> Os termos da reconstrução foram ditados pelas autoridades coloniais nos anos que se seguiram a 1895, quando a pacificação significou a imobilização das populações, o reforço da etnicidade e uma maior rigidez da definição social.[80]

Por isso, o "costume" no corredor de Tanganica era mais uma invenção que uma restauração. Em outras partes, onde a dinâmica competitiva do século XIX tinha dado aos jovens muitas oportunidades de estabelecerem bases independentes de influência econômica, social e política, os mais velhos assumiram, sob o colonialismo, o controle de alocação de terras, das transações matrimoniais e das funções políticas. Ao contrário do século XIX, no século XX as gerontocracias de pequenas proporções foram uma característica marcante nessas sociedades.

Em parte, estes processos de "imobilização de população, reforço de etnicidade e de maior rigidez da definição social", ocorridos no século XX, foram consequências necessárias e inesperadas da mudança colonial econômica e política, do rompimento com os padrões internos de comércio e comunicação, a definição de limites territoriais, a alienação da terra, o estabelecimento de Reservas. Porém, por outro lado, estes processos foram resultado de uma determinação consciente por parte das autoridades coloniais de "restabelecer" a ordem e a segurança e um sentido de comunidade por meio da definição e imposição da "tradição". Os administradores que haviam começado por declarar seu apoio aos cidadãos comuns contra os chefes rapaces, terminaram por apoiar a autoridade "tradicional" dos chefes no interesse do controle social.[81] Missionários que haviam começado tirando os convertidos do seio de suas comunidades de modo a transformar sua consciência em "aldeias cristãs", terminaram anunciando as virtudes da "pequena" comunidade "tradicional". Todos procuravam organizar e tornar mais compreensível a situação infinitamente complexa que consideravam consequência do caos "não tradicional" do século XIX. As pessoas precisavam ser "reconduzidas" a suas identidades tribais; a etnicidade devia ser "restaurada", como base da associação e da organização.[82] Os novos endurecimentos, imobilizações e identificações éticas, embora servissem a interesses europeus bastante imediatos, podiam, contudo, ser considerados pelos brancos como completamente "tradicionais" e, portanto, legítimos. As invenções da tradição mais abrangentes da África colonial ocorreram quando os europeus acreditaram estar respeitando tradições africanas antiquíssimas. O chamado direito consuetudinário, direitos territoriais consuetudinários, estrutura política consuetudinária, e daí por diante, havia sido, na verdade, *inteiramente* inventado pela codificação colonial.

Há uma literatura antropológica e histórica cada vez maior sobre estes processos, que aqui não será possível resumir. Porém, alguns comentários impressionantes darão uma ideia do debate. Assim descreve John Iliffe a "criação das tribos" na Tanganica colonial:

A ideia da tribo jazia no núcleo do governo indireto em Tanganica. Requintando o pensamento racial comum nos tempos dos alemães, os administradores acreditavam que todo africano pertencia a uma tribo, assim como todo europeu pertencia a uma nação. A ideia, sem dúvida, deveu muito ao Velho Testamento, a Tácito e a César, a distinções acadêmicas entre sociedades tribais baseadas no status e sociedades modernas baseadas em contrato, e aos antropólogos do pós-guerra, que prefeririam o adjetivo "tribal" ao termo mais pejorativo, "selvagem". As tribos eram consideradas unidades culturais "possuidoras de uma linguagem comum, um sistema social único, e um direito comum estabelecido". Seus sistemas sociais e políticos baseavam-se em relações de parentesco. Pertencia-se a uma tribo por herança. As diferentes tribos relacionavam-se em termos genealógicos [...] Como sabiam os administradores excepcionalmente bem informados, este estereótipo tinha pouquíssimo a ver com a caleidoscópica história de Tanganica, mas foi sobre estas areias movediças que Cameron e seus discípulos erigiram o governo indireto através da "adoção da unidade *tribal*". Sendo os donos do poder, criaram a geografia política.[83]

Elizabeth Colson relata a evolução do "direito territorial consuetudinário" de forma bastante parecida:

O sistema recém-criado baseava-se supostamente na tradição e era legitimado pelo costume imemorial. Não era provável que se reconhecesse até que ponto o sistema não era um reflexo da situação contemporânea e uma criação dos administradores coloniais e líderes africanos.

A questão não consiste apenas no fato de que esse suposto costume ocultava novos equilíbrios de poder e riqueza, uma vez que era exatamente isso que o costume sempre lograra fazer no passado; o problema é que estas construções de direito consuetudinário, em

A INVENÇÃO DAS TRADIÇÕES | 313

particular, tornaram-se rígidas e codificadas, incapazes de refletirem prontamente mudanças futuras. Colson comenta que:

> Os oficiais coloniais esperavam que os tribunais fizessem respeitar os costumes tradicionais em vez da opinião da época. Assim, começaram a ser usados estereótipos comuns sobre o direito consuetudinário africano pelos administradores coloniais para avaliar a legalidade de decisões atuais, estereótipos esses que acabaram por incorporar-se a sistemas "consuetudinários" de ocupação.[84]

Da mesma maneira, Wyatt MacGaffey mostrou como os povos do Bakongo passaram de uma situação pré-colonial "de processos de dispersão e assimilação"; de "abandono das populações subordinadas de escravos e peões"; de "uma confusão de dívidas, falências, escândalos e aborrecimentos", para uma situação colonial de definição muito mais precisa e estática de comunidade e de direitos territoriais.

> Na evolução da tradição, a prova do mérito era, frequentemente, o conceito que o juiz presidente tinha de sociedade consuetudinária, derivado em última instância de [...] uma imagem europeia remanescente do reino africano de Prester John [...] Os registros do tribunal contêm provas da evolução, para fins forenses, do mágico ao provável e refutável [...] Aqueles cujas tradições foram refutadas voltaram um ou dois anos mais tarde com tradições melhores.

Uma vez mais, creio que a questão não é que as "tradições" mudaram para acomodar-se a novas circunstâncias, mas que, a certa altura, elas *pararam* de mudar. Uma vez que "tradições" relacionadas à identidade comunitária e ao direito territorial estavam escritas nos registros dos tribunais e expostas aos critérios do modelo consuetudinário inventado, um novo e imutável corpo de tradições havia sido inventado.

> No final, ocorreu uma síntese do novo e do velho, agora chamada de "costume". As principais características da sociedade consuetudinária, reagindo às condições desenvolvidas entre 1908 e 1921, assumiram a forma atual na década de 1920.[85]

Por volta da mesma época, os europeus começaram a interessar-se mais pelos aspectos "irracionais" e ritualísticos da "tradição", olhando-os de forma mais tolerante. Em 1917, um teólogo de missão anglicana sugeriu que pela primeira vez os missionários do campo "colhessem informações a respeito das ideias religiosas dos negros", para que sua relação com a sociedade tradicional pudesse ser compreendida. "No século XX já não nos contentamos em cortar o nó, como fizeram no século XIX, e dizer: a ciência acabou com essas superstições."[86] Após a Primeira Guerra Mundial, os anglicanos na África Oriental, defrontando-se com a necessidade de reconstruir a sociedade rural após a devastação da luta e o impacto posterior da depressão, começaram a fazer análises antropológicas dos aspectos do ritual "tradicional" que haviam contribuído para a estabilidade social. Dessa pesquisa veio a conhecida política da "adaptação" missionária, que produziu seu exemplo mais desenvolvido nas cerimônias cristianizadas de iniciação da diocese Masasi, no sudoeste de Tanganica.[87] De maneira mais geral, surgiu desta espécie de pensamento e prática — com a ênfase nos rituais de continuidade e estabilidade — um conceito de "Religião Tradicional Africana" imemorial que de maneira nenhuma faz justiça à variedade e vitalidade das formas religiosas africanas pré-coloniais.

A MANIPULAÇÃO AFRICANA DO COSTUME INVENTADO

É claro que nada disso poderia ser realizado sem uma grande parcela de participação africana. Como escreve John Iliffe:

> Os britânicos acreditavam erroneamente que os nativos de Tanganica vinham de tribos; os nativos criaram tribos destinadas a funcionar dentro do contexto colonial [...] (A) nova geografia política [...] seria transitória, se não coincidisse com tendências semelhantes entre os africanos. Eles também tinham de viver numa complexidade social estonteante, que organizavam com bases no parentesco e amparavam com história inventada. Além do mais, os africanos queriam unidades

efetivas de ação, exatamente como os administradores queriam unidades efetivas de governo [...] Os europeus acreditavam que os africanos pertenciam a tribos; os africanos criaram tribos às quais pudessem pertencer.[88]

Já observamos no caso da supremacia Tumbuka como os governantes africanos e os "modernizadores" educados nas missões conjuminavam-se para tentar manipular os símbolos da monarquia. Iliffe mostra como alianças semelhantes auxiliaram a constituir as ideias e estruturas da tradição "tribal".

> Durante os vinte anos após 1925, Tanganica passou por uma vasta reorganização social na qual os europeus e africanos uniram-se para criar uma nova ordem política baseada na história mítica [...] Analisando o sistema (de governo indireto), um oficial concluiu que seus principais partidários eram os chefes progressistas [...] Naturalmente, eles eram as figuras centrais do governo indireto, cuja atitude maior era dar-lhes liberdade de ação. As administrações nativas empregavam muitos membros da elite local [...] Até mesmo homens que haviam recebido educação, mas sem postos de administração nativa, geralmente reconheciam a autoridade hereditária [...] Em compensação, muitos chefes recebiam com simpatia os conselhos daqueles homens.

Iliffe conta como os chefes progressistas e os africanos educados em missões uniram-se num programa de "tradicionalismo progressista".

> Assim como nacionalistas mais recentes procuravam criar uma cultura nacional, aqueles que construíram as tribos modernas frisavam a cultura tribal. Em ambos os casos, os intelectuais assumiram a liderança [...] O problema foi sintetizar, "selecionar o melhor (da cultura europeia) e diluí-lo no que possuímos". Ao fazê-lo, os intelectuais naturalmente reformularam o passado, de forma que suas sínteses foram, na verdade, novas criações.[89]

Uma das áreas em que os intelectuais africanos interagiram com a teoria missionária da "adaptação" foi a da invenção da "Religião Tradicional".

> Só quando os missionários estudaram cuidadosamente as religiões africanas, durante a década de 1920, é que a maioria dos africanos atreveu-se a ponderar sobre suas atitudes publicamente. Michel Kikurwe, professor zigua e tribalista cultural, contemplava uma era de ouro na sociedade africana tradicional [...] Samuel Sehoza foi quem lançou a ideia de que as crenças religiosas nativas haviam antecipado o cristianismo.

Como os missionários, estes homens enfatizavam a função da religião na estabilização da sociedade.

> Em cada distrito (escreveu Kikurwe), os homens e mulheres ocupavam-se em ajudar uns aos outros; ensinavam a seus filhos as mesmas leis e tradições. Todos os chefes tentavam na medida do possível ajudar a agradar ao povo, e o povo retribuía da mesma forma. Todos sabiam o que era legal e o que era contra a lei, e sabiam que existia um Deus poderoso nos céus.[90]

É muito fácil perceber as vantagens pessoais que estes inventores da tradição procuravam ganhar. O professor ou ministro bem-sucedido que se tornasse braço direito de um chefe supremo, seria homem de real poder. O clero africano que construiu o modelo da "Religião Tradicional" para apresentá-la como a ideologia inspiradora das comunidades pré-coloniais estáveis pretendia fazer o mesmo nas sociedades africanas modernas por meio do cristianismo "adaptado".[91] Mesmo assim, Iliffe conclui que

> seria errado ser cínico. O esforço de criar uma tribo Nyakyusa era tão honesto e construtivo quanto o esforço basicamente semelhante, quarenta anos mais tarde, de fazer de Tanganica uma nação. Ambos foram tentativas de construir sociedades em que os homens pudessem viver bem no mundo moderno.[92]

Só que havia ainda uma ambiguidade nas tradições inventadas africanas. Sem levar em conta o quanto elas possam ter sido utilizadas pelos "tradicionalistas progressistas" para introduzir novas ideias e instituições — como a educação obrigatória sob a chefia Tumbuka —, a tradição codificada inevitavelmente tornou-se mais rígida de forma a favorecer os interesses investidos vigentes na época de sua codificação. O costume codificado e reificado foi manipulado por tais interesses investidos como uma forma de afirmação ou aumento do controle. Isto aconteceu em quatro situações em especial, pelo menos.

Os mais velhos tendiam a recorrer à "tradição" com o fim de defenderem seu domínio dos meios de produção rurais contra a ameaça dos jovens. Os homens procuravam recorrer à "tradição" para assegurar que a ampliação do papel da mulher na produção no meio rural não resultasse em qualquer diminuição do controle masculino sobre as mulheres como bem econômico. Os chefes supremos e aristocracias dominantes em comunidades que incluíam vários agrupamentos étnicos e sociais apelavam para a "tradição" para manter ou expandir seu controle sobre seus súditos. As populações nativas recorriam à "tradição" para assegurar que os migrantes que se estabeleciam na área não viessem a obter nenhum direito econômico ou político

Os velhos usam a "tradição" contra os jovens

A reificação colonial do costume rural produziu uma situação bastante diferente da situação pré-colonial. O movimento pré-colonial de homens e ideias foi substituído pela sociedade microcósmica local, limitada pelos costumes. Para as autoridades coloniais era importante restringir a interação regional, evitando a ampliação do foco dos africanos. Por esse motivo, prepararam-se para apoiar colaboradores em nível local e endossar sua autoridade. Ao mesmo tempo, porém, os poderes coloniais queriam extrair mão de obra destas sociedades rurais, de maneira que os jovens estavam sendo atraídos para empregos muito mais distantes do que costumavam ser no tempo pré-colonial. Estes jovens deveriam ser, ao mesmo tempo, trabalhadores de uma distante economia urbana e cidadãos aceitáveis da sociedade microcósmica tão rigidamente definida.

Esta situação gerou muitas tensões. Os migrantes voltavam para uma sociedade fortemente controlada pelos mais velhos; os velhos, por sua vez, ficavam alarmados com as novas habilidades e a renda adquirida pelos migrantes. Passaram então a reforçar os direitos prescritivos consuetudinários que lhes davam o controle sobre as terras e as mulheres, de proteção, portanto. MacGaffey descreve a aldeia colonial de Bakongo nos seguintes termos:

> Os homens ficam cadetes até mais ou menos os quarenta anos, talvez até mais [...] Ficam à disposição dos mais velhos, que os tratam de forma muitas vezes autoritária. Os jovens consideram os mais velhos invejosos e críticos. O status de jovem é o de dependente [...] O controle exercido sobre ele pelos velhos é função de seu monopólio gerencial no serviço público de rotina.

Este monopólio gerencial é principalmente função do controle do conhecimento "tradicional" que têm os mais velhos, conhecimento em que se baseiam as reivindicações de terras e recursos. MacGaffey registra "a objeção dos mais velhos" quando "jovens inteligentes tomavam notas diligentemente" numa audiência sobre um conflito de terras, ameaçando assim usurpar o monopólio dos velhos.[93]

A reação dos jovens a esta manipulação da "tradição" assumiu duas formas. O objetivo principal era levar a melhor sobre os mais velhos e sua esfera de tradição local, mas inventada pelo regime colonial. Isto podia ser feito pela adoção de certas neotradições europeias. Assim, os migrantes que retornavam geralmente estabeleciam-se como catequistas — com ou sem o reconhecimento das missões — e fundavam suas próprias aldeias com base em novos princípios de organização, como foi o caso das congregações uniformizadas do oeste do Quênia, de que o leitor ainda há de se lembrar. Entretanto isso era mais fácil de ser feito no princípio do período colonial, antes que a Igreja europeia e o Estado europeu começassem propriamente a exigir uma subordinação ao costume. Na aldeia de MacGaffey, os jovens, privados de alternativas concretas, refugiavam-se em fantasias.

> Para os jovens, há a compensação relativa do "Dikembe", um clube social que proporciona divertimento aos homens solteiros [...] a cultura do "Dikembe", uma interessante caricatura das sérias crenças e princípios mágico-religiosos da geração mais velha que a mais nova desafia, contém as sementes de uma sociedade alternativa [...] As portas das cabines de solteiro contêm inscrições como "Palais d'Amour" em letras góticas [...] A cultura do Dikembe é a do *billismo*, cujos heróis são os astros dos filmes românticos franceses e americanos (e) tem esse nome por causa de Buffalo Bill, *"Xerife du quartier Santa Fe, metro d'amour"*. [94]

Estes disparates sem compromisso escondem uma séria tentativa de desacreditar o "costume", endossada pelos brancos, através dos efeitos subversivos da fantasia europeia.

Todavia, também se abrira outro caminho para os jovens no período colonial, antes do surgimento dos partidos nacionalistas. Visava superar o "costume" reificado dos mais velhos através de recursos a aspectos mais dinâmicos e transformadores do tradicional. Analistas recentes observaram cada vez mais os amplos movimentos de erradicação da feitiçaria ocorridos no período colonial, com a promessa de uma sociedade sem males, por assim dizer. MacGaffey conta como em sua aldeia de Bakongo as acusações de feitiçaria feitas pelos mais velhos causaram grande descontentamento, fazendo com que surgisse um "profeta" que se dispôs a eliminar a feitiçaria, proeza que privaria os mais velhos de uma poderosa forma de controle social. O resultado foi a "paralisação temporária dos mais velhos". Roy Willis demonstrou como no sudoeste rural da Tanganica, na década de 1950, jovens tentaram romper o controle exercido pelos mais velhos sobre a terra e os "serviços públicos de rotina" locais, através de uma série de movimentos de erradicação da feitiçaria, que venceram o costume inventado através da utilização de recursos da Idade do Ouro pré-social.[95]

Das muitas outras análises que sustentam o debate, vou contentar-me em citar um relato particularmente convincente, embora não publicado, sobre o conhecido movimento sectário Watch Tower (Atalaia) ocorrido no centro e sul da África. Sholto Cross conclui:

> Os três cinturões mineiros da África colonizada [...] são o foco do movimento, e o trabalhador migrante foi o agente principal [...] O sistema migratório existente nestes territórios prolongou o tempo em que os africanos podiam ser considerados limitados por sua cultura tribal [...] No entanto, ao mesmo tempo, instituíram-se políticas que visavam promover a mobilidade da mão de obra, solapando, porém, a base econômica desta cultura tribal [...] A velocidade de mudança nas áreas industriais ultrapassou de longe a das áreas rurais do interior, mas, mesmo assim, os trabalhadores migrantes continuaram a deslocar-se entre os dois mundos do campo e da cidade [...] A proliferação de aldeias Atalaia (foi causada por) uma série de restrições impostas ao migrante que retornava. As autoridades consuetudinárias, com ciúmes dos novos homens, cujo estilo de vida enfatizava os valores urbanos [...] A prevalência das mulheres e jovens na Atalaia rural indica que as clivagens econômicas foram reforçadas por outras formas de diferenciação [...] As ideias avançadas da tão esperada liberação (prometida) pela Atalaia milenar eram tais que a própria autoridade consuetudinária tornou-se o principal alvo dos ataques.[96]

Os homens usam a "tradição" contra as mulheres

O livro de Denise Paulme, *Women of Tropical Africa*, embora vise refutar uma imagem europeia estereotipada da opressão das mulheres africanas, revelou, entretanto, de forma muito nítida, duas coisas. A primeira foi um colapso de caráter prático, no período colonial, de muitas instituições consuetudinárias que regulavam as relações entre os sexos, um colapso quase sempre desvantajoso para as mulheres sob o aspecto econômico. A segunda coisa foi o uso constante que os homens faziam da "tradição". Anne Laurentin afirmou em seu capítulo da antologia que a lembrança dos bons dias do passado se faz acompanhar por um arrependimento nostálgico por parte dos homens mais velhos [...] Entre jovens e velhos há um espírito profundamente antifeminista que brota de um sentimento de impotência diante do fato de que as mulheres não consentirão em voltar ao estado de dependência em que estavam um século atrás. Os velhos põem a culpa da diminuição da taxa de natalidade nas mulheres.[97]

Em minha opinião, Laurentin confunde queixas sobre o aumento da independência feminina com o fato de sua existência. Os mais velhos reafirmaram seu controle sobre assuntos locais queixando-se de que os mais jovens estavam desrespeitando as tradições; os homens reforçavam sua autoridade sobre um sistema econômico e social em transformação queixando-se de que as mulheres estavam desrespeitando as tradições.

Uma antologia mais recente de ensaios sobre as mulheres africanas prova sem sombra de dúvida este argumento. Como nos lembra Caroline Ifeka-Moller, os registros coloniais sobre a "tradição" africana, nos quais se baseava o novo costume inventado, provinha exclusivamente de informantes masculinos, de forma que "as crenças nativas femininas" não eram registradas. Assim, "o domínio masculino da sociedade, ou seja, seu controle sobre crenças religiosas e organização política", expressava-se de maneira ainda mais clara na tradição inventada colonial do que jamais fora antes. Não se deu grande atenção às mulheres nem em trabalhos dos etnógrafos do governo indireto, nem dos estudiosos da adaptação missionária — nem de intelectuais africanos com base missionária.[98] Além disso, os homens africanos estavam perfeitamente preparados para recorrer à autoridade colonial com o objetivo de impor o "costume" às mulheres, uma vez que ele já estivesse definido. Na Rodesia do Sul, e em toda a zona de migração de mão de obra industrial, os administradores aplicavam punições por adultério e impunham um controle paternalista sobre o casamento para atender a diversas queixas constantes de homens "tradicionalistas".[99] Entrementes, na ausência de imigrantes do sexo masculino, as mulheres passaram a desempenhar um papel cada vez mais importante na produção rural.

Uma vez mais, as mulheres tinham dois meios possíveis de se afirmarem frente à tradição dominada pelos homens. Podiam optar pelo cristianismo missionário e suas ideias de direitos e deveres femininos, ou procurar usar as contrapropostas alternativas disponíveis dentro da cultura africana. Às vezes, as mulheres tentavam desenvolver ritos de iniciação feminina, que no passado haviam contrabalançado a influência ritual masculina no microcosmo. Outras vezes, tentaram basear-se em formas de associação ritual regional e em movimentos proféticos macrocósmicos do século XX, para desafiar as restrições da sociedade limitada do costume inventado.

Alguns estudos recentes procuraram explorar estas iniciativas femininas. Richard Stuart, num trabalho não publicado, mostra como as mulheres Chewa faziam uso de um elemento missionário importado, a Associação das Mães:

> Desenvolvera-se um equilíbrio entre a esfera igualmente importante das mulheres e a esfera pública dos homens, entre os Chewa da África centro-oriental em fins do século XIX. (Isto) foi perturbado pelo impacto das invasões africanas e europeias, e as consequências do cristianismo, do comércio e da civilização. Estes fatores solaparam as bases históricas da sociedade Chewa, e proporcionaram aos homens o acesso a novas formas de riqueza e poder negadas às mulheres. Durante o período colonial, os neotradicionalistas tentaram manter este desequilíbrio entre homens e mulheres, e reestruturar a sociedade em bases paternalistas e individualistas. Para combater este processo, e capacitar as mulheres a passar de sociedades pequenas para as grandes à sua própria maneira, foi que se mobilizou a organização anglicana feminina, ou Associação das Mães (*Mpingo wa Amai*). Esta iniciativa obteve uma reação imediata ao ser introduzida no início da década de 1930, permitindo que as mulheres Chewa redefinissem papéis e instituições históricas no âmbito das circunstâncias modificadas e reagissem a novos problemas. Obteve certo êxito na manutenção do status feminino.[100]

O estudo "Fertility and Famine" (Fertilidade e Fome), de Sherilyn Young, trata da estratégia alternativa. Numa versão condensada, é este o seu relato de um caso no sul de Moçambique:

O trabalho forçado colonial, no século XX, suplementou a migração na retirada da força de trabalho dos Tsonga e Chopi. Os vastos latifúndios dos colonos eram formados pela incorporação das terras dos agricultores desses povos. Uma série de carestias e desastres ecológicos entre 1908 e 1922 assegurou uma forte dependência em relação à exportação de mão de obra. A recuperação agrícola da década de 1920 disse respeito principalmente ao campesinato feminino, que produziu o grosso dos cajus e amendoins de Moçambique do Sul [...] Quando (na) Segunda Guerra Mundial recorreu-se a um sistema de trabalho forçado, as mulheres tiveram de produzir safras imediatamente comerciáveis, principalmente de algodão, trabalhando quatro dias por semana, sob a supervisão de homens. A adaptação a essas mudanças pode ser constatada pelo desenvolvimento de cultos de possessão por espíritos entre o povo, dirigidos por mulheres. A sociedade de Moçambique do Sul ainda hoje mostra uma diferença notável entre um campesinato feminino local e um semiproletariado masculino emigrante.[101]

A MANIPULAÇÃO DA "TRADIÇÃO" CONTRA SÚDITOS E IMIGRANTES

Os dois outros recursos à "tradição" com base nas relações descobertas no novo costume colonial são ainda mais diretos. Ian Linden conta como os chefes Ngoni da Niazilândia tentaram usar a aliança colonial com os administradores e missionários para exercer controle sobre seus súditos Chewa. Para fazê-lo, esboçaram o conceito de uma "cultura Ngoni" disciplinada e sadia e de uma "cultura Chewa" decadente e imoral — os mesmos conceitos que Binsbergen critica, dizendo serem eles falsos com relação ao século XIX; eles argumentaram que a cultura Ngoni havia prevalecido antes da chegada dos europeus e devia ser agora apoiada, contra as práticas "abomináveis" dos Chewas; exploraram o gosto europeu pelas hierarquias nítidas de status para consolidar redes de poder muito menos definidas no passado. Os Ngoni conseguiram também tornar mais rígida sua "tradição" de disciplina e bravura militar através do uso seletivo da modalidade militar europeia.

Pode-se lançar mão de outro exemplo da Niazilândia para mostrar o uso da "tradição" pelos nativos com o objetivo de manter o controle sobre os imigrantes. Matthew Schoffeleers demonstrou como os Mang'anja de Lower Shire Valley conseguiram reter o controle da autoridade, o controle da alocação de terras, e daí por diante, embora fossem em número muito menor do que os imigrantes de Moçambique. Fizeram-no através de recurso conjunto às "tradições" de chefia pré-colonial e às "tradições" do culto territorial local. Aliás, a história do vale no século XIX revela enorme fluidez; aventureiros fortemente armados penetraram na região e subjugaram os Mang'anja; foram destruídos os santuários do culto territorial; ocorreram rapidamente mudanças na autoidentificação do povo, que utilizava diferentes rótulos étnicos de acordo com as variações do prestígio. Foi a pacificação colonial que rompeu com o poder dos aventureiros armados, restaurou os chefes Mang'anja e realmente estimulou a invenção da identidade Mang'anja. Com o costume codificado colonial, o direito que tinham os chefes Mang'anja de distribuir a terra passou a ser sagrado. No século XX, os Mang'anja obtiveram uma autoridade, em nome da tradição, que jamais haviam exercido no passado.[102]

Conclusão

Os políticos, nacionalistas culturais e sem dúvida os historiadores africanos receberam dois legados ambíguos da invenção colonial das tradições. Um deles é o corpo de tradições inventadas importadas da Europa, que em algumas partes da África ainda exerce sobre a cultura dominante uma influência que praticamente já não existe na própria Europa. Em seu *Prison Diary* (Diário do Cárcere), Ngugi wa Thiong'o denuncia a elite contemporânea do Quênia:

> Os membros da burguesia cúmplice dos europeus de uma colônia de povoamento consideraram-se afortunados. Não precisam viajar e morar no estrangeiro para conhecer e copiar a cultura da burguesia imperialista: pois não a aprenderam dos representantes coloniais culturais da cultura metropolitana? Nutridos no ventre do velho sistema colonial, alcançaram os píncaros de sua cumplicidade, encarando os europeus locais como o alfa e o ômega do refinamento aristocrático e da elegância feminil. Depois que foram derrubadas as barreiras raciais à mobilidade social, o porte de um cavalheiro europeu

A INVENÇÃO DAS TRADIÇÕES | 325

— com botões de rosas e alfinetes nas lapelas, lenços brancos impecáveis nos bolsos, fraques, cartolas e relógios de bolso com correntes de ouro — já não pertence mais apenas ao universo dos sonhos e desejos [...] As colunas mais populares nos velhos jornais coloniais [...] eram as páginas sociais [...] Bem, as colunas agora estão de volta, nas lustrosas publicações mensais burguesas [...] O colonizador jogava golfe e polo, ia às corridas de cavalo ou participava de caçadas reais, vestido com jaquetas vermelhas e calças de montaria [...] Os alunos negros agora fazem o mesmo, só que com maior zelo: o golfe e os cavalos transformaram-se em instituições "nacionais".[103]

Outros novos estados, menos atingidos pelas críticas de Ngugi, expressaram sua soberania com hinos nacionais, bandeiras e comícios que Eric Hobsbawm diz, neste livro, serem típicos da Europa do século XIX. Representando estados territoriais multiétnicos, as nações africanas estão muito menos envolvidas na invenção de "culturas nacionais" do que estavam os românticos escoceses ou galeses.

O segundo legado ambíguo é o da cultura africana "tradicional", representada por toda a estrutura da "tradição" reificada, inventada pelos administradores, missionários, "tradicionalistas progressistas", anciãos e antropólogos coloniais. Aqueles que como Ngugi repudiam a cultura de elite burguesa correm o perigo irônico de adotar outro conjunto de invenções coloniais. O próprio Ngugi resolve o problema, adotando a tradição da resistência popular do Quênia ao colonialismo. Como se percebe no correr deste capítulo, jovens, mulheres e imigrantes — grupos explorados com que Ngugi simpatiza — algumas vezes *conseguiram* extrair a vitalidade remanescente na mescla de inovação e prosseguimento inerente às culturas nativas, uma vez que elas continuaram a desenvolver-se apesar dos rigores do costume codificado colonial.

Quanto aos historiadores, resta-lhes, pelo menos, uma dupla tarefa. Precisam libertar-se da ilusão de que o costume africano registrado por administradores ou por muitos antropólogos sirva de orientação para o estudo do passado africano. Também precisam, porém, verificar quantas tradições inventadas de todos os tipos têm a ver com a história da África no século XX, e trabalhar no sentido de compor relatos melhor fundamentados sobre tais tradições do que este esboço preliminar.

Notas

1. Elaine N. Katz, *A Trade Union Aristocracy*, Comunicação do Instituto de Estudos Africanos, n. 3. Johanesburgo: Universidade de Witwatersrand, 1976.
2. Os dois mais recentes relatos sobre este tipo de transformação são: Robin Palmer e Neil Parsons (org.), *The Roots of Rural Poverty*. Londres: Heinemann Educational, 1983; Colin Bundy, *The Rise and Fall of the South African Peasantry*. Londres: Heinemann, 1979.
3. Paul Jenkins, "Towards a Definition of the Pietism of Wurtemburg as a Missionary Movement", Associação de Estudos Africanos do Reino Unido, Conferência sobre brancos na África. Oxford, set. de 1978.
4. James Obelkevich, *Religion and Rural Society: South Lindsey, 1825-1875*. Oxford: Clarendon Press, 1976.
5. Alphonse Dumont, "La Religion — Anthropologie Religieuse", in Jacques Le Goff e Pierre Nora (org.), *Faire de l'Histoire, Nouvelles Approches*, v. 2. Paris: Gallimard, 1974, p. 107-36.
6. Margery Perham, *Lugard: The Years of Authority*. Londres: Collins, 1960, p. 80.
7. Citado por Cynthia Behrman, "The Mythology of British Imperialism, 1890-1914", dissertação de doutorado à Universidade de Boston, 1965, p. 47.
8. Sir Ralph Furse, citado por R. Heussler, *Yesterday's Rulers: The Making of the British Colonial Service*. Londres: Oxford University Press, 1963; veja também, D.C. Coleman, "Gentleman and Players", *Economic History Review*, v. 26. Fev. de 1973.
9. E.K. Lumley, *Forgotten Mandate: A British District Officer in Tanganyika*. Londres: C. Hurst & Co., 1976, p. 10.
10. Ibid., p. 55.
11. M.G. Redley, "The Politics of a Predicament: The White Community in Kenya, 1918-32". Dissertação de doutorado à Universidade de Cambridge, 1976, p. 124-5.
12. James Bryce, *Impressions of South Africa*. Londres: Macmillan, 1897, p. 232, 384-5.
13. Sobre a dependência dos brancos rodesianos em relação à produção de alimentos africana, veja Palmer, "The Agricultural History of Southern Rhodesia", in Palmer e Parsons (org.), *The Roots of Rural Poverty*.
14. Colin Harding, *Far Bugles*. Londres: Simpkin Marshal, 1933, p. 22.

15. M.G. Redley, op. cit., p. 9.
16. M.G. Redley, op. cit., p. 39.
17. Roger van Zwannenberg, "Robertson and the *Kenya Critic*", in K. King e A.I. Salim (org.), *Kenyan Historical Biographies*. Nairobi: East African Publishing House, 1971, p. 145-6.
18. G.P. Macgregor, *King College, Budo: The First Sixty Years*. Londres: Oxford University Press, 1967, p. 6, 16.
19. Ibid., p. 35-6.
20. Ibid., p. 17-18.
21. Ibid., p. 54, 117, 124.
22. Ibid., p. 136.
23. Charles van Onselen, "The Witches of Suburbia: Domestic Service on the Witwatersrand, 1890-1914' (manuscrito não publicado).
24. Frank Weston, "Islam in Zanzibar Diocese", *Central Africa*, v. 32, n. 380. Ago. de 1914.
25. S.J. Cookey, "Origins and pre-1914 Character of the Colonial Armies in West Africa", conferência. Los Angeles: Universidade da Califórnia, 1972.
26. George Shepperson, "The Military History of British Central Africa: A Review Article", *Rhodes-Livingstone Journal*, n. 26. Dez. de 1959, p. 23-33.
27. Ali A. Mazrui, *Soldiers and Kinsmen in Uganda: The Making of a Military Ethnocracy*. Londres: Sage Publications, 1975, p. 173.
28. Ibid., p. 177, 190-1.
29. Ibid., p. 206-7.
30. Para uma análise das ambiguidades envolvidas no estabelecimento de tropas de escoteiros na África e na exclusão dos africanos dessas organizações, veja Terence Ranger, "Making Northern Rhodesia Imperial: Variations on a Royal Theme, 1924-1938", *African Affairs*, v. 79, n. 316. Jul. de 1980.
31. Weston, "Islam in Zanzibar Diocese", p. 200.
32. Terence Ranger, *Dance and Society in Eastern Africa*. Londres: Heinemann, 1975.
33. Tony Clayton, "Concepts of Power and Force in Colonial Africa, 1919-1939", seminário do Instituto de Estudos sobre a Comunidade de Nações. Universidade de Londres, out. de 1978.
34. Martin Channock, "Ambiguities in the Malawian Political Tradition", *African Affairs*, v. 74, n. 296. Jul. de 1975; John Iliffe, *A Modern History of Tanganyika*. Cambridge: Cambridge University Press, 1979.

35. Kenneth Kaunda, *Zambia Shall be Free*. Londres: Heinemann, 1962, p. 31.

36. Terence Ranger, op. cit.

37. Para uma análise da literatura recente sobre a consciência proletária africana, veja Peter Gutkind, Jean Copans e Robin Cohen, *African Labour History*. Londres: Sage Publications, 1978, introdução; John Higginson, "African Mine Workers at the Union Minière du Haut Katanga", Associação Histórica Americana. Dez. de 1979.

38. Encontra-se um relato recente sobre intercâmbios de colaboração em Ronald Robinson, "European Imperialism and Indigenous Reactions in British West Africa, 1890-1914", in H.L. Wesseling (org.), *Expansion and Reaction: Essays in European Expansion and Reactions in Asia and Africa*. Leiden: Leiden University Press, 1978.

39. Iliffe, op. cit.

40. Ibid., p. 237-8.

41. J.E. Hine, "The Coronation of King George V", *Central Africa*, v. 29, n. 344. Ago. de 1911, p. 200-1.

42. A.G. De La P., "How the Angoni kept Coronation Day", *Central Africa*, v. 30, n. 345. Set. de 1911, p. 242-3.

43. Príncipe Arthur de Connaught, resposta do Discurso. Maseru, 9 de out. de 1910, pasta S3/28/2/2, Arquivos Nacionais, Lesotho.

44. Lorde Buxton, resposta ao Discurso. Maseru, abr. de 1915, 53/28/2/3.

45. Príncipe de Gales, resposta ao Discurso. Maseru, 28 de mai. de 1925, S3/28/1/9.

46. Coronel Amery, resposta ao Discurso. Maseru, ago. de 1927, S3/28/1/12.

47. "The King's Message". Maseru, out. de 1910, S3/28/2/2.

48. Discurso do chefe Jonathan. Maseru, 28 de mai. de 1925, S3/28/1/9.

49. Winfrid Tapson, *Old Timer*. Cidade do Cabo, 1957, p. 65.

50. Governador Sir James Maxwell, discurso na *Indaba* de Ndola. 6 de jul. de 1928, pasta ZA1/9/59/1, Arquivos Nacionais, Zâmbia, Lusaka.

51. Alto comissário, telegrama ao secretário de Estado. Maseru, 19 de maio de 1919, S3/28/2/4.

52. "Picturesque Scenes", *Daily Telegraph*. 30 de maio de 1925.

53. Relatório Anual, comissário nativo, subdistrito de Solwezi. Lusaka, 1925, ZA7/1/9/2.

54. "Rodésia do Norte. A Visita Real. 11 abr. de 1947, Detalhes do Programa e dos preparativos para a transmissão", P3/13/2/1, Lusaka.

55. Darrell Bates. *A Gust of Plumes: A Biography of Lord Wining of Godalming and Tanganyika*. Londres: Hodder and Stoughton, 1972, p. 102-5.

56. Ibid., p. 286.

57. John Lonsdale, "State and Peasantry in Colonial Africa", in Raphael Samuel (org.), *People's History and Socialist Theory*. Londres: Routledge & Kegan Paul, 1981, p. 113-4.

58. Uma variação interessante, que desafiava diretamente a ideologia colonial imperial, veio num sermão pregado em Bulawayo em junho de 1923 por um professor do Atalaia, chamado Kunga: "O rei Jorge V diz a verdade aos ingleses, mas o povo deste país não se atém ao que ele diz; faz suas próprias leis. Em 1912, o rei quis vir à Rodésia visitar os nativos e mudar as leis, mas os brancos da Rodésia do Sul enviaram-lhe uma mensagem dizendo-lhe que não viesse, pois havia uma epidemia no país." Pasta N3/5/8, Arquivos Nacionais, Rodésia, Salisbury.

59. Brian Willan, "An African in Kimberley: Sol. T. Plaatje, 1894-8", Conferência sobre formação, cultura e consciência de classes: a construção da África moderna. Jan. de 1980, p. 3, 5, 14-5.

60. Henry Rangeley ao "Caro Mr. Cohen", Manuscritos Históricos 20, RAl/1/1. Lusaka, mar. de 1938; G. Caplan, *The Elites of Barotseland, 1878-1969*. Berkeley: University of California, 1970.

61. M.R. Doornbos, *Regalia Galore: The Decline and Collapse of Ankole Kingship*. Nairobi: East African Literature Bureau, 1975

62. Ibid.

63. Ibid.

64. De Sir Herbert Stanley ao Sir Geoffrey Thomas. Lusaka, 7 de jul. de 1925, P3/13/3/8.

65. Discurso de Yeta III. Lusaka, 18 de jun. de 1925, RC/453.

66. Memorando sobre o secretário de Estado ao governador. Lusaka, 6 de fev. de 1937, parte 1/1792.

67. Sobre a visita de Yeta à Inglaterra, veja *seção de arquivo 2/324*, v. 2. Lusaka.

68. Godwin Mbikusita, *Yeta III's Visit to England*. Lusaka: Government Printer, 1940.

69. Terence Ranger, "Traditional Societies and Western Colonialism", Conferência sobre Sociedades Tradicionais e Colonialismo. Berlim, jun. de 1979. Publicado sob o título "Kolonialismus in Ost-Und Zentral Afrika", J.H. Grevemeyer (org.). Frankfurt: Syndicat, 1981.

70. Leroy Vail, "Ethnicity, Language and National Unity", pesquisa da Universidade de Zâmbia, 1978. Dr. Vail está organizando um volume sobre etnicidade e economia política na África do Sul.

71. Mbikusita, op. cit., p. 56, 63-4, 145.

72. Seção de Arquivo 3/234, Lusaka contém as versões original e censurada dos Discursos.

73. *Uganda Argus*. 28 de set. de 1967.

74. Iliffe, op. cit.

75. Terence Ranger, *Dance and Society in Eastern Africa*. Londres: Heinemann, 1975.

76. Ibid.

77. Ranger, "The European Military Mode and the Societies of Eastern Africa", conferência da Universidade da Califórnia. Los Angeles, 1972.

78. F.B. Welbourn e B.A. Ogot, *A Place to Feel at Home*. Londres: Oxford University Press, 1966, p. 24-5.

79. Crítica a S.J. Ntara, *History of the Chewa*, Harry Langworthy (org.), feita por W.M.J. Van Binsbergen, *African Social Research*. Jun. de 1976, p. 73-5.

80. Marcia Wright, "Women in Peril", *African Social Research*. Dez. de 1975, p. 803.

81. Henry Meebelo, *Reaction to Colonialism*. Manchester: Manchester University Press, 1971.

82. Terence Ranger, "European Attitudes and African Realities: The Rise and Fall of the Matola Chiefs of South-East Tanzania", *Journal of African History*, v. 20, n. 1. 1979, p. 69-82.

83. Iliffe, op. cit.

84. Elizabeth Colson, "The Impact of the Colonial Period on the Definition of Land Rights", in Victor Turner (org.), *Colonialism in Africa*, v. 3. Cambridge, 1971, p. 221-51.

85. Wyatt MacGaffey, *Custom and Government in the Lower Congo*. Berkeley: University of California Press, 1970, p. 207-8.

86. "The Study of African Religion", *Central Africa*, v. 35, n. 419. Nov. de 1917, p. 261.

87. Terence Ranger, "Missionary Adaptation and African Religious Institutions", in Terence Ranger e Isaria Kimambo (orgs.), *The Historical Study of African Religion*. Londres: Heinemann, 1972, p. 221-51.

88. Iliffe, op. cit., p. 324.

89. Ibid., p. 327-9, 334.

90. Ibid., p. 335-6.

91. Terence Ranger, "Missionary Adaptation and African Religious Institutions".

92. Iliffe, op. cit., p. 324-5.

93. MacGaffey, op. cit., p. 208, 222-3.

94. Ibid., p. 223-4.

95. Roy Willis, "Kamcape: An Anti-Sorcery Movement in South-West Tanzania", *Africa*, v. 31, n. 1. 1968.

96. Sholto Cross, "The Watch Tower Movement in South Central Africa, 1908-1945", tese de doutorado apresentada à Universidade de Oxford, 1973. p. 431-8.

97. Anne Laurentin, "Nzakara Women", in Denise Paulme (org.), *Women of Tropical Africa*. Califórnia: University of California Press, 1963, p. 431-8.

98. Caroline Ifeka-Moller, "Female Militancy and Colonial Revolt", in S. Ardener (org.), *Perceiving Women*. Londres: J.M. Dent & Co., 1975.

99. Eileen Byrne, "African Marriage in Southern Rhodesia, 1890-1940", tese de pesquisa de humanidades da Universidade de Manchester, 1979.

100. Richard Stuart, "Mpingo wa Amai — The Mothers' Union in Nyasaland", manuscrito não publicado.

101. Sherilyn Young, "Fertility and Famine: Women's Agricultural History in Southern Mozambique", in Palmer e Parsons (orgs.) *Roots of Rural Poverty*. Londres: Heinemann, 1983.

102. Ian Linden, "Chewa Initiation Rites and Nyau Societies", in Terence Ranger e John Weller (orgs.), *Themes in the Christian History of Central Africa*. Londres: Heinemann, 1975; Matthew Schoffeleers, "The History and Political Role of the Mbona Cult among the Mang'anja", in Terence Ranger e Kimambo (orgs.), *The Historical Study of African Religion*. Londres: Heinemann, 1972.

103. Ngugi wa Thiong'o, *Detained: A Writer's Prison Diary*. Londres: Heinemann, 1981, p. 58-9.

7

A PRODUÇÃO EM MASSA DE TRADIÇÕES: EUROPA, 1870 A 1914

Eric J. Hobsbawm

I

UMA VEZ CIENTES DE COMO É COMUM o fenômeno da invenção das tradições, descobriremos com facilidade que elas surgiram com frequência excepcional no período de trinta a quarenta anos antes da Primeira Guerra Mundial. Não se pode dizer com certeza que nesse período inventaram-se tradições "com maior frequência" do que em qualquer outro, uma vez que não há como estabelecer comparações quantitativas realistas. Entretanto, em muitos países, e por vários motivos, praticou-se entusiasticamente a invenção de tradições, uma produção em massa que é o assunto deste capítulo.

Foi realizada oficialmente e não oficialmente, sendo as invenções oficiais — que podem ser chamadas de "políticas" — surgidas acima de tudo em estados ou movimentos sociais e políticos organizados, ou criadas por eles; e as não oficiais — que podem ser denominadas "sociais" — principalmente geradas por grupos sociais sem organização formal, ou por aqueles cujos objetivos não eram específica ou conscientemente políticos, como os clubes e grêmios, tivessem eles ou não também funções políticas. Esta distinção é mais uma questão de conveniência do que de princípio. Pretende chamar a atenção para duas formas principais da criação de tradições no século XIX, ambas reflexos das profundas e rápidas transformações sociais do período. Grupos sociais, ambientes e contextos sociais inteiramente novos, ou velhos, mas incrivelmente transformados, exigiam novos instrumentos que assegurassem ou expressassem identidade e coesão social, e que estruturassem relações sociais. Ao mesmo tempo, uma sociedade em transformação tornava as formas tradicionais de governo através de estados e hierarquias sociais e políticas mais difíceis ou até impraticáveis. Eram necessários novos métodos de governo ou de estabelecimento de alianças. De acordo com a ordem natural das coisas, a consequente invenção das tradições "políticas" foi mais consciente e deliberada, pois foi adotada por instituições que tinham objetivos políticos em mente. Podemos, no entanto, perceber imediatamente que a invenção consciente teve êxito principalmente segundo a proporção do sucesso alcançado pela sua transmissão numa frequência que o público pudesse sintonizar de imediato. Os novos feriados, cerimônias, heróis e símbolos oficiais públicos, que comandavam os exércitos cada vez maiores dos empregados do estado e o crescente público cativo composto pelos colegiais, talvez não mobilizassem os cidadãos voluntários se não tivessem uma genuína repercussão popular. O Império Alemão não foi feliz ao tentar transformar o imperador Guilherme I num pai aceito pelo povo, fundador de uma Alemanha unida, nem ao fazer de seu aniversário um verdadeiro aniversário nacional. (Aliás, quem é que se lembra de que tentaram chamá-lo "Guilherme, o Grande"?) O apoio oficial assegurou a construção de 327 monumentos a Guilherme até 1902, mas apenas um ano após a morte de Bismarck, em 1898, 470 municípios haviam resolvido erigir "colunas a Bismarck".[1] Não obstante, o Estado ligou as invenções de tradição formais e informais, oficiais ou não, políticas e sociais, pelo menos nos países onde houve necessidade disso. Visto de baixo, o Estado definia cada vez mais um palco maior em que se representavam as atividades fundamentais determinantes das vidas dos súditos e cidadãos. Aliás, assim como definia, também registrava a existência civil deles (*état civil*). Talvez não tenha sido o único palco desta natureza, mas sua existência, limites e intervenções cada vez mais frequentes e perscrutadoras na vida do cidadão foram, em última análise, decisivas. Nos países desenvolvidos, a "economia nacional", sua área definida pelo território de estado ou de suas subdivisões, era a unidade básica do desenvolvimento econômico. Qualquer alteração nas fronteiras do estado ou em sua política acarretava consideráveis e duradouras consequências materiais para os cidadãos do país. A padronização da administração e das leis nela contidas e, especificamente, da educação oficial, transformou as pessoas em cidadãos de um país determinado: "camponeses e franceses", segundo o título de um livro oportuno.[2] O Estado era o contexto das ações coletivas dos cidadãos, na medida em que estas fossem oficialmente reconhecidas. O principal objetivo da política nacional era, sem dúvida, influenciar ou mudar o governo do Estado ou suas diretrizes, sendo que o homem comum tinha cada vez mais direitos de participar dele. Na verdade, a política no novo sentido do século XIX era, basicamente, uma política de dimensões nacionais. Em suma, para fins práticos, a sociedade ("sociedade civil") e o Estado em que ela funcionava tornaram-se cada vez mais inseparáveis.

Foi, portanto, natural, que as classes existentes na sociedade, e especialmente a classe operária, tendessem a identificar-se através de movimentos políticos ou organizações ("partidos") de âmbito nacional; igualmente natural, que estes agissem *de facto* basicamente dentro do país.[3] Não surpreende também que movimentos que pretendiam representar uma sociedade inteira ou um "povo" inteiro encarassem sua existência fundamentalmente em termos de um estado independente ou, pelo menos, autônomo. Estado, nação e sociedade eram fatores em convergência.

Pela mesma razão, o Estado, visto de cima, de acordo com a perspectiva de seus governantes formais ou grupos dominantes, deu origem a problemas inéditos de preservação ou estabelecimento da obediência, lealdade e cooperação de seus súditos e componentes, ou sua própria legitimidade aos olhos destes súditos e componentes. O próprio fato de que suas relações diretas e cada vez mais intrometidas e frequentes com os súditos e cidadãos como indivíduos (ou no máximo como chefes de famílias) haviam-se tornado cada vez mais essenciais ao seu funcionamento, causou um enfraquecimento dos velhos mecanismos através dos quais se mantivera com êxito a subordinação social: coletividades ou corporações relativamente autônomas sob o controle do governante, mas que controlavam seus respectivos membros, pirâmides de autoridade cujos ápices ligavam-se a autoridades mais altas, hierarquias sociais estratificadas em que cada camada aceitava seu lugar, e daí por diante. Em todo caso, transformações sociais como as que substituíram os estamentos (*ranks*) por classes, desgastaram-nas. Os problemas dos estados e dos governantes eram sem dúvida muito mais graves onde os súditos se haviam tornado cidadãos, ou seja, pessoas cujas atividades políticas eram institucionalmente reconhecidas como algo que devia ser considerado — mesmo que fosse apenas sob a forma de eleições. Agravaram-se ainda mais quando os movimentos políticos de massas desafiaram deliberadamente a legitimidade dos sistemas de governo político ou social, e/ou ameaçaram revelar-se incompatíveis com a ordem do estado ao colocar as obrigações para com alguma outra coletividade humana — geralmente a classe, a Igreja ou a nacionalidade — acima dele.

A questão parecia ser mais controlável onde menos mudanças na estrutura social haviam ocorrido, onde o destino dos homens parecia estar sujeito apenas às forças desde sempre desencadeadas sobre a humanidade por alguma divindade inescrutável, e onde as antigas formas de superioridade hierárquica e subordinação estratificada, multiforme e relativamente autônoma ainda vigoravam. As únicas coisas que podiam mobilizar o campesinato italiano além de suas aldeias eram a Igreja e o rei. Aliás, o tradicionalismo dos camponeses (que não deve ser confundido com passividade, embora não tenha havido muitos casos em que eles desafiaram a própria existência dos senhores, contanto que estes pertencessem à mesma fé e ao mesmo povo) foi constantemente elogiado pelos conservadores do século XIX, que o consideravam o ideal do comportamento político dos súditos. Infelizmente, os Estados em que tal modelo funcionou eram, por definição, "atrasados" e, portanto, frágeis, sendo que qualquer tentativa de "modernizá-los" provavelmente os tornaria menos viáveis. Teoricamente, era possível conceber uma "modernização" que mantivesse a velha organização da subordinação social (possivelmente com um pouco de invenção ponderada de tradições), mas fora o Japão, é difícil encontrar outro exemplo de sucesso na prática. Possivelmente, tais tentativas de atualizar os laços sociais de uma ordem tradicional implicavam o rebaixamento da hierarquia social, um fortalecimento das ligações diretas entre o súdito e o governante central que, intencionalmente ou não, passou a representar cada vez mais um novo tipo de estado. "Deus salve o rei" passou a ser (embora por vezes simbolicamente) uma exortação política mais eficaz do que "Deus abençoe o proprietário e seus parentes e nos mantenha em nossas posições". O capítulo sobre a monarquia britânica esclarece este processo até certo ponto, embora fosse interessante realizar-se um estudo sobre as tentativas que fizeram dinastias mais autenticamente legitimistas, tais como a dos Habsburgo e dos Romanov, não só de impor obediência a seus povos como súditos, mas de angariar-lhes a lealdade como cidadãos em potencial. Sabemos que eles terminaram não conseguindo, mas teria sido este fracasso inevitável?

Por outro lado, o problema era mais difícil de ser resolvido em estados inteiramente novos, em que os governantes eram incapazes de fazer uso eficaz de laços já existentes de obediência e lealdade política, e em estados cuja legitimidade (ou a legitimidade da ordem social por eles representada) já não era mais aceita. Acontece que no período de 1870-1914 havia excepcionalmente poucos "estados novos". A maioria dos estados europeus, assim como das repúblicas americanas, havia, àquela altura, adquirido as instituições, símbolos e práticas oficiais básicas que a Mongólia, tendo declarado uma espécie de independência da China em 1912, imediatamente considerou inovadoras e necessárias. Tinham capitais, bandeiras, hinos nacionais, uniformes militares e acessórios semelhantes, baseados em grande parte no modelo dos britânicos, cujo hino nacional (que data de aprox. 1740) é, provavelmente, o primeiro, e no modelo dos franceses, cuja bandeira tricolor foi livremente imitada. Vários novos estados e regimes foram capazes de, como a Terceira República Francesa, recorrer ao simbolismo republicano francês do passado, ou, como o Império Alemão de Bismarck, associar elementos tirados de um Império Alemão anterior, aos mitos e símbolos de um nacionalismo liberal popular entre as classes médias, e ao prosseguimento da dinastia da monarquia prussiana, da qual na década de

A INVENÇÃO DAS TRADIÇÕES | 337

1860, metade dos habitantes da Alemanha de Bismarck eram súditos. Dentre os estados maiores, apenas a Itália teve de partir do nada para resolver o problema resumido por d'Azeglio na seguinte frase: "Nós fizemos a Itália: agora temos de fazer os italianos." A tradição do reino de Saboia não era uma vantagem política fora da região noroeste do país, e a Igreja opunha-se ao novo Estado italiano. *Talvez* não surpreenda que o novo reino da Itália, embora animado para *"fazer* italianos", não estava nada entusiasmado com a ideia de fazer mais de um ou dois por cento deles eleitores, até que isto se tornasse completamente inevitável.

Embora o estabelecimento da legitimidade dos novos estados e regimes fosse relativamente raro, sua afirmação contra a ameaça da política popular não foi. Como dissemos acima, aquele desafio era principalmente representado, única ou conjuntamente, pela mobilização política das massas, às vezes combinada, às vezes conflitante, através da religião (principalmente a católica romana), da consciência de classe (democracia social), e do nacionalismo, ou pelo menos a xenofobia. Em termos políticos, tais desafios tiveram sua expressão mais visível no voto, e, neste período, apresentavam-se inextrincavelmente ligados à existência do sufrágio universal ou à luta por sua obtenção, travada contra oponentes que, principalmente agora, conformavam-se com uma ação de defesa da retaguarda. Em 1914 já havia na Austrália (1901), Áustria (1907), Bélgica (1894), Dinamarca (1849), Finlândia (1905), França (1875), Alemanha (1871), Itália (1913), Noruega (1898), Suécia (1907), Suíça (1848-79), no Reino Unido (1867-84) e nos Estados Unidos, certa forma de sufrágio amplo, embora não universal, e só ocasionalmente se fizesse acompanhar da democracia política. Não obstante, mesmo onde as constituições não eram democráticas, a própria existência de um eleitorado de massas já evidenciava o problema de manter sua lealdade. A ascensão ininterrupta do voto social-democrata na Alemanha imperial não preocupou menos os governantes pelo fato do *Reichstag* ter muito pouco poder.

A ampliação do progresso da democracia eleitoral e a consequente aparição da política de massas, portanto, dominaram a invenção das tradições oficiais no período de 1870-1914. O que tornava isso particularmente urgente era a predominância tanto do modelo das instituições constitucionais liberais quanto da ideologia liberal. As primeiras ofereciam obstáculos não teóricos, mas no máximo empíricos à democracia eleitoral. De fato, dificilmente um liberal dispensaria a extensão dos direitos civis a todos os cidadãos — ou pelo menos aos de sexo masculino — mais cedo ou mais tarde. A ideologia liberal alcançara seus mais espetaculares êxitos econômicos e transformações sociais através da opção sistemática pelo indivíduo, relegando a coletividade institucionalizada, pelas transações de mercado (o "vínculo financeiro") em vez de pelos laços humanos, pela hierarquia de classe em vez da de estamentos, pela *Gesellschaft*, em vez da *Gemeinschaft*. Deixou, assim, sistematicamente, de cultivar os vínculos sociais e de autoridade aceitos pelas sociedades do passado, tendo aliás pretendido e conseguido enfraquecê-los. Contanto que as massas permanecessem alheias à política, ou fossem preparadas para apoiar a burguesia liberal, não haveria grandes dificuldades políticas em consequência disso. Todavia, da década de 1870 em diante tornou-se cada vez mais evidente que as massas estavam começando a envolver-se na política, e não se poderia ter certeza de que apoiariam seus senhores.

Após a década de 1870, portanto, quase que certamente junto com o surgimento da política de massas, os governantes e observadores da classe média redescobriram a importância dos elementos "irracionais" na manutenção da estrutura e da ordem social. Conforme comentaria Graham Wallas em *Human Nature in Politics* (A Natureza Humana na Política) (1908): "Quem se dispuser a basear seu pensamento político numa reavaliação do funcionamento da natureza humana, deve começar por tentar superar sua própria tendência de exagerar a intelectualidade do homem."[4] Uma nova geração de pensadores não teve dificuldade em superar tal tendência. Redescobriram elementos irracionais na psique individual (Janet, William James, Freud), na psicologia social (Le Bon, Tarde, Trotter), através da antropologia em povos primitivos cujas práticas já não pareciam preservar simplesmente as características da infância da humanidade moderna (Durkheim não distinguiu os elementos de toda a religião nos ritos dos aborígines da Austrália?)[5], mesmo naquele perfeito bastião da razão humana ideal, o helenismo clássico (Frazer, Cornford).[6] O estudo intelectual da política e da sociedade foi transformado pelo reconhecimento de que o que mantinha unidas as coletividades humanas não eram os cálculos racionais de seus componentes.

Creio não ser este o momento oportuno para fazer uma análise, nem mesmo a mais breve possível, deste recuo intelectual do liberalismo clássico, que apenas os economistas não acompanharam.[7] Há uma relação óbvia entre ele e a experiência da política de massas, principalmente num país onde uma burguesia que tinha, segundo Burke, "rasgado violentamente [...] o recatado cortinado da vida [...] as agradáveis ilusões que tornavam o poder manso e a obediência liberal"[8] da forma mais definitiva possível, agora achava-se exposta, afinal, à necessidade permanente de governar por meio de uma democracia política à sombra de uma revolução social (a comuna de Paris). Naturalmente, não bastava lamentar o desaparecimento daqueles antigos alicerces sociais, a Igreja e a monarquia, como fez o Taine pós-comuna, embora não tivesse simpatia por nenhuma das duas.[9] Era ainda menos prático trazer de volta o rei católico, como queriam os monarquistas (eles próprios estando longe de ser os melhores exemplos de piedade e fé tradicional, como no caso de Maurras). Havia que construir-se uma "religião cívica" alternativa. Tal necessidade foi o núcleo da sociologia de Durkheim, trabalho de um dedicado republicano não socialista. No entanto, teve de ser instituída por pensadores menos eminentes, embora fossem políticos mais experientes.

Seria ridículo insinuar que os homens que governaram a Terceira República, para atingirem uma estabilidade social, fiaram-se apenas na invenção de tradições novas. Eles, ao contrário, basearam-se no fato político real de que a direita era uma minoria eleitoral permanente, que o proletariado social revolucionário e os inflamáveis parisienses poderiam ser permanentemente derrotados pelos votos das aldeias e pequenas cidades, com representação equivalente ou maior, e que a genuína paixão dos eleitores republicanos rurais pela

Revolução Francesa e seu ódio pelos interesses dos detentores do capital poderia geralmente ser aplacado por estradas apropriadamente distribuídas pelos distritos, pela defesa dos altos preços dos produtos agrícolas e, quase certamente, pela manutenção de impostos baixos. O aristocrata radical socialista sabia o que pretendia quando redigiu seu discurso eleitoral, recorrendo à evocação do espírito de 1789 — não do de 1793 — e a um hino à República, em cujo clímax garantiu sua lealdade aos interesses dos viticultores do seu eleitorado do Languedoc.[10]

Entretanto, a invenção da tradição desempenhou um papel fundamental na manutenção da República, pelo menos salvaguardando-a contra o socialismo e a direita. Pela anexação deliberada da tradição revolucionária, a Terceira República apaziguou os social-revolucionários (como a maioria dos socialistas) ou isolou-os (como os anarco-sindicalistas). Em consequência disso, era agora capaz de mobilizar até mesmo a maioria de seus adversários potenciais da esquerda para defender uma república e uma revolução do passado, constituindo uma frente única com as classes que reduziu a direita a uma permanente minoria no país. Aliás, conforme se explica no manual da política da Terceira República, *Clochemerle, a* principal função da direita era ser alvo da mobilização dos bons republicanos. O movimento operário socialista negou-se a ser cooptado pela República burguesa até certo ponto; daí a instituição da comemoração anual da comuna de Paris no *Mur des Fédérés* (1880) contra a institucionalização da República; daí também a substituição da "Marselhesa" tradicional e agora oficial, pela nova "Internationale", seu hino durante o caso Dreyfus, e principalmente durante as controvérsias sobre a participação socialista nos governos burgueses (Millerand).[11] Mais uma vez, os republicanos jacobinos radicais continuaram, dentro do simbolismo oficial, a assinalar sua separação dos republicanos moderados e dominantes. Agulhon, que estudou a mania típica de erigir monumentos, em sua maioria da própria República, durante o período de 1875 a 1914, observa, de maneira perspicaz, que nos municípios mais radicais Marianne trazia pelo menos um dos seios nus, enquanto nos mais moderados ela estava sempre recatadamente vestida.[12] No entanto, o mais importante era que quem controlava todas as metáforas, o simbolismo, as tradições da República eram os homens do centro mascarados de homens da extrema esquerda: os socialistas radicais, proverbialmente "iguais aos rabanetes, vermelhos por fora e brancos por dentro, sempre do lado que mais lhes interessa". Assim que eles pararam de controlar as fortunas da República — desde a época da Frente Popular em diante — os dias da Terceira República ficaram contados.

Há provas suficientes de que a burguesia republicana moderada reconhecia a natureza de seu principal problema político ("falta de inimigos da esquerda") desde a década de 1860, e pôs-se a resolvê-lo logo que a República firmou-se no poder.[13] Em termos da invenção da tradição, três novidades principais são particularmente importantes. A primeira foi o desenvolvimento de um equivalente secular da Igreja — educação primária, imbuída de princípios e conteúdo revolucionário e republicano, e dirigida pelo equivalente secular do clero — ou talvez, dada a sua pobreza, os frades — os *instituteurs*.[14] Não resta dúvida de que esta foi uma criação deliberada do início da Terceira República e, considerando-se a centralização proverbial do governo francês, de que o conteúdo dos manuais que iriam transformar não só camponeses em franceses, mas todos os franceses em bons republicanos, foi cuidadosamente elaborado. Aliás, a "institucionalização" da própria Revolução Francesa na, e pela, República já foi estudada com maior vagar.[15]

A segunda novidade foi a invenção das cerimônias públicas.[16] A mais importante delas, o Dia da Bastilha, foi criado em 1880. Reunia manifestações oficiais e não oficiais e festividades populares — fogos de artifício, bailes nas ruas — confirmando anualmente a condição da França como nação de 1789, na qual todo homem, mulher e criança franceses poderiam tomar parte. Embora deixasse espaço, para manifestações populares mais belicosas, mal podendo evitá-las, sua tendência geral era transformar a herança da Revolução numa expressão conjunta de pompa e poder do estado e da satisfação dos cidadãos. Forma menos permanente de celebração pública eram as exposições mundiais esporádicas que deram à República a legitimidade da prosperidade, do progresso técnico — a Torre Eiffel — e a conquista colonial global que procuravam enfatizar.[17]

A terceira novidade foi a produção em massa de monumentos públicos já comentada. Pode-se observar que a Terceira República — ao contrário de outros países — não era favorável aos edifícios públicos imponentes, dos quais já havia muitos na França — embora as grandes exposições tenham acrescentado alguns a Paris —, nem às estátuas descomunais. A principal característica da "estatuomania" francesa[18] foi sua democracia, prenúncio da democracia dos monumentos da guerra após 1914-18. Dois tipos de monumentos espalharam-se pelas cidades e comunas rurais do país: a imagem da própria República (na pessoa de Marianne, agora universalmente conhecida), e as figuras civis barbadas daqueles que o patriotismo local escolhia para reverenciar, fossem vivos ou mortos. Aliás, embora a construção dos monumentos republicanos fosse evidentemente incentivada, a iniciativa e o custo de tais empreendimentos eram questões de âmbito local. Os empresários que abasteciam este mercado ofereciam escolhas adequadas aos bolsos de toda comunidade republicana, dos cidadãos mais pobres até os mais ricos, desde modestos bustos de Marianne, dos mais diversos tamanhos, passando por estátuas de corpo inteiro de várias dimensões, até os pedestais e acessórios alegóricos ou heroicos que os cidadãos mais ambiciosos podiam colocar aos pés da figura.[19] Os opulentos conjuntos da Place de la Republique e da Place de la Nation em Paris constituíam a versão suprema deste tipo de estatuária. Tais monumentos reconstituem as raízes da República — especialmente seus baluartes rurais — e podem ser considerados vínculos visíveis entre os eleitores e a nação.

Algumas outras características das tradições "inventadas" oficiais da Terceira República podem ser comentadas rapidamente. Exceto sob a forma da celebração de figuras de destaque do passado local, ou de manifestos políticos locais, ela não recorreu à história. Em parte, sem dúvida, porque a história antes de 1789 (a não ser talvez pelos gauleses), lembrava a Igreja e a monarquia, e em parte porque a história a partir de 1789 era uma força divisória, não unificadora: cada tipo — ou grau — de Republicanismo tinha seus próprios heróis e vilões no panteão revolucionário, como demonstra a historiografia da Revolução Francesa. As diferenças partidárias eram patentes nas estátuas a Robespierre, Mirabeau ou Danton. Ao contrário dos Estados Unidos e dos estados latino-americanos, a República Francesa esquivou-se, portanto, do culto aos fundadores do país. Preferia símbolos gerais, abstendo-se até do uso de temas que se referissem ao passado nacional nos selos postais até bem depois de 1914, apesar de a maioria dos Estados europeus (fora a Grã-Bretanha e a Escandinávia) terem descoberto sua força de meados da década de 1890 em diante. Eram poucos os símbolos: a tricolor (democratizada e universalizada na faixa do prefeito, presente em todo casamento civil ou outra cerimônia), o monograma da República (RF) e o lema (liberdade, igualdade, fraternidade), a "Marselhesa", e o símbolo da República e da própria liberdade, que parece ter tomado forma nos últimos anos do Segundo Império, Marianne. Podemos também observar que a Terceira República não tinha qualquer desejo oficial pelas cerimônias especificamente inventadas, tão característico da primeira — "árvores da liberdade", deusas da razão e festejos *ad hoc*. Não devia haver feriado nacional oficial que não o 14 de julho, nenhuma mobilização, procissão ou marcha formal por parte dos cidadãos civis (ao contrário dos regimes de massas do século XX, e também ao contrário dos Estados Unidos), mas uma simples "republicanização" da pompa do poder de estado aceita — uniformes, paradas, bandas, bandeiras e coisas que tais.

O Segundo Império Alemão representa um contraste interessante, principalmente porque vários dos temas gerais da tradição inventada republicana francesa podem ser identificados. Seu principal problema político era duplo: como emprestar legitimidade histórica à versão bismarckiana (Prusso-Pequeno alemã) da unificação que não era reconhecida; e como lidar com aquela grande parte do eleitorado *democrático* que teria preferido outra solução (grande-alemães, antiprussianos, católicos e, acima de tudo, social-democratas). O próprio Bismarck parece não ter-se preocupado muito com o simbolismo, a não ser pela criação de uma bandeira tricolor que unia a branca e preta prussiana com a nacionalista liberal preta, vermelha e dourada, que ele pretendia anexar (1866). Não havia qualquer precedente histórico para a bandeira nacional imperial preta, branca e vermelha.[20] A receita de Bismarck para a estabilidade política era ainda mais simples: conquistar o apoio da burguesia (predominantemente liberal), cumprindo seu programa até um ponto que não comprometesse a predominância da monarquia, exército e aristocracia prussiana, utilizar as divisões potenciais entre os vários tipos de oposição e evitar tanto quanto possível que a democracia política influenciasse as decisões do governo. Grupos obviamente irreconciliáveis que não podiam ser divididos — especialmente os católicos e principalmente os social-democratas pós-lassallianos — causaram-lhe certo embaraço. Aliás, ele foi derrotado nos confrontos diretos com ambos. Tem-se a impressão de que este racionalista conservador da velha guarda, apesar de mestre nas artes da manobra política, jamais conseguiu resolver a contento os problemas da democracia política, ao contrário da política dos ilustres.

A invenção das tradições do Império Alemão associa-se, portanto, antes de mais nada, à era de Guilherme II. Seus objetivos eram primordialmente duplos: estabelecer a continuidade entre o Primeiro e o Segundo Império Alemão, ou, de modo mais geral, estabelecer o novo Império como realização das aspirações nacionais seculares do povo alemão; e enfatizar as experiências históricas específicas que ligavam a Prússia ao restante da Alemanha na construção do novo Império, em 1871. Ambas as metas, por sua vez, exigiam a convergência da história prussiana e alemã, coisa a que se dedicaram por algum tempo os historiadores imperiais patriotas (especialmente Treitsche). A principal dificuldade na maneira de atingir tais objetivos era, em primeiro lugar, que a história do Santo Império Romano da nação alemã era difícil de ser adaptada a qualquer molde nacionalista do século XIX, e, em segundo, que sua história não afirmava que o desenlace de 1871 fosse inevitável, nem mesmo provável. Podia ser relacionada a um nacionalismo moderno apenas por meio de dois artifícios: pelo conceito de um inimigo secular nacional contra o qual o povo alemão havia definido sua identidade, lutando para obter a unidade como Estado; e pelo conceito de conquista ou supremacia cultural, política e militar, pelo qual a nação alemã, espalhada por grandes partes de outros países, principalmente na Europa central e oriental, podia reivindicar o direito de unir-se num Estado Maior alemão. O segundo conceito não era exatamente salientado pelo império de Bismarck, especificamente "o Pequeno império", embora a própria Prússia, como subentendia seu nome, houvesse sido historicamente formada em grande parte pela anexação de regiões bálticas e eslavônicas fora dos limites do Santo Império Romano.

Os edifícios e monumentos eram a forma mais visível de estabelecer uma nova interpretação da história alemã, ou antes uma fusão entre a "tradição inventada" mais velha e romântica do nacionalismo alemão pré-1848 e o novo regime: os símbolos mais potentes foram os que conseguiram a fusão. Assim, o movimento de massa dos ginastas alemães, dos liberais e dos grande-alemães até a década de 1860, dos bismarckianos após 1866 e, finalmente, dos pangermânicos e antissemitas levou a sério três monumentos cuja inspiração era basicamente não oficial: o monumento a Armínio, o Querusco, na Floresta Teutoburga (em grande parte construído de 1838-46, e inaugurado em 1875); o monumento Niederwald, às margens do Reno, que comemora a unificação da Alemanha em 1871 (1877-83); e o monumento comemorativo do centenário da batalha de Leipzig, iniciado em 1894 por "uma Associação Patriótica Alemã pela Construção de um Monumento à Batalha dos Povos em Leipzig", e inaugurado em 1913. Por outro lado, eles não parecem ter manifestado entusiasmo pela proposta de transformar o monumento a Guilherme I na montanha Kyffhäuser, no local onde, segundo as lendas, o imperador Frederico Barba Roxa reapareceria, num símbolo nacional (1890-6), e como não houve nenhuma reação especial à construção do monumento a Guilherme I e à Alemanha na confluência do Reno com o Moselle (o "Deutsches Eck", ou Recanto Alemão), dirigidos contra as reivindicações francesas à margem esquerda do Reno.[21]

À parte tais variações, o volume de construções e estátuas ergui-
das na Alemanha neste período foi considerável, enriquecendo os arquitetos e escultores adaptáveis e competentes o suficiente.[22] Entre os
que foram construídos ou planejados só na década de 1890, podemos
mencionar o novo edifício do Reichstag (1884-94), cuja fachada ostenta
elaboradas metáforas históricas, o monumento de Kyffhäuser já citado
(1890-6), o monumento nacional a Guilherme I — nitidamente considerado o pai oficial do país (1890-7), o monumento a Guilherme I na Porta
Westfálica (1892), o monumento a Guilherme I no Deutsches Eck (1894-
7), o extraordinário Valhalla de príncipes Hohenzollern na "Avenida da
Vitória" (Siegesallee) em Berlim (1896-1901), uma variedade de estátuas
de Guilherme I nas cidades alemãs (Dortmund 1894, Wiesbaden 1894,
Prenzlau 1898, Hamburgo 1903, Halle 1901) e, um pouco mais tarde,
um verdadeiro dilúvio de monumentos a Bismarck, que gozaram de
apoio mais genuíno dos nacionalistas.[23] A inauguração de um desses
monumentos constituiu a primeira ocasião em que se utilizaram temas
históricos nos selos postais do Império (1899).

Este acúmulo de construções e estátuas traz duas implicações. A
primeira refere-se à escolha de um símbolo nacional. Havia dois disponíveis: uma "Germania" indefinida, porém adequadamente militar,
que não desempenhava grande papel na escultura, embora figurasse
frequentemente nos selos desde o início, uma vez que nenhuma figura
dinástica poderia por enquanto simbolizar a Alemanha como um todo;
e a figura do "Deutsche Michel", que realmente surge num papel subordinado no monumento a Bismarck. Ele pertence às curiosas representações da nação, não como um país ou estado, mas como "o povo", que
passou a animar a demótica linguagem política dos caricaturistas do século XIX, e que visava (como John Bull e o ianque de cavanhaque — *não*
como Marianne, símbolo da República) expressar o caráter nacional, segundo o ponto de vista dos próprios membros da nação. Suas origens e
primórdios são desconhecidos, embora, como o hino nacional, tenham
sido quase certamente encontrados pela primeira vez na Grã-Bretanha
do século XVIII.[24] Essencialmente, o "Deutsche Michel" enfatizava
tanto a inocência e a simplicidade tão prontamente exploradas pelos

A INVENÇÃO DAS TRADIÇÕES | 347

forasteiros ardilosos quanto a força física que podia utilizar para frustrar seus truques e conquistas manhosas quando afinal despertada. Ao que parece, "Michel" foi essencialmente um símbolo antiestrangeiro.

A segunda implicação diz respeito à importância capital da unificação alemã por Bismarck com a *única* experiência nacional histórica que os cidadãos do novo Império tinham em comum, considerando-se que todas as concepções anteriores da Alemanha e da unificação alemã eram, de uma forma ou de outra, "grande-alemãs". No contexto desta experiência, a guerra franco-alemã era fundamental. A tradição "nacional" (breve) que a Alemanha possuía resumia-se em três nomes: Bismarck, Guilherme I e Sedan.

Isto exemplifica-se claramente nos cerimoniais e rituais inventados (também principalmente no reinado de Guilherme II). Assim, os anais de um ginásio registram nada menos que dez cerimônias entre agosto de 1895 e março de 1896 para comemorar o 25º aniversário da guerra franco-prussiana, incluindo amplas comemorações das batalhas da guerra, celebrações do aniversário do imperador, a entrega oficial do retrato de um príncipe imperial, iluminação especial e discursos sobre a guerra de 1870-1, sobre o desenvolvimento da ideia imperial (*Kaiseridee*) durante a guerra, sobre o caráter da dinastia Hohenzollern, e daí por diante.[25]

Talvez se possa elucidar melhor o caráter de uma dessas cerimônias com uma descrição mais detalhada. Observados por pais e amigos, os meninos entravam no pátio da escola, marchando e cantando "Wacht em Rhein" (a "canção nacional" mais diretamente identificável com a hostilidade em relação à França, embora, significativamente não fosse o hino nacional prussiano nem alemão).[26] Formavam de frente para os representantes de cada turma, que traziam bandeiras enfeitadas com folhas de carvalho, compradas com dinheiro arrecadado em cada turma. (O carvalho tem ligações com o folclore, o nacionalismo e os valores militares teuto-germânicos — ainda lembrados nas folhas de carvalho que assinalavam a mais alta classe de ornamento militar antes de Hitler: um equivalente alemão adequado dos louros latinos.) O líder apresentava as bandeiras ao diretor que, por sua vez, dirigia-se à assembleia e falava sobre os gloriosos dias do último imperador Guilherme I e pedia três fortes vivas pelo presente monarca e sua imperatriz. Depois, os meninos marchavam, seguindo as bandeiras. Seguia-se ainda outro discurso do diretor, antes que fosse plantado um "carvalho imperial" (*Kaisereiche*) ao som de um coral. O dia encerrava-se com uma excursão à Grunewald. Todos estes procedimentos eram simplesmente preliminares à comemoração em si do Dia de Sedan, dois dias depois, e aliás, a um ano letivo repleto de reuniões de caráter ritual, tanto religiosas como cívicas.[27] No mesmo ano, um decreto imperial anunciaria a construção do *Siegesallee*, relacionada ao 25º aniversário da guerra franco-prussiana, interpretada como a insurreição do povo alemão "como um só povo", embora "atendendo ao chamado de seus príncipes" para "repelir a agressão estrangeira e alcançar a unidade da pátria e a *restauração* do Reich com vitórias gloriosas" (o grifo é meu).[28] O *Siegesallee*, como já se disse, representava exclusivamente os príncipes Hohenzollern desde a época dos Margrave de Brandenburgo.

É interessante traçar uma comparação entre as inovações francesas e alemãs. Ambas põem ênfase nos atos de fundação do novo regime — a Revolução Francesa, especialmente em seu episódio menos preciso e mais controvertido (a tomada da Bastilha), e a guerra franco-prussiana. A não ser por este ponto de referência histórico, a República Francesa absteve-se de fazer retrospectivas históricas de forma tão notável quanto os alemães as favoreceram. Uma vez que a Revolução havia estabelecido o fato, a natureza e as fronteiras da nação francesa e de seu patriotismo, a República poderia limitar-se a lembrá-los a seus cidadãos por meio de alguns símbolos óbvios — Marianne, a tricolor, a "Marselhesa", e daí por diante — complementando-os com uma pequena exegese ideológica que falasse (aos cidadãos mais pobres) sobre as vantagens óbvias, embora às vezes teóricas, da Liberdade, Igualdade e Fraternidade. Como o "povo alemão" antes de 1871 não tinha definição nem unidade política, e sua relação com o novo Império (que excluía grande parte do povo) era vaga, simbólica ou ideológica, a identificação teve que ser mais complexa e — com exceção do papel da dinastia, exército e Estado dos Hohenzollern — menos definida. Daí a variedade de referências, indo desde a mitologia e folclore (carvalhos alemães, o imperador Frederico Barba Roxa), passando pelos estereótipos simplificados das charges, até a definição da nação em termos de seus inimigos. Como muitos outros "povos" liberados, a "Alemanha" definia-se mais facilmente por aquilo a que se opunha do que de outras formas.

Talvez isso explique a lacuna mais óbvia nas "tradições inventadas" do Império Alemão: não ter conseguido conciliar os social-democratas. É verdade que Guilherme II a princípio gostava de apresentar-se como "imperador social", rompendo nitidamente com a política pessoal de Bismarck, que colocou o partido no ostracismo. Ainda assim, comprovou-se que a tentação de apresentar o movimento socialista como antinacional ("vaterlandslose Gesellen") era forte demais para ser vencida, e os socialistas foram excluídos do serviço público de modo ainda mais sistemático (proibidos inclusive, por uma lei especial, de ocupar cargos universitários), do que haviam sido, por exemplo, no Império dos Habsburgo. Não há dúvida de que as duas dores de cabeça políticas do Império haviam sido consideravelmente atenuadas. A glória e o poder militar, assim como a retórica da grandiosidade alemã desarmaram os "grande-alemães", ou pan-alemães, agora cada vez mais afastados de suas origens liberais ou até democráticas. Agora, se quisessem atingir seus objetivos, teria de ser através do Império, ou então não poderiam fazer nada. Os católicos, como ficou claro quando Bismarck abandonou sua campanha contra eles, não causaram sérios problemas. No entanto, apenas os social-democratas, que avançavam aparentemente de forma inevitável rumo ao status de maioria no Império, constituíam uma força política que, de acordo com o que ocorreu noutros países na época, teria levado o governo alemão a uma atitude bem mais flexível.

Mesmo assim, numa nação que para sua autodefinição dependia tanto de seus *inimigos*, externos e internos, isso não foi de todo inesperado;[29] mais ainda porque a elite militar, por definição antidemocrática, constituía um instrumento tão poderoso para elevar a classe média ao status de classe dominante Ainda assim, a escolha dos social-democratas e, menos formalmente, dos judeus como inimigos internos tinha uma vantagem a mais, embora o nacionalismo do Império fosse incapaz de explorá-la a fundo. Oferecia um apelo demagógico tanto contra o liberalismo capitalista quanto contra o socialismo proletário, apelo esse capaz de mobilizar as grandes massas da classe média baixa, artesãos e camponeses que se sentiam ameaçados por ambos, sob a bandeira "da nação".

Paradoxalmente, a mais democrática e, tanto sob o aspecto territorial quanto constitucional, uma das mais claramente definidas nações enfrentou um problema de identidade nacional sob certos aspectos semelhante ao da Alemanha Imperial. O problema político básico dos Estados Unidos da América, após o término da secessão, era assimilar uma massa heterogênea — até o fim de nosso período, um influxo quase impraticável — de pessoas que eram americanas não por nascimento, mas por imigração. Os americanos tinham de ser construídos. As tradições inventadas dos Estados Unidos neste período eram antes de mais nada destinadas a atingir este objetivo. Por um lado, os imigrantes foram incentivados a aceitar rituais que comemoravam a história da nação — a Revolução e seus fundadores (4 de julho) e a tradição protestante anglo-saxônica (Dia de Ação de Graças) — como eles de fato aceitaram, uma vez que agora estes dias eram feriados e ocasiões de festejos públicos e particulares.[30] (Em compensação, a "nação" absorveu os rituais coletivos dos imigrantes — Dia de são Patrício, mais tarde Dia do Descobrimento da América — e inseriu-os no contexto da vida americana, principalmente através do poderoso mecanismo de assimilação da política municipal e estadual.) Por outro lado, o sistema educacional foi transformado num aparelho de socialização política através da veneração da bandeira americana que, da década de 1880 em diante, tornou-se um ritual diário nas escolas rurais.[31] O conceito do americanismo como *opção* — a decisão de aprender inglês, de candidatar-se à cidadania — e uma opção quanto a crenças, atos e modalidades de comportamento específicas trazia implícita a ideia correspondente de "antiamericanismo". Nos países que definiam a nacionalidade sob o ponto de vista existencial, podia haver ingleses ou franceses antipatrióticos, mas seu status de cidadãos ingleses ou franceses não podia ser posto em dúvida, a menos que eles também pudessem ser definidos como forasteiros (*metèques*). Nos Estados Unidos, porém, assim como na Alemanha, quem fosse "antiamericano" ou "vaterlandslose" teria seu status efetivo como membro da nação posto em dúvida.

Como se poderia esperar, a classe operária era o conjunto maior e mais visível destes membros duvidosos da comunidade nacional; mais ainda porque nos Estados Unidos eles podiam realmente ser classificados de imigrantes. A esmagadora maioria dos novos imigrantes eram operários; por outro lado, desde pelo menos a década de 1860, a maioria dos trabalhadores em praticamente todas as grandes cidades do país parecia ser estrangeira. Quanto ao conceito de "antiamericanismo", cujas origens parecem datar pelo menos da década de 1870,[32] não parece claro se foi uma reação dos nativos contra os forasteiros, ou das classes médias protestantes anglo-saxônicas contra os trabalhadores estrangeiros. Em todo caso, ele produziu um inimigo interno contra o qual os bons americanos poderiam afirmar seu americanismo, assim como o faziam pela execução escrupulosa de todos os rituais formais e informais, a afirmação de todas as ideias convencional e institucionalmente estabelecidas como características dos bons americanos.

Podemos analisar mais brevemente a invenção das tradições do estado em outros países da época. As monarquias, por motivos óbvios, tenderam a relacioná-las à coroa, e durante este período iniciaram-se os agora conhecidos exercícios de relações públicas centrados nos rituais reais ou imperiais, bastante facilitados pela feliz descoberta — ou talvez fosse melhor dizer invenção — do jubileu ou do aniversário cerimonial. Essa inovação é até comentada no *New English Dictionary*.[33] O valor publicitário dos aniversários é nitidamente demonstrado pelo fato de que eles frequentemente ofereceram oportunidade para a primeira emissão de estampas históricas ou semelhantes em selos postais, a forma mais universal de simbolismo público, além do dinheiro, como se vê no Quadro 1.

QUADRO 1 — PRIMEIRA EMISSÃO DE SELOS HISTÓRICOS ANTES DE 1914			
País	Primeiro selo	Primeiro selo histórico	Jubileu ou ocasião especial
Alemanha	1872	1899	Inauguração de monumento
Áustria-Hungria	1850	1908	60 anos de Francisco José
Bélgica	1849	1914	Guerra (Cruz Vermelha)
Bulgária	1879	1901	Aniversário da revolta
Espanha	1850	1905	Tricentenário de *Don Quixote*
Grécia	1861	1896	Jogos olímpicos
Itália	1862	1910-11	Aniversários
Países Baixos	1852	1906	Tricentenário de De Ruyter
Portugal	1852	1894	500º aniversário do infante Dom Henrique
Romênia	1865	1906	40 anos de governo
Rússia	1858	1905-13	Tricentenário da beneficência de guerra
Sérvia	1866	1904	Centenário da dinastia
Suíça	1850	1907	

Fonte: *Stamps of the World 1972: a Stanley Gibbons Catalogue.*[34]

É quase certo que o jubileu da rainha Vitória, de 1887, repetido dez anos mais tarde devido a seu incrível sucesso, tenha inspirado comemorações reais ou imperiais subsequentes na Grã-Bretanha e em todos os outros países. Até as dinastias mais tradicionalistas — os Habsburgo em 1908, os Romanov em 1913 — descobriram os méritos desta forma de propaganda. Era nova na medida em que se dirigia ao público, ao contrário dos cerimoniais criados para simbolizar a relação entre os monarcas e a divindade e sua posição no ápice de uma hierarquia de magnatas. Após a Revolução Francesa, todo monarca teve, mais cedo ou mais tarde, de aprender a mudar do equivalente nacional de "rei da França" para "rei dos franceses", ou seja, a estabelecer uma relação direta com a coletividade de seus súditos, por mais humildes que fossem. Embora também estivesse

A INVENÇÃO DAS TRADIÇÕES | 353

presente a opção estilística por uma "monarquia burguesa" (estreada por Luís Filipe), ela parece ter sido adotada apenas pelos reis de países humildes, que queriam manter uma aparência de modéstia — os Países Baixos, a Escandinávia — embora até alguns dos reis por direito divino — especialmente o imperador Francisco José — pareçam ter representado o papel de funcionário esforçado, que vivia num conforto espartano.

Tecnicamente, não havia grande diferença entre o uso político da monarquia com o objetivo de fortalecer os governantes efetivos (como nos impérios Habsburgo, Romanov, mas também talvez indiano), e de constituir a função simbólica das cabeças coroadas nos Estados parlamentares. Ambos baseavam-se na exploração da pessoa real, com ou sem ancestrais dinásticos, em ocasiões rituais elaboradas a que se associavam atividades de propaganda e uma ampla participação do povo, também através do público cativo disponível para doutrinação oficial no sistema educacional. Ambos faziam do governante o foco da unidade de seus povos ou seu povo, o representante simbólico da glória e grandeza nacional, de todo o seu passado e continuidade num presente em transformação. Todavia, as inovações foram talvez mais deliberadas e sistemáticas onde, como na Grã-Bretanha, a restauração do ritualismo real era considerada uma compensação necessária para os riscos da democracia popular. Bagehot já havia reconhecido o valor da deferência política e das partes "nobres", ao contrário das "eficientes", da constituição na época da Segunda Lei Reformista. O velho Disraeli, ao contrário do jovem, aprendeu a ter "reverência pelo trono e seu ocupante" como "um poderoso instrumento de poder e influência". Ao fim do reinado de Vitória, já se compreendia bem a natureza deste artifício. J.E.C. Bodley escreveu sobre a coroação de Eduardo VII:

> O uso de um rito antigo por um povo apaixonado porém prático para assinalar as maravilhas modernas de seu império, o reconhecimento de uma coroa hereditária por uma democracia livre, como símbolo do domínio universal de sua raça, não constituem mera representação, mas um acontecimento do maior interesse histórico.[35]

A glória e a grandeza, a riqueza e o poder podiam ser simbolicamente compartilhados com os pobres da realeza e seus rituais. Quanto maior o poder, menos atraente era, pode-se imaginar, a opção burguesa pela monarquia. Podemos lembrar que na Europa a monarquia continuou sendo a forma universal de estado entre 1870 e 1914, exceto na França e na Suíça.

II

As tradições políticas mais universais inventadas neste período foram obra dos Estados. Todavia, o surgimento de movimentos de massa que reivindicavam status independente ou até alternativo para os Estados acarretaram progressos semelhantes. Alguns destes movimentos, principalmente o catolicismo político e vários tipos de nacionalismo, estavam profundamente conscientes da importância do ritual, cerimonial e mito, incluindo, via de regra, um passado mitológico. A importância das tradições inventadas torna-se ainda mais notável quando elas surgem entre movimentos racionalistas que eram, pelo menos, relativamente avessos a elas, e que não tinham equipamento simbólico e ritual pré-fabricado. Portanto, a melhor maneira de estudar seu aparecimento está num desses casos — o dos movimentos socialistas operários.

O principal ritual internacional destes movimentos, o 1º de maio (1890) desenvolveu-se espontaneamente dentro de um período surpreendentemente curto. No princípio, compunha-se de uma greve geral de um dia e uma manifestação reivindicando uma jornada de trabalho de oito horas, marcadas numa data já associada durante alguns anos com esta exigência nos Estados Unidos. A escolha desta data foi certamente bastante pragmática na Europa. Provavelmente não tinha importância ritual nos Estados Unidos, onde o "Dia do Trabalho" já havia sido estabelecido no final do verão. Havia sido proposto, com certa razão, que essa data coincidisse com o "Dia da Mudança", a data em que tradicionalmente se encerravam os contratos de trabalho em Nova York e Pensilvânia.[36] Embora este, como períodos contratuais semelhantes em certas partes da agricultura tradicional europeia, tivesse originalmente feito parte do ciclo anual simbolicamente herdado do ano de trabalho pré-industrial, sua ligação com o proletariado industrial era claramente fortuita. A nova Internacional Operária e Socialista não considerou qualquer forma de manifestação em particular. A ideia de uma festa dos trabalhadores não só deixou de ser mencionada na resolução original daquela corporação (1889), como também foi rejeitada por razões ideológicas, por vários militantes revolucionários.

Mesmo assim, a escolha de uma data tão carregada de simbolismo pelas antigas tradições revelou-se importante, embora — como pensa Van Gennep — na França o anticlericalismo do movimento operário tenha oposto resistência à inclusão de práticas folclóricas tradicionais em seu 1º de Maio.[37] Desde o início, a ocasião atraiu e absorveu elementos simbólicos e rituais, principalmente a de celebração semirreligiosa e sobrenatural ("Maifeier"), um feriado e um dia santo, ao mesmo tempo. (Engels, após referir-se a ele como uma "manifestação" usa o termo "Feier", a partir de 1893.[38] Adler reconheceu este elemento na Áustria a partir de 1892, Vandervelde na Bélgica desde 1893.) Andrea Costa explicou-o de forma sucinta em relação à Itália (1893): "Os católicos têm a Páscoa; de hoje em diante, os trabalhadores terão sua própria Páscoa";[39] há referências também a Whitsun, embora mais raras. Ainda existe um "sermão do 1º de maio" curiosamente sincrético, de Charleroi (Bélgica), 1898, encimado por duas epígrafes: "Proletários de todas as terras, uni-vos" e "Amai-vos uns aos outros".[40]

As bandeiras vermelhas, únicos símbolos universais do movimento, fizeram-se presentes desde o início, assim como as flores, em vários países: o cravo vermelho na Áustria, a rosa vermelha (de papel) na Alemanha, a silva e a papoula na França, e a flor do pilriteiro, símbolo da renovação, cada vez mais difundida e, a partir de meados da década de 1900, substituída pelo lírio-do-vale, sem associações políticas. Pouco se sabe acerca desta linguagem das flores que, a julgar também pelos poemas do 1º de maio da literatura socialista, associava-se espontaneamente à ocasião. Sem dúvida, isso acentuava a tônica do 1º de maio, tempo de renovação, crescimento, esperança e alegria (vide a menina com um ramo de pilriteiro em flor, associada, na memória popular, ao tiroteio do 1º de maio, em Fourmies, 1891).[41] Da mesma forma, o 1º de maio desempenhou papel capital do desenvolvimento da nova iconografia socialista da década de 1890 em que, apesar da esperada ênfase na luta, o toque de esperança, confiança e a aproximação de um futuro melhor — muitas vezes expressas pelas metáforas do crescimento das plantas — prevaleceram.[42]

Acontece que o 1º de maio começou numa época de extraordinário crescimento e enorme expansão dos movimentos operários e socialistas de numerosos países, e dificilmente poderia ter-se estabelecido num clima político menos promissor. O antigo simbolismo da primavera, a ele associado de maneira tão fortuita, foi perfeito para a ocasião, no início da década de 1890.

Assim, a data transformou-se rapidamente numa festividade e rito anual altamente carregado. A repetição anual foi adotada para atender à demanda das camadas. Com ela, o conteúdo político original do dia — a exigência de uma jornada de trabalho de oito horas — fatalmente foi posto de lado, dando lugar a qualquer tipo de *slogans* que atraíssem os movimentos operários nacionais num dado ano, ou, com mais frequência, a uma afirmação não específica da presença da classe operária e, em muitos países latinos, a comemoração dos "Mártires de Chicago". O único elemento original mantido foi o internacionalismo da manifestação, de preferência simultâneo: no caso extremo da Rússia de 1917, os revolucionários chegaram a mudar seu próprio calendário, para poder comemorar o Dia do Trabalho na mesma data que o resto do mundo. E, de fato, o desfile público dos trabalhadores *como uma classe* constituía o núcleo do ritual. O 1º de Maio era, conforme alguns comentaristas, o *único* feriado, mesmo entre os aniversários radicais e revolucionários, a associar-se apenas à classe operária; embora — pelo menos na Grã-Bretanha — comunidades específicas de operários já mostrassem sinais de estarem criando apresentações coletivas gerais como parte de seu movimento. (A primeira festa dos mineiros de Durham foi em 1871.)[43] Como todos os cerimoniais do gênero, era, ou tornou-se, uma ocasião familiar basicamente bem-humorada. As manifestações políticas clássicas não eram necessariamente assim. (Esta característica ainda pode ser observada em "tradições inventadas" mais recentes, como as festas nacionais do jornal comunista italiano *Unità*.) Como todas elas, combinava a animação e entusiasmo público e particular com a afirmação de lealdade ao movimento, elemento básico da consciência da classe operária: a retórica — naquela época, quanto mais longo o discurso, melhor, uma vez que um bom discurso representava inspiração e divertimento —, estandartes, emblemas, *slogans*, e daí por diante. De forma ainda mais decisiva, afirmou a presença da classe operária através da mais básica manifestação do poder proletário: a abstenção do trabalho. Pois, paradoxalmente, o sucesso do 1º de maio tendia a ser proporcional à sua distância das atividades cotidianas concretas do movimento. Era maior onde a aspiração socialista prevalecia sobre o realismo político e a prudência sindical que, como na Grã-Bretanha e Alemanha,[44] recomendava que houvesse uma manifestação, todo primeiro domingo do mês, além do dia anual de greve em 1º de maio. Victor Adler, percebendo a disposição dos trabalhadores austríacos, insistira na greve, ao contrário dos conselhos de Kautsky,[45] e assim o 1º de maio austríaco adquiriu uma força e uma repercussão fora do comum. Portanto, como vimos, o 1º de maio não foi formalmente inventado pelos líderes do movimento, mas aceito e institucionalizado por eles por iniciativa de seus seguidores.

A força da nova tradição foi nitidamente avaliada por seus inimigos. Hitler, com seu agudo senso de simbolismo, houve por bem não só adotar a cor vermelha da bandeira dos trabalhadores, mas também o 1º de maio, convertendo-o num "dia oficial nacional do trabalho", em 1933, e mais tarde atenuando suas relações com o proletariado.[46] Pode-se acrescentar *en passant* que a data era agora um feriado geral trabalhista na Comunidade Econômica Europeia

O 1º de maio e os rituais trabalhistas semelhantes situam-se entre as tradições "políticas" e "sociais", pertencendo ao grupo das primeiras através de sua associação com as organizações de massas e partidos que podiam — e de fato visavam — tornar-se regimes e estados; e ao grupo das segundas porque manifestavam de forma autêntica a consciência que os trabalhadores tinham de serem uma classe à parte, visto que esta consciência era inseparável das organizações correspondentes. Embora em muitos casos — tais como a Social-Democracia austríaca, ou os mineiros britânicos — a classe e a organização tornaram-se inseparáveis, isso não quer dizer que as duas coisas fossem idênticas entre si. "O movimento" desenvolveu suas próprias tradições, compartilhadas por líderes e militantes, mas não necessariamente por eleitores e adeptos, e, por outro lado, a classe poderia desenvolver "tradições inventadas" próprias, independentes dos movimentos organizados, ou até mesmo suspeitos aos olhos dos ativistas. Vale a pena examinar brevemente duas dessas tradições, ambas óbvios produtos de nossa era. A primeira é o surgimento — especialmente na Grã-Bretanha, mas talvez também em outros países — de roupas como expressão de classe. A segunda relaciona-se aos esportes de massa.

Não é por acaso que a história em quadrinhos que satiriza levemente a cultura operária masculina tradicional da velha área industrial da Grã-Bretanha (principalmente o nordeste) tem como título e símbolo o boné, que era praticamente o distintivo da classe proletária quando não estava trabalhando: Andy Capp ("Zé do Boné"). Existia também na França uma equivalência semelhante entre classe e boné, até certo ponto,[47] assim como em algumas partes da Alemanha. Na Grã-Bretanha, ao menos, segundo indícios iconográficos, os proletários não eram universalmente relacionados ao boné antes da década de 1890, mas no fim do período eduardino — como provam fotos de multidões saindo de jogos de futebol ou de assembleias — tal identificação era quase completa. A ascensão do boné proletário ainda está à espera de um cronista. Ele ou ela, supostamente, descobrirá que sua história tem relação com a do desenvolvimento dos esportes de massa, uma vez que este tipo específico de chapéu surge a princípio como acessório esportivo entre as classes alta e média. Sejam quais forem suas origens, ele tornou-se obviamente característico da classe operária, não só porque membros de outras classes, ou aqueles que aspiravam a esse status, não quisessem ser confundidos com operários, mas também porque os trabalhadores braçais não estavam interessados em escolher (a não ser, sem dúvida, para ocasiões de grande formalidade) qualquer outra forma de cobrir a cabeça, dentre as muitas existentes. A manifestação de Keir Hardie, que entrou no Parlamento de boné (1892) indica que era reconhecido o elemento de afirmação de classe.[48] É razoável supor que as massas sabiam disso. De alguma forma não muito clara, os proletários adquiriram o hábito de usar o boné bem rápido, nas últimas décadas do século XIX e na primeira década do século XX, como parte da síndrome característica da "cultura operária" que se delineava então.

A história equivalente do vestuário do proletariado em outros países ainda não foi escrita. Aqui podemos apenas observar que suas implicações políticas eram perfeitamente compreendidas, se não antes de 1914, certamente entre as guerras, conforme testemunha a seguinte lembrança do primeiro desfile Nacional-Socialista (oficial) do 1º de maio, em Berlim, 1933:

> Os trabalhadores [...] vestiam ternos batidos mas limpos, e usavam aqueles bonés de marinheiro que na época eram um sinal geral externo distintivo de sua classe. Os bonés estavam enfeitados com uma tira discreta, quase sempre de verniz preto, mas frequentemente substituída por uma tira de couro com fivelas. Os social-democratas e os comunistas usavam este tipo de tira nos bonés, os nacional-socialistas usavam outro, dividido no meio. Esta pequena diferença repentinamente saltou aos olhos. O simples fato de que mais trabalhadores do que nunca usavam a tira dividida nos bonés trazia a notícia fatal de que uma batalha estava perdida.[49]

A associação política entre operário e boné na França entre as guerras (*la salopette*) também é fato comprovado, mas falta pesquisa sobre sua história antes de 1914

A adoção dos esportes, principalmente o futebol, como culto proletário de massa é igualmente confusa, porém sem dúvida igualmente rápida.[50] Neste caso, é mais fácil estabelecer uma cronologia. Entre meados da década de 1870, no mínimo, e meados ou fins da década de 1880, o futebol adquiriu todas as características institucionais e rituais com as quais estamos familiarizados: o profissionalismo, a Confederação, a Taça, que leva anualmente em peregrinação os fiéis à capital para fazerem manifestações proletárias triunfantes, o público nos estádios todos os sábados para a partida do costume, os "torcedores" e sua cultura, a rivalidade ritual, normalmente entre facções de uma cidade ou conurbação industrial (Manchester City e United, Notts County e Forest, Liverpool e Everton). Além disso, ao contrário de outros esportes com bases proletárias locais ou regionais — tais como o *rugby union*, no sul de Gales,[51] o críquete, em certas áreas do norte da Inglaterra — o futebol funcionava numa escala local e nacional ao mesmo tempo, de forma que o tópico das partidas do dia forneceria uma base comum para conversa entre praticamente qualquer par de operários do sexo masculino na Inglaterra ou Escócia, e alguns jogadores artilheiros representavam um ponto de referência comum a todos.

A natureza da cultura do futebol neste período — antes de haver penetrado muito nas culturas urbanas e industriais de outros países[52] — ainda não foi bem compreendida. Sua estrutura socioeconômica, porém, é mais compreensível. A princípio desenvolvido como um esporte amador e modelador do caráter pelas classes médias da escola secundária particular, foi rapidamente (1885) proletarizado e portanto profissionalizado; o momento decisivo simbólico — reconhecido como um confronto de classes — foi a derrota dos Old Etonians pelo Bolton Olympic na final do campeonato de 1883. Com a profissionalização, a maior parte das figuras filantrópicas e moralizadoras da elite nacional afastou-se, deixando a administração dos clubes nas mãos de negociantes e outros dignitários locais, que sustentaram uma curiosa caricatura das relações entre classes do capitalismo industrial, como empregadores de uma força de trabalho predominantemente operária, atraída para

A INVENÇÃO DAS TRADIÇÕES | 361

a indústria pelos altos salários, pela oportunidade de ganhos extras antes da aposentadoria (partidas beneficentes), mas, acima de tudo, pela oportunidade de adquirir prestígio. A estrutura do profissionalismo do futebol britânico era bastante diferente da do profissionalismo nos esportes em que participavam a aristocracia e a classe média (críquete) ou que estas controlavam (corridas), ou da estrutura da indústria dos espetáculos populares, e da de outros meios pelos quais a classe operária fugia de sua sina, que também forneceram o modelo para alguns esportes dos pobres (luta livre).[53]

É altamente provável que os jogadores de futebol tendessem a ser recrutados entre os operários habilidosos,[54] ao que parece ao contrário do boxe, esporte que buscava seus praticantes em ambientes onde a capacidade de dominar o próprio corpo era útil para a sobrevivência, como nas grandes favelas urbanas, ou fazia parte de uma cultura ocupacional de masculinidade, como nas minas. Embora o caráter urbano e proletário das multidões aficionadas do futebol seja patente,[55] não se conhece exatamente sua composição precisa por idade ou origem social; nem a evolução da "cultura do torcedor" e suas práticas; nem até que ponto o típico fã de futebol (ao contrário do típico adepto das corridas) era ou tinha sido um jogador amador ativo. Por outro lado, sabe-se que, embora, como indicam as últimas palavras apócrifas de um militante operário, para muitos membros do proletariado a devoção a Jesus Cristo, Keir Hardie e ao *Huddersfield United* era indivisível, o movimento organizado mostrou uma falta geral de interesse por isso, assim como por vários outros aspectos não políticos da consciência de classe operária. Aliás, ao contrário da social-democracia centro-europeia, o movimento operário britânico não desenvolveu suas próprias organizações esportivas, com a possível exceção de clubes de ciclismo na década de 1890, em que eram óbvios os vínculos com o pensamento progressista.[56]

É muito pouco o que sabemos sobre o esporte de massas na Grã-Bretanha, mas sabemos ainda menos sobre o continente. Ao que parece, o esporte, importado da Grã-Bretanha, permaneceu monopolizado pela classe média por muito mais tempo que em seu país de origem, mas sob outros aspectos a atração que o futebol exercia sobre a classe operária, a substituição do futebol da classe média (amador) pelo plebeu (profissional) e a ascensão da identificação das massas urbanas com os clubes, desenvolveram-se de modos semelhantes.[57] A principal exceção, à parte as competições mais parecidas com espetáculos teatrais do que atividades desportivas, tais como a luta romana (supostamente devida ao movimento dos ginastas alemães, mas com forte adesão popular), era o ciclismo. No continente, este era, provavelmente, o único esporte de massas moderno — conforme atesta a construção de "velódromos" nas grandes cidades — quatro só em Berlim antes de 1913 — e a instituição do Tour de France em 1903. Tudo indica que pelo menos na Alemanha os maiores ciclistas profissionais eram operários.[58] Os campeonatos profissionais começaram na França em 1881, na Suíça e Itália a partir de 1892 e na Bélgica a partir de 1894. Sem dúvida, o forte interesse comercial dos fabricantes e outros interesses publicitários aceleraram a popularidade desse esporte.[59]

III

Estabelecer a presença de classe de uma elite nacional da classe média e a caracterização de uma classe média muito maior era um problema muito mais difícil, mas um tanto urgente numa época em que as profissões reivindicavam status de classe média, ou o número daqueles que aspiravam a elas aumentava com relativa rapidez nos países em fase de industrialização. O critério para pertencer a estas classes não podia ser tão simples quanto o nascimento, a propriedade, o trabalho braçal ou o recebimento de salários, e embora sem dúvida fosse uma condição necessária ter um mínimo socialmente reconhecido de bens imóveis e renda, isso ainda não era o bastante. Além do mais, normalmente tal classe incluía pessoas (ou antes, famílias) com uma ampla esfera de fortuna e influência, cada camada inclinada a desprezar seus inferiores. A fluidez das fronteiras tornava difícil distinguir com clareza os critérios de distinção social. Uma vez que as classes médias eram por excelência o lugar onde se dava a mobilidade social e o aperfeiçoamento individual, dificilmente se poderia impedir a admissão a elas. Era um problema que abrangia dois aspectos. Em primeiro lugar, como definir e separar a elite nacional autêntica de uma classe média alta (*haute bourgeoisie, Grossbürgertum*), uma vez que os critérios relativamente fixos pelos quais se podia determinar a qualidade subjetiva de membro da classe nas comunidades locais estáveis haviam sido desgastados, e a descendência, parentesco, os casamentos, as redes locais de negócios, a sociabilidade particular e a política já não representavam critérios seguros. O segundo aspecto era como estabelecer uma identidade e uma presença para a massa relativamente ampla daqueles que não pertenciam a esta elite, nem às "massas" — nem mesmo àquela categoria nitidamente inferior da pequena burguesia das "classes médias baixas", que pelo menos um observador britânico classificou ao lado dos trabalhadores braçais, colocando-as no mundo "das escolas primárias municipais".[60] Poderia esta identidade ou presença ser definida ou definir-se de outra forma além de "consiste basicamente de famílias num processo de ascensão social", como sustentava um observador francês do contexto britânico, ou como o que restou depois que as massas mais facilmente reconhecíveis e os "dez mais" foram subtraídos da população, como comentou um observador inglês?[61] Para complicar a questão, surgiu um terceiro problema: o aparecimento da mulher de classe média, cada vez mais emancipada no palco público por direito próprio. Enquanto o número de meninos nos *lycées* franceses entre 1897 e 1907 aumentou apenas discretamente, o número de meninas elevou-se em 170%.

Para as classes médias altas ou "haute bourgeoisie", os critérios e instituições que antes serviam para separar uma classe aristocrática dominante forneceram obviamente um modelo: tinham simplesmente de ser ampliados e adaptados. O ideal era uma fusão das duas classes, na qual os novos componentes se tornassem irreconhecíveis, embora isso provavelmente não fosse possível nem mesmo na Grã-Bretanha, onde era totalmente admissível que uma família de banqueiros de Nottingham lograsse, através de várias gerações, unir-se à realeza por meio de casamentos. O que tornava possíveis as tentativas de assimilação (na medida em que fossem institucionalmente permitidas) era aquele elemento de estabilidade que, conforme um observador francês, distinguia as gerações da alta burguesia que já haviam chegado ao topo e se estabelecido como alpinistas de primeira geração.[62] A rápida aquisição de fortunas fabulosas poderia também capacitar os plutocratas de primeira geração a pagarem para entrar num contexto aristocrático que nos países burgueses baseava-se não só no título e na descendência como também em dinheiro suficiente para levar-se um estilo de vida adequadamente dissoluto.[63] Na Grã-Bretanha eduardina, os plutocratas aproveitavam avidamente essas oportunidades.[64] Contudo, a assimilação individual só se aplicava a uma reduzida minoria.

O critério aristocrático básico de descendência poderia, entretanto, ser adaptado para definir uma nova e ampla elite da alta classe média. Assim, surgiu uma verdadeira paixão pela genealogia nos Estados Unidos na década de 1890. Foi antes de mais nada um interesse feminino: as "Filhas da Revolução Americana" (1890) subsistiram e floresceram, enquanto os "Filhos da Revolução Americana", organização um pouco mais antiga, extinguiu-se. Embora o objetivo manifesto fosse distinguir os americanos nativos, brancos, protestantes, da massa de novos imigrantes, seu objetivo real era estabelecer uma camada alta exclusiva entre a classe média branca. A F.R.A. não tinha mais de trinta mil membros em 1900, principalmente nas fortalezas do dinheiro "velho" — Connecticut, Nova York, Pensilvânia —, embora também entre os prósperos milionários de Chicago.[65] Organizações como esta diferiam das tentativas muito mais restritas de estabelecer um grupo de famílias como elite semiaristocrática (através da inclusão num *Registro Social*, ou coisa parecida), visto que estabeleciam ligações de âmbito nacional. Certamente, era mais provável que a F.R.A., menos exclusiva, descobrisse membros apropriados em cidades como Omaha do que um *Registro Social* muito elitista. A história da pesquisa da classe média sobre sua genealogia ainda está para ser escrita, mas a concentração americana sistemática nesta busca era provavelmente, nesta época, relativamente excepcional.

Muito mais importante era a educação escolar, suplementada, em certos aspectos, pelos esportes amadores, intimamente ligados a ela nos países anglo-saxônicos. A escolarização fornecia não só um meio conveniente de comparação entre indivíduos e famílias sem relações pessoais iniciais e, numa escala nacional, uma forma de estabelecer padrões comuns de comportamento e valores, mas também um conjunto de redes interligadas entre os produtos de instituições comparáveis e, indiretamente, através da institucionalização do "aluno antigo", "ex-aluno" ou "Alte Herren", uma forte teia de estabilidade e continuidade entre as gerações. Além disso, permitia, dentro de certos limites, a possibilidade de expansão para uma elite da classe média alta, socializada de alguma maneira devidamente aceitável Aliás, a educação no século XIX tornou-se o mais conveniente e universal critério para determinar a estratificação social, embora não se possa definir com precisão quando isto aconteceu. A simples educação primária fatalmente classificava uma pessoa como membro das classes inferiores. O critério mínimo para que alguém pudesse ter status de classe média reconhecido era educação secundária a partir de, aproximadamente, quatorze a dezesseis anos. A educação superior, exceto por certas formas de instrução estritamente vocacional, era sem dúvida um passaporte para a alta classe média e outras elites. Segue-se, a propósito, que a tradicional prática burguesa-empresarial de iniciar os filhos no serviço da empresa em meados da adolescência, ou de abster-se da educação universitária, começou a perder terreno. Foi certamente o que ocorreu na Alemanha, onde, em 1867, treze de quatorze cidades industriais da Renânia recusaram-se a contribuir para a comemoração do quinquagésimo aniversário da Universidade de Bonn, alegando que nem os industriais nem seus filhos a frequentavam.[66] Lá pela década de 1890, a percentagem de estudantes de Bonn oriundos de famílias da *Besitzbürgertum* tinha aumentado de cerca de 23 para pouco menos de quarenta, enquanto aqueles oriundos da burguesia profissional tradicional (*Bildungsbürgertum*) haviam baixado de 42 para 31%.[67] Foi provavelmente o que ocorreu na Grã-Bretanha, embora observadores franceses da década de 1890 ainda registrassem, surpresos, que os ingleses raramente saíam da escola depois dos dezesseis anos.[68] Decerto, este não era mais o caso da "alta classe média", apesar de não terem sido feitas muitas pesquisas sistemáticas sobre o assunto.

A educação secundária fornecia um critério amplo de ingresso na classe média, porém amplo demais para definir ou selecionar as elites em rápida evolução, e que, embora numericamente bem pequenas, e sendo chamadas de classe dominante ou "establishment", eram quem dirigia as questões nacionais dos países. Mesmo na Grã-Bretanha, onde não existia sistema secundário nacional antes do século XX, foi preciso formar uma subclasse especial de "escolas secundárias particulares" dentro da educação secundária. Foram definidas oficialmente pela primeira vez na década de 1860, e cresceram tanto pela ampliação das nove escolas então reconhecidas (de 2.741 meninos em 1860 para 4.553 em 1906) e também pelo acréscimo de mais escolas consideradas de elite. Antes de 1868, no máximo duas dúzias de escolas eram sérias candidatas a tal status, mas em 1902, de acordo com os cálculos de Honey, já havia uma "lista curta" mínima de até 64 escolas e uma "lista longa" máxima de até 104 escolas, com uma margem de aproximadamente sessenta em posição mais duvidosa.[69] As universidades expandiram-se neste período pelo aumento de matrículas, em vez de por novas fundações, mas este crescimento foi expressivo o suficiente para produzir sérias preocupações com a superprodução de graduados, pelo menos na Alemanha. Entre meados da década de 1870 e da de 1880, o número de estudantes chegou quase a dobrar na Alemanha, Áustria, França e Noruega, e passou do dobro na Bélgica e Dinamarca.[70] A expansão nos Estados Unidos foi ainda mais espetacular. Em 1913 já havia 38,6 estudantes por cada dez mil habitantes do país, comparado ao número continental normal de 9-11,5 (e menos de oito na Grã-Bretanha e Itália).[71] Era preciso definir a elite efetiva no seio do conjunto cada vez maior daqueles que possuíam o passaporte educacional exigido.

Num sentido lato, esta elite foi agredida pela institucionalização. O *Public Schools Yearbook*, publicado a partir de 1889, estabelecia que as escolas que faziam parte da chamada Conferência dos Diretores constituíam uma comunidade nacional ou até internacional reconhecível, se não de iguais, pelo menos de comparáveis; e a obra de Baird, *American College Fraternities*, com sete edições entre 1879 e 1914, fez o mesmo com os "Grêmios das Letras Gregas", associações cujos membros constituíam a elite entre a massa de estudantes universitários americanos. Ainda assim, a tendência dos aspirantes a imitar as instituições dos bem-sucedidos fez com que se tornasse necessário traçar um limite entre as "classes médias altas" autênticas, ou elites, e os iguais menos iguais do que o restante.[72] A razão disso não era apenas o esnobismo. Uma elite nacional em desenvolvimento também exigia a construção de redes de interação realmente eficazes.

É aí, pode-se dizer, que está a importância da instituição dos "alunos antigos", "ex-alunos" ou "Alte Herren", que ora evoluía, e sem a qual não poderiam existir como tais as "redes de alunos antigos". Na Grã-Bretanha surgiram "jantares de antigos", ao que parece na década de 1870, "associações de antigos" apareceram mais ou menos na mesma época — multiplicaram-se especialmente na década de 1890, logo seguidos da invenção de uma "gravata da ex-escola" adequada.[73] Aliás, só no fim do século é que parece ter-se tornado comum que os pais enviassem os filhos à sua ex-escola: apenas 5% dos alunos de Arnold matricularam seus filhos em Rugby.[74] Nos Estados Unidos, a criação de "associações de ex-alunos" começou também na década de 1870, "formando círculos de homens cultos que de outra maneira não se conheceriam",[75] e assim um pouco mais tarde, construíram-se elaboradas sedes de grêmios nas faculdades, financiadas pelos ex-alunos, que dessa forma demonstravam não só sua fortuna e seus vínculos entre gerações, mas também — como em processos semelhantes nos "Korps" estudantis da Alemanha[76] — sua influência sobre a geração mais jovem. Assim, o grêmio Beta Teta Pi em 1889 tinha dezesseis associações de ex-alunos, mas em 1913 já havia 110; apenas uma sede em 1889 (embora outras sedes já estivessem em construção), mas 47 em 1913. O Fi Delta Teta ganhou a primeira associação de ex-alunos em 1876, mas já em 1913 o número havia aumentado para cerca de uma centena.

Nos Estados Unidos e na Alemanha o papel destas redes entre gerações era desempenhado conscientemente, talvez porque em ambos os países ficasse muito nítida sua função primeira de fornecer homens para o serviço público. Os "Alte Herren" ativos nos "Kösener Korps", as associações de elite deste tipo na década de 1870, incluíam dezoito ministros, 835 funcionários públicos, 648 funcionários do judiciário, 127 funcionários municipais, 130 militares, 651 médicos (10% dos quais militares), 435 professores secundários e universitários e 331 advogados. Estes números ultrapassavam de longe os 257 "proprietários", os 241 banqueiros, diretores de empresas e comerciantes, os 76 profissionais técnicos e os 27 cientistas, além dos 37 "artistas e editores".[77] As primeiras agremiações universitárias norte-americanas também davam ênfase a estes ex-alunos (O Beta Teta Pi, em 1889, orgulhava-se de possuir nove senadores, quarenta deputados, seis embaixadores e cinquenta governadores), mas, como se pode ver no Quadro 2, o desenvolvimento econômico e político colocou-os numa posição cada vez mais modesta, de forma que na década de 1900 passaram a dar maior destaque a seus capitalistas. A propósito, uma corporação como Delta Kapa Ípsilon, que em 1913 incluía um Cabot Lodge e um Theodore Roosevelt, assim como dezoito eminentes banqueiros nova-iorquinos, entre os quais J.P. Morgan e um Whitney, nove poderosos empresários de Boston, três sustentáculos da Standard Oil e, até na distante Minnesota, um James N. Hill e um Weyerhaeuser, deve ter sido uma incrível máfia dos negócios. Na Grã-Bretanha, pode-se dizer, as redes informais, criadas pela escola e pela faculdade, fortalecidas pela continuidade familiar, pela sociabilidade empresarial e pelos clubes, eram mais eficazes que as associações formais. Pode-se verificar até que ponto ia esta eficácia examinando-se os registros do posto de decifração de códigos em Bletchley e o Comando de Operações Especiais na Segunda Guerra Mundial.[78] As associações formais, a menos que estivessem

A INVENÇÃO DAS TRADIÇÕES | 369

deliberadamente restritas a uma elite — como os "Kösener Korps" alemães, que compreendiam 8% dos estudantes alemães em 1887, 5% em 1914[79] — podem ter servido em larga escala para fornecer critérios gerais de "reconhecimento" social. Pertencer a *qualquer* Grêmio das Letras Gregas — mesmo os profissionais, que se multiplicaram desde o fim da década de 1890[80] — e possuir *qualquer* gravata com listas diagonais, com alguma combinação de cores, já era suficiente.

QUADRO 2 — EX-ALUNOS DA DELTA KAPPA EPSILON (DARTMOUTH)		
	Década de 1850	Década de 1890
Funcionários públicos e do judiciário	21	21
Médicos	3	17
Pastores	6	10
Professores	8	12
Empresários	8	27
Jornalistas e intelectuais	1	10
Outros	3	5
Total	50	102

Fonte: *Delta Kappa Epsilon Catalogue.*[81]

Entretanto, o artifício informal básico para a estratificação de um sistema teoricamente aberto e em expansão era a escolha individual de parceiros sociais aceitáveis, o que era conseguido acima de tudo através da velha adesão aristocrática ao esporte, transformado num sistema de disputas formais contra antagonistas considerados à altura em termos sociais. É importante notar que o melhor critério descoberto para a "comunidade da escola particular" é o estudo de quais escolas estavam prontas para jogarem umas contra as outras,[82] e que nos Estados Unidos as universidades de elite (a "Ivy League") definiam-se, pelo menos no nordeste dominante, pela seleção de faculdades que preferiam disputar campeonatos de futebol, naquele país um esporte basicamente universitário quanto à origem. Nem é por acaso que os torneios esportivos formais entre Oxford e Cambridge tenham evoluído apenas depois de 1870, e principalmente entre 1890 e 1914 (veja Quadro 3). Na Alemanha, este critério social foi especificamente reconhecido:

> A característica típica da juventude universitária como grupo social especial (*Stand*), que a distingue do restante da sociedade, é a ideia de "Satisfaktionsfähigkeit" (aceitabilidade como desafiante nos duelos), ou seja, a reivindicação de um padrão de honra específico e socialmente definido (*Standesehre*).[83]

Em outros lugares, *de facto*, a segregação ocultava-se por trás de um sistema nominalmente aberto.

Voltamos então a uma das novas práticas sociais mais importantes do nosso tempo: o esporte. A história social dos esportes das classes altas e médias ainda está para ser escrita,[84] mas podem-se deduzir três coisas. Em primeiro lugar, que as últimas três décadas do século XIX assinalam uma transformação decisiva na difusão de velhos esportes, na invenção de novos e na institucionalização da maioria, em escala nacional e até internacional. Em segundo lugar, tal institucionalização constituiu uma vitrina de exposição para o esporte, que se pode comparar (sem muito rigor, naturalmente) à moda dos edifícios públicos e estátuas na política, e também um mecanismo para ampliar as atividades até então confinadas à aristocracia e à burguesia endinheirada capaz de assimilar o estilo de vida aristocrático, de modo a abranger uma fatia cada vez maior das "classes médias". O fato de que ela, no continente, restringiu-se a uma elite consideravelmente reduzida antes de 1914, não nos interessa aqui. Em terceiro lugar, a institucionalização constituiu um mecanismo de reunião de pessoas de status social equivalente, embora sem vínculos orgânicos sociais ou econômicos, e talvez, acima de tudo, de atribuição de um novo papel às *mulheres* burguesas.

Quadro 3 — Torneios regulares entre Oxford e Cambridge por data de criação[85]		
Data	N° de disputas	Esporte
Antes de 1860	4	Críquete, remo, pela, tênis
1860-70	4	Atletismo, tiro, bilhar, corrida de obstáculos
1870-80	4	Golfe, futebol, *rugby*, polo
1880-90	2	"Cross country", tênis
1890-1900	5	Luta livre, hóquei, patinação, natação, polo aquático
1900-13	8	Ginástica, hóquei no gelo, *lacrosse*, corrida de motos, cabo de guerra, esgrima, corrida de automóveis, subida de morro em motocicleta (alguns destes mais tarde deixaram de ser disputados.)

O esporte que se tornaria o mais característico das classes médias poderá exemplificar os três elementos. O tênis foi inventado na Grã-Bretanha, em 1873, adquirindo seu clássico torneio nacional no mesmo país (Wimbledon) em 1877, quatro anos antes do campeonato americano e quatorze antes do francês. Já em 1900 alcançara sua dimensão organizada internacional (Taça Davis). Como o golfe, outro esporte que apresentaria um atrativo fora do comum para as classes médias, não se baseava no esforço de uma equipe, e seus clubes — que administravam às vezes propriedades imensas, com altos custos de manutenção — não se uniam em "Confederações", funcionando como centros sociais potenciais ou reais: no caso do golfe, principalmente para os homens (por fim, na maior parte para empresários), no caso do tênis, para os jovens de classe média de ambos os sexos. Além do mais, é curioso que as disputas entre mulheres tenham surgido logo após a criação dos campeonatos para homens: as simples femininas passaram a integrar Wimbledon sete anos após a introdução das masculinas, e entraram nos campeonatos americano e francês sete anos após sua instituição.[86] Quase pela primeira vez, portanto, o esporte proporcionou às mulheres respeitáveis das classes altas e médias um papel público reconhecido de seres humanos individuais, à parte de sua função como esposas, filhas, mães, companheiras ou outros apêndices dos homens dentro e fora da família. O papel do esporte na análise da emancipação das mulheres requer maior atenção do que a recebida até agora, assim como a relação entre ele e as viagens e feriados da classe média.[87]

Quase não é preciso documentar o fato de que a institucionalização do esporte aconteceu nas últimas décadas do século. Mesmo na Grã-Bretanha, ela praticamente só se estabeleceu na década de 1870 — a taça da Associação de Futebol data de 1871, o campeonato de críquete entre os condados de 1873 — e daí em diante inventaram-se diversos novos esportes (tênis, tênis com peteca, hóquei, polo aquático e daí por diante), ou de fato introduzidos em escala nacional (golfe), ou sistematizados (boxe). No restante da Europa o esporte em sua forma moderna era importado conscientemente, em termos de valores sociais e estilos de vida, da Grã-Bretanha, em grande parte por aqueles que eram influenciados pelo sistema educacional da classe alta inglesa, tais como o barão de Coubertin, admirador do dr. Arnold.[88] O importante é a velocidade com que eram feitas estas transferências, embora a institucionalização como tal tenha levado mais tempo para acontecer.

O esporte da classe média combinava, assim, dois elementos da invenção da tradição: o político e o social. Por um lado, representava uma tentativa consciente, embora nem sempre oficial, de formar uma elite dominante baseada no modelo britânico que suplementasse, competisse com os modelos continentais aristocrático-militares mais velhos, ou procurasse suplantá-los, e assim, dependendo da situação, se associasse a elementos conservadores e liberais nas classes médias e altas locais.[89] Por outro, representava uma tentativa mais espontânea de traçar linhas de classe que isolassem as massas, principalmente pela ênfase sistemática no amadorismo como critério do esporte de classe média e alta (como por exemplo no tênis, no futebol da *Rugby Union*, ao contrário da associação de futebol e da confederação de *rugby*, e nos Jogos Olímpicos). Todavia, representava também uma tentativa de desenvolver ao mesmo tempo um novo e específico padrão burguês de lazer e um estilo de vida — bissexual e suburbano ou ex-urbano[90] — e um critério flexível e ampliável de admissão num grupo.

Tanto o esporte das massas quanto o da classe média uniam a invenção de tradições sociais e políticas de uma outra forma: constituindo um meio de identificação nacional e comunidade artificial. Isso em si não era novo, pois os exercícios físicos de massa havia tempo que eram associados aos movimentos nacionalista-liberais (o *Tuner* alemão, o *Sokols* tcheco) ou à identificação nacional (tiro de rifle na Suíça). Aliás, a resistência do movimento ginasta alemão, com sentido nacionalista em geral e antibritânico em particular, freou nitidamente a evolução do esporte de massa na Alemanha.[91] A ascensão do esporte proporcionou novas expressões de nacionalismo através da escolha ou invenção de esportes nacionalmente específicos — o *rugby* galês diferente do futebol inglês, e o futebol gaélico na Irlanda (1884), que adquiriram apoio genuíno das massas aproximadamente vinte anos depois.[92] Contudo, embora o vínculo específico de exercícios físicos com o nacionalismo como parte dos movimentos nacionalistas tenha continuado a ser importante — como em Bengala[93] — era no momento certamente menos importante do que dois outros fenômenos.

O primeiro era a demonstração concreta dos laços que uniam todos os habitantes do Estado nacional, independentemente de diferenças locais e regionais, como na cultura futebolística puramente inglesa ou, mais literalmente, em instituições desportivas como o Tour de France dos ciclistas (1903), seguido do Giro d'Italia (1909). Estes fenômenos foram mais importantes na medida em que evoluíram espontaneamente ou através de mecanismos comerciais. O segundo fenômeno consistiu nos campeonatos esportivos internacionais que logo complementaram os nacionais, e alcançaram sua expressão típica quando da restauração das Olimpíadas em 1896. Embora estejamos hoje bastante cientes da escala de identificação nacional indireta que estes campeonatos proporcionam, é importante lembrar que antes de 1914 eles mal tinham começado a adquirir seu caráter moderno. A princípio, os campeonatos "internacionais" serviam para sublinhar a unidade das nações ou impérios da mesma forma que os campeonatos inter-regionais. As partidas internacionais britânicas — como sempre as pioneiras — lançavam os países das Ilhas Britânicas uns contra os outros (no futebol:

os países da Grã-Bretanha na década de 1870, tendo a Irlanda sido incluída na década de 1880), ou contra as várias partes do Império Britânico (os *Test Matches* começaram em 1877). A primeira partida internacional de futebol fora das Ilhas foi entre a Áustria e a Hungria (1902). O esporte internacional, com poucas exceções, permaneceu dominado pelo amadorismo — ou seja, pelo esporte de classe média — até no futebol, onde a associação internacional (FIFA) era formada por países onde havia ainda pouco apoio para o jogo entre as massas em 1904 (França, Bélgica, Dinamarca, Países Baixos, Espanha, Suécia, Suíça). As olimpíadas continuaram sendo a maior arena internacional para este esporte. Por conseguinte, a identificação nacional através do esporte contra os estrangeiros neste período parece ter sido sobretudo um fenômeno de classe média.

Talvez até isso seja importante. Conforme observamos, as classes médias no sentido lato consideravam a identificação grupal subjetiva algo extremamente difícil, uma vez que não eram, de fato, uma minoria suficientemente pequena para estabelecer a espécie de associação prática de um clube de dimensões nacionais que reunisse, por exemplo, a maioria daqueles que houvessem passado por Oxford e Cambridge, não suficientemente unidos por um destino e uma solidariedade potencial comum, como os operários.[94] As classes médias preferiram tomar a atitude negativa de se segregarem de seus inferiores através de mecanismos como a insistência rígida no amadorismo no esporte, assim como através do estilo de vida e valores de "respeitabilidade", sem contar a segregação residencial. Porém, pode-se dizer que foi positiva a atitude de estabelecer um sentido de união através de símbolos externos, entre os quais os do nacionalismo (patriotismo, imperialismo) eram talvez os mais importantes. Foi, segundo penso, como a classe essencialmente patriótica que a nova ou aspirante classe média achou mais fácil reconhecer-se coletivamente.

Tudo isto é especulação. Este capítulo não nos permite ir mais longe. Por ora só nos é possível ressaltar que existem pelo menos alguns indícios *prima facie* em favor destas hipóteses, constatados na atração exercida pelo patriotismo sobre a camada burocrática de britânicos na Guerra da África do Sul[95] e a função das organizações de massa direitistas nacionalistas — compostas na sua esmagadora maioria pela classe média, não pela elite — na Alemanha da década de 1880 em diante, a atração exercida pelo nacionalismo de Schönerer sobre os estudantes universitários (falantes do alemão) — uma camada de classe média profundamente marcada pelo nacionalismo em vários países europeus.[96] O nacionalismo que ganhou terreno identificava-se irresistivelmente com a direita política. Na década de 1890, os ginastas alemães, antes liberal-nacionalistas, abandonaram as velhas cores nacionais em conjunto para adotar a nova bandeira preta, vermelha e branca: em 1898 apenas cem dos 6.501 *Turnervereine* ainda conservavam a velha bandeira negra, vermelha e dourada.[97]

Certo é que o nacionalismo tornou-se um substituto para a coesão social através de uma igreja nacional, de uma família real ou de outras tradições coesivas, ou autorrepresentações coletivas, uma nova religião secular, e que a classe que mais exigia tal modalidade de coesão era a classe média em expansão, ou antes, a ampla massa intermediária que tão notavelmente carecia de outras formas de coesão. A esta altura, novamente, a invenção de tradições políticas coincide com a de sociais.

IV

Descrever o aglomerado de "tradições inventadas" nos países ocidentais entre 1870 e 1914 é relativamente fácil. Já se deram exemplos suficientes de tais inovações neste capítulo, desde as gravatas das ex-escolas e os jubileus reais, o Dia da Bastilha e as Filhas da Revolução Americana, o 1º de maio, a Internacional e os Jogos Olímpicos à Final da Taça e o Tour de France como ritos populares, e a instituição da veneração à bandeira nos Estados Unidos. Os progressos políticos e as transformações sociais que podem ter originado este aglomerado também já foram analisados, embora as últimas de forma mais breve e especulativa que as primeiras. Infelizmente, é mais fácil documentar os motivos e intenções daqueles que estão numa posição de instituir formalmente tais inovações, e até suas consequências, do que as novas práticas que surgem espontaneamente das bases. Os historiadores britânicos do futuro, ansiosos por investigar questões semelhantes em relação ao fim do século XX, terão muito menos dificuldade em analisar, por exemplo, as consequências cerimoniais do assassinato do conde Mountbatten do que práticas novas como a aquisição (muitas vezes a altos preços) de placas de automóvel exclusivas. De qualquer forma, o objetivo deste livro é incentivar o estudo de uma matéria relativamente nova, e qualquer intenção de abordá-la de forma não experimental seria totalmente inadequada.

Contudo, restam três aspectos da "invenção da tradição" neste período que merecem uma breve análise, para concluir.

O primeiro é a distinção entre as novas práticas do período que se revelaram duradouras, e aquelas que não. Fazendo-se uma retrospectiva, aparentemente o período que abrange a Primeira Guerra Mundial constitui um divisor entre linguagens do discurso simbólico. Como nos uniformes militares, o que poderia denominar-se modalidade lírica deu lugar à modalidade prosaica. Os uniformes inventados para os movimentos de massa de entreguerras, que mal podiam justificar-se como camuflagem operacional, abstinham-se das cores fortes, preferindo tons foscos, como o preto e marrom dos fascistas e nacional-socialistas.[98] Não resta dúvida de que ainda se inventavam fantasias para os homens vestirem em ocasiões rituais no período de 1870-1914, embora seja difícil encontrar exemplos — a não ser, talvez, através da adoção de velhos estilos por novas instituições do mesmo tempo e, com sorte, mesmo status, tais como a beca e o capelo acadêmicos para novas escolas e graus. Os velhos costumes foram certamente conservados. Todavia, tem-se a nítida impressão de que, neste sentido, o período viveu do capital acumulado. Por outro lado, porém, desenvolveu-se nessa época uma velha linguagem com entusiasmo peculiar. A mania de erigir estátuas e edifícios públicos simbólicos ou decorados com alegorias já foi mencionada, e não há dúvida de que atingiu seu clímax entre 1870 e 1914. Ainda assim, esta linguagem do discurso simbólico estava fadada ao declínio súbito entre as guerras. Essa moda extraordinária provaria ser quase tão efêmera quanto o surto contemporâneo de outro tipo de simbolismo, o "art nouveau". Nem a adaptação maciça da alegoria e simbolismo tradicional com objetivos públicos nem a improvisação de uma nova e indefinida, mas de qualquer forma curvilínea, linguagem da mulher e das plantas, o simbolismo, principalmente por motivos particulares ou semiparticulares parecem ter-se adequado mais do que temporariamente a quaisquer reivindicações sociais que o tenham originado. Só podemos especular acerca dos motivos que levaram a isso, mas este não é o local apropriado.

Por outro lado, pode-se dizer que outra linguagem do discurso simbólico público, a teatral, revelou-se mais duradoura. As cerimônias e desfiles públicos, bem como as reuniões de massa ritualizadas, não eram novas. Mesmo assim, foi notável sua utilização com objetivos oficiais e não oficiais e seculares (manifestações de massa, partidas de futebol, e coisas do gênero). Além do mais, a estruturação de espaços rituais formais, já conscientemente permitida pelo nacionalismo alemão, parece ter sido sistematicamente levada a efeito, mesmo nos países que até então pouca atenção lhe haviam prestado — isso nos lembra a Londres eduardina — e não podemos deixar de examinar a invenção, neste período, de construções para espetáculos praticamente novas e rituais de massa de fato, tais como estádios de futebol, abertos ou cobertos.[99] O comparecimento de membros da família real à final da Taça de Wembley (a partir de 1914) e o uso de edifícios como o Sportspalast, em Berlim, ou o Vélodrome d'Hiver, em Paris, pelos movimentos de massa de entreguerras de seus respectivos países prenunciou o desenvolvimento de espaços formais para rituais públicos de massa (a Praça Vermelha, a partir de 1918), que seria sistematicamente fomentado pelos regimes fascistas. Pode-se observar *en passant* que de acordo com o esvaziamento da antiga linguagem do simbolismo público, os novos cenários desse ritual público deviam frisar a simplicidade e a monumentalidade, em vez da decoração alegórica da Ringstrasse de Viena ou do monumento a Vítor Emanuel em Roma, ambos do século XIX,[100] tendência já prenunciada em nosso período.[101]

No palco da vida pública, a ênfase, portanto, passou do planejamento de cenários elaborados e variados, que podiam ser "lidos" como uma história em quadrinhos ou tapeçaria, à movimentação dos próprios atores — ou, como nos desfiles militares ou reais, uma minoria ritual representando para proveito de uma massa que assistia, ou, conforme prenunciavam os movimentos políticos de massa da época (tais como as manifestações do 1º de Maio) e as grandes ocasiões esportivas de massa, uma mescla de atores e público. Estas eram as tendências que se destinavam a um maior desenvolvimento após 1914. Sem mais especular sobre esta forma de ritualização pública, parece razoável relacioná-la à decadência da velha tradição e à democratização da política.

O segundo aspecto da tradição inventada neste período refere-se às práticas ligadas a classes ou camadas sociais específicas, separadas dos membros de coletividades maiores interclasses, tais como os estados ou "nações". Embora algumas dessas práticas fossem formalmente criadas para serem distintivos de consciência de classe — as práticas do 1º de maio entre os trabalhadores, a restauração ou invenção do costume camponês "tradicional" entre os agricultores (na verdade, os mais abastados) — um número muito maior de tradições não eram tão identificadas na teoria, sendo, aliás, adaptações, especializações ou apropriações de práticas originalmente iniciadas pelas camadas sociais mais altas. O esporte é um exemplo óbvio. Partindo de cima, a linha de classe foi, assim, traçada de três formas: pela manutenção do controle aristocrático ou de classe média sobre as instituições que geriam o esporte, pela exclusividade social ou, de forma mais comum, pelo alto custo ou falta do equipamento fundamental necessário (quadras de tênis ou charnecas para a prática do tiro ao galo silvestre), mas acima de tudo pela rígida separação entre o amadorismo, o critério do esporte entre as camadas superiores, e o profissionalismo, seu corolário lógico entre as classes baixas urbanas e operárias.[102] O esporte específico de classe entre plebeus raramente evoluiu conscientemente como tal. Onde isso ocorreu, foi geralmente pela apropriação de práticas das classes altas, expulsão dos antigos praticantes e desenvolvimento de um conjunto específico de procedimentos sobre uma nova base social (a cultura futebolística).

As práticas que assim realizavam um trajeto social de cima para baixo — da aristocracia para a burguesia, da burguesia para o operariado — provavelmente predominaram neste período, não apenas no esporte, mas nos costumes e cultura material em geral, dada a força do esnobismo entre as classes médias e dos valores do aprimoramento e progresso pessoal entre as elites da classe operária.[103] Elas se transformaram, mas suas origens históricas continuaram visíveis. O movimento oposto não esteve ausente, mas neste período foi menos visível. As minorias (aristocratas, intelectuais, divergentes) talvez admirassem certas subculturas e atividades plebeias urbanas — tais como a arte do *music-hall* —, mas a principal assimilação de práticas culturais ocorreu entre as classes baixas, ou mais tarde, entre um público de massa. Alguns sinais dessa assimilação já eram visíveis desde 1914, transmitidos principalmente pelos divertimentos e, talvez, sobretudo pela dança social, que pode relacionar-se à crescente emancipação da mulher: a moda do *ragtime* e do tango. Entretanto, qualquer levantamento das invenções culturais deste período não pode deixar de observar o desenvolvimento de subculturas e práticas autóctones de classe baixa que nada deviam às classes altas — eram quase certamente derivadas da urbanização e da migração de massas. A cultura do tango em Buenos Aires é um exemplo.[104] É discutível até que ponto elas podem entrar numa análise da invenção das tradições.

O aspecto final é a relação entre "invenção" e "geração espontânea", planejamento e surgimento. É algo que sempre intriga os observadores das sociedades de massa modernas. As "tradições inventadas" têm funções políticas e sociais importantes, e não poderiam ter nascido, nem se firmado se não as pudessem adquirir. Porém, até que ponto elas serão manipuláveis? É evidente a intenção de usá-las, aliás, frequentemente, de inventá-las para a manipulação; ambos os tipos de tradição inventada aparecem na política, o primeiro principalmente (nas sociedades capitalistas) nos negócios. Neste sentido, os teóricos da conspiração que se opõem a essa manipulação têm a seu favor não só a plausibilidade quanto os indícios. Contudo, também parece claro que os exemplos mais bem-sucedidos de manipulação são aqueles que exploram práticas claramente oriundas de uma necessidade sentida — não necessariamente compreendida de todo — por determinados grupos. A política do nacionalismo alemão no Segundo Império não pode ser entendida apenas de cima para baixo. Já se disse que até certo ponto o nacionalismo escapou ao controle daqueles que o consideraram vantajoso para ser manipulado — pelo menos nesta época.[105] Os gostos e as modas, especialmente na área do divertimento popular, podem ser "criados" apenas dentro de limites bastante estreitos; têm de ser descobertos antes de serem explorados e modelados. Cumpre ao historiador descobri-los num sentido retrospectivo — também tentando entender por que, em termos de sociedades em transformação dentro de situações históricas em transformação, sentiram-se tais necessidades.

NOTAS

1. G.L. Mosse, "Caesarism, Circuses and Movements", *Journal of Contemporary History*, v. 6, n. 2. 1971, p. 167-82; G.L. Mosse, *The Nationalization of the Masses: Political Symbolism and Mass Movements in Germany from the Napoleonic Wars through the 3rd Reich*. Nova York: Howard Fertig, 2001; T. Nipperdey, "Nationalidee und Nationaldenkmal in Deutschland im 19. Jahrhundert", *Historische Zeitschrift*. Charleston: Nabu Press, 2011, princ. notas 543 e 579.

2. Eugen Weber, *Peasants into Frenchmen: The Modernization of Rural France, 1870-1914*. Stanford: Stanford University Press, 1976.

3. Isto ficou definitivamente comprovado em 1914, pelos partidos socialistas da Segunda Internacional, que não só reivindicavam ser de alcance basicamente internacional, mas de fato às vezes consideravam-se oficialmente nada mais do que seções nacionais de um movimento global. ("Séction Française de l'Internationale Ouvrière").

4. Graham Wallas, *Human Nature in Politics*. Lincoln: University of Nebraska Press, 1962, p. 21.

5. Emile Durkheim, *As formas elementares da vida religiosa*. São Paulo: Martins Fontes, 2003. Primeira edição francesa em 1912.

6. J.G. Frazer, *The Golden Bough*, 3ª ed. Londres: Macmillan, 1907-30; F.M. Cornford, *From Religion to Philosophy: A Study of the Origins of Western Speculation*. Princeton: Princeton University Press, 1991.

7. Provavelmente porque eles foram capazes de eliminar de seu campo de visão tudo o que não pudesse definir-se como comportamento racionalmente ampliador; à custa — após a década de 1870 — de um considerável estreitamento de seu campo de estudo.

8. Edmund Burke, *Reflections on the Revolution in France*. Oxford: Oxford University Press, 2009.

9. J.P. Mayer, *Political Thought in France from the Revolution to the 5th Republic*. Londres: Routledge & Kegan Paul, 1961, p. 84-8.

10. Jean Touchard, *La Gauche en France depuis 1900*. Paris: Éditions du Seuil, 1977, p. 50.

11. Maurice Dommanget, *Eugène Pottier, Membre de la Commune et Chantre de l'Internationale*. Paris: EDI, 1971, cap. 3.

12. M. Agulhon, "Esquise pour une Archéologie de la Republique; l'Allegorie Civique Féminine". *Annales ESC*, v. 28. Paris, 1973, p. 5-34; M. Agulhon, *Marianne au Combat: l'Imagerie et la Symbolique Républicaines de 1789 à 1880*. Paris: Flammarion, 1979.

13. Sanford H. Elwitt, *The Making of the 3rd Republic: Class and Politics in France, 1868-84*. Baton Rouge: Louisiana State University Press, 1975.

14. Georges Duveau, *Les Instituteurs*. Paris: Éditions du Seuil, 1957; J. Ozouf (org.) *Nous les Maîtres d'École: Autobiographies d'Instituteurs de la Belle Époque*. Paris: Gallimard, 1967.

15. Alice Gérard, *La Revolution Française: Mythes et Interpretations, 1789-1970*. Paris: Flammarion, 1970, cap. 4.

16. Charles Rearick, "Festivals in Modern France: The Experience of the 3rd Republic", *Journal of Contemporary History*, v. 12, n. 3. Jul. de 1977, p. 435-60; Rosemonde Sanson, *Les 14 Juillet, Fête et Conscience Nationale, 1789-1975*. Paris: Flammarion, 1976, com bibliografia.

17. Sobre as intenções políticas da Exposição de 1889, cf. Débora L. Silverman, "The 1889 Exhibition: The Crisis of Bourgeois Individualism", *Oppositions, A Journal for Ideas and Criticism in Architecture*. Cambridge: MIT Pres, primavera de 1977, p. 71-91.

18. M. Agulhon, "La Statuomanie et Histoire", *Ethnologie Française*, n. 3-4. 1978, p. 3-4.

19. M. Agulhon, "Esquisse pour une Archéologie".

20. Whitney Smith, *Flags through the Ages*. Nova York: McGraw-Hill, 1975, p. 116-8. A bandeira nacionalista preta, vermelha e dourada parece ter tido origem no movimento estudantil do período pós-napoleônico, mas só foi claramente instituída como bandeira do movimento nacional em 1848. A resistência à República de Weimar reduziu sua bandeira nacional a estandarte de partido — aliás, a força militar do Partido Social-Democrata adotou-a como nome ("Reichsbanner"), embora a direita antirrepublicana estivesse dividida entre a bandeira imperial e a bandeira nacional socialista, que já não tinha a disposição tricolor tradicional, talvez devido à associação com o liberalismo do século XIX, talvez por não indicar com *clareza* um rompimento radical com o passado. Todavia, a bandeira continuou com o padrão de cores básico do

império bismarckiano (negro, branco e vermelho), embora destacasse o vermelho, até então o símbolo apenas dos movimentos socialistas e operários. As Repúblicas Federal e a Democrática voltaram às cores de 1848, a primeira sem acréscimos, a última com um emblema adequado, adaptado do modelo básico foice e martelo comunista e soviético.

21. Hans-Georg John, *Politik und Turnen: die deutsche Tumerschaft als nationale Bewegung im deutschen Kaiserreich von 1871-1914*. Ahrensberg bei Hamburg: Czwalina, 1976, p. 41 e ss.

22. "O destino quis que, contra sua natureza, ele se tornasse um monumental escultor, que iria celebrar a ideia imperial de Guilherme II em gigantescos monumentos de bronze e pedra, numa linguagem metafórica, com ênfase exagerada no patos." Ulrich Thieme e Felix Becker, *Allgemeines Lexikon der bildenden Künstler von der Antike bis zur Gegenwart*, v. 3. Leipzig: W. Engelmann, 1907-50, p. 185. Consulte também as entradas gerais, sob os nomes Begas, Schilling, Schmitz.

23. Hans-Georg John, op. cit; Nipperdey, "Nationalidee", p. 577 e ss.

24. J. Surel, "La première Image de John Bull, Bourgeois Radical, Anglais Loyaliste (1779-1815)", *Le Movement Social*, v. 106. Jan-mar. de 1979, p. 65-84; Herbert M. Atherton, *Political Prints in the Age of Hogarth*. Oxford: Clarendon Press, 1974, p. 97-100.

25. Heinz Stallmann, *Das Prinz-Heinrichs-Gymnasium zu Schöneberg, 1890-1945. Geschichte einer Schule*. Berlim, 1965.

26. Na verdade, não havia nenhum hino nacional alemão oficial. Das três canções concorrentes "Heil Dir Im Siegerkranz" (com a melodia do hino inglês "Deus salve o rei"), por estar intimamente associada ao imperador prussiano, era a que inspirava menos fervor nacional. "A Vigília do Reno" e "Deutschland Über Alies" ficaram equiparadas até 1914, mas gradativamente "Deutschland", mais adequada a uma política imperial expansionista, suplantou a "Vigília", à qual se associavam apenas ideias antifrancesas. Em 1890, entre os ginastas alemães, "Deutschland" já se tornara duas vezes mais popular que a "Vigília", embora o movimento tivesse um carinho especial por esta última canção, que alegava ter sido útil para a popularização (Hans-Georg John, op. cit., p. 38-9).

27. Stallmann, op. cit., p. 16-9.

28. R.E. Hardt, *Dir Beine der Hohenzollern*. Berlim: Rütten & Loening, 1968.

29. H.U. Wehler, *Das deutsch Kaiserreich 1871-1918*. Göttingen: 1973, p. 107-10.

30. A história destas festas ainda não foi escrita, mas parece óbvio que elas se tornaram muito mais institucionalizadas numa escala nacional no último terço do século XIX. G.W. Douglas, *American Book of Days*. Nova York: Wilson, 1978; Elizabeth Hough Sechrist. *Red Letter Days: A Book of Holliday Customs*. Filadélfia: Macrae Smith, 1940.

31. R. *Firth, Symbols, Public and Private*. Londres: Routledge, 2011; W.E. Davies, *Patriotism on Parade: The Story of Veterans and Hereditary Organisations in America 1783-1900*. Cambridge: Harvard University Press, 1955, p. 218-22; Douglas, op. cit., p. 326-7.

32. Agradeço ao prof. Herbert Gutman por esta observação.

33. O "jubileu", exceto em seu sentido bíblico, era antes apenas o quinquagésimo aniversário de algum evento. Não há indícios anteriores ao século XIX de que os centenários, um ou vários, e muito menos os aniversários de menos de cinquenta anos fossem ocasião de comemoração pública. O *New English Dictionary*, v. 5, comenta no verbete "jubileu", "especialmente frequentes nas duas últimas décadas do século XIX com referência aos dois 'jubileus' da rainha Vitória em 1887 e 1897, o jubileu suíço do Sindicato dos Correios em 1900 e outras comemorações", p. 615.

34. Londres: Stanley Gibbons, Publications 1972.

35. J.E.C. Bodley, *The Coronation of Edward VII: A Chapter of European and Imperial History*. Londres: Methuen & Co., 1903, p. 153, 201.

36. Maurice Dommanget, *Histoire du Premier Mai*. Paris: Societe Universitaire d'Editions et de Librairie, 1953, p. 36-7.

37. A. Van Gennep, *Manuel de Folklore Français I*, v. 4, in *Les Céremonies Périodiques Cycliques et Saisonières 2*: Cycle de Mai. Paris, 1949, p. 1.719.

38. Engels a Sorge, in *Briefe und Auszüge aus Briefen an F.A.* Sorgeu, 17 de maio de 1893. A. Stuttgart: H.W. Dietz Nachf, 1906, p. 397. Veja também, Victor Adler, *Aufsätze. Redem und Briefe*, v. 1. Viena: 1922, p. 69.

39. Dommanget, op. cit., p. 343.

40. E. Vandervelde e J. Destrée, *Le Socialisme en Belgique*. Paris: V. Giard & E. Brière, 1903, p. 417-8.

41. Maxime Leroy, *La Coutûme Ouvrière*, v. 1. Paris: V. Giard & E. Brière, 1913, p. 246.

42. Eric J. Hobsbawm, "Man and Woman in Socialist Iconography", *History Workshop*, v. 6. Outono de 1978, p. 121-38; A. Rossel, *Premier Mai. Quatre--Vingt-Dix ans de Luttes Populaires dans le Monde*. Paris, 1977.

43. Edward Welbourne, *The Miners' Unions of Northumberland and Durham*. Cambridge: Cambridge University Press, 1923, p. 155; John Wilson, *A History of the Durham Miners' Association, 1870-1904*. Durham: J.H. Veitch, 1907, p. 31, 34, 59; W.A. Moyes, *The Banner Book*. Gateshead: Graham, 1974. Estas manifestações anuais parecem ter-se originado em Yorkshire, em 1866.

44. Carl Schorske, *German Social Democracy, 1905-17: The Development of the Great Schism*. Nova York: John Wiley & Sons, ed. 1965, p. 91-7.

45. M. Ermers, *Victor Adler: Aufstieg u. Grösse einer sozialistischen Partei*. Viena e Leipzig: Epstein, 1932, p. 195.

46. Helmut Hartwig, "Plaketten zum 1. Mai 1934-39", *Aesthetik und Kommunication*, v. 7, n. 26. 1976, p. 56-9.

47. "L'ouvrier même ne porte pas ici la casquette et la blouse" (aqui os operários mesmo não usam a blusa e o boné) comentou desdenhoso Jules Vallès em Londres, em 1872 — ao contrário dos parisienses, que tinham consciência de classe. Paul Martinez, *The French Communard Refugees in Britain, 1871-1880*. Universidade de Sussex, tese de doutorado, 1981, p. 341.

48. O boné tipo caçador de veado usado pelo próprio Hardie representa uma transição para aquele do tipo "Zé do Boné", que afinal se universalizou.

49. Stephan Hermlin, *Abendlicht*. Leipzig: K. Wagenbach, 1979, p. 92.

50. Tony Mason, *Association Football and English Society, 1863-1915*. Brighton: Humanities Press, 1980.

51. Cf. David B. Smith e Gareth W. Williams, *Field of Praise: Official History of the Welsh Rugby Union, 1851-1981*. Cardiff: University of Wales Press, 1981.

52 . Ele foi muitas vezes introduzido no estrangeiro por expatriados britânicos e por times de fábricas locais de administração britânica, mas, embora tenha nitidamente sido, até certo ponto, naturalizado em 1914 em algumas capitais e distritos industriais do continente, mal havia se tornado um esporte de massas.

53. W.F. Mandle, "The Professional Cricketer in England in the Nineteenth Century", *Labour History*, v. 23. Periódico da Sociedade Australiana para o Estudo da História do Operariado. Nov. de 1972, p. 1-16; Wray Vampley, *The Turf: A Social and Economic History of Horse Racing*. Londres: Allen Lane, 1976.

54. Mason, op. cit., p. 90-3.

55. Mason, op. cit., p. 153-6.

56. Isso faz lembrar os Clubes de Ciclismo Clarion, mas também a fundação do Clube Ciclístico Oadby, por um caçador clandestino, ativista operário e membro da junta paroquial, radical e local. A natureza deste esporte — na Grã-Bretanha tipicamente praticado por amadores jovens — era bastante diversa da do esporte proletário de massa. David Prynn, "The Clarion Clubs, Rambling and Holiday Associations in Britain since the 1890s", *Journal of Contemporary History*, v. 11, n. 2 e 3. Jul. 1976, p. 65-77; anôn., "The Clarion Fellowship", *Marx Memorial Library Quarterly Bulletin*, v. 87. Jan-mar. de 1976, p. 6-9; James Hawker, *A Victorian Poacher*, org. por G. Christian. Londres: Oxford University Press, 1961, p. 25-6.

57. Do clube do Ruhr, Schalke 04, eram mineiros, operários ou artesãos 35 entre 44 membros identificáveis em 1904-13, 73 entre 88 no período de 1914-24, e 91 entre 122 de 1924-34. Siegfried Gerhmann, "Fussball in einer Industrieregion"; J. Reulecke W. Weber (org.), *Familie. Fabrik, Feierabend*. Wuppertal: Hammer, 1978, p. 377-98.

58. Annemarie Lange, *Das Wilhelminische Berlin*. Berlim Oriental: Dietz, 1967, cap. 13, princ. p. 561-2.

59. Dino Spatazza Moncada, *Storia dei Ciclismo dai Primi Passi ad Oggi*. Parma, s.d.

60. W.R. Lawson, *John Bull and his Schools: A Book for Parents, Ratepayers and Men of Business*. Edimburgo e Londres: William Blackwood & Sons, 1908, p. 39.

61. Paul Descamps, *L'Education dans les Écoles Anglaises*. Paris: Biblioteca da Ciência Social. Jan. de 1911, p. 25; Lawson, op. cit., p. 24.

62. Descamps, op. cit., p. 11, 67.

63. Ibid., p. 11.

64. Jamie Camplin, *The Rise of the Plutocrats: Wealth and Power in Edwardian England*. Londres: Constable, 1978.

65. Davies, op. cit.

66. Citado in J. Hobsbawm, *The Age of Capital*. Londres: 1977, p. 59 (Publicado no Brasil com o título *A era do capital*. São Paulo: Paz e Terra, 2009); F. Zunkel, "Industriebürgertum in Westdeutschland", in H.U. Wehler (org.), *Moderne Deutsche Sozialgeschichte*. Colônia e Berlim: Kiepenheuer & Witsch, 1966. p. 323.

67. K.H. Jarausch, "The Social Transformation of the University: The Case of Prussia 1865-1915", *Journal of Social History*, v. 12, n. 4. 1979, p. 625.

68. Max Leclerc, *L'Education des Classes Moyennes et Dirigeantes en Angleterre*. Paris: Colin, 1894, p. 133, 144; P. Bureau, "Mon Séjour dans une Petite Ville d'Angleterre", *La Science Sociale (suivant la Méthode de F. Le Play)*, 5º ano, v. 9. 1890, p. 70. Cf. também Patrick Joyce, *Work, Society and Politics: The Culture of the Factory in Later Victorian England*. Brighton: The Harvester Press, 1980, p. 29-34.

69. J.R. de S. Honey, *Tom Brown's Universe: The Development of the Victorian Public School*. Londres: Millington, 1977, p. 273.

70. J. Conrad, "Die Frequenzverhältnisse der Universitäten der hauptsächlichsten Kulturländer auf dem Europäischen Kontinent", *Jahrbücher f. N. ÖK u. Statistik*, 3ª série, v. 1. 1891, p. 376-94.

71. Joseph Ben-David, "Professions in the Class System of Present-Day Societies", *Current Sociology*, v. 12, n. 3. 1963-4, p. 63-4.

72. "Em consequência do esnobismo generalizado dos ingleses, principalmente dos que ascendiam na escala social, a educação das classes médias tende a seguir o modelo da educação da classe média alta, embora com menor dispêndio de tempo e dinheiro." Descamps, *L'Education dans les Écoles Anglaises*, p. 67. O fenômeno estava longe de ser puramente britânico.

73. *The Book of Public School, Old Boys, University, Navy, Army, Air Force and Club Ties*, intr. por James Laver. Londres: Seeley, 1968, p. 31; veja também Honey, op. cit.

74. Honey, op. cit., p. 153.

75. W. Raimond Baird, *American College Fraternities: A Descriptive Analysis of the Society System of the Colleges of the US with a Detailed Account of each Fraternity*, 4ª ed. Nova York: James P. Downs, 1890, p. 20-1.

76. Bernard Oudin, *Les Corporations Allemandes d'Étudiants*. Paris: Librairie Générale de Droit et de Jurisprudence, 1962, p. 19; Detlef Grieswelle,

"Die Soziologie der Kösener Korps 1870-1914", in *Student und Hochschule im 19 Johrhundert: Studien und Materialies*. Göttingen, 1975.

77. Grieswelle, op. cit., p. 357.

78. R. Lewin, *Ultra Goes to War*. Londres: Arrow Books, ed. 1980, p. 55-6.

79. Grieswelle, op. cit., p. 349-53.

80. Baird faz uma relação de 41 grêmios em 1914 que não tinham sido mencionados em 1890. 28 deles surgiram após 1900, dez foram fundados antes de 1890, dos quais 28 eram formados exclusivamente por advogados, médicos, engenheiros, dentistas e outras especializações profissionais.

81. *Delta Kappa Epsilon Catalog*. Council of Delta Kappa Epsilon, 1926.

82. Honey, op. cit., p. 253 e ss.

83. Günter Botzert, *Sozialer Wandel der studentischen Korporationen*. Münster: 1971, p. 123.

84. Para obter algumas informações pertinentes, veja Carl Diem, *Weltgeschichte des Sports und der leibeserziehung*. Schorndorf bei Stuttgart: Cotta, 1960; K.I.C. Wildt, *Dalen zur Sportgeschichte. Teil 2. Europa von 1750 bis 1894*. Schorndorf bei Stuttgart: Cotta, 1972.

85. Calculado a partir de Companhia Real de Seguros, *Record of Sports*, 9ª ed. 1914.

86. *Encyclopaedia of Sports*. S. Brunswick e Nova York: ed 1969. Lawn Tennis (tênis).

87. Sobre um reconhecimento precoce do tênis clube como "parte da revolta dos filhos da classe média", veja T.H.S. Escott, *Social Transformations of the Victorian Age*. Londres: Seeley & Co., 1897, p. 195-6, 444. Veja também R.C.K. Ensor, *England 1870-1914*. Oxford: Clarendon Press, 1936, p. 165-6.

88. Pierre de Coubertin, *L'École en Angleterre*. Paris: 1888; Diem, op. cit., p. 1130 e ss.

89. Marcel Spivak, "Le Développement de l'Education Physique et du Sport Français de 1852 à 1914", *Revue d'Histoire Moderne et Contemporaine*, v. 24. 1977, p. 28-48; D. Lejeune, "Histoire Sociale et Alpinisme en France, XIX-XX s.", ibid., v. 25. 1978, p. 111-28.

90. Deve-se diferenciar este dos padrões de esportes e passatempos ao ar livre da velha aristocracia e classe militar, mesmo que estas às vezes aderissem aos novos esportes ou novas formas de esporte.

91. Hans-Georg John, op. cit., p. 107 e ss.

92. W.F. Mandle, "Sport as Politics. The Gaelic Athletic Association 1884-1916", in R. Cashman e M. McKernan (org.), *Sport in History*. St. Lucia: Queensland University Press, 1979.

93. John Rosselli, "The Self-Image of Effeteness: Physical Education and Nationalism in 19th Century Bengal", *Past and Present*, 86. 1980, p. 121-48.

94. Seria interessante, em países cuja linguagem permita tal diferenciação, pesquisar as mudanças no emprego social mútuo da segunda pessoa do singular, símbolo de fraternidade, bem como de intimidade pessoal. Entre as classes mais altas, é conhecido o seu uso entre colegas de escola (e, como é o caso dos politécnicos franceses, entre ex-estudantes), oficiais e outros. Os operários, mesmo quando não se conheciam, usavam habitualmente a segunda pessoa do singular. Leo Uhen, *Gruppenbewusstsein und informelle Gruppenbildung bei deutschen Arbeitern im Jahrhundert der Industrialisierung*. Berlim: Duncker & Humblot, 1964, p. 106-7. Os movimentos operários institucionalizaram o emprego deste pronome entre seus membros ("Caro Senhor e Companheiro").

95. Richard Price, *An Imperial War and the British Working-Class: Working-Class Attitudes and Reactions to the Boer War, 1899-1902*. Londres: Routledge & K. Paul, 1972, p. 72-3.

96. Deve-se observar que na Alemanha o Korps estudantil de elite opunha-se ao princípio do antissemitismo, ao contrário das associações que não eram de elite, embora na verdade o aplicasse (Grieswelle, op. cit., p. 353). Da mesma forma, o antissemitismo foi imposto ao movimento ginasta alemão por pressão das bases, contra a oposição da velha liderança nacional-liberal burguesa do movimento (Hans-Georg John, op. cit., p. 65).

97. Hans-Georg John, op. cit., p. 37.

98. Os mais vivos uniformes desse tipo parecem ter sido as camisas azuis com gravatas vermelhas dos movimentos socialistas jovens. Jamais soube de nenhum caso de camisas vermelhas, cor de laranja ou amarelas, nem de trajes cerimoniais realmente multicoloridos.

99. Cf. *Wasmuth's Lexikon der Baukunst*, v. 4. Berlim: E. Wasmuth, 1932: "Stadthalle"; W. Scharau-Wils, *Gëbaude und Gëland für Gymnastik, Spiel und Sport*. Berlim, 1925; D.R. Knight, *The Exhibitions: Great White City, Shepherds Bush*. Londres: Knight, 1978.

100. Carl Schorske, *Fin de Siècle Vienna: Politics and Culture*. Nova York: Knopf, 1980, cap. 2.

101. Cf. Alastair Service, *Edwardian Architecture: A Handbook to Building Design in Britain 1890-1914*. Londres: Thames and Hudson, 1977.

102. O profissionalismo subentende um certo nível de especialização ocupacional e um "mercado" mínimo disponível, se existente entre a população rural estabelecida. Lá os esportistas profissionais ou eram criados ou abastecedores das classes altas (jóqueis, guias de alpinismo), ou complementos de competições amadoras da classe alta (jogadores profissionais de críquete). A diferença entre a caça da classe baixa e da alta não era econômica, embora alguns caçadores clandestinos vivessem dela; era uma diferença legal. Exprimia-se através das Leis de Caça.

103. Observou-se uma correspondência weberiana entre esporte e protestantismo na Alemanha até 1960. G. Lüschen, "The Interdependence of Sport and Culture", in M. Hart (org.), *Sport in the Sociocultural Process*. Dubuque: Brown Company Publishers, 1976.

104. Cf. Blas Matamoro, *La Ciudad del Tango (Tango Histórico y Sociedad)*. Buenos Aires: Editorial Galerna, 1969.

105. Geoffrey Eley, *Re-shaping the German Right*. Londres e New Haven: Yale University Press, 1980.

Este livro foi composto na tipologia Dante MT Std, em corpo 12/15, e impresso em papel off-white no Sistema Cameron da Divisão Gráfica da Distribuidora Record.